Beck-Wirtschaftsberater

Bilanzen richtig lesen

dtv

Beck-Wirtschaftsberater

Bilanzen richtig lesen

Was Bilanzen aussagen und verschweigen

Von Prof. Dr. Eberhard Scheffler

5., überarbeitete und erweiterte Auflage

Deutscher Taschenbuch Verlag

Originalausgabe
Deutscher Taschenbuch Verlag GmbH & Co. KG,
Friedrichstraße 1a, 80801 München

Druck und Bindung: Druckerei C.H. Beck, Nördlingen
(Adresse der Druckerei: Wilhelmstraße 9, 80801 München)
Satz: Fotosatz Otto Gutfreund GmbH, Darmstadt
Umschlaggestaltung: Agentur 42 (Fuhr & Partner), Mainz
ISBN 3 423 05827 7 (dtv)
ISBN 3 406 47275 3 (C.H. Beck)

Vorwort zur 5. Auflage

Mit der zunehmenden Kapitalmarktorientierung der Unternehmen hat die Rechnungslegung an Informationsinhalt und Bedeutung gewonnen. Dabei zeichnet sich ein Trend zur Konzernrechnungslegung und zur verstärkten Anwendung international anerkannter Rechnungslegungsgrundsätze ab. Höhere Anforderungen werden auch an die Rechnungslegung mittelständischer Unternehmen gestellt, die den Kapitalmarkt in Anspruch nehmen oder nehmen wollen. Personenhandelsgesellschaften, bei denen keine natürliche Person voll haftet (kurz Kapitalgesellschaften & Co. bezeichnet), haben wie Kapitalgesellschaften Rechnung zu legen. Das betrifft vor allem die vielen GmbH & Co. KGs.

Unter Berücksichtigung dieser Entwicklungen wurde die vergriffene 4. Auflage gründlich überarbeitet. Der Konzernrechnungslegung und den internationalen Rechnungslegungsgrundsätzen wurde breiterer Raum gewidmet. Die Zielsetzung des Buches ist dabei unverändert geblieben. Es soll vor allem dem Nichtfachmann, der sich aus beruflichem oder anderem Interesse mit der Rechnungslegung von Unternehmen und Konzernen befasst, die Bilanz und die Rechnungslegung der Unternehmen und Konzerne verständlich machen.

Hamburg, im Januar 2001 *Eberhard Scheffler*

Vorwort zur 1. Auflage

Nicht nur der bilanzierende Kaufmann oder der Bilanzexperte muß Bilanzen richtig lesen können. Wirtschaftsrecht und Wirtschaftspraxis verlangen dies auch von nicht speziell ausgebildeten Personen. Jeder Unternehmensleiter, jeder Geschäftsführer einer GmbH oder jedes Vorstandsmitglied einer AG ist unabhängig von einer speziellen Verantwortung des Fachkollegen mitverantwortlich für die Bilanz bzw. den Jahresabschluß des Unternehmens. Der Aufsichtsrat einer Kapitalgesellschaft hat die Aufgabe, den Jahresabschluß zu prüfen; das bedeutet, daß sich seine Mitglieder kritisch mit dem Jahresabschluß auseinander setzen müssen.

Darüber hinaus interessieren sich Kapitalanleger (Aktionäre u.a.), Mitarbeiter, Kreditgeber, Lieferanten sowie weitere Institutionen und Personen für den Jahresabschluß eines Unternehmens. Schließlich gehört die Kenntnis des Inhalts und der Aussagekraft eines Jahresabschlusses zum unabdingbaren Rüstzeug für Studenten der Wirtschaftswissenschaften und für alle Nachwuchs-Führungskräfte in einem Unternehmen.

Das vorliegende Buch will die dafür notwendigen Grundkenntnisse vermitteln. Dazu werden der Inhalt des Jahresabschlusses, die anzuwendenden Grundsätze für die Bilanzierung und Bewertung, die Wahlrechte und die Gliederung des Jahresabschlusses ausführlich erläutert. Auf dieser Grundlage werden dann die Bilanzanalyse und Bilanzpolitik behandelt. Auch der Konzernabschluß wird in knapper Form dargestellt.

Zur Erläuterung der betriebswirtschaftlichen Zusammenhänge dienen einfache Beispiele. Die unvermeidbaren Fachwörter werden erklärt. Ein umfangreiches Stichwortverzeichnis soll bei der Lösung spezieller Fragen helfen. Im Anhang sind die für die Bilanzierung und den Jahresabschluß gültigen Rechtsvorschriften auszugsweise wiedergegeben.

Hamburg, im Dezember 1992 *Eberhard Scheffler*

Inhaltsübersicht

Inhaltsverzeichnis

F. Internationale Rechnungslegung

G. Schlussbemerkungen

Abkürzungsverzeichnis

Abb.	Abbildung
Abs.	Absatz
AG	Aktiengesellschaft
AktG	Aktiengesetz
AO	Abgabenordnung
DRS	Deutscher Rechnungslegungsstandard
EGHGB	Einführungsgesetz zum HGB
EStDV	Einkommensteuer-Durchführungsverordnung
EStG	Einkommensteuergesetz
EStR	Einkommensteuer-Richtlinien
FördG	Fördergebietsgesetz
GAAP	Generally Accepted Accounting Principles
GenG	Genossenschaftsgesetz
GmbH	Gesellschaft mit beschränkter Haftung
GmbHG	GmbH-Gesetz
GoB	Grundsätze ordnungsmäßiger Buchführung
G + V	Gewinn- und Verlustrechnung
HGB	Handelsgesetzbuch
IAS	International Accounting Standards
KG	Kommanditgesellschaft
KGaA	Kommanditgesellschaft auf Aktien
KonTraG	Gesetz zur Kontrolle und Transparenz im Unternehmensbereich
KStG	Körperschaftsteuergesetz
KWG	Kreditwesengesetz

Mio. . . . . Millionen

oHG . . . . offene Handelsgesellschaft

PublG . . . . Publizitätsgesetz (Gesetz über die Rechnungslegung von bestimmten Unternehmen und Konzernen)

RechKredV . . . . Verordnung über die Rechnungslegung der Kreditinstitute

RechVersV . . . . Verordnung über die Rechnungslegung von Versicherungsunternehmen

TDM . . . . Tausend DM

VAG . . . . Versicherungsaufsichtsgesetz (Gesetz über die Beaufsichtigung der privaten Versicherungsunternehmen)

Die Bilanz ist wie ein Bikini –
sie verbirgt das Interessanteste
(N. C. Parkinson)

A. Einführung

I. Informationswert der Bilanz

Der vorstehende Ausspruch wird gern zitiert, wenn die kritische Situation eines Unternehmens aus der vorliegenden Bilanz nicht erkannt wurde. Für diese Täuschung kann es verschiedene Gründe geben:

(1) Die Bilanz ist falsch gelesen worden; ihr Zweck, ihre Eigenart und die Grenzen ihrer Aussagekraft wurden unzutreffend gewürdigt.
(2) Die kritische Situation ist erst nach dem Bilanzstichtag ausgelöst worden.
(3) Die Bilanz ist unvollständig oder unrichtig, weil drohende Verluste oder Wertminderungen nicht oder unvollständig erkannt, falsch eingeschätzt oder erst nach Bilanzaufstellung bekannt wurden.

Bilanzen richtig lesen heißt, dass ihre Aussagen zutreffend interpretiert werden und zusätzliche Informationen oder ergänzende Fragen genutzt werden, um Aufklärung über unklare und kritische Bilanzsätze zu erhalten.

Die Bilanz soll die Vermögens- und Finanzlage des Unternehmens darstellen. Sie bezieht sich auf den Bilanzstichtag; danach eingetretene Ereignisse finden in ihr keinen Niederschlag. Außerdem sind zum Schutz der Gläubiger des Kaufmanns die Wertansätze wie folgt begrenzt: Die Vermögensgegenstände dürfen höchstens mit den ursprünglichen Anschaffungs- oder Herstellungskosten angesetzt werden. Eingetretene Wertminderungen und drohende Verluste sind in der Bilanz zu berücksichtigen, während nicht realisierte Gewinne, z. B. Wertsteigerungen bei Grundstücken, nicht angesetzt werden dürfen. Darüber hinaus wird eine vorsichtige Bewertung gefordert, weil die künftigen Markt- und Wertentwicklungen mit Unsicherheiten verbunden sind.

Besitzt bei diesen Einschränkungen die Bilanz dennoch einen relevanten **Informationswert**? Die Antwort lautet: Ja, und zwar für einen verständigen Bilanzleser, der die Bilanzierungsregeln kennt und die ergänzenden Informationen des Jahresabschlusses nutzt.

Der Jahresabschluss umfasst neben der Bilanz auch die Gewinn- und Verlustrechnung für das abgelaufene Geschäftsjahr. Bei Kapitalgesellschaften ist zusätzlich ein sog. Anhang mit Erläuterungen zur Bilanz und zur Gewinn- und Verlustrechnung vorgeschrieben. Hinzu kommt der so genannte Lagebericht.

Die gesetzlichen Vorschriften und die Grundsätze ordnungsmäßiger Buchführung räumen dem Kaufmann zwar einen gewissen Bilanzierungs- und Bewertungsspielraum ein, weil starre Regeln der Vielfalt der wirtschaftlichen Realität und Zweckmäßigkeit nicht gerecht werden können. Bei Kapitalgesellschaften verknüpfen sie aber damit eine entsprechende Berichtspflicht und sie verbieten generell eine willkürliche Bilanzierung. Von einmal gewählten Bewertungswahlrechten darf nicht ohne Grund abgewichen werden.

II. Die Bilanz

Die Bilanz ist eine wertmäßige Gegenüberstellung des betrieblichen Vermögens und der dafür eingesetzten finanziellen Mittel zu einem bestimmten Stichtag. Der Begriff „Bilanz“ leitet sich aus dem lateinischen Begriff „bi-lanx“, d. h. „zwei Waagschalen habend“, und dem daraus entstandenen italienischen Begriff „bilancio“, d. h. „Gleichgewicht der Waage“, ab. Die zwei „Waagschalen“ bezeichnet man mit Aktiva für die Vermögensseite und mit Passiva für die finanziellen Mittel auf der Kapitalseite. Am besten lässt sich die Bilanz in T-Form darstellen.

Aktiva	Passiva

Aktiva oder Aktivposten sind die geschäftlich genutzten Vermögensgegenstände des Kaufmanns wie Gebäude, Maschinen oder

Vorräte, aber auch Forderungen und Bankguthaben. Die **Passiva** oder Passivposten betreffen die zur Beschaffung der Vermögenswerte eingesetzten Finanzmittel wie Eigenkapital, Bank- oder Lieferantenkredite.

Zur besseren Einsicht in die Vermögens- und Finanzlage des Unternehmens werden die Aktiva und Passiva in weitere Posten aufgegliedert. In einer ersten groben Gliederung unterscheidet man auf der Aktivseite das zur (längerfristigen) Nutzung bestimmte **Anlagevermögen**, z. B. Gebäude, Maschinen, und das zum Verbrauch oder zum Verkauf bestimmte Umlaufvermögen. Zum **Umlaufvermögen** gehören neben den Vorräten an Einsatzmaterialien, Waren und Verkaufsprodukten auch die kurzfristig fälligen Forderungen und die Geldbestände in Form von Bankguthaben und Bargeld.

Auf der Passivseite trennt man zwischen dem von den Unternehmenseigentümern zur Verfügung gestellten **Eigenkapital** und dem von verschiedenen Kreditgebern gewährten Fremdkapital. Zum Eigenkapital rechnen neben den Kapitaleinlagen der Eigentümer auch die vom Unternehmen erwirtschafteten, aber nicht ausgeschütteten Gewinne oder als Abzugsposten etwaige Verluste. Das Eigenkapital steht dem Unternehmen i. d. R. auf Dauer zur Verfügung und bildet die Haftungsgrundlage gegenüber seinen Gläubigern. Das **Fremdkapital** stellt die Verbindlichkeiten eines Unternehmens dar, die sich im Wesentlichen aus verzinslichen Darlehen oder Krediten (so genannte Finanzschulden) sowie aus meist unverzinslichen Lieferanten- und sonstigen Schulden zusammensetzen. Fremdkapital ist lang- oder kurzfristig zurückzuzahlen.

Die Bilanz erhält damit folgendes Aussehen:

Aktiva	**Passiva**
Anlagevermögen	Eigenkapital
Umlaufvermögen	Fremdkapital

Die erste Bilanz des Kaufmanns bezieht sich auf den Stichtag der Geschäftseröffnung. Man spricht von der **Eröffnungsbilanz**. Es folgen weitere Bilanzen jeweils zum Schluss jeden Geschäftsjahres.

III. Die Gewinn- und Verlustrechnung

Die Bilanz als Stichtagsrechnung wird ergänzt durch die Gewinn- und Verlustrechnung als Zeitraumrechnung für das am Bilanzstichtag abgelaufene Geschäftsjahr. Die Gewinn- und Verlustrechnung (nachfolgend auch kurz als G + V bezeichnet) enthält die im Geschäftsjahr angefallenen Erträge und Aufwendungen und weist als deren Differenz das Jahresergebnis (Gewinn oder Verlust) aus. Das **Geschäftsjahr** umfasst höchstens 12 Monate. Zur Anpassung auf einen geänderten Abschlussstichtag kann es kürzere so genannte Rumpfgeschäftsjahre geben.

Die Gewinn- und Verlustrechnung zeigt als **Erträge** den Bruttowertzuwachs in der Periode, der auf Leistungen des Unternehmens beruht oder sich durch das Marktgeschehen u. Ä. ergibt, wie z. B. Preissteigerungen oder Wegfall von Risiken. Die erbrachten Leistungen des Unternehmens schlagen sich in den Erlösen für die verkauften Produkte, Waren und Dienstleistungen (Umsatzerlöse) sowie in der Werterhöhung oder -verminderung der Bestände von produzierten, aber noch nicht verkauften Erzeugnissen und Leistungen nieder.

Gegen die Erträge werden die **Aufwendungen** gerechnet. Sie stellen den bewerteten Verbrauch von Gütern und Dienstleistungen in der Abrechnungsperiode dar. Im Einzelnen betreffen sie den Werteverzehr, der durch Nutzung oder Verschleiß des Anlagevermögens sowie durch Verbrauch von Roh-, Hilfs- und Betriebsstoffen entstanden ist, und darüber hinaus die Ausgaben für die eingesetzten Arbeitskräfte, die in Form von Löhnen, Gehältern, Sozialabgaben u. A. anfallen, und für Fremdleistungen (z. B. Reparaturen, Beratungsleistungen) sowie die das Geschäftsjahr betreffenden Steuern und Abgaben.

Die Differenz zwischen Erträgen und Aufwendungen bezeichnet das in der Periode erzielte **Ergebnis**. Übersteigen die Erträge die Aufwendungen, so ergibt sich ein Gewinn; sind die Aufwendungen höher als die Erträge, so hat das Unternehmen einen Verlust erzielt.

Eine Gewinn- und Verlustrechnung sieht in einfacher Form so aus:

Umsatzerlöse
./. Materialaufwendungen
./. Personalaufwendungen
./. Abschreibungen
./. sonstige Aufwendungen
= Gewinn oder Verlust

Beispiel 1:

Der Kaufmann Hase beginnt mit einem Startkapital in Form eines Bankguthabens von 2000 DM einen Eierhandel. Seine Eröffnungsbilanz sieht wie folgt aus:

Aktiva	Passiva
Bankguthaben 2000 DM	Eigenkapital 2000 DM

Hase mietet einen Verkaufsstand mit einer Monatsmiete von 50 DM und kauft sich eine Registrierkasse zum Preis von 1200 DM. Da in der Gewinn- und Verlustrechnung nur der Wertverzehr des Geschäftsjahres gezeigt werden soll, werden die Ausgaben für die Registrierkasse entsprechend der voraussichtlichen Nutzungsdauer auf drei Geschäftsjahre verteilt. Mit anderen Worten: Die Registrierkasse wird in drei Jahren mit jeweils 400 DM abgeschrieben.

Vom Bauer Gockel kauft Hase Eier zum Preis von 0,25 DM pro Stück. Seinen Verkaufspreis setzt er mit 0,35 DM je Ei fest. Kaufmann Hase kauft und verkauft nur gegen bar.

Am Ende des ersten Geschäftsjahres hat er 22000 Eier gekauft und 21500 Eier verkauft, sodass er noch 500 Eier im Bestand hat. Diesen Bestand bewertet er mit den Anschaffungskosten von 0,25 DM je Stück – 125 DM.

Die Gewinn- und Verlustrechnung für das erste Geschäftsjahr sieht wie folgt aus:

	DM
Verkaufserlös (21 500 × –,35)	7525
Wareneinsatz (21 500 × –,25)	– 5375
Mietaufwand (12 × 50,–)	– 600
Abschreibung Registrierkasse (⅓ von 1200)	– 400
Gewinn	1150

Die Bilanz zum Ende des Geschäftsjahres ergibt sich wie folgt:

Aktiva	in DM		Passiva
Registrierkasse (1200–400)	800	Eigenkapital	2000
		Gewinn	1150
Eierbestand (500 × –,25)	125		
Bankguthaben	2225		
	3150		3150

IV. Der Jahresabschluss

Mit Jahresabschluss bezeichnet man die Abrechnung des Kaufmanns für ein Geschäftsjahr. Der Jahresabschluss setzt sich zusammen aus der **Bilanz** zum Schluss des Geschäftsjahres und der **Gewinn- und Verlustrechnung** für das Geschäftsjahr.

Bei Kapitalgesellschaften kommt der sog. **Anhang** hinzu, der zusätzliche Erläuterungen zur Bilanz und zur Gewinn- und Verlustrechnung enthält. Außerdem haben diese Unternehmen den Jahresabschluss um den sog. **Lagebericht** zu ergänzen, in dem auf den Geschäftsverlauf und die Situation des Unternehmens sowie auf die Risiken seiner künftigen Entwicklung einzugehen ist.

Größere Unternehmen veröffentlichen in der Regel einen **Geschäftsbericht**, der neben Jahresabschluss und Lagebericht weitere für den Investor nützliche Informationen, aber auch imagefördernde Angaben zum Unternehmen und seiner Entwicklung enthält.

Der Jahresabschluss dient zur **Ermittlung des Reinvermögens** (= Vermögen abzüglich Schulden) zum Bilanzstichtag sowie zur **Feststellung des Periodenergebnisses** (= Jahresüberschuss oder Jahresfehlbetrag = Gewinn oder Verlust) des abgelaufenen Geschäftsjahres. Er bildet die Grundlage für die Gewinnverwendung (Ausschüttung oder Einbehalt von Gewinnen) und – mit Modifikationen – für die Besteuerung des Unternehmens. Darüber hinaus informiert der Jahresabschluss über die Geschäftsentwicklung und die wirtschaftliche Lage des Unternehmens, die für den Kaufmann oder die Unternehmensführung selbst sowie für die Eigentümer (Gesellschafter, Aktionäre) und für den Aufsichtsrat sowie für Gläubiger

(Kreditgeber wie Banken und Lieferanten) und andere Adressaten (Finanzamt, Mitarbeiter, Kunden, allgemeine Öffentlichkeit) von Interesse sind.

„Bilanzen richtig lesen" heißt also eigentlich, den Jahresabschluss lesen und verstehen. Dazu sind insbesondere folgende Fragen zu beantworten. (Die Texthinweise sollen den eiligen Leser zu einschlägigen Textstellen führen.)

	siehe Kapitel:
1. Bilanz: Das Reinvermögen des Kaufmanns	
a) Was darf und muss in die Bilanz aufgenommen werden? (Vollständigkeit der Bilanz)	C.I.2
b) welchen Bilanzposten sind die Vermögensgegenstände und Schulden zuzuordnen? (Struktur des Vermögens und des Kapitals)	C.I.4
c) Wie sind die Vermögensgegenstände und Schulden zu bewerten?	C.I.5 + 6
d) Wie sind Vermögens- und Kapitalstruktur zu beurteilen?	D.I.3
2. G + V: Das Jahresergebnis der kaufmännischen Tätigkeit	
a) Welche Aufwendungen und Erträge sind im Geschäftsjahr angefallen? Wie ist das Jahresergebnis zustande gekommen?	D.I.6
b) Wie ist der Erfolg zu beurteilen?	C.II
3. Anhang: Zusätzliche Angaben zur Vermögens-, Finanz- und Ertragslage	
a) Welche Bilanzierungs- und Bewertungswahlrechte wurden wie ausgeübt? Gab es Abweichungen gegenüber dem Vorjahr?	C.I.3, 5 + 6 sowie C.III.1; D.I.4 + II
b) Wie ist die Entwicklung im Vergleich zum Vorjahr zu beurteilen?	D.I
c) Welche finanziellen Verpflichtungen sind nicht bilanziert worden?	C.III.2
d) Welche wesentlichen Entwicklungen sind nach dem Bilanzstichtag eingetreten?	C.IV

Das vorliegende **Buch ist wie folgt gegliedert**: Nach Darstellung der gesetzlichen und allgemeinen Grundlagen des Jahresabschlusses in Kapitel B wird in Kapitel C der Inhalt des Jahresabschlusses im Einzelnen beschrieben. Dabei wird dargelegt, was in Bilanz und Gewinn- und Verlustrechnung aufzunehmen ist oder aufgenommen werden darf, wie die Bilanzposten zu gliedern und mit welchen Werten sie anzusetzen sind. Die Kenntnisse ermöglichen eine Analyse des Jahresabschlusses und das Verständnis der angewandten Bilanzpolitik, auf die in Kapitel D eingegangen wird.

Die meisten großen und mittelständischen Unternehmen sind als Mutter- oder Tochterunternehmen Bestandteil eines Konzerns. Daher gewinnt der Konzernabschluss immer mehr an Bedeutung. Er stellt den Konzern als wirtschaftliche Einheit dar, indem die konzerninternen Vorgänge neutralisiert werden. Daher werden im Kapitel E die Besonderheiten des Jahresabschlusses von Konzernen (Konzernabschluss) behandelt.

In einem abschließenden Kapitel F wird auf die internationale Rechnungslegung eingegangen, soweit sie für deutsche Unternehmen von Bedeutung ist.

B. Grundlagen für den Jahresabschluss

- Gesetzliche Vorschriften
- Grundsätze ordnungsmäßiger Buchführung
- Inventur, Bestandsverzeichnis (Inventar)

I. Gesetzliche Vorschriften

1. Buchführung

Die **Pflicht zur Buchführung und zur Rechnungslegung** ist im Interesse der Rechtssicherheit, zum Schutz der Gläubiger und der Aktionäre oder Gesellschafter sowie zur Sicherstellung der Gleichmäßigkeit der Besteuerung gesetzlich geregelt. Die wichtigsten Vorschriften enthält das dritte Buch des Handelsgesetzbuches (= HGB).

Nach den **handelsrechtlichen Vorschriften** ist jeder Kaufmann „verpflichtet, Bücher zu führen und in diesen seine Handelsgeschäfte und die Lage seines Vermögens nach den Grundsätzen ordnungsmäßiger Buchführung ersichtlich zu machen" (§ 238 HGB). **Kaufmann** im Sinn dieser Vorschrift ist jede Person oder Personenvereinigung, die selbstständig und berufsmäßig in der Absicht dauernder Gewinnerzielung am Markt tätig ist und deren Betrieb nach Art und Umfang eine kaufmännische Organisation erfordert (vgl. §§ 1 bis 7 HGB).

Als Kaufmann gelten dementsprechend neben den Einzelkaufleuten die Personenhandelsgesellschaften (offene Handelsgesellschaft - oHG, Kommanditgesellschaft - KG), die Kapitalgesellschaften (Aktiengesellschaft - AG, Kommanditgesellschaft auf Aktien - KGaA, Gesellschaft mit beschränkter Haftung - GmbH), die Genossenschaften und die Stiftungen, die kaufmännisch tätig sind.

In den **Büchern** sind die einzelnen Geschäftsvorfälle laufend und aktuell so zu erfassen, dass sich ihre Entstehung und Abwicklung verfolgen lassen und dass ein sachverständiger Dritter sich innerhalb angemessener Zeit einen Überblick über die Geschäftsvorfälle und über die Lage des Unternehmens verschaffen kann.

„Jeder Kaufmann hat zu Beginn seines Handelsgewerbes und für den Schluss jeden Geschäftsjahres einen das Verhältnis seines Vermögens und seiner Schulden darstellenden Abschluss (**Eröffnungsbilanz**, Bilanz) aufzustellen. Er hat für den Schluss eines jeden Geschäftsjahres eine Gegenüberstellung der Aufwendungen und Erträge (Gewinn- und Verlustrechnung) aufzustellen. Die Bilanz und die Gewinn- und Verlustrechnung bilden den **Jahresabschluss**." (§ 242 HGB)

Die **steuerrechtliche Buchführungspflicht** ergibt sich aus der Abgabenordnung (AO). Danach hat jeder, der nach anderen Gesetzen Bücher zu führen hat, diese Verpflichtung auch für die Besteuerung zu erfüllen. Von einer bestimmten Größenordnung (siehe Tabelle 1) sind unabhängig von handelsrechtlichen Pflichten aus steuerlichen Gründen Bücher vorgeschrieben (§§ 140, 141 AO). Darüber hinaus enthalten einige spezielle Steuergesetze weitere Aufzeichnungspflichten.

Gesamtumsatz über	500 000 DM
Betriebsvermögen von mehr als	125 000 DM
Gewinn aus Gewerbebetrieb über	48 000 DM
Selbstbewirtschaftete land- und forstwirtschaftliche Flächen mit einem Wirtschaftswert von mehr als	40 000 DM
Gewinn aus Land- und Forstwirtschaft von mehr als	48 000 DM

Tabelle 1: Steuerrechtliche Buchführungspflicht

2. Die Rechnungslegung

Als Rechnungslegung bezeichnet man die Aufstellung des Jahresabschlusses, seine Prüfung und seine Veröffentlichung. Der Kaufmann legt mit dem Jahresabschluss die Rechnung über seine Tätigkeit vor und damit auch Rechenschaft darüber ab. Die Grundlage des Jahresabschlusses bilden die Eröffnungsbilanz zu Beginn des Geschäftsjahres, die (fortlaufende) Buchführung, in der alle Geschäftsvorgänge während des Geschäftsjahres systematisch aufgezeichnet werden, sowie Inventur und Inventar.

Im Überblick finden sich die wichtigsten **handelsrechtlichen Rechnungslegungsvorschriften** an den in Tabelle 2 ausgewiesenen Fundstellen.

Thema	HGB	Sonstige Vorschriften
Buchführung, Inventar	§§ 238–241	§ 91 AktG, § 33 GenG, § 41 GmbHG
Eröffnungsbilanz, Jahresabschluss	§§ 242–256	§§ 1–10 PublG
Aufbewahrung und Vorlage der Rechnungs-Unterlagen	§§ 257–263	
Ergänzende Vorschriften für Kapitalgesellschaften	§§ 264–289	§§ 150–174 AktG, §§ 42–42 a GmbHG
Konzernabschluss	§§ 290–315	§§ 11–15 PublG, § 337 AktG
Prüfung des Jahres- und Konzernabschlusses	§§ 316–324	
Offenlegung	§§ 325–330	
Strafvorschriften	§§ 331–335	
Ergänzende Vorschriften		
für Genossenschaften	§§ 336–339	§§ 53–63 GenG
für Kreditinstitute	§§ 340–340 o	RechKreditV; §§ 26–30 KWG
für Versicherungen	§§ 341–341 o	RechVersV; §§ 55–64 VAG

Tabelle 2: Die wichtigsten handelsrechtlichen Rechnungslegungsvorschriften

Der **Umfang der Rechnungslegung** der Unternehmen und Konzerne richtet sich nach

- dem Haftungsumfang der Unternehmenseigentümer,
- der Größe des Unternehmens,
- der Inanspruchnahme des Kapitalmarktes durch das Unternehmen.

Schließlich gibt es besondere Rechnungslegungsvorschriften für Konzerne sowie für Unternehmen bestimmter Branchen, z. B. Banken und Versicherungen.

Unternehmen, bei denen mindestens eine natürliche Person unbeschränkt haftet, also **Einzelkaufleute und Personenhandelsgesellschaften** mit Ausnahme der nachstehend beschriebenen Kapitalgesellschaften & Co., haben nach den für alle Kaufleute geltenden Vorschriften der §§ 238 bis 263 HGB Rechnung zu legen.

Überschreiten diese Unternehmen, die in § 1 bzw. § 11 Publizitätsgesetz (PublG) genannten Größenkriterien, müssen sie in weitgehender Anlehnung an die strengeren Bestimmungen für Kapitalgesellschaften umfangreicher Rechnung legen (§§ 5 bzw. 11 PublG).

Kapitalgesellschaften und Personenhandelsgesellschaften, bei denen keine natürliche Person unbeschränkt haftet, müssen vor den allgemeinen Bestimmungen der §§ 238 ff. HGB die speziellen Vorschriften der §§ 264 ff. HGB beachten. Zu den letztgenannten Unternehmen, verkürzt als „**Kapitalgesellschaften & Co**." bezeichnet, gehören Personenhandelsgesellschaften, bei denen nur juristische Personen wie Kapitalgesellschaften, Genossenschaften oder Stiftungen unbeschränkt haftender Gesellschafter sind (§ 264 a HGB). Am meisten verbreitet ist die GmbH & Co. KG, bei der die GmbH der alleinige Vollhafter oder Komplementär ist. Soweit nachfolgend auf Regelungen für die Kapitalgesellschaften hingewiesen wird, gelten diese auch für die Kapitalgesellschaften & Co.

Grundlage der deutschen Rechnungslegungsvorschriften für Kapitalgesellschaften, der Kapitalgesellschaften & Co. und der von diesen Gesellschaften kontrollierten Konzerne sind die **Bilanzierungsrichtlinien der Europäischen Union** (insbesondere 4. und 7. EG-Richtlinie). Diese Richtlinien, an die der deutsche Gesetzgeber gebunden ist, bezwecken die Harmonisierung der Rechnungslegung in Europa, die allerdings wegen unterschiedlicher Ausnutzung der in den Richtlinien enthaltenen Wahlrechte nur teilweise gelungen ist (siehe auch Abschnitt F).

Die für den Umfang der Rechnungslegung entscheidenden **Größenmerkmale** der Unternehmen sind in der Tabelle 3 dargestellt. Es müssen jeweils zwei der drei aufgeführten Größenmerkmale an zwei aufeinander folgenden Bilanzstichtagen vorliegen, um die entsprechenden Rechnungslegungspflichten auszulösen.

Größenklasse	**Bilanzsumme** (Mio DM)	**Umsatzerlöse** (Mio DM)	**Arbeitnehmer** ø Zahl
Kleine Kapitalgesellschaften (§ 267 Abs. 1 HGB)	<6,72	<13,44	<50
Mittelgroße Kapitalgesellschaften (§ 267 Abs. 2 HGB)	>6,72< 26,89	>13,44< 53,78	>50< 250
Große Kapitalgesellschaften (§ 267 Abs. 3 HGB)	>26,89	>53,78	>250
Andere Großunternehmen (§§ 1 und 11 PublG)	>125,0	>250,0	>5000

Tabelle 3: Umfang der Rechnungslegung in Abhängigkeit von Größenmerkmalen von Unternehmen

Die **Größenmerkmale für Kapitalgesellschaften** gelten auch für die Kapitalgesellschaften & Co. Für kleine und mittelgroße Kapitalgesellschaften gewährt das HGB gewisse Erleichterungen bei der Rechnungslegung.

Kapitalgesellschaften, die in einen Konzernabschluss einbezogen werden (siehe unten Abschnitt E) und bei denen sich das Mutterunternehmen verpflichtet hat, die Verluste zu übernehmen, brauchen für ihren Jahresabschluss nicht die für Kapitalgesellschaften strengeren Rechnungslegungsregeln anzuwenden, wenn alle Gesellschafter zugestimmt haben (siehe im Einzelnen § 264 Abs. 3 HGB). Für Kapitalgesellschaften & Co. gibt es eine ähnliche Befreiung (§ 264 b HGB).

Strengeren Rechnungslegungsregeln unterliegen **börsennotierte Unternehmen** sowie Unternehmen, die direkt oder indirekt den organisierten Kapitalmarkt in Anspruch nehmen; auf die Besonderheiten wird an zutreffender Stelle eingegangen.

Die gesetzlichen Vorschriften werden durch die Grundsätze ordnungsmäßiger Buchführung ergänzt, auf die im nächsten Abschnitt näher eingegangen wird. Die Bilanzpolitik des Kaufmanns kann nur im Rahmen der genannten Vorschriften und Grundsätze entfaltet werden, und zwar unter Beachtung der in Tabelle 4 wiedergegebenen Rangfolge.

(1) Spezifische Rechnungslegungsvorschriften (z. B. für Banken)
(2) Allgemeine Rechnungslegungsvorschriften (vor allem 3. Buch des HGB)
a) Vorschriften für Kapitalgesellschaften
b) Übrige Vorschriften
(3) Grundsätze ordnungsmäßiger Buchführung
(4) Bilanzpolitik des Unternehmens (oder Konzerns)

Tabelle 4: Rangfolge der Rechnungslegungsvorschriften

Für die **Steuerbilanz**, die der Ermittlung des steuerpflichtigen Gewinns dient, sind in erster Linie die §§ 4 bis 10 Einkommensteuergesetz (EStG) und die ergänzenden Abschnitte der Einkommensteuer-Richtlinien (EStR) von Bedeutung. Sie regeln insbesondere die steuerlich zulässigen Wertansätze für die Vermögensgegenstände und Schulden. Die Steuerbilanz ist grundsätzlich aus der Handelsbilanz abzuleiten (Grundsatz der Maßgeblichkeit der Handelsbilanz). Sie weicht von dieser nur ab, soweit dies spezielle steuerliche Vorschriften vorsehen. Letztere engen im Interesse einer gleichmäßigen Besteuerung oder aus fiskalischen Gründen den Bilanzierungs- und Bewertungsspielraum ein. Die eigenständigen steuerrechtlichen Vorschriften sind in jüngster Zeit erheblich erweitert worden, sodass das Maßgeblichkeitsprinzip stark durchlöchert ist.

II. Die Grundsätze ordnungsmäßiger Buchführung

„Der Jahresabschluss ist nach Grundsätzen ordnungsmäßiger Buchführung aufzustellen" (§ 243 HGB). Für Kapitalgesellschaften bestimmt § 264 HGB, dass der Jahresabschluss „unter Beachtung der Grundsätze ordnungsmäßiger Buchführung ein den tatsächlichen Verhältnissen entsprechendes Bild über Vermögens-, Finanz- und Ertragslage der Kapitalgesellschaft zu vermitteln" hat. Im Grundsatz gilt das auch für den Jahresabschluss der anderen Kaufleute, wobei allerdings die weitergehenden Bestimmungen der §§ 264 ff. HGB für sie nicht zwingend sind.

Die Forderung nach der Bilanzwahrheit ist dann erfüllt, wenn bei der Bilanzierung und Bewertung die gesetzlichen Vorschriften und die Grundsätze ordnungsmäßiger Buchführung (im Folgenden auch GoB genannt) beachtet worden sind. Die GoB sind zum Teil gesetzlich fixierte, zum Teil ungeschriebene, allgemein gültige Rechtsnormen, die zur Auslegung und Ergänzung der Gesetzesnormen dienen, um zu einer sachgerechten Buchführung sowie insbesondere Bilanzierung und Bewertung zu gelangen. Der Zweck der Rechnungslegung spielt eine wichtige Rolle.

Als **Erkenntnisquellen** zur Ermittlung oder Entwicklung von GoB kommen neben dem Wortlaut und dem Sinn der handels- und steuerrechtlichen Gesetze die Rechtsprechung, die Deutschen Rechnungslegungsstandards, die betriebswirtschaftliche Forschung, fachliche Stellungnahmen der Wirtschaftsprüfer, Gutachten der Industrie- und Handelskammern u. Ä. sowie nachgeordnet die Gepflogenheiten ordentlicher und ehrenwerter Kaufleute in Betracht.

Nachfolgend sollen die wichtigsten GoB dargestellt werden, die zum Verständnis des Jahresabschlusses bedeutsam sind.

1. Bilanzwahrheit, Vollständigkeit

Die Aufzeichnungen in den Büchern und der Ausweis im Jahresabschluss dürfen keine unwahren Angaben enthalten (Grundsatz der **Bilanzwahrheit**). So darf z. B. die Bilanz keine Vermögensgegenstände ausweisen, die tatsächlich nicht vorhanden oder die nicht dem betrieblichen Vermögen des Kaufmanns zuzurechnen sind. Die Vermögensgegenstände, Schulden und das Eigenkapital sind außerdem unter der für sie zutreffenden Bilanzposition (d. h. Bezeichnung der Bilanzposten) auszuweisen.

Die Aufzeichnungen in den Büchern und der Ausweis im Jahresabschluss haben in klarer und übersichtlicher Form zu erfolgen, sodass sich ein Sachverständiger in angemessener Zeit über die Geschäftsvorfälle und die Lage des Unternehmens informieren kann. Die aus realen Geschäftsvorfällen generierten Aktiva und Passiva bzw. Aufwendungen und Erträge sind eindeutig zu bezeichnen und als Posten des Jahresabschlusses hinreichend aufzugliedern. Posten der Aktivseite dürfen nicht mit Posten der Passivseite und Aufwendungen nicht mit Erträgen verrechnet werden (**Verrechnungsverbot**; § 246 Abs. 2 HGB).

Zur Klarheit und Übersichtlichkeit gehört auch die zeitgerechte Erfassung der Geschäftsvorfälle. Der Jahresabschluss ist innerhalb der einem ordnungsmäßigen Geschäftsgang entsprechenden Zeit aufzustellen. In der Regel liegen die Jahresabschlüsse drei bis sechs Monate nach Ablauf des Geschäftsjahres vor.

Die Eintragungen in den Büchern müssen durch Belege wie Rechnungen, Quittungen, Schriftwechsel und Bankauszüge unterlegt sein. Ihr Inhalt und der Zeitpunkt des Geschäftsvorfalls müssen nachprüfbar sein (Grundsatz der **Belegbarkeit**).

Der Grundsatz der **Vollständigkeit** fordert, dass die Geschäftsvorfälle in der Buchhaltung lückenlos erfasst werden und dass im Jahresabschluss sämtliche Vermögensgegenstände, Schulden, Aufwendungen und Erträge enthalten sind.

2. Wirtschaftlichkeit

Die Anforderungen an die Buchführung dürfen andererseits nicht überspannt werden. Nach dem Grundsatz der Wirtschaftlichkeit soll der Aufwand in einem angemessenen Verhältnis zum angestrebten Erfolg (Genauigkeit, Übersichtlichkeit usw.) stehen. Das hat z. B. zu gewissen Vereinfachungen bei der Erfassung und der Bewertung von Vermögensgegenständen geführt.

In diesem Zusammenhang sei auch der für den Jahresabschluss geltende **Grundsatz der Wesentlichkeit** erwähnt. Sachverhalte von untergeordneter Bedeutung, die nach den Verhältnissen des Einzelfalles keinen nennenswerten Einfluss auf das Ergebnis und die Rechnungslegung haben, können pauschal behandelt oder sogar vernachlässigt werden.

3. Willkürfreiheit, Stichtagsprinzip, Bilanzkontinuität

Der Grundsatz der **Willkürfreiheit** bezieht sich sowohl auf die systematische und logische Erfassung der Geschäftsvorfälle als auch auf den Ausweis und die Bewertung im Jahresabschluss. Zulässige Wahlrechte dürfen nicht willkürlich, d. h. vor allem nicht sachwidrig ausgeübt werden. Verbunden hiermit ist der Grundsatz der Stetigkeit, der Veränderungen in der Systematik der Buchhaltung, beim Ausweis im Jahresabschluss (§ 265 Abs. 1 HGB) sowie vor allem in der Bewertung (§ 252 Abs. 1 Ziff. 6 HGB) nicht ohne sachliche Begründung erlaubt.

Die Aufwendungen und Erträge sind unabhängig vom jeweiligen Zeitpunkt der Zahlung bzw. der Ausgabe oder Einnahme periodengerecht im Jahresabschluss zu erfassen (Grundsatz der **Periodenabgrenzung**). Sie werden jeweils der Abrechnungsperiode zugerechnet, in der sie wirtschaftlich verursacht worden sind.

Für die Bilanzierung und Bewertung der Vermögensgegenstände und Schulden sind die Verhältnisse am Abschlussstichtag maßgeblich (**Stichtagsprinzip**). Bessere Erkenntnisse über die Verhältnisse am Stichtag, die bis zur endgültigen Bilanzaufstellung gewonnen werden, sind zu berücksichtigen. Nach dem Stichtag eingetretene Ereignisse und Veränderungen bleiben dagegen außer Ansatz.

Die Wertansätze in der Anfangsbilanz des Geschäftsjahres müssen mit denen der Schlussbilanz des vorhergehenden Geschäftsjahres übereinstimmen. Mit diesem Grundsatz der formellen **Bilanzkontinuität** wird erreicht, dass die Summe der Ergebnisse der Einzelperioden (in der Regel des Geschäftsjahres) dem Ergebnis der Totalperiode (Gesamtlebenszeit des Unternehmens) entspricht.

4. Einzelbewertung, Unternehmensfortführung

Vermögensgegenstände und Schulden sind einzeln zu bewerten. Wertminderungen eines Vermögensgegenstandes dürfen nicht mit Werterhöhungen eines anderen verrechnet werden (Grundsatz der **Einzelbewertung**). So dürfen z. B. Kursverluste beim Wertpapier X nicht mit Kurssteigerungen beim Wertpapier Y aufgerechnet werden.

Es kann manchmal zweifelhaft sein, ob ein selbstständiger Vermögensgegenstand gegeben ist oder ob er mit anderen eine größere Bewertungseinheit bildet. Beispiel: Einzelne Motoren können Bestandteile einer großen Anlageneinheit sein. Es kommt vor allem auf den betrieblichen Nutzungs- und Funktionszusammenhang und auch auf eine branchentypische Beurteilung an.

Bei der Bewertung der Vermögensgegenstände und Schulden ist von der Fortführung des Unternehmens („**going concern**") auszugehen. Dementsprechend werden beim Anlagevermögen die Anschaffungs- oder Herstellungskosten durch Abschreibungen über die voraussichtliche Nutzungsdauer der Anlagen verteilt. Beim Vorratsvermögen wird unterstellt, dass dieses im Rahmen des normalen Leistungsprozesses verbraucht bzw. Fertigerzeugnisse und Waren im normalen Geschäftsgang verkauft werden. Ausschlaggebend für die Bewertung ist also die zukünftige Nutzung der Vermögensgegenstände im Rahmen der gewöhnlichen Geschäftstätigkeit des Unternehmens.

Unternehmen sind in der Regel auf Dauer angelegt, sodass generell von der Unternehmensfortführung ausgegangen werden kann. Stehen der Unternehmensfortführung aber rechtliche oder tatsächliche Gegebenheiten entgegen, z. B. Liquiditätsschwierigkeiten, Auslaufen der Betriebskonzession oder Erschöpfung von Rohstoffvorräten, so darf der Grundsatz der Unternehmensfortführung nicht angewendet werden. Es sind dann Einzelveräußerungs- oder Liquidationswerte anzusetzen.

5. Vorsichts- und Imparitätsprinzip

Die Bewertung hat unter Anwendung des **Vorsichtsprinzips** zu erfolgen. Der Grundsatz der Vorsicht soll vor allem die Gläubiger des Kaufmanns schützen. Er bedeutet, dass im Zweifel auf der Aktivseite niedrigere und auf der Passivseite höhere Werte anzusetzen sind. Insbesondere sind alle vorhersehbaren Risiken und drohende Verluste in der Bilanz zu berücksichtigen, auch wenn sie erst nach dem Bilanzstichtag bekannt werden. Aktuelle Erkenntnisse von den Verhältnissen am Bilanzstichtag sind bis zum Zeitpunkt der Bilanzaufstellung einzubeziehen. Man spricht von „wertaufhellenden" Ereignissen oder Kenntnissen.

Gewinne dürfen nur dann ausgewiesen werden, wenn sie am Bilanzstichtag realisiert worden sind. Nach diesem **Realisationsprinzip** entsteht ein Gewinn erst durch einen Umsatzakt, d. h. durch den Verkauf und die Auslieferung der Produkte oder durch den Verkauf und die Erbringung abrechenbarer Dienstleistungen an Dritte. Der Kaufmann muss die geschuldete Leistung erbracht und der Abnehmer muss über die Produkte und Leistungen wirtschaftlich verfügen können, sodass der Kaufmann Anspruch auf die vereinbarte oder gesetzlich festgelegte Gegenleistung hat. Entscheidend ist dabei nicht der rechtliche, sondern der wirtschaftliche Übergang der Verfügungsgewalt und damit auch der Übergang der Gefahr des zufälligen Untergangs oder Verlustes eines Vermögensgegenstandes.

Nicht realisierte Gewinne sind mit Unsicherheiten behaftet; es wäre unvorsichtig, sie auszuweisen. Das Realisationsprinzip verhindert, dass nicht realisierte Gewinne ausgewiesen und womöglich besteuert und ausgeschüttet werden. Es dient der Kapitalerhaltung.

Der Vorsichtsgrundsatz verlangt aber andererseits, dass drohende, d. h. unrealisierte Verluste berücksichtigt werden. Wegen der ungleichen Behandlung von nicht realisierten Gewinnen und nicht realisierten Verlusten spricht man vom **Imparitätsprinzip**. Es verlangt den Ausweis nicht realisierter Verluste (z. B. drohende Verluste aus noch nicht abgewickelten Aufträgen) und verbietet den Ausweis von nicht realisierten Gewinnen (z. B. bei zum Verkauf bereitgestellten Produkten, die noch nicht an den Kunden ausgeliefert wurden).

Das Imparitätsprinzip findet auch Ausdruck in dem Grundsatz, dass Vermögensgegenstände höchstens mit den ursprünglichen Anschaffungs- oder Herstellungskosten bewertet werden dürfen (**Anschaffungswertprinzip**). Gestiegene Wiederbeschaffungskosten oder höhere Veräußerungswerte dürfen also in der Bilanz nicht berücksichtigt werden. Insofern enthält die Bilanz keine aktuellen Markt- oder Zeitwerte. Diese kommen – als Ausfluss des Realisations- und Vorsichtsprinzips – nur zum Ansatz, wenn sie am Bilanzstichtag niedriger sind als die ursprünglichen Anschaffungs- oder Herstellungskosten bzw. als der fortgeschriebene Buchwert (**Niederstwertprinzip**).

6. Bewertungsstetigkeit

Die Wertmaßstäbe für die Vermögensgegenstände und Schulden sind z. T. nach bestimmten Bewertungsmethoden zu ermitteln. Man spricht vom Prinzip der Methodenbestimmtheit. Es ist Ausfluss des Grundsatzes der Willkürfreiheit.

Soweit verschiedene Bewertungsmethoden infrage kommen, die der Kaufmann wählen kann, schreibt der Grundsatz der Bewertungsstetigkeit vor, dass die für den vorhergehenden Jahresabschluss angewandten Bewertungsmethoden beibehalten werden sollen. Das bedeutet, dass dieselben Vermögensgegenstände von Bilanz zu Bilanz gleichmäßig unter Anwendung derselben Methoden bewertet werden. Diese **materielle Bilanzkontinuität** soll die Vergleichbarkeit des Jahresabschlusses gewährleisten und seine Aussagekraft verbessern.

In begründeten Ausnahmefällen darf von dem genannten Grundsatz der Stetigkeit abgewichen werden. Veränderte Verhältnisse, z. B. Gesetzesänderungen, Eigentümerwechsel oder die Ergebnisse einer steuerlichen Betriebsprüfung können Abweichungen notwendig oder zweckmäßig machen. Vergleichbarkeit und Aussagekraft des Jahresabschlusses sind abzuwägen, wobei wesentliche Bewertungsänderungen gegenüber dem vorhergehenden Jahresabschluss offen zu legen sind (vgl. S. 103).

III. Inventur und Inventar

Jeder Kaufmann hat zu Beginn seiner geschäftlichen Tätigkeit und für den Schluss jeden Geschäftsjahres ein Verzeichnis zu erstellen, in dem er seine Grundstücke, Forderungen, Bargeld, sonstige Gegenstände und Schulden genau aufzuführen und den Wert der einzelnen Vermögensgegenstände und Schulden anzugeben hat (§ 240 HGB).

In dem **Bestandsverzeichnis** oder Inventar sind alle bilanzierungsfähigen Vermögensgegenstände und Schulden zu verzeichnen, unabhängig davon, ob sie tatsächlich bilanziert werden oder nicht und wie sie zu bewerten sind. Zweck des Inventars ist es, ein genaues Mengengerüst für die Bilanzierung zu haben und Hinweise auf die Qualität der aufgenommenen Bestände zu erhalten. Dazu muss das Inventar alle erforderlichen Angaben wie Art, Menge und Qualität der Vermögensgegenstände und Schulden ausweisen, um daraus für die Bilanzposten zutreffende Werte ermitteln zu können.

Das Inventar setzt eine **körperliche oder buchmäßige Erfassung der Bestände** (= Inventur) voraus. Die körperliche Bestandsaufnahme geschieht durch Zählen, Wiegen und Messen der entsprechenden Sachgüter. Dabei ist im Inventar neben der Menge auch der Zustand und Qualität der einzelnen Posten, z. B. verrostet oder beschädigt, zu vermerken.

Einer körperlichen Bestandsaufnahme bedarf es nicht, wenn der Bestand der Vermögensgegenstände auch ohnedies mit ausreichender Sicherheit festgestellt werden kann (§ 241, Abs. 2 HGB). Dies gilt auch für immaterielle Vermögensgegenstände sowie für Forderungen und Verbindlichkeiten, die nur buchmäßig erfasst werden können. Ihre Existenz ist jedoch nach Möglichkeit durch andere Nachweise, z. B. Patentschriften oder Saldenbestätigungen der Schuldner bzw. Gläubiger zu dokumentieren.

Für das **Vorratsvermögen** ist regelmäßig eine jährliche körperliche Bestandsaufnahme notwendig. Dieser Grundsatz findet dort seine Grenze, wo der mit der Durchführung der körperlichen Aufnahme verbundene Aufwand mit dem wirtschaftlichen Zweck nicht mehr zu rechtfertigen ist und die Unterlagen der Buchführung die Wertermittlung mit ausreichender Zuverlässigkeit gestatten.

Beim **Sachanlagevermögen** genügt es, wenn der Bestand alle drei Jahre durch eine körperliche Bestandsaufnahme verifiziert wird, wenn ein Bestandsverzeichnis (Anlagenkartei) geführt wird, das den Gegenstand, das Datum des Zu- und Abganges, die Anschaffungs- oder Herstellungskosten und den Buchwert am Bilanzstichtag genau bezeichnet, sodass der Bestand durch Fortschreibung ermittelt werden kann.

Die Bestandsaufnahme erfolgt im Regelfall zum Bilanzstichtag. Für die Stichtagsinventur genügt es aber, wenn die Bestandsaufnahme zeitnah, d. h. in der Regel innerhalb von zehn Tagen vor oder nach dem Bilanzstichtag durchgeführt wird, vorausgesetzt, dass etwaige Mengenveränderungen genau erfasst und berücksichtigt werden. Zur Erleichterung der Bestandsaufnahme können unter bestimmten Voraussetzungen folgende vereinfachten **Inventurverfahren** angewendet werden: die permanente Inventur (laufende Bestandsverfolgung nach Art, Menge und Wert), die vor- oder nachverlagerte Stichtagsinventur und die Inventur in Stichproben (vgl. § 241 HGB).

C. Der Jahresabschluss

- Bilanz (Gliederung, Bewertung, Wahlrechte)
- Gewinn- und Verlustrechnung
- Anhang und Lagebericht
- Prüfung und Offenlegung

I. Die Bilanz

1. Der Inhalt der Bilanz

Der Inhalt der Bilanz besteht aus den einzelnen Bilanzposten auf der Aktiv- und Passivseite. Als Bilanzposten bezeichnet man die in der Bilanz unter einer Bezeichnung zusammengefassten und mit einer Wertangabe versehenen Vermögensgegenstände, Schulden, Eigenkapital und sonstige Posten. Als sonstige Posten kommen die Posten der Rechnungsabgrenzung, sog. Bilanzierungshilfen sowie Korrektur- und Sonderposten in Betracht.

1.1 Vermögensgegenstände, Schulden, Eigenkapital

Als **Vermögensgegenstände** gelten alle Sachen und Rechte, die einzeln beschaffbar und/oder veräußerbar und damit auch einzeln bewertbar sind. Es handelt sich also um selbstständige körperliche Gegenstände sowie um Forderungen oder andere Rechte, die Gegenstand des Rechtsverkehrs sein können. Werden körperliche Gegenstände durch Verbindung oder Verarbeitung Teil einer größeren Funktionseinheit, in der sie die Einzelveräußerbarkeit und -verwertbarkeit verlieren, so bildet das zusammengesetzte Gut den Vermögensgegenstand. Forderungen sind Rechtsansprüche auf Zahlungsleistungen. Zu den anderen Rechten gehören sowohl geschützte Rechte wie Patente und Lizenzen als auch ungeschützte Erfindungen u. Ä., wenn sie einzeln veräußerbar oder verwertbar sind.

Schulden gelten als Oberbegriff für Verbindlichkeiten. Sie setzen die rechtliche oder wirtschaftliche Verpflichtung zu einer Leistung voraus, die auf vergangenen Ereignissen beruht und am Bilanzstichtag eine selbstständig bewertbare wirtschaftliche Belastung des Kaufmanns darstellt. Zu ihnen gehören die Verbindlichkeiten gegenüber Lieferanten, Kreditinstituten und sonstigen Gläubigern sowie die Rückstellungen für ungewisse Verbindlichkeiten und für drohende Verluste aus schwebenden Geschäften, aber auch die sog. Aufwandsrückstellungen (siehe dazu Seite 55).

Auf der Passivseite wird auch das **Eigenkapital** ausgewiesen. Es setzt sich zusammen aus den Kapitaleinlagen der Unternehmenseigentümer (Einzelhandelskaufmann, Gesellschafter oder Aktionäre), den Rücklagen und den nicht ausgeschütteten Gewinn oder etwaige Verluste.

1.2 Rechnungsabgrenzungsposten

Die Posten der Rechnungsabgrenzung enthalten Ausgaben oder Einnahmen, die nicht dem abgelaufenen Geschäftsjahr, sondern künftigen Rechnungsperioden wirtschaftlich zuzurechnen sind (§ 250 HGB). Entscheidend ist, dass die Zahlungen für einen bestimmten Zeitraum geleistet werden, der ein oder auch mehrere künftige Geschäftsjahre umfassen kann (siehe S. 45 und 58). Rechnungsabgrenzungsposten dienen der periodengerechten Zuordnung von Aufwendungen und Erträgen und damit der Ermittlung des richtigen Periodenerfolgs.

1.3 Sonstige Bilanzposten

Um in bestimmten Fällen den Ausweis von Verlusten zu vermeiden, gestattet der Gesetzgeber, dass bestimmte Aufwendungen aktiviert werden dürfen, obwohl sie weder einen Vermögensgegenstand noch einen Rechnungsabgrenzungsposten darstellen. Eine solche **Bilanzierungshilfe** wird z. B. Kapitalgesellschaften für die Kosten der Ingangsetzung des Geschäftsbetriebes und dessen Erweiterung eingeräumt (§ 269 HGB). Diese Kosten dürfen aktiviert werden, gehen also nicht sofort zulasten des Ergebnisses (Bilanzierungswahlrecht). Der Aufwand wird durch Abschreibung des Bilanzpostens höchstens auf die folgenden vier Jahre verteilt (§ 282 HGB).

Soweit der Ertrag, der sich durch die Aktivierung der Ingangsetzungskosten ergibt, zu einem Gewinn führt, darf dieser jedoch nicht zur Gewinnausschüttung verwendet werden, es sei denn, dass in gleicher Höhe Gewinnrücklagen oder -vorträge vorhanden sind. Insofern besteht eine Ausschüttungssperre. Kapitalgesellschaften & Co. müssen aus demselben Grund einen Sonderposten in Höhe der aktivierten Bilanzierungshilfe passivieren (§ 264 c Abs. 4 HGB).

Als Bilanzierungshilfe auf der Passivseite muss man die Nichtpassivierung von Pensionsverpflichtungen, die vor dem 1. 1. 1987 (Art. 28 EGHGB) eingegangen wurden, charakterisieren. Die nicht passivierten Pensionsverpflichtungen sind jedoch im Anhang betragsmäßig anzugeben.

Korrekturposten stehen im Zusammenhang mit Bilanzposten auf der Gegenseite. So stellt z. B. ein auf der Aktivseite ausgewiesene Bilanzverlust einen Korrekturposten zum Eigenkapital dar.

Sonderposten ergeben sich aus besonderen steuerrechtlichen Bilanzierungs- oder Bewertungswahlrechten, die wegen des so genannten Maßgeblichkeitsprinzips steuerlich nur anerkannt werden, wenn sie auch in der Handelsbilanz ausgeübt werden. In diesen Sonderposten sind u. a. die steuerlichen Sonderabschreibungen zur Förderung bestimmter Investitionen, z. B. in den neuen Bundesländern, einzustellen. Derartige Posten werden als „Sonderposten mit Rücklageanteil" bezeichnet, weil sie einen Mischposten aus Eigen- und Fremdkapital insofern darstellen, als ihre spätere Auflösung oder ihr Verbrauch noch der Besteuerung unterliegt (s. S. 50 ff.).

1.4 Bilanzgliederung

Der Inhalt der Bilanz gliedert sich entsprechend Tabelle 5.

Aktiva	Passiva
Vermögensgegenstände	Eigenkapital
Bilanzierungshilfen	Sonderposten mit Rücklageanteil
Aktive Rechnungsabgrenzungsposten	Rückstellungen/Verbindlichkeiten
Korrekturposten	Passive Rechnungsabgrenzungsposten

Tabelle 5: Aufgliederung in der Bilanz

Für Kapitalgesellschaften ist eine weitere Untergliederung der Aktiva und Passiva gesetzlich vorgeschrieben (§ 266 HGB). Das gesetzliche Gliederungsschema, das später näher behandelt wird, wird weitgehend auch für andere Unternehmen angewendet. Im Übrigen sind alle Unternehmen nach den GoB gehalten, ihre Bilanz so zu gliedern, dass sie einen ausreichenden Einblick in die Vermögens-, Finanz- und Ertragslage des Unternehmens bietet. Dabei dürfen keine irreführenden Postenbezeichnungen gewählt werden.

2. Aktivierung und Passivierung

Die Aufnahme der Vermögensgegenstände, Schulden und sonstigen Posten in die Bilanz nennt man Bilanzierung. Als Bilanzierung werden sowohl der Bilanzansatz dem Grunde nach (= **Bilanzierung im engeren Sinn**) als auch der Bilanzansatz der Höhe nach (= Bewertung) bezeichnet. Bei der Aktivierung und Passivierung geht es um die Bilanzierung i. e. S., also um den Ansatz von bilanzierungsfähigen Sachverhalten auf der Aktiv- bzw. Passivseite der Bilanz.

Bei der Aufstellung der Bilanz ist zunächst zu klären, ob ein Sachverhalt bilanzierungsfähig ist oder nicht. Nur bei Bilanzierungsfähigkeit darf er in die Bilanz überhaupt aufgenommen werden, es sei denn es besteht ein ausdrückliches Bilanzierungsverbot, wie z. B. für den selbst geschaffenen Geschäftswert. Danach ist zu fragen, ob die bilanzierungsfähigen Sachverhalte zwingend in die Bilanz aufgenommen werden müssen (Bilanzierungspflicht) oder in Ausübung eines Wahlrechtes aufgenommen werden sollen.

Nach dem **Grundsatz der Vollständigkeit** ist mit der Bilanzierungsfähigkeit in der Regel auch die Bilanzierungspflicht verbunden. Ausnahmen müssen sich aus dem Gesetz ergeben. Anschließend stellt sich die Frage nach der Zuordnung zu bestimmten Bilanzposten. Erst wenn in dieser Weise die Bilanzierung geklärt ist, lässt sich die Frage beantworten, wie der Bilanzposten zu bewerten ist.

2.1 Bilanzierungsfähigkeit und Bilanzierungspflicht

Bilanzierungsfähigkeit und -pflicht sind gesetzlich nicht vollständig geregelt. Entscheidend sind zusätzlich die Grundsätze ordnungsmäßiger Buchführung. Danach gelten als bilanzierungsfähig alle materiellen und immateriellen Vermögensgegenstände sowie Schulden, die Gegenstand des Rechtsverkehrs sein können und die dem Kaufmann wirtschaftlich zuzurechnen sind.

Bei den **Vermögensgegenständen** handelt es sich, wie schon gesagt, um Sachgegenstände jeder Art, Forderungen, sonstige Rechte und immaterielle Werte, die der Kaufmann durch eindeutig zurechenbare Ausgaben erworben oder als Einlage in seinen Betrieb eingebracht hat und die einen über den Bilanzstichtag hinausgehenden Vorteil oder Nutzen für den Kaufmann besitzen.

Die **Schulden** umfassen alle gegenwärtigen und künftigen Belastungen des Vermögens des Kaufmanns, die am Bilanzstichtag bestehen oder verursacht sind und die selbstständig bewertet werden können.

Nach § 246 HGB hat der Jahresabschluss sämtliche Vermögensgegenstände, Schulden und Rechnungsabgrenzungsposten sowie alle Aufwendungen und Erträge zu enthalten, soweit nichts anderes gesetzlich bestimmt ist. Daraus folgt, dass für alle Vermögensgegenstände und Schulden grundsätzlich eine **Bilanzierungspflicht** besteht. Ein Aktivierungs- oder Passivierungswahlrecht ist nur dann gegeben, wenn es sich ausdrücklich aus besonderen Vorschriften ergibt.

Ein Bilanzansatz ist unzulässig, wenn ein gesetzliches **Bilanzierungsverbot** ausgesprochen ist. Dies gilt für Aufwendungen für die Gründung des Unternehmens oder für unentgeltlich erworbene immaterielle Anlagengegenstände (§ 248 HGB), wie z. B. eigene Forschungsaufwendungen oder selbst geschaffene oder schenkungsweise erhaltene Patente. Dieses Bilanzierungsverbot erklärt sich aus dem Grundsatz der Vorsicht: der Wert dieser Sachverhalte lässt sich schwer konkretisieren; er kann sich außerdem sehr schnell verflüchtigen.

Über die Bilanzierung entscheidet die **wirtschaftliche Zugehörigkeit** zum Unternehmen. Diese Zugehörigkeit bedeutet, über einen

Vermögensgegenstand (schon oder noch) wirtschaftlich verfügen zu können oder durch eine Verpflichtung (tatsächlich oder voraussichtlich) wirtschaftlich belastet zu sein. Die rechtlichen Gegebenheiten sind demgegenüber unbeachtlich, auch wenn sie in der Regel ein wesentliches Indiz für die wirtschaftliche Zuordnung darstellen.

Der wirtschaftliche Eigentümer zeichnet sich dadurch aus, dass er bei normalem Geschäftsverlauf für die Zeit der betriebsgewöhnlichen Nutzungsdauer des Vermögensgegenstandes die Einwirkung eines etwaigen anderen rechtlichen Eigentümers auf diesen Gegenstand wirtschaftlich ausschließen kann, sodass ein Herausgabeanspruch des Eigentümers keine wirtschaftliche Bedeutung hat.

Unterschiede zwischen rechtlichem Eigentum und wirtschaftlicher Zugehörigkeit treten bei Sicherungsübereignung oder beim Eigentumsvorbehalt, aber auch bei Kommissionsgeschäften, beim Nießbrauch und bei Leasingverhältnissen auf. So werden z. B. Gegenstände, die zur Sicherheit übereignet oder unter Eigentumsvorbehalt geliefert worden sind, in der Bilanz des Sicherungsgebers bzw. des Vorbehaltskäufers ausgewiesen (§ 246 Abs. 1 Satz 2 HGB). Das fremde Eigentum hindert bei der Bilanzierung nicht; ihm steht der noch nicht bezahlte Kaufpreis als Schuld gegenüber.

Bei dieser Bilanzierung wird der normale Geschäftsverlauf unterstellt, d. h. Bezahlung der Kaufpreisschuld und Übergang des Eigentums auf den Käufer. Wenn allerdings durch Geltendmachung des Eigentumsvorbehalts dem Kaufmann die wirtschaftliche Verfügungsmacht über die Gegenstände entzogen wird, sind die Gegenstände nicht dem Kaufmann, sondern dem rechtlichen Eigentümer zuzurechnen.

Für die Bilanzierung von **Leasingverhältnissen** ist entscheidend, ob nach dem Gesamtbild der tatsächlichen Verhältnisse – insbesondere auch nach der normalerweise zu erwartenden Vertragsabwicklung – ein Miet- oder Pachtvertrag vorliegt, ob ein echtes Leasingverhältnis gegeben ist oder ob es sich um einen verdeckten Kreditvertrag oder Teilzahlungskauf handelt.

Kann der Leasingvertrag jederzeit gekündigt werden und ist der Leasingnehmer zur Zahlung des Mietzinses (Leasingrate) sowie nur dazu verpflichtet, den Gegenstand pfleglich zu behandeln, so liegt ein Mietvertrag vor (sog. operating leasing). Der Vermögensgegenstand wird beim Vermieter bilanziert. Handelt es sich um eine reine Anschaffungsfinanzierung wird der Vermögensgegenstand beim Käufer bilanziert.

Ist die Zuordnung zu Miete oder Kauf nicht eindeutig (beim sog. financial leasing), so wird der Leasinggegenstand dem Leasingnehmer nur zugerechnet, wenn er als wirtschaftlicher Eigentümer anzusehen ist. Er hat dann den Leasinggegenstand zu aktivieren und die Leasingverbindlichkeiten zu passivieren.

Indizien dafür, dass der Leasingnehmer wirtschaftlicher Eigentümer ist, sind:

- Die Anlage entspricht den speziellen Anforderungen des Leasingnehmers;
- der Leasingnehmer trägt das wirtschaftliche Risiko der Anlagennutzung und -erhaltung;
- er übernimmt Wartung, Instandhaltung, Versicherung u. Ä. auf eigene Rechnung;
- die Leasingvereinbarung erstreckt sich über die voraussichtliche Nutzungsdauer oder Amortisationszeit der Anlage und
- die vereinbarten Leasingraten decken die Anschaffungs- oder Herstellungskosten.

Ein Indiz für die Zurechnung zum Leasingnehmer ist auch, wenn in den Verträgen zu besonders günstigen Konditionen eine Kauf- oder Mietverlängerungsoption vorgesehen ist.

Der Leasinggegenstand wird dem Leasinggeber zugerechnet, wenn er die Stellung eines wirtschaftlichen Eigentümers hat. Die Finanzverwaltung erkennt für die Steuerbilanz eine Zurechnung zum Leasinggeber im Allgemeinen nur an, wenn es sich nicht um speziell auf den Leasingnehmer zugeschnittene Vermögensgegenstände handelt (Spezial-Leasing) und wenn die Grundmietzeit zwischen 40 % und 90 % der betriebsgewöhnlichen Nutzungsdauer beträgt.

Schwebende Geschäfte sind Rechtsgeschäfte, bei denen Leistung und Gegenleistung noch nicht erbracht worden sind. Das sind z. B. offene Lieferverträge, aber auch Miet- und Pachtverhältnisse sowie andere Dauerschuldverhältnisse. Schwebende Geschäfte werden grundsätzlich nicht bilanziert, weil davon ausgegangen wird, dass vereinbarte Leistung und Gegenleistung sich gleichwertig gegenüberstehen und durch den Schwebezustand bei keinem Partner eine Vermögensmehrung oder -minderung eingetreten ist.

Ist das aber nicht (mehr) der Fall und ergibt sich für den Kaufmann eine Leistungspflicht, die die zu empfangende Gegenleistung übersteigt (Verpflichtungsüberhang), so ist der daraus resultierende Verlust nach dem Imparitätsprinzip bilanzmäßig zu berücksichtigen. Das geschieht durch eine Rückstellung für drohende Verluste aus schwebenden Geschäften (s. S. 54).

2.2 Zeitpunkt der Bilanzierung

Über den Zeitpunkt der Bilanzierung entscheidet ebenfalls in erster Linie die wirtschaftliche Zugehörigkeit am Bilanzstichtag und nicht der rechtliche Übergang des Eigentums an einem Vermögensgegenstand oder die rechtliche Entstehung einer Forderung oder Verbindlichkeit.

Grundstücke rechnen zum Vermögen des Kaufmanns vom Zeitpunkt der notariellen Beurkundung des vorgesehenen Eigentumsübergangs (Auflassung) an, soweit keine Umstände bekannt sind, die einer späteren Eintragung als Eigentümer im Grundbuch entgegenstehen.

Bewegliche Sachen werden in der Regel nach Eingang der Ware bilanziert. Im Übrigen richtet sich der Bilanzierungszeitpunkt danach, wann die Gefahr des Untergangs oder Verlustes des Vermögensgegenstandes auf den Kaufmann übergeht. So kann unterwegs befindliche Ware dem Kaufmann zuzurechnen sein. Auf den Erhalt der Rechnung kommt es nicht an.

Forderungen werden gewöhnlich mit der Erstellung der Rechnung gebucht. Voraussetzung ist aber, dass der Käufer seine Leistung im Wesentlichen erbracht hat und die Gefahr des zufälligen Untergangs auf den Käufer übergegangen ist.

2.3 Betriebs- und Privatvermögen

Das Handelsrecht schreibt im § 242 HGB vor, dass der Kaufmann sein Vermögen und seine Schulden in die Bilanz aufzunehmen hat. Daher ist umstritten, ob Einzelkaufleute auch ihr Privatvermögen zu bilanzieren haben. Dafür würde sprechen, dass der Einzelkaufmann oder der Komplementär einer oHG oder KG auch mit seinem Privatvermögen für betriebliche Schulden haftet.

Nach den GoB sind jedoch die privaten Vermögensgegenstände und Schulden nicht in die Geschäftsbilanz aufzunehmen. Das Publizitätsgesetz (PublG), das die Rechnungslegung für große Unternehmen in der Form des Einzelhandelskaufmanns, der Personengesellschaften, Stiftungen oder wirtschaftlich tätiger Vereine regelt, verbietet ausdrücklich die Aufnahme des Privatvermögens in den Jahresabschluss. Dasselbe wird für Kapitalgesellschaften & Co. in § 264 c Abs. 3 HGB ausdrücklich betont.

Dem Grundsatz der Vollständigkeit ist daher Genüge getan, wenn in der Bilanz die dem Betrieb wirtschaftlich zuzurechnenden Vermögensgegenstände und Schulden erfasst werden. Maßgeblich ist jeweils die tatsächliche Zweckbestimmung des Vermögensgegenstandes oder der Schuld am Bilanzstichtag.

Die **offenen Handelsgesellschaften** und die **Kommanditgesellschaften** haben in ihrer Handelsbilanz das Gesellschaftsvermögen auszuweisen, das den Gesellschaftern „zur gesamten Hand", d.h. gemeinsam gehört. Vermögensgegenstände, die im Eigentum eines einzelnen Gesellschafters stehen, dürfen in der Bilanz der Personengesellschaft nicht ausgewiesen werden. Steuerlich werden betrieblich genutzte Vermögensgegenstände, die einem Gesellschafter gehören in einer so genannten Ergänzungsbilanz erfasst.

Bei **juristischen Personen** (AG, GmbH, Stiftung usw.) ist grundsätzlich das gesamte Vermögen bilanzierungspflichtig. Sie besitzen kein Privatvermögen.

Für den Bilanzleser ist wichtig, dass bei Einzelkaufleuten und Personengesellschaften das private Vermögen und die privaten Schulden nicht in der Bilanz enthalten sind. Er kann daher anhand der Geschäftsbilanz nicht beurteilen, welches Privatvermögen als Haftungsgrundlage zur Verfügung steht oder ob private Schulden den Bestand des Unternehmens gefährden können.

Auch in der **Steuerbilanz** wird zwischen Betriebs- und Privatvermögen unterschieden. Nur das Betriebsvermögen ist in die Steuerbilanz des Gewerbebetriebes oder der beruflichen Tätigkeit aufzunehmen. Betrieblich genutzte Vermögensgegenstände gehören zwingend zum Betriebsvermögen. In Einzelfällen kann der Kaufmann bestimmen, ob er einen Vermögensgegenstand (das Steuerrecht spricht von „Wirtschaftsgut") betrieblich nutzen will oder nicht. Das kann z. B. für Wertpapiere gelten, die er als Kreditunterlage betrieblich nutzen möchte. In diesem Fall muss er die Zweckbestimmung durch entsprechende Buchung eindeutig dokumentieren.

3. Bilanzierungswahlrechte

Bilanzierungswahlrechte gibt es nur insoweit, als sie gesetzlich ausdrücklich zugelassen sind. Man unterscheidet Aktivierungs- und Passivierungswahlrechte.

3.1 Aktivierungswahlrechte

Ein Aktivierungswahlrecht hat der Gesetzgeber eingeräumt für

- einen erworbenen Geschäfts- oder Firmenwert als immaterieller Vermögensgegenstand des Anlagevermögens (§ 255 Abs. 4 HGB),
- das Disagio bei einer Kreditaufnahme als aktiver Rechnungsabgrenzungsposten (§ 250 Abs. 3 HGB),
- die Aufwendungen für die Ingangsetzung und Erweiterung des Geschäftsbetriebes als Bilanzierungshilfe (§ 269 HGB) und
- die sog. aktiven latenten Steuern als aktive Rechnungsabgrenzungsposten (§ 274 Abs. 2 HGB).

Die beiden letztgenannten Bilanzierungshilfen können nur Kapitalgesellschaften in Anspruch nehmen.

Das Wahlrecht für die Aktivierung des entgeltlich erworbenen **Geschäfts- oder Firmenwertes** erklärt sich aus dem Prinzip der Vorsicht. Geschäftswerte sind schwer zu quantifizieren und verflüchtigen sich u. U. rasch. Für den selbst geschaffenen Firmen- oder Geschäftswert besteht daher wie für andere selbst geschaffene immaterielle Werte sogar ein Bilanzierungsverbot.

Wird bei einer Kreditaufnahme ein **Disagio** einbehalten, so kann dieses als Rechnungsabgrenzungsposten aktiviert und über die Laufzeit des Kredites abgeschrieben werden. Das Disagio wird wie ein zusätzlicher Zinsaufwand behandelt, der über die Laufzeit des Kredits periodengerecht verteilt wird.

Aufwendungen für die Ingangsetzung oder Erweiterung des Geschäftsbetriebes können das Ergebnis erheblich belasten, weil die Erträge aus dem Geschäftsbetrieb erst später anfallen. Sie stellen Investitionen in die Zukunft des Unternehmens dar und dürfen daher als Bilanzierungshilfe aktiviert werden (vgl. S. 24). Sie sind in der Bilanz vor dem Anlagevermögen gesondert auszuweisen und in jedem folgenden Geschäftsjahr zu mindesten einem Viertel durch Abschreibungen zu tilgen (§ 282 HGB).

Ist das steuerpflichtige Ergebnis höher als das Handelsbilanzergebnis (z. B. wegen handelsrechtlicher Abschreibungen, die steuerlich nicht anerkannt sind) und gleicht sich der dadurch zu hohe Steueraufwand in späteren Geschäftsjahren aus, so darf für diese sog. **aktiven latenten Steuern** als Bilanzierungshilfe im Sinne einer periodengerechten Ergebniszuordnung in Höhe der voraussichtlichen Steuerentlastung ein Aktivposten angesetzt werden (§ 274 Abs. 2 HGB).

3.2 Passivierungswahlrechte

Die Passivierungswahlrechte betreffen

- Sonderposten mit Rücklageanteil, die im Zusammenhang mit steuerlich zulässigen Wertberichtigungen oder Rücklagen gebildet werden dürfen,
- bestimmte Aufwandsrückstellungen,
- Pensionsverpflichtungen, die vor dem 1. 1. 1987 entstanden sind.

Diese einzelnen Posten werden in den Kapiteln 4.4.2 und 4.4.3 näher erläutert.

3.3 Ausübung von Wahlrechten

Durch die Ausübung von Bilanzierungswahlrechten kann der Kaufmann seinen Bilanzausweis gestalten. Er kann über die Bilanzierungswahlrechte an jedem Bilanzstichtag neu entscheiden. Die Grenze der Wahlfreiheit ist aber durch das Gebot der Willkürfreiheit sowie der Klarheit und Übersichtlichkeit des Jahresabschlusses gezogen. Kapitalgesellschaften haben Änderungen bei der Ausübung von Wahlrechten im Anhang offen zu legen.

In der Steuerbilanz gilt – vereinfachend gesagt – für die handelsrechtlichen Aktivierungswahlrechte ein Aktivierungsgebot und für die Passivierungswahlrechte ein Passivierungsverbot. Hier ist im Interesse einer Gleichmäßigkeit der Besteuerung der Gestaltungsspielraum des bilanzierenden Kaufmanns stärker eingeschränkt.

4. Gliederung der Bilanz

4.1 Allgemeine Grundsätze

§ 266 HGB schreibt für große und mittelgroße Kapitalgesellschaften (s. Tabelle 3, S. 13) die in Tabelle 6 (S. 36 f.) wiedergegebene Gliederung für die Bilanz vor. Die Bilanz ist in Kontoform = T-Form aufzustellen. Die in dem **Gliederungsschema** aufgeführten Postenbezeichnungen und ihre Reihenfolge sind für Kapitalgesellschaften verbindlich. Dem Grundsatz der Klarheit und Übersichtlichkeit folgend, sollten der Aufbau und die Bezeichnungen des § 266 HGB prinzipiell auch für die Bilanzen anderer Unternehmen verwendet werden.

§ 265 HGB nennt die folgenden allgemeinen **Gliederungsgrundsätze**: Die Gliederung und Bezeichnung der in Tabelle 6 mit arabischen Zahlen versehenen Posten sind zu ändern, wenn dies wegen der Besonderheiten der Kapitalgesellschaft erforderlich ist, um einen klaren und übersichtlichen Jahresabschluss aufzustellen. Diese Posten dürfen in der Bilanz zusammengefasst werden, wenn sie unerheblich sind oder wenn dadurch die Darstellung der Bilanz klarer wird; die Aufgliederung hat dann im Anhang zu erfolgen.

Kleine Kapitalgesellschaften (s. Tabelle 3, S. 13) brauchen nur die mit Buchstaben und römischen Zahlen bezeichneten Posten gesondert auszuweisen.

Die Aussagekraft einer Bilanz lebt besonders von dem Vergleich mit der vorhergehenden Bilanz. Daher ist zu jedem Posten der entsprechende Betrag des vorgehenden Geschäftsjahres anzugeben. Sind die **Vorjahreszahlen** nicht vergleichbar oder werden sie angepasst, so ist dies im Anhang anzugeben und zu erläutern.

Fällt ein Vermögensgegenstand oder eine Schuld unter mehrere Bilanzposten, so ist bei dem gewählten Postenausweis die **Mitzugehörigkeit zu anderen Posten** zu vermerken oder im Anhang zu nennen, wenn dies aus Gründen der Klarheit und Übersichtlichkeit des Jahresabschlusses notwendig ist. Eigene Anteile dürfen nur unter dem dafür vorgesehenen Posten ausgewiesen werden.

Die Posten können weiter untergliedert werden, wenn dadurch die Klarheit und Übersichtlichkeit der Bilanz nicht leiden. **Neue Posten** dürfen hinzugefügt werden, wenn ihr Inhalt nicht von einem vorgeschriebenen Posten gedeckt wird. Einige zusätzliche Posten schreibt das Gesetz selbst vor; darauf wird an geeigneter Stelle hingewiesen.

Der Grundaufbau und die Hauptposten der Bilanz, die in grober Betrachtung auf der Aktivseite durch eine zunehmende Geldnähe oder Liquidierbarkeit (von Konzessionen bis zum Bargeldbestand) und auf der Passivseite durch abnehmende Verfügungsdauer des Kapitals gekennzeichnet sind, dürfen nicht verändert werden (s. S. 36 f.).

Die Zuordnung der Vermögensgegenstände zu den einzelnen Bilanzposten richtet sich nach ihrer **Zweckbestimmung am Bilanzstichtag** in dem bilanzierenden Unternehmen. Die Zuordnung ist für die Bewertung wichtig. Der unterschiedliche Charakter der Bilanzposten, z. B. zum Gebrauch bestimmte Maschinen und zum Verkauf bestimmte Maschinen, führt zu unterschiedlichen Wertansätzen. Je nach Zweckbestimmung können also gleichartige Vermögensgegenstände bei verschiedenen Unternehmen unterschiedlich ausgewiesen und bewertet werden. Ändert sich die Zweckbestimmung, so ist eine Umgliederung erforderlich.

4.2 Gliederung des Anlagevermögens

4.2.1 Gegenstände des Anlagevermögens

Zum Anlagevermögen gehören alle Vermögensgegenstände, die dazu bestimmt sind, durch **Gebrauch oder wiederholte Nutzung** dem Geschäftsbetrieb des Unternehmens zu dienen. Der Gesetzgeber spricht davon, dass die Gegenstände des Anlagevermögens „dauernd dem Geschäftsbetrieb dienen". Betriebswirtschaftlich ausgedrückt heißt das, dass diese Gegenstände den ihnen innewohnenden Nutzenvorrat (z. B. die Leistung einer Maschine) im betrieblichen Leistungsprozess nicht auf einmal, sondern über einen längeren Zeitraum abgeben.

Aktivseite

A. Anlagevermögen:

I. Immaterielle Vermögensgegenstände

1. Konzessionen, gewerbliche Schutzrechte und ähnliche Rechte und Werte sowie Lizenzen an solchen Rechten und Werten;
2. Geschäfts- oder Firmenwert;
3. geleistete Anzahlungen;

II. Sachanlagen:

1. Grundstücke, grundstücksgleiche Rechte und Bauten einschließlich der Bauten auf fremden Grundstücken;
2. technische Anlagen und Maschinen;
3. andere Anlagen, Betriebs- und Geschäftsausstattung;
4. geleistete Anzahlungen und Anlagen im Bau;

III. Finanzanlagen:

1. Anteile an verbundenen Unternehmen;
2. Ausleihungen an verbundenen Unternehmen;
3. Beteiligungen;
4. Ausleihungen an Unternehmen, mit denen ein Beteiligungsverhältnis besteht;
5. Wertpapiere des Anlagevermögens;
6. sonstige Ausleihungen.

B. Umlaufvermögen

I. Vorräte:

1. Roh-, Hilfs- und Betriebsstoffe;
2. unfertige Erzeugnisse, unfertige Leistungen;
3. fertige Erzeugnisse und Waren;
4. geleistete Anzahlungen;

II. Forderungen und sonstige Vermögensgegenstände:

1. Forderungen aus Lieferungen und Leistungen;
2. Forderungen gegen verbundene Unternehmen;
3. Forderungen gegen Unternehmen, mit denen ein Beteiligungsverhältnis besteht;
4. sonstige Vermögensgegenstände;

III. Wertpapiere:

1. Anteile an verbundenen Unternehmen;
2. eigene Anteile;
3. sonstige Wertpapiere;

IV. Kassenbestand, Bundesbankguthaben, Guthaben bei Kreditinstituten und Schecks.

C. Rechnungsabgrenzungsposten

Passivseite

A. Eigenkapital:
 I. Gekennzeichnetes Kapital;
 II. Kapitalrücklage;
 III. Gewinnrücklagen:
  1. gesetzliche Rücklage:
  2. Rücklage für eigene Anteile;
  3. satzungsmäßige Rücklagen;
  4. andere Gewinnrücklagen;
 IV. Gewinnvortrag/Verlustvortrag;
 V. Jahresüberschuss/Jahresfehlbetrag.

B. Rückstellungen:
  1. Rückstellungen für Pensionen und ähnliche Verpflichtungen;
  2. Steuerrückstellungen;
  3. sonstige Rückstellungen.

C. Verbindlichkeiten
  1. Anleihen, davon konvertibel;
  2. Verbindlichkeiten gegenüber Kreditinstituten;
  3. erhaltene Anzahlungen auf Bestellungen;
  4. Verbindlichkeiten aus Lieferungen und Leistungen;
  5. Verbindlichkeiten aus der Annahme gezogener Wechsel und der Ausstellung eigener Wechsel;
  6. Verbindlichkeiten gegenüber verbundenen Unternehmen;
  7. Verbindlichkeiten gegenüber Unternehmen, mit denen ein Beteiligungsverhältnis besteht;
  8. sonstige Verbindlichkeiten;
   davon aus Steuern,
   davon im Rahmen der sozialen Sicherheit.

D. Rechnungsabgrenzungsposten.

Tabelle 6: Gliederung der Bilanz

Im Gegensatz dazu dient das Umlaufvermögen zur Verarbeitung (z. B. Rohstoffe), zum Verbrauch (z. B. Brennstoffe), zur Veräußerung (z. B. Fertigerzeugnisse, Handelswaren) oder zur kurzfristigen Liquidierung (z. B. Forderungen). Die Unterteilung in Anlage- und Umlaufvermögen ist wichtig für die Bewertung der Vermögensgegenstände, weil insbesondere Wertschwankungen jeweils ein unterschiedliches Gewicht haben.

Die Nutzungsmöglichkeit der Anlagegegenstände kann zeitlich unbegrenzt sein, z. B. Grundstücke. Ihre **Nutzungsdauer** kann aber auch befristet sein, weil die Anlagen dem Verschleiß oder der Abnutzung unterliegen, z. B. Maschinen oder Betriebsvorrichtungen. Man spricht von nicht abnutzbaren und von abnutzbaren Anlagegegenständen. Die Abnutzung ist wesentlicher Maßstab für die später zu erläuternden Abschreibungen der Anlagegüter (s. S. 72 ff.).

Das Anlagevermögen gliedert sich grob in immaterielle Vermögensgegenstände, Sachanlagen und Finanzanlagen. Soweit notwendig, werden die Posten des Gliederungsschemas (vgl. Tabelle 6, S. 36 f.) nachstehend näher erläutert.

4.2.2 Immaterielle Vermögensgegenstände (A.I.)

1. Konzessionen, gewerbliche Schutzrechte und ähnliche Rechte und Werte sowie Lizenzen an solchen Rechten und Werten;
2. Geschäfts- oder Firmenwert;
3. geleistete Anzahlungen.

Nur entgeltlich erworbene immaterielle Anlagengegenstände dürfen bilanziert werden. Zu den immateriellen Vermögensgegenständen rechnen unter anderem Software (Datenverarbeitungsprogramme), Patente, Nutzungs- und Lieferungsrechte.

Ein **Geschäfts- oder Firmenwert** ist der Unterschiedsbetrag, um den das Entgelt oder eine sonstige Leistung für die Übernahme eines Unternehmens oder Teilbetriebes den tatsächlichen Wert des übernommenen Reinvermögens (Vermögensgegenstände abzüglich Schulden) übersteigt. Da der Geschäftswert nicht einzeln verwertbar ist, ist der erworbene oder derivative Geschäftswert eigentlich kein Vermögensgegenstand, sondern dem Charakter nach eine Bilanzierungshilfe. Wird der derivative Geschäftswert aktiviert, so ist er in jedem folgenden Geschäftsjahr zu mindestens einem Viertel oder planmäßig über die voraussichtliche Nutzungsdauer abzuschreiben.

Geleistete Anzahlungen für immaterielle Vermögensgegenstände sind unter dem Posten I.3. auszuweisen.

4.2.3 Sachanlagen (A.II.)

1. Grundstücke, grundstücksgleiche Rechte und Bauten einschließlich der Bauten auf fremden Grundstücken;
2. technische Anlagen und Maschinen;
3. andere Anlagen, Betriebs- und Geschäftsausstattung;
4. geleistete Anzahlungen und Anlagen im Bau.

Bei der Aufgliederung der Sachanlagen ist erwähnenswert, dass in einem Gebäude eingebaute Betriebsvorrichtungen, die eine bestimmte abgrenzbare Funktion und eine wesentlich kürzere Nutzungsdauer aufweisen, als solche unabhängig vom Gebäude bilanziert und bewertet werden, z. B. Rolltreppen in einem Warenhaus.

4.2.4 Finanzanlagen (A.III.)

1. Anteile an verbundenen Unternehmen;
2. Ausleihungen an verbundenen Unternehmen;
3. Beteiligungen;
4. Ausleihungen an Unternehmen, mit denen ein Beteiligungsverhältnis besteht;
5. Wertpapiere des Anlagevermögens;
6. sonstige Ausleihungen.

Finanzanlagen betreffen langfristige Kapitalüberlassungen an andere Unternehmen oder sonstige Dritte. Sie dienen – im Gegensatz z. B. zu den Sachanlagen – nicht unmittelbar der unternehmenseigenen Produktion von Gütern und Dienstleistungen. Die Aufgliederung der Finanzanlagen soll die finanzielle Verflechtung mit anderen Unternehmen aufzeigen.

Anteile an anderen Unternehmen betreffen Anteile am Eigenkapital dieser Unternehmen und gewähren entsprechende Beteiligungs- oder Mitgliedsrechte, d. h. Vermögens- und Verwaltungsrechte als Gesellschafter wie Anspruch auf Gewinn oder Informationsrechte. Die Anteile können in Wertpapieren verbrieft sein, wie z. B. Aktien, oder unverbriefte Anteile darstellen, wie z. B. GmbH-Anteile oder Anteile an Personengesellschaften. Sie können bei auf Dauer angelegtem Besitz in Abhängigkeit von ihrem Charakter oder Zweck als Anteile an verbundenen Unternehmen, als Beteiligung oder als Wertpapiere des Anlagevermögens auszuweisen sein.

Kapitalgesellschaften & Co. haben **Anteile an Komplementärgesellschaften** unter Nr. 1 oder 3 auszuweisen. Gleichzeitig haben sie einen „Ausgleichsposten für aktivierte eigene Anteile" zu bilden (§ 264 c Abs. 4 HGB). Eigene Anteile der Kapitalgesellschaften sind gesondert unter den Wertpapieren des Umlaufvermögens (Posten B.III.2) auszuweisen (s. S. 44).

Ausleihungen sind langfristige Kapitalüberlassungen an Dritte in Form von Darlehen oder Krediten, die in der Regel zu verzinsen und nach Ablauf einer vereinbarten Zeit zurückzuzahlen sind. Das bilanzierende Unternehmen ist also Gläubiger einer Finanzforderung im Gegensatz zu Forderungen aus Warenlieferungen und Leistungen, und zwar einer Finanzforderung, die langfristigen Charakter hat und dementsprechend eine Mindestlaufzeit von mehr als einem Jahr aufweist.

Anteile an anderen Unternehmen und Ausleihungen sind – wie das Gliederungsschema (Tabelle 6) zeigt – in dreifacher Untergliederung (verbundene Unternehmen, Beteiligungen und sonstige) auszuweisen.

Eine GmbH oder eine Kapitalgesellschaft & Co. hat Ausleihungen an ihre Gesellschafter gesondert zu zeigen (§ 42 Abs. 3 GmbHG bzw. § 264 c HGB).

Verbundene Unternehmen sind

- Mutterunternehmen, die als Konzernspitze zwei oder mehr Unternehmen einheitlich leiten und alle von ihr geleiteten Tochterunternehmen oder
- Unternehmen, denen bei anderen Unternehmen die Mehrheit der Stimmrechte oder das Recht zur Bestimmung des Geschäftsführungs- oder Aufsichtsorgans zusteht und diese anderen Unternehmen (§ 271 Abs. 2 i. V. § 290 HGB).

Vereinfacht ausgedrückt handelt es sich um solche Unternehmen, die durch mehrheitliche Kontrollrechte eines Unternehmens verbunden und als Mutter-, Tochter-, Schwester- oder Enkelgesellschaft gewissermaßen miteinander „verwandt" sind. Zur Problematik von Konzernverbindungen siehe S. 205 f.

Beteiligungen im Sinne der Bilanzgliederung sind Anteile an anderen Unternehmen, die dazu bestimmt sind, dem eigenen Geschäftsbetrieb durch Herstellung einer dauerhaften Verbindung zu dienen und die nicht Anteile an verbundenen Unternehmen darstellen (§ 271 Abs. 1 HGB). Der Gesetzgeber hat dabei die widerlegbare Vermutung aufgestellt, dass Anteile an Kapitalgesellschaften von mehr als 20 % des Nennkapitals Beteiligungen darstellen. Bei der Berechnung der Beteiligungshöhe werden auch indirekt gehaltene Anteile, z. B. über ein Tochterunternehmen, zugerechnet.

Beispiel 2:

M hält 75 % der Anteile an T und 10 % an B. T hält 20 % Anteile an B. In Bezug auf die Beteiligung von M an B werden M 75 % × 20 % = 15 %, die indirekt über T gehalten werden, zugerechnet. Die Beteiligung von M an B beläuft sich also insgesamt auf 10 + 15 = 20 %.

Wertpapiere des Anlagevermögens sind Wertpapiere, die dauernd dem Geschäftsbetrieb zu dienen bestimmt sind und weder Anteile an verbundenen oder Beteiligungsunternehmen noch Ausleihungen an diese Unternehmen darstellen. Kurzfristig gehaltene Wertpapiere sind im Umlaufvermögen auszuweisen (Posten B.III.).

Die Wertpapiere können Mitglieds- oder Gläubigerrechte verbriefen. Im ersten Fall handelt es sich um Aktien und andere Wertpapiere mit Eigentumsrechten und Gewinnansprüchen. Als Wertpapiere mit Gläubigerrechten sind vor allem Obligationen, Pfandbriefe, Bundesschatzbriefe u. Ä. zu nennen.

4.2.5 Entwicklung des Anlagevermögens

In der Bilanz oder im Anhang ist die Entwicklung der einzelnen Posten des Anlagevermögens im Geschäftsjahr in einem sog. Anlagenspiegel oder Anlagengitter offen zu legen (siehe Beispiel 3, S. 42). Dabei sind ausgehend von den Anschaffungs- oder Herstellungskosten die Zugänge, Abgänge, Umbuchungen und Zuschreibungen während des Geschäftsjahres sowie die gesamten kumulierten Abschreibungen und die Abschreibungen des Geschäftsjahres anzugeben.

Als **Zu- oder Abgänge** gelten mengenmäßige Veränderungen des Anlagevermögens, also z. B. der Neubau eines Gebäudes oder die Anschaffung einer Maschine bzw. die Veräußerung oder Verschrottung einer Anlage.

Zuschreibungen machen frühere Abschreibungen rückgängig, deren Grund weggefallen ist. Sie sind reine Wertveränderungen und erhöhen die Wertansätze für Anlagengegenstände, die bereits am vergangenen Bilanzstichtag zum Anlagevermögen gehört haben. Ihre Obergrenze sind die ursprünglichen Anschaffungs- oder Herstellungskosten.

Umbuchungen bedeuten lediglich Umgliederung zwischen verschiedenen Bilanzposten, z. B. von „Anlagen im Bau“ auf „technische Anlagen und Maschinen“. Sie stellen weder eine mengen- noch eine wertmäßige Veränderung dar.

Abschreibungen sind Wertminderungen bei vorhandenen Anlagegegenständen. Sie berücksichtigen vor allem die eingetretene Abnutzung durch den Gebrauch der Gegenstände oder sonstige Wertminderungen, z. B. durch Witterungseinflüsse oder technisch-wirtschaftliche Veralterung.

Im **Anlagengitter** sind sowohl die aufgelaufenen Abschreibungen seit Zugang der Gegenstände als auch die auf das Geschäftsjahr entfallenden Abschreibungen anzugeben. Die Anschaffungs- oder Herstellungskosten zuzüglich Zugänge und Zuschreibungen sowie abzüglich Abgängen und kumulierten Abschreibungen ergeben unter Berücksichtigung etwaiger Umbuchungen die Restbuchwerte der einzelnen Anlageposten.

Beispiel 3:

	Anfangsbestand	Zugänge	Abgänge	Umbuchungen	Abschreibungen kumuliert	Zuschreibungen	Endbestand	Endbestand Vorjahr	Abschreibung Geschäftsjahr
Grundstücke	100	0	0	0	0	0	100	100	0
Maschinen	200	120	10	+5	110	0	205	200	30

4.3 Gliederung des Umlaufvermögens

Das Umlaufvermögen gliedert sich in die zum Verbrauch oder zum Verkauf bestimmten Vorräte, in Forderungen und sonstige Vermögensgegenstände sowie in Wertpapiere und flüssige Mittel.

4.3.1 Vorräte (B.I.)

1. Roh-, Hilfs- und Betriebsstoffe;
2. unfertige Erzeugnisse, unfertige Leistungen;
3. fertige Erzeugnisse und Waren;
4. geleistete Anzahlungen.

Als **Rohstoffe** gelten alle Stoffe, Materialien und zugekaufte Teile, die durch Be- oder Verarbeitung unmittelbar und als prägende Bestandteile in das Produkt des Unternehmens eingehen. **Hilfsstoffe** sind untergeordnete Bestandteile der Produkte, wie z. B. Lacke, Schrauben. **Betriebsstoffe** gehen nicht in das Erzeugnis ein, sondern werden bei der Produktion verbraucht, z. B. Brenn- und Schmierstoffe.

Unfertige Erzeugnisse sind zum Teil hergestellte, noch nicht verkaufsfähige Produkte. Unfertige Leistungen betreffen in Arbeit befindliche Bauaufträge und andere Dienstleistungen. **Fertigerzeugnisse** sind selbst hergestellte, versandfertige Produkte, die zum Verkauf bestimmt sind. **Waren** sind von Dritten bezogene Güter, die ohne wesentliche Bearbeitung zur weiteren Veräußerung bestimmt sind.

Als **geleistete Anzahlungen** sind hier diejenigen auszuweisen, die für bestellte Roh-, Hilfs- und Betriebsstoffe oder Waren geleistet wurden.

4.3.2 Forderungen und sonstige Vermögensgegenstände (B.II.)

1. Forderungen aus Lieferungen und Leistungen;
2. Forderungen gegen verbundene Unternehmen;
3. Forderungen gegen Unternehmen, mit denen ein Beteiligungsverhältnis besteht;
4. sonstige Vermögensgegenstände.

Forderungen aus Lieferungen und Leistungen sind Ansprüche aus Umsatzgeschäften des bilanzierenden Unternehmens. Bestehen derartige Forderungen gegenüber verbundenen oder Beteiligungsunternehmen, so sollten sie vorzugsweise nicht hier, sondern mit unter den Forderungen gegen verbundene Unternehmen (B.II.2.) bzw. gegen Unternehmen, mit denen ein Beteiligungsverhältnis besteht (B.II.3.), ausgewiesen werden. Bei einem Ausweis unter den

Liefer- und Leistungsforderungen ist die Zugehörigkeit zu den Forderungen gegen verbundene bzw. Beteiligungsunternehmen zu vermerken.

Die **Forderungen gegen verbundene Unternehmen und gegen Beteiligungsunternehmen** können neben Ansprüchen aus dem Liefer- und Leistungsverkehr auch Forderungen aus dem Finanzverkehr, aus Beteiligungen (Gewinnansprüchen) oder aus Unternehmensverträgen enthalten. Eine GmbH oder eine Kapitalgesellschaft & Co. hat Forderungen an ihre Gesellschafter gesondert zu zeigen (§ 42 Abs. 3 GmbHG bzw. § 264 c Abs. 1 HGB).

Sonstige Vermögensgegenstände stellen einen Sammelposten für alle Vermögensgegenstände des Umlaufvermögens dar, die nicht gesondert auszuweisen sind. Hierzu gehören hauptsächlich sonstige Forderungen, z. B. aus Versicherungsverträgen, Steuerüberzahlungen u. Ä.

Die Forderungen des Umlaufvermögens gelten allgemein als kurzfristig realisierbar. Daher ist für jeden Posten der Forderungen der Betrag mit einer Restlaufzeit von mehr als einem Jahr anzugeben, der Forderungsbetrag also, der erst nach mehr als einem Jahr fällig wird.

4.3.3 Wertpapiere (B.III.)

1. Anteile an verbundenen Unternehmen;
2. eigene Anteile;
3. sonstige Wertpapiere.

Unter den Wertpapieren des Umlaufvermögens sind u. a. **eigene Anteile** gesondert auszuweisen. Es handelt sich um Anteile am Kapital des bilanzierenden Unternehmens (Aktien- oder GmbH-Anteile). Ihr Erwerb ist gesetzlich beschränkt (vgl. § 71 ff. AktG, § 33 GmbHG). Die Rechte aus eigenen Anteilen ruhen grundsätzlich. Daher sind sie auch stets unter diesem Posten auszuweisen. Ihre Bewertung kann problematisch sein, weil sie u. U. schwer handelbar und im Konkursfall wertlos sind. In Höhe der aktivierten eigenen Anteile ist eine Rücklage zu bilden (§ 272 Abs. 4 HGB; Passiva A.III.2.; S. 49). Mit der Rücklagenbildung wird der Wertansatz für eigene Anteile neutralisiert. Das bedeutet, dass ein entgeltlicher Erwerb eigener Anteile das Ergebnis in voller Höhe belastet.

4.3.4 Flüssige Mittel (B.IV.)

Die flüssigen Mittel umschließen: Kassenbestand, Bundesbankguthaben, Guthaben bei Kreditinstituten und Schecks.

4.3.5 Rechnungsabgrenzungsposten (C.)

Rechnungsabgrenzungsposten dienen der periodengerechten Erfolgsermittlung. Als aktive Rechnungsabgrenzungsposten dürfen nur vor dem Bilanzstichtag geleistete Ausgaben ausgewiesen werden, die Aufwand für eine bestimmte Zeit nach diesem Stichtag darstellen (§ 250 Abs. 1 HGB). Dazu gehören z. B. vorausbezahlte Mieten, Versicherungsprämien oder Beiträge für einen bestimmten Zeitraum. Außerdem sind als Rechnungsabgrenzungsposten in Ausübung eines Aktivierungswahlrechtes zugelassen das Disagio (§ 250 Abs. 2 HGB), latente Steuern (§ 274 Abs. 2 HGB; S. 33) sowie die als Aufwand berücksichtigten Zölle und Verbrauchssteuern, soweit sie auf das Vorratsvermögen am Bilanzstichtag entfallen, und als Aufwand verrechnete Umsatzsteuer auf erhaltene Anzahlungen (§ 250 Abs. 3 HGB).

4.4 Gliederung der Passivposten

4.4.1 Eigenkapital (A.)

Die Gliederung des Eigenkapitals wie sie für Kapitalgesellschaften in § 266 HGB vorgeschrieben ist (siehe Kapitel 4.4.1.1) lässt sich nicht direkt auf die Kapitalgesellschaften & Co., welche die Rechtsform einer oHG oder KG hat, übertragen. Daher sieht § 264 a HGB entsprechende Modifizierungen vor (siehe Kapitel 4.4.1.2).

Zum Ausweis des Eigenkapitals bei der Aktiengesellschaft und bei der KGaA wird ergänzend auf § 152 AktG hingewiesen.

4.4.1.1 Kapitalgesellschaften

I. Gezeichnetes Kapital;
II. Kapitalrücklage;
III. Gewinnrücklagen:
   1. Gesetzliche Rücklage;
   2. Rücklage für eigene Anteile;
   3. satzungsmäßige Rücklagen;
   4. andere Gewinnrücklagen;

IV. Gewinnvortrag/Verlustvortrag;
V. Jahresüberschuss/Jahresfehlbetrag.

Das **gezeichnete Kapital** ist das Kapital, auf das die Haftung der Gesellschafter für die Verbindlichkeiten der Kapitalgesellschaft beschränkt ist. Es entspricht dem Grundkapital bei der AG bzw. dem Stammkapital bei der GmbH.

Von den Gesellschaftern noch nicht geleistete Kapitaleinlagen sind als „ausstehende Einlagen“ auf der Aktivseite vor dem Anlagevermögen auszuweisen. Dabei sind Einlagen, die eingefordert, aber noch nicht geleistet worden sind, gesondert zu vermerken. Es ist allerdings auch zulässig, die nicht eingeforderten Einlagen offen von dem gezeichneten Kapital abzusetzen.

Beispiel 4:

(a)

Ausstehende Einlagen 20 (davon eingefordert 10)	Gezeichnetes Kapital 100

(b)

Eingeforderte Einlagen 10	Gezeichnetes Kapital	100
	Noch nicht eingeforderte Einlagen	10
	Eingefordertes Kapital	90

Rücklagen stellen Eigenkapital dar. Man bezeichnet sie auch als offene Reserven im Gegensatz zu den stillen Reserven, die vor allem als Folge des Anschaffungswertprinzips und der Buchwertfortführung in den Wertansätzen der Bilanzposten verborgen sein können (siehe Kapitel D.3.2.2).

Als **Kapitalrücklagen** werden Zuzahlungen der Gesellschafter in das Eigenkapital ausgewiesen, die über die eingeforderten Einlagen auf das gezeichnete Kapital hinausgehen. Sie werden geleistet,

- wenn Aktien (Anteile) zu einem höheren Wert als dem Nennwert ausgegeben werden (Aufgeld oder Agio),
- als Gegenleistung für Vorzüge, die Gesellschaftern für ihre Anteile gewährt werden oder
- als Zuschüsse und andere Zuzahlungen an die Gesellschaft.

Außerdem werden in die Kapitalrücklage die Beträge eingestellt, die bei der Ausgabe von Schuldverschreibungen für Wandelrechte oder Optionsrechte zum Erwerb von Anteilen gezahlt werden.

Gewinnrücklagen stammen aus den erzielten, nicht ausgeschütteten Gewinnen der Gesellschaft. Zu den Gewinnrücklagen gehören neben anderen Gewinnrücklagen die gesondert auszuweisenden gesetzlichen und satzungsmäßigen Rücklagen, die Rücklage für eigene Anteile sowie in Ausübung eines Wahlrechts der Eigenkapitalanteil aus Wertaufholungen (siehe Kapitel 6.1.3).

Die für das abgelaufene Geschäftsjahr vorgesehenen Einstellungen in die Gewinnrücklagen oder die Entnahmen daraus können bereits in der Bilanz berücksichtigt werden, obwohl der Gewinnverwendungsbeschluss erst aufgrund des festgestellten Jahresabschlusses gefasst wird (siehe § 270 Abs. 2 HGB).

Da bei der **Aktiengesellschaft** im Gegensatz zu Personenunternehmen und zur GmbH nicht die Unternehmenseigner, sondern in der Regel Vorstand und Aufsichtsrat den Jahresabschluss feststellen (§ 172 AktG) und da sich der Gewinnverwendungsbeschluss der Hauptversammlung allein auf den Bilanzgewinn bezieht (zur Überleitung vom Jahresüberschuss siehe Beispiel 5; S. 48), ist bei der AG die Rücklagendotierung im Rahmen der Bilanzfeststellung beschränkt worden.

Vorstand und Aufsichtsrat dürfen höchstens die Hälfte des Jahresüberschusses in die Gewinnrücklage einstellen, soweit nicht die Satzung eine höhere Dotierung zulässt. Solche höheren Dotierungen sind aber nur statthaft, soweit die Gewinnrücklagen nicht 50 % des Grundkapitals übersteigen (§ 58 Abs. 2 AktG). Unbeschadet dieser Begrenzung können Vorstand und Aufsichtsrat den Eigenkapitalanteil von Wertaufholungen (s. S. 60) in die Gewinnrücklagen einstellen (§ 58 Abs. 2a AktG).

Für den verbleibenden Bilanzgewinn haben Vorstand und Aufsichtsrat der Hauptversammlung einen Verwendungsvorschlag zu unterbreiten (§ 174 AktG). Dabei kann eine weitere Rücklagendotierung vorgeschlagen werden. Die Hauptversammlung kann aber frei über die Verwendung des Bilanzgewinns entscheiden.

Stellt (ausnahmsweise) die Hauptversammlung den Jahresabschluss der AG fest (§ 173 AktG) und sieht die Satzung für diesen Fall die Dotierung von Gewinnrücklagen vor, so dürfen in diesem

Verfahren höchstens 50 % des Jahresüberschusses nach Abzug eines Verlustvortrages und der Dotierung der gesetzlichen Rücklage in die Gewinnrücklagen eingestellt werden, jedoch ohne Beschränkung für die Gesamthöhe der Gewinnrücklage (§ 58 Abs. 1 AktG).

Die Hauptversammlung kann in beiden Fällen im Beschluss über die Verwendung des Bilanzgewinns weitere Beträge in Gewinnrücklagen einstellen oder als Gewinn vortragen.

Beispiel 5:

	Vorstand und Aufsichtsrat	**Hauptversammlung**
(1) Verlustvortrag	– 10,0	– 10,0
(2) Jahresüberschuss	100,0	100,0
(3) Einstellung in die gesetzliche Rücklage (5 % von 2–1)	– 4,5	– 4,5
(4) Einstellung in Gewinnrücklagen (maximal 50 % von 2 bzw. von 2 – 1 – 3)	– 50,0	– 42,7
(5) Bilanzgewinn	35,5	42,8

Gesetzliche Rücklagen sind, wie der Name besagt, gesetzlich vorgeschrieben. In die gesetzlichen Rücklagen sind bei der Aktiengesellschaft 5 % des Jahresüberschusses einzustellen, bis diese zusammen mit etwaigen Kapitalrücklagen 10 % des Grundkapitals ausmachen (§ 150 AktG). Die Satzung kann einen höheren Prozentsatz festlegen. Sind die Höchstbeträge erreicht, dürfen von der Verwaltung (Vorstand und Aufsichtsrat) keine Beträge in die gesetzliche Rücklage eingestellt werden. Jedoch kann die Hauptversammlung im Rahmen ihres Gewinnverwendungsbeschlusses zusätzliche Beträge in die gesetzliche Rücklage einstellen.

Die gesetzlichen Rücklagen dürfen nur zum Ausgleich von Verlusten verwendet werden, soweit sie nicht durch einen Gewinnvortrag oder durch andere Gewinnrücklagen gedeckt sind. Übersteigen die gesetzliche Rücklage und die Kapitalrücklagen 10 % des Grundkapitals oder einen satzungsmäßig bestimmten, höheren Prozentsatz, so brauchen für den Verlustausgleich andere Gewinnrücklagen nicht herangezogen werden. Der den Mindestbetrag überschießende Rücklagenbetrag kann außerdem zur Kapitalerhöhung aus Gesellschaftsmitteln verwendet werden.

Eine **Rücklage für eigene Anteile** ist in der Höhe zu bilden, der dem Wertansatz für diese Anteile auf der Aktivseite entspricht (vgl. S. 44). Diese Rücklage darf auch aus einer frei verfügbaren Gewinnrücklage gebildet werden. Sie darf nur aufgelöst werden, wenn die Anteile ausgegeben, veräußert oder eingezogen werden.

Eine gleiche Rücklage ist für aktivierte Anteile an einem herrschenden oder mit Mehrheit beteiligten Unternehmen zu bilden (§ 272 Abs. 4 HGB). Herrschende Unternehmen sind solche, die auf das bilanzierende Unternehmen unmittelbar oder mittelbar einen beherrschenden Einfluss ausüben können, also i. d. R. das mit Mehrheit beteiligte Mutterunternehmen (§§ 16, 17 AktG). Der Wertansatz auch dieser Anteile wird im Hinblick auf die Bewertungsproblematik und auf Manipulationsmöglichkeiten durch die Rücklagenbildung neutralisiert.

Satzungsmäßige Rücklagen sind solche, die aufgrund entsprechender Bestimmungen der Satzung oder des Gesellschaftsvertrages zu bilden sind. Sie können einem bestimmten Zweck gewidmet sein und sind dann anderweitig nicht frei verfügbar.

Abschließend ist noch zu erwähnen, dass eine Auflösung von Gewinnrücklagen zur Gewinnausschüttung sehr unterschiedliche Ertragsteuern auslösen kann, denn die Gewinnrücklagen können aus unterschiedlich besteuerten Gewinnen stammen, z. B. aus normal mit 45 bzw. 40 % besteuerten einbehaltenen Gewinnen oder aus steuerfreien Auslandseinkünften. Dabei sieht das Körperschaftsteuergesetz im Prinzip vor, dass zuerst die höher besteuerten Rücklagen aufzulösen sind, bevor niedrigere oder unversteuerte Rücklagen aufgelöst werden können.

4.4.1.2 Kapitalgesellschaften & Co.

I. Kapitalanteile
 der persönlich haftenden Gesellschafter
 der Kommanditisten
II. Rücklagen
III. Gewinnvortrag/Verlustvortrag
IV. Jahresüberschuss/Jahresfehlbetrag

Die **Kapitalanteile** der persönlich haftenden Gesellschafter und der Kommanditisten dürfen jeweils zusammengefasst werden. Als

Kapitalanteile sind nur diejenigen Beträge auszuweisen, die der Gesellschaft auf gesellschaftsrechtlicher Ebenen überlassen wurden und die Eigenkapitalcharakter haben. Es handelt sich um solche Mittel, die dem Unternehmen dauerhaft zur Verfügung stehen, mit künftigen Verlusten des Unternehmens zu verrechnen sind und deren Rückzahlung im Konkurs- oder Liquidationsfall nicht bzw. erst nach Befriedigung aller Gesellschaftsgläubiger geltend gemacht werden kann.

Der auf den **Kapitalanteil des persönlich haftenden Gesellschafters** für das Geschäftsjahr entfallende Verlust ist von seinem Kapitalanteil abzuschreiben. Übersteigt der Verlust den Kapitalanteil, so ist er auf der Aktivseite gesondert auszuweisen. Soweit eine Zahlungsverpflichtung besteht, ist der Betrag mit der Bezeichnung „Einzahlungsverpflichtung persönlich haftender Gesellschafter“ unter den Forderungen zu zeigen. Besteht keine Zahlungsverpflichtung, so ist der Betrag gemäß § 268 Abs. 3 HGB als „nicht durch Vermögenseinlagen gedeckter Verlustanteil persönlich haftender Gesellschafter“ anzugeben.

Einlagen von Kommanditisten sind als Gesamtbetrag gesondert auszuweisen. Auf sie entfallende Verluste sind von dem Gesamtbetrag zu kürzen. Eine Forderung gegenüber den Kommanditisten darf jedoch nur ausgewiesen werden, soweit eine Einzahlungsverpflichtung besteht; sie ist gesondert von etwaigen Einzahlungsverpflichtungen der Komplementäre auszuweisen. Dasselbe gilt, wenn der Kommanditist Gewinnanteile entnimmt und sein Kapitalanteil durch Verlust oder durch die Entnahme unter den Betrag der geleisteten Einlage herabgemindert ist bzw. wird. Im Anhang ist der Betrag der im Handelsregister gemäß § 172 Abs. 1 HGB eingetragenen Einlage anzugeben, soweit diese nicht geleistet ist.

Als **Rücklagen** sind nur solche Beträge auszuweisen, die aufgrund einer gesellschaftsrechtlichen Vereinbarung gebildet worden sind (§ 264 c Abs. 2 Satz 8 HGB).

4.4.2 Sonderposten mit Rücklageanteil

Das Steuerrecht macht die Anerkennung von **steuerlichen Sonderabschreibungen** und von steuerlich neutralen Rücklagen davon abhängig, dass diese auch in der Handelsbilanz vorgenommen werden. Man spricht vom Grundsatz der Maßgeblichkeit der Handelsbilanz für die Steuerbilanz. Passivposten, die aus steuerlichen Gründen gebildet werden dürfen, sind als Sonderposten mit Rücklageanteil auszuweisen. In den Sonderposten dürfen (Wahlrecht) außerdem die steuerlichen Sonderabschreibungen einbezogen werden, soweit sie die handelsrechtlichen Abschreibungen übersteigen (§ 281 HGB). Ein solcher Ausweis ist aus Gründen der Klarheit vorzuziehen. Der sog. Sonderposten mit Rücklageanteil ist vor den Rückstellungen in das Gliederungsschema (Tabelle 6, S. 36 f.) aufzunehmen.

Die **Einstellung** in den Sonderposten ist ein „sonstiger betrieblicher Aufwand", die spätere **Auflösung** ein „sonstiger betrieblicher Ertrag" (siehe Kapitel II.3). Da die Erträge aus der Auflösung zu versteuern sind, stellt der Sonderposten entsprechend seiner Bezeichnung „mit Rücklageanteil" einen Mischposten von Eigen- und Fremdkapital dar.

Wichtige Beispiele für die Bildung des Sonderpostens sind:
- Rücklage nach § 6 b EStG (Übertragung stiller Reserven bei Ausscheiden von Wirtschaftsgütern auf bestimmte Ersatzwirtschaftsgüter)
- Rücklage für Ersatzbeschaffung (Abschnitt 35 EStR)
- Rücklagen und Abschreibungen nach dem Förderungsgebietsgesetz
- Pensionsrücklage gemäß § 52 Abs. 8 EStG.

In der Bilanz oder im Anhang sind die steuerrechtlichen Vorschriften, nach denen der Sonderposten gebildet worden ist, sowie die im abgelaufenen Geschäftsjahr erfolgten Einstellungen und Auflösungen anzugeben.

Die Auflösung des Sonderpostens richtet sich nach den steuerrechtlichen Vorschriften. So ist z. B. eine Auflösung der Pensionsrücklage gemäß § 52 Abs. 8 EStG über zwölf Jahre vorgeschrieben. Sonst erfolgt die Auflösung bei Ausscheiden des Vermögensgegenstandes, auf den die Sonderabschreibung erfolgt ist, oder in dem Umfang, in dem die steuerrechtliche Wertberichtigung durch handelsrechtliche Abschreibungen ersetzt wird (vgl. Beispiel 6).

Beispiel 6:

Entwicklung des Sonderpostens

– Mio DM –	Stand 1.1.	Ein-stellung	Auf-lösung	Stand 31.12.
Pensionsrücklage (§ 52 EStG)	12	0	2	10
Abschreibungen (§ 7 FördG)	28	10	8	30
(§ 7 d EStG)	10	15	1	24
Importwaren-abschlag (§ 80 EStDV)	24	0	24	0
	74	25	35	64

Auflösung des Sonderpostens

50 % Sonderabschreibung nach § 4 Fördergebietsgesetz für eine Anlage mit Anschaffungskosten von 10 TDM und einer Nutzungsdauer von 5 Jahren.

Jahr	Handels-rechtliche Abschreibung	Einstellung (+) Entnahme (–) Sonderposten	Aufwand gesamt	Sonderposten
1	2000	+ 3000	5000	3000
2	2000	– 750	1250	2250
3	2000	– 750	1250	1500
4	2000	– 750	1250	0
5	2000	– 750	1250	
Kumuliert	10000	0	10000	

4.4.3 Rückstellungen (B.)

1. Rückstellungen für Pensionen und ähnliche Verpflichtungen;
2. Steuerrückstellungen;
3. sonstige Rückstellungen.

Rückstellungen haben im Gegensatz zu den Rücklagen Schuldcharakter. Sie dürfen nur für die nachstehend bezeichneten Zwecke gebildet werden.

Zwingend zu bilden sind (= **Passivierungspflicht**) Rückstellungen für

(a) ungewisse Verbindlichkeiten,
(b) drohende Verluste aus schwebenden Geschäften,
(c) im abgelaufenen Geschäftsjahr unterlassene Aufwendungen für Instandhaltungen, die im folgenden Geschäftsjahr innerhalb von drei Monaten nachgeholt werden,
(d) im abgelaufenen Geschäftsjahr unterlassene Aufwendungen für Abraumbeseitigung, die innerhalb des folgenden Geschäftsjahres nachgeholt werden,
(e) Gewährleistungen, die ohne rechtliche Verpflichtung erbracht werden (sog. Kulanzleistungen).

Ungewisse Verbindlichkeiten sind solche, deren Bestehen oder Höhe am Bilanzstichtag noch nicht eindeutig feststeht, die aber nach Grund und Art konkretisiert sind. Auch Gewährleistungsverpflichtungen aus Kulanzgründen sind dem Charakter nach (ungewisse) Verbindlichkeiten; denn entscheidend ist die wirtschaftliche Verpflichtung.

Zu den Rückstellungen für ungewisse Verbindlichkeiten gehören auch die **Pensionsverpflichtungen**. Pensionsverpflichtungen betreffen sowohl die Anwartschaften aktiver Mitarbeiter als auch die Verpflichtungen aus Pensionszahlungen gegenüber den Pensionären. Sie sind der Höhe nach ungewiss, da sie von biometrischen Fakten und künftigen Veränderungen der Bemessungsgrundlagen abhängen.

Pensionsrückstellungen unterliegen ebenfalls einer Passivierungspflicht. Die Passivierungspflicht ist erst 1987 eingeführt worden. Für Pensionszusagen, die vor dem 1. 1. 1987 erfolgt sind, ist es bei dem bisherigen, aber schon lange umstrittenen Passivierungswahlrecht geblieben (§ 28 Einführungsgesetz HGB). Der Betrag, der in Ausübung dieses Wahlrechts nicht gebildeten Pensionsrückstellungen, ist jedoch im Anhang zu nennen. Zur Bewertung siehe S. 84 f.

Ein besonderes Problem liegt darin, dass unterlassene Pensionsrückstellungen nicht mit steuerlicher Wirkung nachgeholt werden können (sog. Nachholverbot); eine Aufstockung geht also zulasten der versteuerten Gewinne.

Steuerrückstellungen betreffen die vom Unternehmen geschuldeten Steuern, insbesondere also die Gewerbesteuer, Umsatzsteuer,

Lohnsteuer und Grundsteuer, bei Kapitalgesellschaften auch die Körperschaftsteuer und die Vermögensteuer. Die Steuerrückstellungen gehören ebenfalls zu den Rückstellungen für ungewisse Verbindlichkeiten.

Um den Ertragsteueraufwand periodengerecht zu erfassen, ist für Kapitalgesellschaften die Bilanzierung sog. latenter Steuern vorgesehen, wenn das handelsrechtliche und das steuerpflichtige Ergebnis voneinander abweichen. Ist der „normale" Steueraufwand im Verhältnis zum handelsrechtlichen Jahresüberschuss vor Ertragsteuern zu niedrig, weil der steuerpflichtige Gewinn niedriger ist, so ist in Höhe der voraussichtlichen Steuerbelastung der nachfolgenden Geschäftsjahre eine Rückstellung für **latente Steuern** zu bilden (§ 274 Abs. 1 HGB).

Beispiel 7:

Handelsbilanzgewinn 200 TDM, Steuerbilanzgewinn 150 TDM. Steueraufwand bei einem angenommenen Steuersatz von 50 % laut Steuerbilanz 75 TDM; latenter Steueraufwand 25 TDM).

Der Katalog der Rückstellungen für ungewisse Verbindlichkeiten ist sehr umfangreich. Er enthält z. B. Personal- und Sozialaufwendungen (Berufsgenossenschaftsbeiträge, Urlaubsgelder, Gratifikationen, Sozialplankosten und anderes), Verpflichtungen im Zusammenhang mit Lieferungen und Leistungen (ausstehende Rechnungen, Boni, Rabatte, Gewährleistungsverpflichtungen, Kurssicherungskosten), Verpflichtungen aus Dauerschuldverhältnissen (z. B. Beseitigungsverpflichtungen bei Miet- und Pachtverhältnissen), ferner mögliche Verpflichtungen aus Bürgerschaftsübernahmen, Patentrechtsverletzungen, Haftung für Umweltschäden und anderes mehr.

Drohende Verluste aus schwebenden Geschäften stellen eine besondere Art ungewisser Verbindlichkeiten dar. Rückstellungen für drohende Verluste aus schwebenden Geschäften sind zu bilden, wenn aus zweiseitig verpflichtenden Rechtsgeschäften für das Unternehmen ein Verlust droht, also für das Unternehmen ein Verpflichtungsüberhang besteht. Als schwebende Geschäfte (vgl. S. 29) kommen die üblichen Liefer- und Leistungsverträge für die Beschaffung oder für den Absatz von Gütern und Dienstleistungen, aber auch Kredit- und Dienstverträge sowie Ergebnisübernahmeverträge in Betracht. Drohende Verluste können auch aus Dauerschuldverhältnissen, z. B. Miet- und Pachtverträgen, Wartungs- und Lizenzverträgen, oder aus staatlichen Auflagen entstehen.

Der Wert der noch zu erbringenden Leistung und derjenige der Gegenleistung sind einander gegenüberzustellen, um den drohenden Verlust zu ermitteln. Bezüglich der Wahrscheinlichkeit des Bestehens oder Entstehens einer Verbindlichkeit oder eines drohenden Verlustes ist nach dem Prinzip der Vorsicht im Zweifel von einer Passivierungspflicht auszugehen.

Ein **Passivierungswahlrecht** wird eingeräumt für Rückstellungen für

(f) im Geschäftsjahr unterlassene Aufwendungen für Instandhaltung, die im folgenden Geschäftsjahr nach Ablauf von drei Monaten nachgeholt werden, sowie für

(g) ihrer Eigenart nach genau umschriebene Aufwendungen, die im abgelaufenen oder einem früheren Geschäftsjahr zuzuordnen sind und die am Abschlussstichtag wahrscheinlich oder sicher, aber hinsichtlich Höhe und Zeitpunkt unbestimmt sind.

Die unter (c), (d), (f) und (g) aufgeführten Rückstellungen bezeichnet man als **Aufwandsrückstellungen**. Sie betreffen unterlassene Ausgaben (c, d, f), die mit Erträgen des abgelaufenen oder eines früheren Geschäftsjahres zusammenhängen, oder künftige Ausgaben, die aus einem anderen Grund dem abgelaufenen oder einem früheren Geschäftsjahr zuzuordnen sind (g).

In die letzte Kategorie fallen stoßweise anfallende Ausgaben, z. B. für Messen und Ausstellungen, die alle zwei bis drei Jahre stattfinden. Weitere Beispiele sind zu nennen: Aufwendungen zur Ladenmodernisierung, für Entwicklung oder Werbefeldzüge, die aus bestimmten Gründen aufgeschoben wurden, Abbruch- oder Abrisskosten, Aufwendungen für Sicherheitsinspektionen, Stilllegungs- oder Umstrukturierungsaufwendungen.

Die Besonderheit der Aufwandsrückstellungen liegt darin, dass es sich nicht um Verpflichtungen gegenüber Dritten handelt. Sie ergeben sich vielmehr aus Sachzwängen der Unternehmensfortführung. Die Aufwandsrückstellungen beinhalten einen gewissen Ermessensspielraum für das bilanzierende Unternehmen. So ist z. B. die

Nachholfrist von drei Monaten oder einem Jahr für unterlassene Instandhaltungsaufwendungen, die über Passivierungspflicht oder -wahlrecht entscheidet, in einem gewissen Rahmen gestaltbar. Hier ist dem bilanzierenden Kaufmann ein Spielraum eingeräumt, der aber dadurch begrenzt ist, dass nicht mehr benötigte Rückstellungen in jedem Fall aufgelöst werden müssen.

In der **Steuerbilanz** werden die unter (b) – nach dem 31. 12. 1996; §§ 5 Abs. 4 a und 52 Abs. 6 a EStG –, (f) und (g) aufgeführten Rückstellungen sowie die Rückstellung für latente Steuern nicht anerkannt. Siehe auch Abschnitt 31 c EStR. Seit 1997 dürfen in der Steuerbilanz – entgegen ausdrücklicher Verpflichtung in der Handelsbilanz – keine Rückstellungen für drohende Verluste gebildet werden (§ 5 Abs. 4 a EStG). Der Auflösungsbetrag darf in einen Sonderposten eingestellt werden, der über 12 Jahre gewinnerhöhend aufzulösen ist.

Zur Bewertung der Rückstellungen siehe unten Kapital 6.3.2.

4.4.4 Verbindlichkeiten (C.)

1. Anleihen,
   davon konvertibel;
2. Verbindlichkeiten gegenüber Kreditinstituten;
3. erhaltene Anzahlungen auf Bestellungen;
4. Verbindlichkeiten aus Lieferungen und Leistungen;
5. Verbindlichkeiten aus der Annahme gezogener Wechsel und der Ausstellung eigener Wechsel;
6. Verbindlichkeiten gegenüber verbundenen Unternehmen;
7. Verbindlichkeiten gegenüber Unternehmen, mit denen ein Beteiligungsverhältnis besteht;
8. sonstige Verbindlichkeiten,
   davon aus Steuern,
   davon im Rahmen der sozialen Sicherheit.

Anleihen sind Schuldverschreibungen (meist in Form von Wertpapieren), die am Kapitalmarkt aufgelegt bzw. gehandelt werden. Hierzu zählen Industrieobligationen sowie Wandel- oder Optionsschuldverschreibungen, die nach einer bestimmten Frist das Recht auf Umtausch in Aktien der Gesellschaft gewähren oder eine Option auf den Bezug von Aktien oder Schuldverschreibungen darstellen.

Die **erhaltenen Anzahlungen** auf Bestellungen (also für Produkte des Unternehmens) dürfen auch offen von den Vorräten gekürzt werden (§ 268 Abs. 5 HGB).

Verbindlichkeiten im Rahmen der sozialen Sicherheit betreffen noch nicht abgeführte Beiträge zur Sozialversicherung, zur Pensionskasse, zum Pensionssicherungsverein oder etwaige Sozialplankosten.

Verbindlichkeiten gegenüber Gesellschaftern einer GmbH oder Kapitalgesellschaft & Co. sind gesondert zu zeigen, und zwar in der Bilanz oder im Anhang (§ 42 Abs. 3 GmbHG bzw. § 264 c Abs. 1 HGB).

Für alle Verbindlichkeitsposten sind in der Bilanz oder im Anhang diejenigen mit einer Restlaufzeit bis zu einem Jahr anzugeben. Außerdem sind im Anhang zu nennen die Verbindlichkeiten mit einer Restlaufzeit von mehr als fünf Jahren sowie die Beträge, die durch Pfandrechte oder ähnliche Rechte gesichert sind unter Angabe von Art und Form der Sicherheiten. Üblicherweise erfolgen die Angaben im Anhang durch einen sog. **Verbindlichkeitenspiegel** (Beispiel 7).

Beispiel 8:

		Restlaufzeit				
	Insgesamt	unter 1 Jahr	1–5 Jahre	über 5 Jahre	Gesicherte Beträge	Art der Sicherheit
	DM	DM	DM	DM	DM	
Anleihen						
Verbindlichkeiten gegenüber Kreditinstituten						
Verbindlichkeiten gegenüber verbundenen Unternehmen						
usw.						

4.4.5 Rechnungsabgrenzungsposten

Einnahmen, die Ertrag für eine bestimmte Zeit nach dem Bilanzstichtag darstellen, sind als passive Rechnungsabgrenzungsposten auszuweisen.

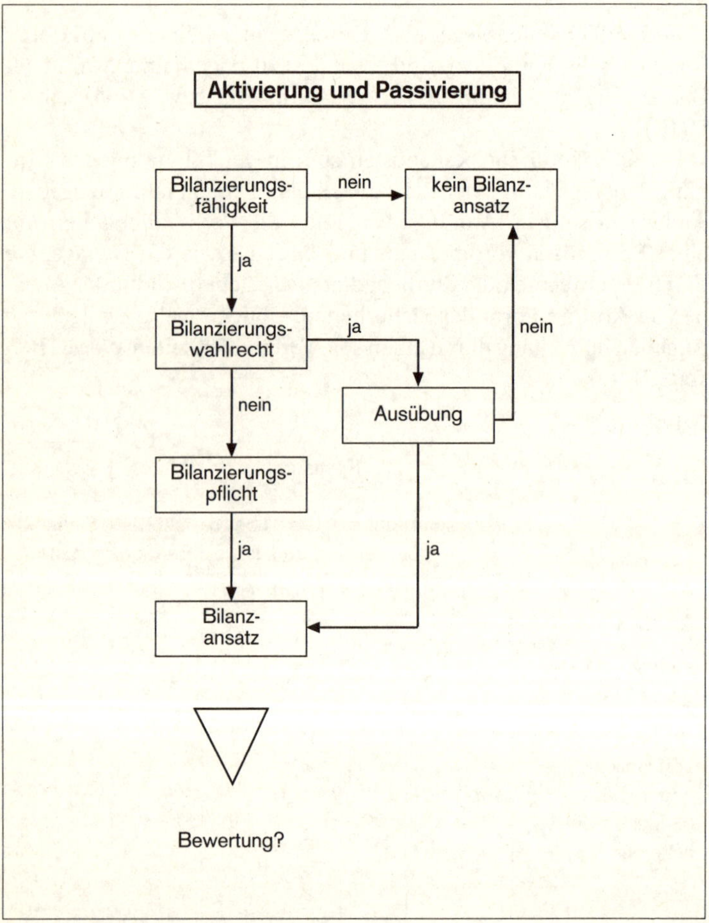

Abb. 1: Aktivierung und Passivierung

5. Die Bewertung der Bilanzposten

5.1 Allgemeine Grundsätze

Die Bewertung der Bilanzposten ist in den §§ 252–256 HGB sowie für Kapitalgesellschaften zusätzlich in den §§ 279–283 HGB gesetzlich geregelt. Diese Vorschriften beschreiben neben allgemeinen Bewertungsgrundsätzen die für die einzelnen Bilanzposten infrage kommenden Wertmaßstäbe sowie die zu ihrer Ermittlung anwendbaren Bewertungsmethoden.

Für die Bewertung in der Bilanz gelten folgende allgemeine Grundsätze (§ 252 HGB): Die Wertansätze in der Eröffnungsbilanz des Geschäftsjahres müssen mit denen der Schlussbilanz des vorhergehenden Geschäftsjahres übereinstimmen (Grundsatz der formellen **Bilanzkontinuität**).

Bei der Bewertung ist von der **Fortführung des Unternehmens** auszugehen, sofern dem nicht tatsächliche oder rechtliche Hindernisse entgegenstehen. Die Vermögensgegenstände und Schulden sind **einzeln zu bewerten**.

Es ist vorsichtig zu bewerten. Insbesondere sind alle vorhersehbaren Risiken und Verluste, die zum Bilanzstichtag entstanden sind, zu berücksichtigen, auch wenn sie erst nach dem Bilanzstichtag bekannt geworden sind (**Vorsichts- und Imparitätsprinzip**).

Gewinne dürfen nur berücksichtigt werden, wenn sie am Bilanzstichtag realisiert sind (**Realisationsprinzip**)

Die in dem vorhergehenden Jahresabschluss angewandten Bewertungsmethoden sollen beibehalten werden (Grundsatz der **Bewertungsstetigkeit**).

5.2 Wertmaßstäbe

Vermögensgegenstände dürfen höchstens zu den **Anschaffungs- oder Herstellungskosten** angesetzt werden (siehe dazu die Kapitel 5.2 und 5.3). Bei abnutzbaren Gegenständen des Anlagevermögens sind die Anschaffungs- oder Herstellungskosten um sog. planmäßige Abschreibungen (s. Kapitel 6.1.1) zu vermindern. Bei Forderungen entspricht der Anschaffungswert in der Regel dem Nennwert.

Der am Bilanzstichtag beizulegende Wert wird als **Stichtags-, Markt- oder Zeitwert** bezeichnet (siehe dazu Kapitel 5.6). Er darf nur angesetzt werden, wenn der Wert der Vermögensgegenstände am Bilanzstichtag unter die genannten Höchstwerte gesunken ist.

Der Vollständigkeit halber sei erwähnt, dass das Steuerrecht für den beizulegenden Stichtagswert einen eigenen Begriff verwendet, nämlich den des **Teilwerts**. Dies ist der Wert, den ein gedachter Erwerber des ganzen Betriebes im Rahmen des Gesamtkaufpreises für das einzelne Wirtschaftsgut ansetzen würde; dabei ist davon auszugehen, dass der Erwerber den Betrieb fortführt (§ 6 EStG).

Gegenstände des Umlaufvermögens dürfen in der Bilanz höchstens zu dem niedrigeren Stichtagswert angesetzt werden (strenges **Niederstwertprinzip**). Für das Anlagevermögen besteht dieser Zwang nur dann, wenn die Wertminderung nachhaltig ist (eingeschränktes Niederstwertprinzip). Bei nur vorübergehender Wertminderung besteht für Anlagegegenstände also ein Abwertungswahlrecht. Für Kapitalgesellschaften ist eine Abschreibung wegen vorübergehender Wertminderung nur für Finanzanlagen zugelassen (§ 279 Abs. 1 HGB).

Darüber hinaus können steuerrechtliche Vorschriften zu niedrigeren Wertansätzen führen, z. B. steuerliche Sonderabschreibungen (§ 254 HGB). Für Nicht-Kapitalgesellschaften sind außerdem zusätzliche Abschreibungen „nach vernünftiger kaufmännischer Beurteilung" zulässig (§ 253 Abs. 4 HGB; siehe Kapitel 6.1.2).

Den in der Bilanz oder Buchführung zuletzt ausgewiesenen Wert nennt man **Buchwert**. Ein niedrigerer Buchwert darf auch nach Fortfall der Wertminderung im Allgemeinen fortgeführt werden (§ 253 Abs. 5 HGB). Der Kaufmann kann aber auch einen höheren Stichtagswert ansetzen, solange dieser nicht die Anschaffungs- oder Herstellungskosten, ggf. abzüglich planmäßiger Abschreibung, überschreitet.

Für Kapitalgesellschaften gilt dagegen ein grundsätzliches **Wertaufholungsgebot**, d. h. frühere außerplanmäßige Abschreibungen (siehe Kapitel 6.1.2, S. 77 f.) sind bei Wegfall des Grundes durch Zuschreibungen bis zu den ursprünglichen Anschaffungswerten, ggf. unter Abzug planmäßiger Abschreibungen (Kapitel 6.1.1) rückgängig zu machen. Das Wertaufholungsgebot entfällt aber, soweit ein steuerlich zulässiger niedrigerer Wert fortgeführt werden darf und für die steuerliche Anerkennung derselbe Wertansatz in der Handelsbilanz vorausgesetzt wird (§ 280 Abs. 2 HGB, man spricht auch von der umgekehrten Maßgeblichkeit; siehe Kapitel 6.1.3).

Rückstellungen sind mit dem Betrag anzusetzen, der nach vernünftiger kaufmännischer Beurteilung notwendig ist. Schulden sind mit ihrem **Rückzahlungsbetrag** und Rentenverpflichtungen mit ihrem **Barwert** zu bewerten (§ 253 Abs. 1 HGB). Steuerlich sind langfristige Verbindlichkeiten und Rückstellungen entgegen § 253 Abs. 1 HGB mit ihrem Barwert anzusetzen (§ 6 Abs. 3 und 3a EStG). Der Barwert ist der vom Fälligkeitszeitpunkt auf den Bilanzstichtag abgezinste Rückzahlungsbetrag. Zu weiteren Einzelheiten siehe Kapitel 6.3.2.

Das gezeichnete Kapital ist mit dem **Nennwert** zu bilanzieren.

Die Aussagekraft des Jahresabschlusses wird von den gesetzlich eingeräumten Bewertungswahlrechten beeinflusst. Für Kapitalgesellschaften ist daher vorgeschrieben, dass sie die ausgeübten Wertansatzwahlrechte und die angewandten Bewertungsmethoden im Anhang angeben. Abweichungen von den im vorhergehenden Jahresabschluss angewandten Bewertungsmethoden sind nur in begründeten Fällen zulässig und müssen im Anhang genannt werden.

Nachfolgend werden die genannten Wertmaßstäbe und die zu ihrer Ermittlung möglichen Methoden näher beschrieben. Anschließend wird in Kapitel 6 auf die Bewertung der einzelnen Bilanzposten eingegangen.

5.3 Anschaffungskosten

Anschaffungskosten sind die Aufwendungen, die geleistet werden, um einen Vermögensgegenstand zu erwerben und in einen betriebsbereiten Zustand zu versetzen. Es handelt sich also genauer gesagt um **Anschaffungsaufwendungen**, doch hat sich der Begriff Anschaffungskosten eingebürgert und wird auch vom Gesetzgeber verwendet.

Beim Kauf auf Rentenbasis ist als Anschaffungskosten der Barwert der zu erwartenden Renten anzusetzen, d. h. der auf den Bilanzstichtag abgezinste Wert der künftigen Rentenbeträge.

Zu den Anschaffungskosten gehören neben dem Anschaffungspreis alle Nebenaufwendungen (**Anschaffungsnebenkosten**), die mit dem Erwerbsvorgang und der Inbetriebnahme oder Betriebsbereitschaft der Vermögensgegenstände zusammenhängen und die dem Vermögensgegenstand einzeln zugerechnet werden können. Dazu rechnen z. B. Zölle, Fracht- u. a. Transportaufwendungen, Provisionen, Gerichts- und Notarkosten, Grunderwerbsteuer, aber auch Montage-, Abbruch- und Fundamentierungskosten, Aufwendungen für die Sicherheitsüberprüfung und Abnahme der Vermögensgegenstände. Zu den Anschaffungskosten gehören auch eigene Aufwendungen des Unternehmens, die die Gegenstände in einen betriebsbereiten Zustand versetzen sollen, wenn sie dem Vermögensgegenstand einzeln zugerechnet werden können.

Finanzierungskosten rechnen nicht zu den Anschaffungskosten. **Zinsen für Fremdkapital**, das zur Finanzierung der Herstellung eines Vermögensgegenstandes verwendet wird, dürfen aktiviert werden, soweit sie auf den Zeitraum der Herstellung entfallen. Zum Beispiel dürfen die während der Bauzeit eines Gebäudes anfallenden Kreditzinsen als Teil der Herstellungskosten aktiviert werden.

Minderungen des Anschaffungspreises, z. B. Rabatte oder Skonti, sind von den Anschaffungskosten abzuziehen. Zuschüsse werden in der Regel von den Anschaffungskosten abgesetzt (siehe Kapitel 5.5).

Schließlich gehören zu den Anschaffungskosten auch **nachträgliche Anschaffungsaufwendungen**, die erst nach dem Zeitpunkt der Anschaffung entstehen, aber mit der Erlangung der wirtschaftlichen Verfügbarkeit über die Vermögensgegenstände zusammenhängen. Beispiele: Erschließungsbeiträge bei Grundstücken oder nachträgliche Erhöhungen des Kaufpreises.

Für **unentgeltlich erworbene** und für selbst geschaffene immaterielle Vermögensgegenstände gilt ein Aktivierungsverbot. Dagegen sind andere unentgeltlich erworbene Vermögensgegenstände (Sachen, Forderungen) nach dem Grundsatz der Vollständigkeit der Bilanz zwingend zu aktivieren. Zu bewerten sind sie mit dem vorsichtig zu schätzenden Betrag, der normalerweise für einen entgeltlichen Erwerb aufzuwenden wäre (= fiktive Anschaffungskosten).

Bei **Tauschgeschäften** ist umstritten, ob der Buchwert oder der

Verkehrswert des hingegebenen Gegenstandes anzusetzen ist. Überzeugend ist der Ansatz des Verkehrswertes, den auch das Steuerrecht vorschreibt.

Unabhängig von der Höhe der Anschaffungskosten stellt sich die anschließende Frage nach dem Wert, der den Gegenständen am Bilanzstichtag beizulegen ist (s. Kapitel 5.6).

5.4 Herstellungskosten

Herstellungskosten sind die Aufwendungen, die durch den Verbrauch von Gütern oder die Inanspruchnahme von Dienstleistungen für die Herstellung eines Vermögensgegenstandes entstehen. Es handelt sich also inhaltlich um **Herstellungsaufwendungen**, doch hat sich der Begriff „Herstellungskosten" nachhaltig festgesetzt.

Herstellungskosten fallen in erster Linie an bei der Produktion der zum Verkauf bestimmten Erzeugnisse, aber auch bei der Fertigung selbst genutzter Anlagen (Gebäude, Vorrichtungen, Maschinen) oder bei der Eigenproduktion von Roh-, Hilfs- und Betriebsstoffen oder von Halbfertigerzeugnissen.

Zu den Herstellungskosten gehören auch jene Aufwendungen, die für die Erweiterung oder eine wesentliche Verbesserung des Vermögensgegenstandes anfallen. Erweiterung bedeutet Vermehrung der Substanz, z. B. Anbau an ein Gebäude. Eine wesentliche Verbesserung liegt vor, wenn die Nutzungsmöglichkeiten eines Gegenstandes erweitert werden, z. B. Umbau eines Lkw zu einem Spezialfahrzeug.

Die Herstellungskosten betreffen insbesondere die Material- und Personalkosten, aber auch den Werteverzehr für die bei der Herstellung eingesetzten Anlagegegenstände, also Abschreibungen. Zwingend vorgeschrieben ist der Ansatz der Aufwendungen, die dem hergestellten Gegenstand direkt zugerechnet werden können. Es handelt sich um die sog. Einzelkosten im Gegensatz zu den allenfalls indirekt zurechenbaren Gemeinkosten. Die Einzelkosten bilden die (handelsrechtliche) **Untergrenze der Herstellungskosten**.

In die Herstellungskosten dürfen angemessene Teile der notwendigen Material- und Fertigungsgemeinkosten eingerechnet werden (Wahlrecht). Angemessen und notwendig sind die Aufwendungen, die weder betriebs- oder periodenfremd noch ungewöhnlich sind. Überhöhte Kosten der Unterbeschäftigung oder Abschreibungen auf nicht mehr verwertbares Material dürfen also nicht in die Herstellungskosten einbezogen werden.

Darüber hinaus dürfen auch Kosten der allgemeinen Verwaltung, Aufwendungen für soziale Leistungen und für Altersversorgung in die Herstellungskosten einbezogen werden. Die Gemeinkosten dürfen jedoch nur so weit in die Herstellungskosten eingerechnet werden, als sie auf den Zeitraum der Herstellung entfallen. Mit Ausübung dieses weiteren Wahlrechts wird die **Obergrenze der Herstellungskosten** erreicht.

Vertriebskosten rechnen nicht zu den Herstellungskosten. Sie dürfen also nicht aktiviert werden und gehen in jedem Jahr voll zu Lasten des Ergebnisses.

Das **Steuerrech**t hat die Untergrenze für die Herstellungskosten höher angesetzt als das Handelsrecht. Danach sind Material- und Fertigungsgemeinkosten zwingend in die Herstellungskosten einzurechnen (s. im Einzelnen Abschnitt 33 EStR).

Der Umfang der aktivierungspflichtigen bzw. aktivierungsfähigen Herstellungskosten ergibt sich im Einzelnen aus Tabelle 8 auf der gegenüberliegenden Seite.

5.5 Zuschüsse

Die bilanzielle Behandlung von Zuschüssen hängt von ihrer Zwecksetzung ab. Sollen sie die Anschaffungs- oder Herstellungskosten senken, so sind sie davon abzusetzen. Sollen sie dagegen in erster Linie das Ergebnis verbessern, z. B. bei Sanierungen, so können sie als Ertrag vereinnahmt werden. Voraussetzung ist aber, dass etwaige Bedingungen der Zuschussgewährung erfüllt sind. Die Zweckbestimmung kann auch eine Verteilung über mehrere Jahre nahe legen; das bedeutet die Bildung eines Rechnungsabgrenzungspostens mit anschließender Auflösung in Raten.

Bedingt zurückzahlbare Zuschüsse lösen bei (wahrscheinlichem) Eintritt der Bedingung eine Passivierungspflicht für die Rückzahlungsverpflichtung aus, es sei denn, dass ihre Rückzahlung an einen künftigen Gewinn gebunden ist.

<table>
<tr><th></th><th>Handelsrecht</th><th>Steuerrecht</th></tr>
<tr><td>1. Einzelkosten
Materialkosten
(verbrauchte Roh- und Hilfsstoffe)
Fertigungskosten
(Fertigungslöhne und -gehälter)
Sonderkosten der Fertigung
(z. B. Sonderbetriebsmittel, Lizenzgebühren)</td><td>Aktivierungs-pflicht</td><td rowspan="3">Aktivierungs-pflicht</td></tr>
<tr><td>2. Gemeinkosten
Materialgemeinkosten
(z. B. Kosten des Einkaufs, der Lagerverwaltung)
Fertigungsgemeinkosten
(z. B. Arbeitsvorbereitung, Betriebsleitung, Abschreibungen auf Fertigungsanlagen)</td><td rowspan="3">Aktivierungs-wahlrecht</td></tr>
<tr><td>3. Herstellungskosten I (= 1 + 2)</td></tr>
<tr><td>4. Kosten der allgemeinen Verwaltung
Personal- und Sachkosten der Verwaltung einschließlich sozialer Aufwendungen</td><td>Aktivierungs-wahlrecht</td></tr>
<tr><td>5. Herstellungskosten II (= 3 + 4)</td><td></td><td></td></tr>
<tr><td>6. Vertriebskosten</td><td></td><td></td></tr>
<tr><td>7. Selbstkosten (= 5 + 6)</td><td></td><td></td></tr>
</table>

Tabelle 8: Umfang der aktivierungspflichtigen und -fähigen Herstellungskosten

5.6 Der niedrigere Stichtagswert

Der einem Vermögensgegenstand am Stichtag „beizulegende Wert“ entspricht seinem Zeit- oder Verkehrswert am Bilanzstichtag. Er leitet sich häufig aus einem Börsen- oder Marktpreis am Bilanzstichtag ab. Ist ein Börsen- oder Marktpreis nicht festzustellen, so ist der beizulegende Wert aus den aktuellen Anschaffungs- oder Herstellungskosten und der voraussichtlichen künftigen Nutzung (Gebrauch, Verbrauch, Verkauf) des Vermögensgegenstandes abzuleiten. Letztlich bestimmt sich der Wert eines Vermögensgegenstandes aus den künftigen Zahlungsüberschüssen, die durch seine Nutzung erzielt werden können.

Je nachdem, welcher Phase des betrieblichen Leistungsprozesses, der von der Beschaffung bis zum Absatz reicht, ein Vermögensgegenstand zuzuordnen ist, entscheidet sich, ob zur Bestimmung des Marktpreises oder Verkehrswertes die Verhältnisse am Beschaffungsmarkt oder diejenigen am Absatzmarkt maßgeblich sind.

Bei Roh-, Hilfs- und Betriebsstoffen werden der **Beschaffungsmarkt** und die Wiederbeschaffungswerte und beim Anlagevermögen die Wiederbeschaffungswerte unter Berücksichtigung der Abnutzung heranzuziehen sein. Bei fertig gestellten Erzeugnissen kommen neben dem Reproduktionswert wie bei Waren vor allem die Veräußerungspreise, also die Verhältnisse am **Absatzmarkt**, in Betracht.

Der Zins drückt aus, dass die zeitliche Verfügbarkeit von Zahlungsmitteln wertbeeinflussend ist. Eine Einzahlung heute ist mehr wert als eine Einzahlung in zwei Jahren. Bei Auszahlungen ist es umgekehrt. Daher werden unverzinsliche Forderungen auf den sog. Barwert abgezinst.

Beispiel 9:

Der Barwert einer unverzinslichen, in einem Jahr fälligen Forderung von 100 TDM beträgt bei einem Jahreszinssatz von 8 % nur 92,6 TDM.

Beim **Umlaufvermögen** ist zwingend der niedrigere Stichtagswert anzusetzen, beim Anlagevermögen zwingend dann, wenn er eine voraussichtlich dauernde Wertminderung ausdrückt.

In der Bilanz dürfen keine Stichtagswerte angesetzt werden, die über den Anschaffungs- oder Herstellungskosten (beim Anlagevermögen abzüglich planmäßiger Abschreibungen) liegen (Anschaffungswertprinzip; vgl. S. 19). Bei einem niedrigeren Buchwert kann jedoch eine Wertaufholung bis zu den ursprünglichen Anschaffungs- oder Herstellungskosten (ggf. abzüglich planmäßiger Abschreibungen) erfolgen.

Beispiel 10:

Für eine maschinelle Anlage, die 1000 TDM gekostet hat und für die im ersten Jahr eine Sonderabschreibung von 50 % vorgenommen wurde, betrage der beizulegende Wert am Ende des dritten Nutzungsjahres 750 TDM. In Ausübung seines Wahlrechts möchte der Kaufmann eine Aufwertung vornehmen, die jedoch durch die Anschaffungskosten abzüglich planmäßiger Abschreibungen, also auf 700 TDM begrenzt ist.

	TDM
Anschaffungskosten	1000
Sonderabschreibung 50 %	500
Planmäßige Abschreibung über 10 Jahre linear (= 500 : 10 =)	50
Ende des 1. Jahres	450
Planmäßige Abschreibung	50
Ende des 2. Jahres	400
Planmäßige Abschreibung	50
	350
Zuschreibung bis höchstens 1000 ./. (3 × 10 %) planmäßige Abschreibung = 700	350
Ende des 3. Jahres	700

5.7 Sonstige Wertkategorien

Für die **Vermögensgegenstände** kommen unter bestimmten Umständen noch andere niedrigere Wertansätze in Betracht, nämlich

- ein niedrigerer steuerrechtlich zulässiger Wert (§ 254 HGB; s. Kapitel 6.1.2),
- ein niedrigerer Wert aufgrund von Abschreibungen im Rahmen vernünftiger kaufmännischer Beurteilung (§ 253 Abs. 4 HGB; nicht zulässig für Kapitalgesellschaften; s. Kapitel 6.1.2) und
- für Gegenstände des Umlaufvermögens der niedrigere Wert, der in der nächsten Zukunft aufgrund von Wertschwankungen erwartet wird (§ 253 Abs. 3 Satz 3 HGB; siehe Kapitel 6.2.1).

Die Wertkategorien für die **Schuldposten** (Rückzahlungsbetrag, Barwert usw.) werden im Einzelnen bei den entsprechenden Posten erläutert.

5.8 Bewertungsmethoden

Bewertungsmethoden sind bestimmte, in ihrem Vorgehen definierte Verfahren zur Wertfindung. Sie dienen der Ermittlung der Anschaffungs- oder Herstellungskosten sowie der planmäßigen Abschreibungen. Nachfolgend werden die wichtigsten Verfahren zur Ermittlung der Anschaffungs- oder Herstellungskosten dargestellt. Auf die unterschiedlichen Abschreibungsmethoden wird im Zusammenhang mit der Bewertung des Anlagevermögens eingegangen (Kapitel 6.1).

Die individuelle **Ermittlung der Anschaffungs- oder Herstellungskosten** für einzelne Vermögensgegenstände bereitet oft Schwierigkeiten, wenn sehr viele gleichartige Gegenstände zu verschiedenen Zeitpunkten mit unterschiedlichen Anschaffungs- oder Herstellungskosten zugegangen sind. In der Praxis haben sich daher namentlich für die Vorratsbewertung vereinfachte Ermittlungsverfahren herausgebildet, die gesetzlich anerkannt worden sind.

Am häufigsten wird die **Durchschnittsmethode** angewandt, bei der aus dem Wert des Anfangsbestandes und den Anschaffungs- oder Herstellungskosten der Zugänge während des Geschäftsjahres ein gewogener Durchschnittspreis errechnet wird, mit dem die Abgänge (Verbrauch oder Veräußerung) und der Endbestand bewertet werden. Das am Bilanzstichtag ausgewiesene Vorratsvermögen wird also zu durchschnittlichen Anschaffungs- oder Herstellungskosten angesetzt.

5.8.1 Lifo- und ähnliche Verfahren

Für die **Bewertung gleichartiger Gegenstände des Vorratsvermögens** kann unterstellt werden, dass sie in einer bestimmten Folge verbraucht oder veräußert worden sind. Als gleichartig gelten Vorräte der gleichen Warengattung oder gleicher Funktion mit annähernder Preisgleichheit. Für diese Vorräte kann z. B. unterstellt werden, dass die zuletzt angeschafften Gegenstände zuerst verbraucht oder veräußert werden; sog. **Lifo**-Verfahren (Lifo = last in – first out).

Umgekehrt kann auch angenommen werden, dass die zuerst angeschafften oder hergestellten Gegenstände zuerst verbraucht werden (**Fifo**-Verfahren = first in – first out). Auch andere Verbrauchsfolgen können unterstellt werden, z. B. die teuersten Gegenstände werden als erstes verbraucht (Hifo = highest in – first out). Die unterstellte Verbrauchsfolge darf aber nicht offensichtlich der tatsächlichen Handhabung widersprechen.

Das Lifo-Verfahren bewirkt im Gegensatz zur Fifo-Methode, dass der Materialaufwand zu verhältnismäßig gegenwartsnahen Werten verrechnet wird. Hierdurch wird im Allgemeinen ein besserer Einblick in die Ertragslage des Unternehmens gewährt. Auf der anderen Seite werden aber die zum Bilanzstichtag vorhandenen Vorratsbestände mit zeitlich weiter zurückliegenden Preisen bewertet, sodass insoweit die Darstellung der Vermögenslage beeinträchtigt wird.

Bei steigenden Preisen führt das Lifo-Verfahren zu niedrigeren Bilanzwerten als dies den Stichtagspreisen entspricht. Das bedeutet eine vorsichtigere Bewertung und damit ein niedrigeres Jahresergebnis. Bei sinkenden Preisen ergibt das Lifo-Verfahren dagegen Werte, die über den Stichtagspreisen liegen, sodass hier nach dem Niederstwertprinzip entsprechende Abwertungen zwingend notwendig werden. Die Beispiele 11 und 12 veranschaulichen die unterschiedlichen Wirkungen.

Das Lifo-Verfahren ist auch steuerlich zugelassen. Neben der Vereinfachung der Bewertung soll es – bei der allgemeinen Tendenz zu Preissteigerungen – dazu beitragen, dass Scheingewinne nicht besteuert werden.

Beispiel 11: Sinkende Preise

Zugang:	1. 100 Stück zu DM 10,– je Stück	
	2. 180 Stück zu DM 19,– je Stück	
	3. 100 Stück zu DM 18,– je Stück	
Bestand am Bilanzstichtag: 120 Stück		
Stichtagspreis: DM 8,– je Stück		
Bewertung:	Lifo: 100 × DM 10 + 20 × DM 9 =	DM 1180,–
	Durchschnittskosten: 120 × DM 9 =	DM 1080,–
	Fifo: 100 × DM 8 + 20 × DM 9 =	DM 980,–
Wertansatz in der Bilanz:	Niederstwert: 120 × DM 8 =	DM 960,–

Beispiel 12: Steigende Preise

Zugang:	1. 100 Stück zu DM 18,– je Stück	
	2. 180 Stück zu DM 19,– je Stück	
	3. 100 Stück zu DM 10,– je Stück	
Stichtagspreis:	DM 9,50 je Stück	
Bewertung:	Lifo: 100 × DM 8 + 20 × DM 9 =	DM 980,–
	Durchschnittskosten: 120 × DM 9 =	DM 1080,–
	Fifo: 100 × DM 10 + 20 × DM 9 =	DM 1180,–
Wertansatz in der Bilanz:	Lifo:	DM 980,–
	Durchschnittskosten:	DM 1080,–
	Fifo: 100 × DM 9,50 (statt DM 10 = Niederstwertprinzip!) + 20 × DM 9 =	DM 1130,–

5.8.2 Gruppen- und Festbewertung

Eine weitere Erleichterung stellt als Ausnahme von dem Grundsatz der Einzelbewertung die **Gruppenbewertung** dar. Gleichartige Vermögensgegenstände des Vorratsvermögens sowie andere gleichartige oder annähernd gleichwertige bewegliche Vermögensgegenstände (z. B. Werkzeuge) dürfen zu einer Gruppe zusammengefasst und mit dem gewogenen Durchschnittswert angesetzt werden (§ 256 Satz 2 i. V. § 240 Abs. 4 HGB).

Schließlich dürfen Vermögensgegenstände des Sachanlagevermögens sowie Roh-, Hilfs- und Betriebsstoffe mit einem **Festwert** angesetzt werden, wenn sie (1) regelmäßig ersetzt werden, (2) ihr Gesamtwert für das Unternehmen von nachrangiger Bedeutung ist und (3) ihr Bestand der Größe, dem Wert und der Zusammensetzung nach nur geringen Veränderungen unterliegt (§ 256 Satz 2 i. V. § 240 Abs. 3 HGB). Vom regelmäßigen Ersatz kann gesprochen werden, wenn sich die Zugänge und Abgänge in jedem Jahr in etwa ausgleichen. Beispielsweise wird der Bestand an Werkzeugen häufig mit einem Festwert angesetzt.

Bei der Festwertrechnung wird der normale oder durchschnittliche Bestand mit einem festen Wert angesetzt. Der Festwert ergibt sich für Roh-, Hilfs- und Betriebsstoffe aus den Anschaffungs- oder Herstellungskosten. Bei Gegenständen des Sachanlagevermögens, z. B. Ersatzteile, Werkzeuge, wird in der Regel auf die Anschaffungs-

oder Herstellungskosten ein Abschlag vorgenommen, um die durchschnittliche Abnutzung zu berücksichtigen. Der tatsächliche Bestand dieser Vermögensgegenstände ist alle drei Jahre durch eine Inventur zu überprüfen. Zeigt er wesentliche Abweichungen, z. B. mehr als +/– 10 %, so ist eine entsprechende Anpassung des Festwertes vorzunehmen.

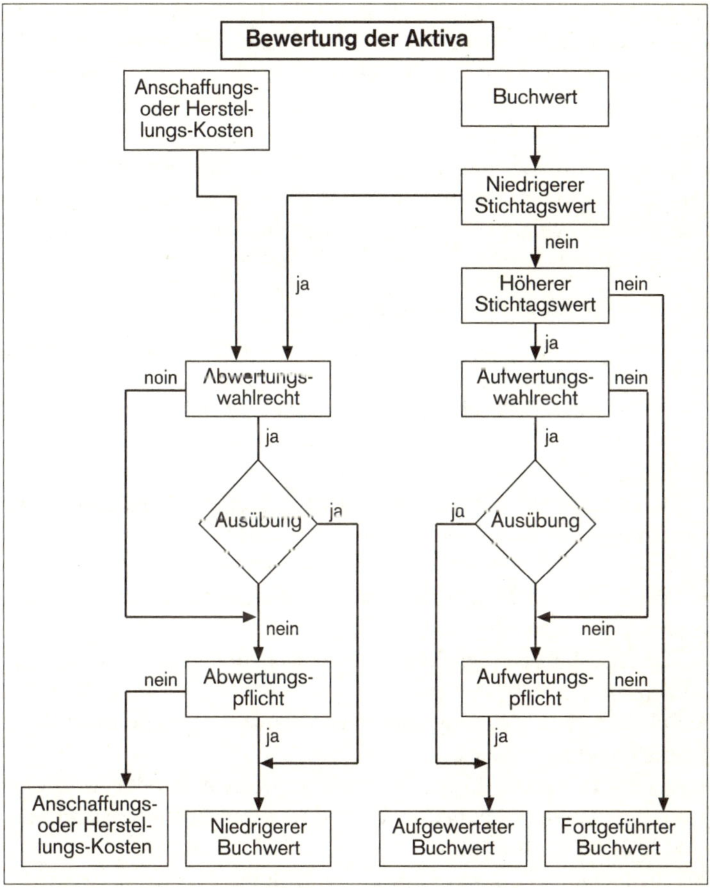

Abbildung 2: Bewertung der Aktiva

6. Die Bewertung der einzelnen Bilanzposten

6.1 Die Bewertung des Anlagevermögens

Gegenstände des Anlagevermögens sind beim Zugang mit den **Anschaffungs- oder Herstellungskosten** anzusetzen. Bei Anlagegegenständen, deren Nutzung zeitlich begrenzt ist, z. B. Patentrechte oder Betriebsgebäude, Maschinen und Geschäftsausstattung, sind die Anschaffungs- oder Herstellungskosten um **planmäßige Abschreibungen** zu vermindern. Planmäßig heißt, dass im Zugangsjahr durch einen „Abschreibungsplan“ festgelegt wird, wie die Anschaffungs- oder Herstellungskosten aufwandsmäßig auf die voraussichtliche Nutzungsdauer des einzelnen Anlagegegenstandes verteilt werden. Diese Verteilung dient einer periodengerechten Zuordnung des Nutzenverzehrs, der durch die Inanspruchnahme oder den Verschleiß der Anlagegegenstände entsteht.

6.1.1 Planmäßige Abschreibungen

Bei Beginn der Abschreibung ist der „Abschreibungsplan“ in der Weise festzulegen, dass die voraussichtliche Nutzungsdauer zu schätzen und die Abschreibungsmethode zu bestimmen ist, sodass die pro Jahr zu verrechnenden „planmäßigen“ Abschreibungsbeträge fixiert sind.

Maßgebend ist die voraussichtliche betriebsindividuelle **Nutzungsdauer** des einzelnen Anlagegegenstandes. Diese wird hauptsächlich von folgenden Faktoren bestimmt:

- Verschleiß durch Gebrauch, der von unterschiedlicher Intensität sein kann, z. B. Mehrschichtbetrieb,
- Verschleiß durch physikalisch-chemische Reaktionen (Rost, Verwitterung u. a.),
- Substanzverminderung (Abbau von Rohstoffvorkommen u. Ä.),
- Fristablauf,
- technisch-wirtschaftlicher Fortschritt (Veralterung der Anlage),
- konjunkturelle Entwicklungen und Markteinflüsse (Modetrends, Substitutionsprodukte),
- Katastrophenfälle (Zerstörung durch Brand u. Ä.).

Soweit diese Bestimmungsfaktoren objektbezogen und für den

normalen Betriebsablauf voraussehbar sind, sind sie bei der Schätzung der voraussichtlichen Nutzungsdauer zu berücksichtigen. Dabei zwingt der Grundsatz der Vorsicht bei Unsicherheit zu einer stärkeren Berücksichtigung ungünstiger Einflussgrößen und damit zur Schätzung einer kürzeren Nutzungsdauer. Etwaigen Risiken kann auch durch die Wahl der Abschreibungsmethode Rechnung getragen werden.

Besteht eine Anlageneinheit aus Teilen mit unterschiedlicher Nutzungsdauer, so kommt es für die Bemessung des Abschreibungszeitraumes auf den oder die Teile an, die nach der Verkehrsauffassung der Anlage ihr Gepräge geben. Im Übrigen bieten betriebliche Erfahrungen sowie die von Verbänden und die von der Finanzverwaltung veröffentlichten Abschreibungstabellen Anhaltspunkte für die anzusetzende Nutzungsdauer.

Als **Abschreibungsmethoden** kommen folgende Verfahren in Betracht:

- lineare Abschreibungen (Abschreibungen mit jährlich gleich bleibenden Beträgen),
- degressive Abschreibungen (Abschreibungen mit jährlich fallenden Beträgen),
- leistungsbedingte Abschreibungen (z. B. Abschreibung eines Pkw nach der Kilometerleistung),
- in Ausnahmefällen (Vorsichtspinzip!) progressive Abschreibungen (Abschreibungen mit jährlich steigenden Beträgen),
- Kombinationsformen (insbesondere degressive Abschreibung mit späterem Übergang zur linearen Abschreibung).

Die planmäßigen Abschreibungen sollen in etwa dem zu erwartenden normalen Entwertungsverlauf entsprechen. Ausgeschlossen sind daher solche Abschreibungsmethoden, die einer periodengerechten Aufwandserfassung offenbar nachhaltig widersprechen. Die gewählte Methode darf nicht dazu führen, dass die Gegenstände des Anlagevermögens für einen längeren Teil ihrer Nutzungsdauer mit einem zu hohen Wert in der Bilanz ausgewiesen werden. Ist dies aufgrund einer unerwarteten Entwicklung der Fall, so ist eine außerplanmäßige Abschreibung vorzunehmen. Die Abschreibungsmethode darf auch nicht auf sachfremden Überlegungen beruhen und willkürlich sein, z. B. Abschreibung nach Maßgabe des Gewinns.

Die **lineare Abschreibungsmethode** verteilt die Anschaffungs- oder Herstellungskosten gleichmäßig auf die betriebsgewöhnliche Nutzungsdauer der Anlage.

Bei der **degressiven Abschreibungsmethode** werden anfangs höhere Abschreibungen verrechnet als in den späteren Perioden. Sie trägt damit einer vorsichtigeren Bewertung Rechnung. Üblich ist die sog. geometrisch-degressive Abschreibung. Hier wird der gleiche Abschreibungssatz, z. B. 30 %, jeweils auf den Buchwert zu Beginn des Geschäftsjahres bezogen (s. Beispiel 13).

Die degressive Abschreibungsmethode entlastet aufwandsmäßig die späteren Nutzungsperioden, die oft mit zusätzlichen Instandhaltungs- und Reparaturaufwendungen belastet sind. Da bei vielen Anlagegütern, z. B. Pkws, die Entwertung in den ersten Nutzungsjahren relativ hoch ist, vermeidet die degressive Abschreibungsmethode, dass außerplanmäßige Abschreibungen erforderlich werden.

Häufig werden degressive und lineare Abschreibungen derart kombiniert, dass von der degressiven Abschreibung planmäßig auf die lineare Abschreibungsmethode übergegangen wird, wenn diese zu höheren Abschreibungsbeträgen führt. Dies ist der Fall, wenn die gleichmäßige Verteilung des Restbuchwertes auf die Restnutzungsdauer zu höheren Abschreibungsbeträgen führt als die fortgeführte degressive Abschreibung. Diese **Kombination** ist handelsrechtlich als eine eigenständige Abschreibungsmethode anzusehen, sodass der planmäßige Übergang von der degressiven zur linearen Abschreibung für Kapitalgesellschaften keine berichtspflichtige Planänderung bedeutet (s. Beispiel 13).

Die Praxis richtet sich bei der Wahl der Abschreibungsmethode weitgehend nach den **steuerlichen Regelungen** für Abschreibungen gemäß §§ 6 und 7 EStG, die hier mit „Absetzung für Abnutzungen" (AfA) bezeichnet werden. Danach sind die Anschaffungs- oder Herstellungskosten im Regelfall gleichmäßig auf die Nutzungsdauer der Anlagegüter zu verteilen. Bewegliche Wirtschaftsgüter des Anlagevermögens dürfen aber auch degressiv abgeschrieben werden, doch darf der Abschreibungssatz nicht mehr als 20 % und nicht mehr als das Doppelte des linearen Abschreibungssatzes betragen (bis 2000 30 % und das Dreifache).

Die Finanzverwaltung hat sog. AfA-Tabellen veröffentlicht, in denen für die wichtigsten Anlagegegenstände und Branchen die steuerlich anerkannte gewöhnliche Nutzungsdauer angegeben ist.

Durch die planmäßigen Abschreibungen sollen die Anschaffungs- oder Herstellungskosten auf einen Zeitraum der Anlagennutzung verteilt werden, sodass grundsätzlich auf 0 DM abzuschreiben ist. Es ist jedoch auch zulässig, lediglich auf den mit ausreichender Sicherheit anzusetzenden voraussichtlichen Veräußerungswert oder nennenswerten erlösbaren Schrottwert abzuschreiben.

Die Abschreibungsmethoden und die gewöhnliche Nutzungsdauer stellen auf eine normale Nutzung der Anlagegegenstände ab. Werden die Anlagen in mehreren Schichten genutzt, so ist dies entweder bei der Schätzung der Nutzungsdauer oder durch einen Zuschlag zum normalen Abschreibungssatz zu berücksichtigen.

Die Abschreibungen beginnen im Regelfall mit der Inbetriebnahme der Anlage. Im Zugangsjahr ist grundsätzlich ein dem **Zeitpunkt der Inbetriebnahme** entsprechender Teil der planmäßigen Jahresabschreibung zu verrechnen. Aus Vereinfachungsgründen besteht jedoch die kaufmännische Übung, die auch steuerlich akzeptiert wird, dass bei Zugängen von beweglichen Anlagegegenständen in der ersten Hälfte des Geschäftsjahres die volle Jahresabschreibung und bei Zugängen in der zweiten Hälfte des Geschäftsjahres die halbe Jahresabschreibung angesetzt wird.

Beispiel 13:

Eine Anlage mit einem Anschaffungswert von 100 TDM soll auf 10 Jahre abgeschrieben werden. Bei der linearen Abschreibungsmethode beträgt die jährliche Abschreibung 10 % der Anschaffungskosten. Die degressive Abschreibung wird mit 30 % vom jeweiligen Buchwert bestimmt. Diese Abschreibungsmethode führt dazu, dass mathematisch nie voll auf 0 DM abgeschrieben werden kann. Dementsprechend ist im letzten Nutzungsjahr die Abschreibung in Höhe des (relativ hohen) Restbuchwertes angegeben. Bei der Kombinationsform wird schließlich von der degressiven auf die lineare Abschreibung übergegangen, wenn diese zu höheren Abschreibungswerten führt. Dies ist in dem Beispiel im 8. Nutzungsjahr der Fall.

	Linear	Degressiv	Kombination
Anschaffungskosten	100000	100000	100000
	– 10000	– 30000	– 30000
Ende des 1. Jahres	90000	70000	70000
	– 10000	– 21000	– 21000
Ende des 2. Jahres	80000	49000	49000
	– 10000	– 14700	– 14700
Ende des 3. Jahres	70000	34300	34300
	– 10000	– 10290	– 10290
Ende des 4. Jahres	60000	24010	24010
	– 10000	– 7203	– 7203
Ende des 5. Jahres	50000	16807	16807
	– 10000	– 5042	– 5042
Ende des 6. Jahres	40000	11765	11765
	– 10000	– 3530	– 3530
Ende des 7. Jahres	30000	8235	8235
	– 10000	– 2470	– 2745*
Ende des 8. Jahres	20000	5765	5490
	– 10000	– 1730	– 2745
Ende des 9. Jahres	10000	4035	2745
	– 10000	– 4035	– 2745
Ende des 10. Jahres	0	0	0

* Übergang auf die lineare Methode

Sog. **geringwertige Wirtschaftsgüter des Anlagevermögens** im Anschaffungswert bis zu 800 DM können im Jahr ihres Zugangs sofort abgeschrieben werden. Dieses aus dem Steuerrecht übernommene Wahlrecht soll der Vereinfachung dienen und gilt für selbstständig bewertbare bewegliche Gegenstände des Anlagevermögens.

Auch **immaterielle Anlagegegenstände** sind planmäßig abzuschreiben, soweit ihre Nutzung zeitlich begrenzt ist. Dabei ist dem Umstand Rechnung zu tragen, dass immaterielle Werte schwer abschätzbar sind und sich wirtschaftlich oft sehr schnell abnutzen. So sind zwar Patente zehn Jahre geschützt, doch kann die wirtschaftliche Nutzungsdauer wesentlich kürzer anzusetzen sein.

Ein erworbener und aktivierter **Geschäfts- oder Firmenwert** (§ 255 Abs. 4 HGB) ist in jedem folgenden Geschäftsjahr mit mindestens 25 % abzuschreiben. Die Abschreibung kann auch planmäßig auf die voraussichtliche Nutzungsdauer verteilt werden; dies ist im Anhang zu begründen (§ 285 Ziff. 12 HGB).

Der ursprüngliche Abschreibungsplan darf geändert werden, wenn dafür vernünftige kaufmännische Gründe vorliegen. Solche Gründe können z. B. sein: die Anpassung an die Ergebnisse einer steuerlichen Betriebsprüfung, die Anpassung an konzerneinheitliche Bilanzierungsrichtlinien oder ein Gesellschafterwechsel. Der Abschreibungsplan muss zwingend berichtigt werden, wenn die Nutzungsdauer zu lang angesetzt worden ist, die Abschreibungsmethode die ersten Nutzungsjahre mit zu geringer Abschreibung belastet, wenn eine außerplanmäßige Abschreibung oder wenn eine Zuschreibung erfolgt ist.

Kapitalgesellschaften müssen **Änderungen des Abschreibungsplans** im Anhang angeben.

6.1.2 Außerplanmäßige Abschreibungen

Außerplanmäßige Abschreibungen können sowohl bei Anlagegegenständen mit zeitlich begrenzter Nutzungsdauer anfallen als auch bei solchen, deren Nutzung zeitlich nicht begrenzt ist. Sie sind zwingend, um die Gegenstände des Anlagevermögens mit einem nachhaltig niedrigeren Stichtagswert anzusetzen. Freiwillige außerplanmäßige Abschreibungen können auf den vorübergehend niedrigeren Stichtagswert (bei Kapitalgesellschaften nur für Finanzanlagen zulässig; § 279 Abs. 1 HGB) oder auf den niedrigeren steuerrechtlich zulässigen Wert (steuerliche Sonderabschreibungen) vorgenommen werden.

Der niedrigere Stichtagswert wird an den Anschaffungs- oder Herstellungskosten, ggf. vermindert um planmäßige Abschreibungen, bzw. am Buchwert gemessen. Er leitet sich im Regelfall aus den **Wiederbeschaffungskosten**, in Einzelfällen aus dem **Veräußerungswert** (abzüglich noch anfallender Kosten) oder dem Ertragswert ab.

Dem Ansatz eines gesunkenen Wiederbeschaffungswertes liegt die Überlegung zugrunde, dass Konkurrenzunternehmen mit neuen, billigeren Anlagen geringere Abschreibungen zu verrechnen haben und dass dadurch die wirtschaftliche Nutzungsdauer der vorhandenen, teureren Anlagen verkürzt werden kann. Solange die Anlage noch wirtschaftlich im Unternehmen eingesetzt werden kann, ist eine außerplanmäßige Abschreibung nicht zwingend notwendig, sie kann aber durch den Grundsatz vorsichtiger Bewertung (§ 252 Abs. 1 Nr. 4 HGB) geboten sein.

Da das Anlagevermögen dazu bestimmt ist, dauernd dem Geschäftsbetrieb zu dienen, kommt der Veräußerungswert als niedrigerer Stichtagswert nur ausnahmsweise in Betracht.

Bei Patenten und Lizenzen sowie bei Beteiligungen an anderen Unternehmen spielt insbesondere der **Ertragswert** eine Rolle. Der Ertragswert ist der Barwert der künftigen Zahlungsüberschüsse, die mit dem Vermögensgegenstand voraussichtlich erzielt werden. Dementsprechend ergibt sich der Wert eines Unternehmens aus den abgezinsten künftigen Zahlungsüberschüssen; man spricht auch vom diskontierten Cashflow.

Der künftige Nutzen von Lizenzen kann z. B. aufgrund einer Marktentwicklung gegen null tendieren. Eine nachhaltige Verschlechterung der Ertragssituation kann den Wert von Beteiligungen erheblich vermindern. Fehlende Rentabilität des Unternehmens selbst ist nur dann Grund für eine außerplanmäßige Abschreibung, wenn die Nutzungsdauer eines Anlagegegenstandes als solche davon berührt wird.

Bei nur **vorübergehender Wertminderung** besteht für die außerplanmäßigen Abschreibungen auf den niedrigeren Stichtagswert ein Wahlrecht. (Das Wahlrecht haben Kapitalgesellschaften nur für die Finanzanlagen.) Dieses eingeschränkte Niederstwertprinzip ist aus der Zweckbestimmung des Anlagevermögens verständlich, „auf Dauer" dem Unternehmen zu dienen. Dementsprechend müssen auch die planmäßigen Abschreibungen nicht exakt den stichtagsbedingten Wertschwankungen, sondern vielmehr dem Entwertungstrend während der voraussichtlichen Nutzungsdauer folgen. Andererseits ist nach dem Prinzip der Vorsicht im Zweifel eine dauernde Wertminderung anzunehmen.

Eine **dauernde Wertminderung** liegt vor, wenn die sich planmäßig ergebenden künftigen Bilanzwerte der Anlagen voraussichtlich nachhaltig unter den Stichtagswerten liegen. In diesem Fall sind außerplanmäßige Abschreibungen zwingend vorgeschrieben.

Die **steuerrechtlich zulässigen Abschreibungen**, die als außerplanmäßige Abschreibungen zu charakterisieren sind, betreffen u. a.:

- Sonderabschreibungen für Investitionen in bestimmten Förderungsgebieten (neue Bundesländer; früher Berlin und Zonenrandgebiet),
- Investitionen für Forschung und Entwicklung, Umweltschutz u.Ä.,
- Übertragung stiller Reserven auf neu erworbene Anlagegegenstände, die bei der Veräußerung oder sonstigem Abgang von Anlagegegenständen aufgedeckt wurden (§ 6b EStG).

Voraussetzung für ihre steuerliche Anerkennung ist, dass die Sonderabschreibungen auch in der Handelsbilanz vorgenommen werden (Maßgeblichkeit der Handelsbilanz für die Steuerbilanz). Bei Kapitalgesellschaften sind solche steuerlichen Abwertungen gesondert kenntlich zu machen. Sie dürfen als Sonderposten mit Rücklageanteil ausgewiesen werden (S. 50f.).

Die nur für Einzelkaufleute und Personengesellschaften, aber nicht für Kapitalgesellschaften und Kapitalgesellschaften & Co. zulässigen **Abschreibungen im Rahmen vernünftiger kaufmännischer Beurteilung** (§ 253 Abs. 4 HGB) setzen eine nachvollziehbare wirtschaftlich vernünftige Begründung voraus, weil eine willkürliche Bewertung nicht zulässig ist. Sie haben nur geringe praktische Bedeutung, weil diese Abschreibungen steuerlich nicht anerkannt werden und die begünstigten Kaufleute in der Regel neben der Steuerbilanz keine gesonderte Handelsbilanz erstellen.

6.1.3 Buchwertfortführung, Wertaufholung

Gegenüber dem Stichtagswert niedrigere Buchwerte aufgrund außerplanmäßiger Abschreibungen dürfen grundsätzlich beibehalten werden, auch wenn die Gründe für die außerplanmäßige Abschreibung entfallen sind. Dies gilt nicht für Kapitalgesellschaften. Sie dürfen den niedrigeren Buchwert nur fortführen, wenn er steuerlich beibehalten werden darf und nach dem Maßgeblichkeitsgrundsatz auch in der Handelsbilanz beizubehalten ist. Allerdings ist dann im Anhang der Betrag der im Geschäftsjahr aus steuerrechtlichen Gründen unterlassenen Zuschreibungen anzugeben und hinreichend zu begründen (§ 280 Abs. 3 HGB).

Sonst müssen Kapitalgesellschaften im Umfang der Werterhöhung eine Zuschreibung bis zu den Anschaffungs- oder Herstellungskosten, ggf. vermindert um planmäßige Abschreibungen, vornehmen. Dieses sog. **Wertaufholungsgebot** hatte bis Ende 1998 eine geringe praktische Bedeutung, da in der Regel ein niedrigerer Wertansatz aus steuerlichen Gründen beibehalten werden konnte. Jetzt sieht das Steuerecht selbst ein Wertaufholungsgebot vor (§ 6 Abs. 1 Ziff. 1 S 4 EStG).

Bei Kapitalgesellschaften kann der Eigenkapitalanteil von Wertaufholungen in andere Gewinnrücklagen eingestellt werden und mindert damit den Bilanzgewinn. Der Betrag dieser Wertaufholungsrücklage ist in der Bilanz oder im Anhang gesondert anzugeben (§ 58 Abs. 2a AktG, § 29 Abs. 4 GmbHG).

6.2 Die Bewertung des Umlaufvermögens

Ausgangspunkt für die Bewertung des Umlaufvermögens sind ebenfalls die Anschaffungs- oder Herstellungskosten. Für die Gegenstände des Umlaufvermögens gilt jedoch das **strenge Niederstwertprinzip**. Das bedeutet, dass sie zwingend auf den niedrigeren Stichtagswert abgeschrieben werden müssen, auch wenn es sich nur um eine vorübergehende Wertminderung handelt.

6.2.1 Die Bewertung des Vorratsvermögens

Die Vorräte sind mit den **Anschaffungs- oder Herstellungskosten** (siehe dazu insbesondere Kapitel 5.3 und 5.4, S. 60 ff.) zu bewerten, wenn nicht wegen des Niederstwertprinzips eine Abwertung auf den niedrigeren Stichtagswert zu erfolgen hat.

Der **niedrigere Stichtagswert** leitet sich aus dem Börsen- oder Marktpreis ab, indem die üblichen Anschaffungsnebenkosten hinzugerechnet und etwaige Anschaffungskostenminderungen wie Rabatte und dergleichen abgesetzt werden. Ist ein Börsen- oder Marktpreis nicht feststellbar, bestimmt sich der Stichtagswert nach dem Wiederbeschaffungs- oder Reproduktionswert oder nach dem um noch anfallende Aufwendungen geminderten Verkaufswert.

Zusätzlich ist zu prüfen, ob wegen eventueller Mängel der Vorräte, z. B. Beschädigung oder Veralterung, weitere Abwertungen erforderlich sind. Bei umfangreichen Lagerbeständen ist es üblich, für ungängiges und mangelhaftes Material pauschale Abschläge von den Anschaffungs- oder Herstellungskosten vorzunehmen. Das Gleiche gilt für überhöhte, d. h. bei normalem Geschäftsverlauf nur mit unüblicher Verzögerung absetzbare Erzeugnisse oder Waren. Solche Lagerhüter häufig modisch oder technisch veraltet und nur mit Preisabschlägen verkaufbar sein.

Bezüglich der unfertigen und fertigen Erzeugnisse und Waren soll mit dem Niederstwert eine **verlustfreie Bewertung** erreicht werden, d. h. die künftige Verwertung des Vorratsvermögens soll nicht zu Verlusten führen. Mit der Abwertung sollen zum Bilanzstichtag eingetretene, noch nicht realisierte Verluste Berücksichtigung finden. Derartige Verluste können sowohl durch gesunkene Wiederbeschaffungskosten als auch dadurch entstehen, dass die Anschaffungs- oder Herstellungskosten zuzüglich noch anfallender Kosten am Absatzmarkt nicht realisiert werden können.

Für die **Roh-, Hilfs- und Betriebsstoffe** sowie für solche unfertigen und fertigen Erzeugnisse, die auch von Dritten bezogen werden können, sind für den niedrigeren Stichtagswert in erster Linie die Verhältnisse am Beschaffungsmarkt maßgeblich, während für die unfertigen und fertigen Erzeugnisse sowie für etwaige Überbestände an Roh-, Hilfs- und Betriebsstoffen die Einflüsse des Absatzmarktes wertbestimmend sind. Der Stichtagswert der Handelswaren wird sowohl von der Beschaffungs- als auch von der Absatzseite beeinflusst.

Bei den **unfertigen Erzeugnissen** und den noch nicht vollendeten Dienstleistungen führt das Prinzip der verlustfreien Bewertung dazu, dass nicht durch den Erlös gedeckte künftige Herstellungskosten durch Abschreibungen auf den Buchwert der Vorräte, darüber hinausgehende Verluste durch eine Rückstellung für drohende Verluste berücksichtigt werden.

Abschreibungen dürfen außerdem vorgenommen werden, um zu verhindern, dass der Wertansatz in der nächsten Zukunft aufgrund von Wertschwankungen geändert werden muss (**Abschreibungen zum Ausgleich künftiger Wertschwankungen**; § 253 Abs. 3, Satz 3 HGB). Mit diesem Abwertungswahlrecht soll ein ständiges Auf und Ab in den Wertansätzen der Vorräte vermieden werden. Neben laufenden Preisschwankungen sind auch zu erwartende einmalige und nachhaltige Preisrückgänge berücksichtigungsfähig. Es darf auf den

Wert zurückgegangen werden, der nach vernünftiger kaufmännischer Beurteilung künftige Abwertungen überflüssig macht.

Damit eine unstatthafte willkürliche Bewertung ausgeschlossen ist, müssen die zu erwartenden Wertminderungen objektiv begründet sein. Es ist vor allem auf die Wahrscheinlichkeit künftiger Preisschwankungen abzustellen. Als nächste Zukunft wird im Allgemeinen ein Zeitraum bis zu zwei Jahren angesehen.

Um von steuerlichen Bewertungserleichterungen Gebrauch machen zu können, darf schließlich auch ein **niedrigerer steuerrechtlicher Wert** angesetzt werden. Für das Vorratsvermögen kommt hier insbesondere der sog. Importwarenabschlag auf die Bestände bestimmter Rohstoffe in Betracht.

Ein gegenüber den Anschaffungs- oder Herstellungskosten niedrigerer Buchwert darf von Einzelkaufleuten und Personenhandelsgesellschaften auch dann fortgeführt werden, wenn die Gründe für die Abwertung fortgefallen sind (**Beibehaltungswahlrecht**). Kapitalgesellschaften müssen gemäß § 280 HGB eine Wertaufholung vornehmen, und zwar bis auf den Stichtagswert, höchstens jedoch bis zu den ursprünglichen Anschaffungs- oder Herstellungskosten aufgewertet werden.

6.2.2 Die Bewertung des sonstigen Umlaufvermögens

Bei **Forderungen** entspricht der Nennbetrag den Anschaffungskosten. Unverzinsliche oder besonders niedrig verzinsliche Forderungen sind auf den Barwert abzuzinsen. Zweifelhafte Forderungen sind mit ihrem wahrscheinlichen Wert zu bilanzieren; uneinbringliche Forderungen sind abzuschreiben. Forderungen, die auf Fremdwährungen lauten, sind mit dem Umrechnungskurs zum Zeitpunkt ihrer Entstehung oder mit dem niedrigeren Kurs zum Bilanzstichtag umzurechnen.

Wechsel und Schecks werden wie Forderungen bewertet.

Flüssige Mittel (Kassenbestand und Guthaben bei Kreditinstituten) sind mit dem Nominalbetrag anzusetzen. Fremdwährungsbestände sind mit dem Stichtagskurs in DM umzurechnen.

Bei den **Wertpapieren des Umlaufvermögens** ist ebenfalls von den Anschaffungskosten auszugehen, wobei für gleiche Wertpapiere das Lifo- oder ähnliche Verfahren angewandt werden können. Bei gesunkenem Börsenkurs ist entsprechend dem Niederstwertprinzip eine Abwertung erforderlich. Schließlich kann hier ebenfalls ein niedrigerer Wert zum Ausgleich von künftigen Wertschwankungen als Abwertungswahlrecht in Betracht kommen. Eine Wertaufholung bei gestiegenen Börsenkursen ist höchstens bis zu den ursprünglichen Anschaffungskosten zulässig.

6.3 Die Bewertung der Passivposten

6.3.1 Eigenkapital

Das **gezeichnete Kapital** ist mit dem Nennbetrag zu bilanzieren.

Rücklagen werden ebenfalls mit ihren Nominalbeträgen angesetzt.

6.3.2 Verbindlichkeiten

Verbindlichkeiten sind mit dem **Rückzahlungsbetrag** zu bewerten (§ 253 Abs. 1 Satz 2 HGB), also mit dem Betrag, mit dem die Schuld zu erfüllen ist. Eine Abzinsung ist auch bei längerfristig fälligen Verbindlichkeiten nicht zulässig.

Demgegenüber schreibt § 6 Abs. 3 und 3a EStG die Abzinsung langfristiger Verbindlichkeiten für die Steuerbilanz vor, was in der Handelsbilanz nicht zulässig ist (siehe aber Abschnitt F).

Sind die Verbindlichkeiten höher als der Auszahlungsbetrag, z. B. bei Anleihen oder langfristigen Krediten, so darf der Unterschied, das sog. **Disagio**, in einen aktiven Rechnungsabgrenzungsposten eingestellt werden (§ 250 Abs. 3 HGB).

Beispiel 14:

Der mit 100 TDM gewährte Kredit wird zu 95 % ausgezahlt, also mit einem Disagio von 5 %. Der Kredit ist mit 100 TDM zu passivieren. Das Disagio von 5 TDM darf als Rechnungsabgrenzungsposten aktiviert werden und ist über die Kreditlaufzeit abzuschreiben, bei 10 Jahren Laufzeit also mit jährlich 500 DM.

Rentenverpflichtungen sind mit dem Barwert zu passivieren, d. h. mit dem auf den Bilanzstichtag abgezinsten Betrag der voraussichtlich zu erwartenden künftigen Rentenzahlungen. Bei Renten handelt es sich um periodisch wiederkehrende Leistungen, die aufgrund eines sog. Rentenstammrechts für eine bestimmte Dauer geleistet werden.

6.3.2 Rückstellungen

Rückstellungen sind in Höhe des Betrages anzusetzen, der nach vernünftiger kaufmännischer Beurteilung notwendig ist, um die voraussichtliche Inanspruchnahme oder Belastung des Kaufmanns abzudecken. Der Wertansatz ist vorsichtig zu schätzen; insbesondere sind alle vorhersehbaren Risiken und Verluste, die bis zum Bilanzstichtag entstanden sind, zu berücksichtigen. Erwartete Preis- und Kostensteigerungen sind einzubeziehen.

Rückstellungen dürfen nur abgezinst werden, soweit die ihnen zugrunde liegenden Verbindlichkeiten einen Zinsanteil enthalten (§ 253 Abs. 1 letzter Halbsatz HGB). Abweichend auch hier das Steuerrecht, das in § 6 Abs. 3 und 3 a EStG die **Abzinsung** langfristiger Rückstellungen vorschreibt.

Bei **Aufwandsrückstellungen** ist der Betrag zurückzustellen, der nach vernünftiger kaufmännischer Beurteilung dem Geschäftsjahr oder früheren Perioden zuzurechnen ist. Die vernünftige kaufmännische Beurteilung erfordert, dass die Schätzung wirtschaftlich schlüssig begründet ist und aus objektiven Umständen logisch abgeleitet werden kann.

Einen wichtigen Sonderfall stellen die **Pensionsrückstellungen** dar. Die Höhe der Pensionsrückstellungen hängt von mehreren Faktoren ab, insbesondere vom Umfang der Pensionsleistung (Altersruhegeld, Hinterbliebenenversorgung, Invaliditätsversorgung), von der Bemessungsgrundlage für die Pensionen (z. B. letztes Gehalt oder Durchschnittsgehalt der letzten 12 Monate sowie Dauer der Betriebszugehörigkeit), dem Alter der Berechtigten und der daraus abgeleiteten Lebenserwartung sowie der Altersgrenze für die Pensionierung.

Pensionsrückstellungen sind mit dem Barwert der künftigen Pensionszahlungen anzusetzen, die nach versicherungsmathematischen Grundsätzen ermittelt werden. Ein wichtiger Bewertungsfaktor ist dabei der Zinsfuß, mit dem die künftig fällig werdenden Verpflichtungen abgezinst werden. Bei den Anwartschaften wird davon ausgegangen, dass sie während der voraussichtlichen Dienstzeit des

Pensionsberechtigten „verdient" werden. Dementsprechend wird die Pensionsrückstellung zeitanteilig angesammelt.

Im Allgemeinen werden auch für den handelsrechtlichen Ansatz der Pensionsrückstellungen die **steuerlichen Grundsätze** des §6a EStG zugrunde gelegt, die einen Abzinsungszinsfuß von 6% vorschreiben. Es handelt sich handelsrechtlich um einen Mindestwert.

Nach den steuerlichen Vorschriften bleiben nämlich voraussehbare künftige Erhöhungen der Pensionsanwartschaften, z. B. aufgrund von Tariferhöhungen, und der Pensionen, z. B. Anpassung an gestiegene Lebenshaltungskosten nach dem Gesetz zur Verbesserung der betrieblichen Altersversorgung, unberücksichtigt, obwohl die Dynamisierung der Renten zwingend vorgeschrieben ist und mit jährlicher Tarifanhebung in der Regel gerechnet werden muss. Insofern zeigen die Pensionsrückstellungen nicht den vollen Umfang der Verpflichtung. Die Differenzbeträge können erheblich sein; in vielen Fällen machen sie 20 bis über 30% des Rückstellungsbetrages aus.

II. Die Gewinn- und Verlustrechnung

1. Inhalt und Aufbau der Gewinn- und Verlustrechnung

Während die Bilanz als Zeitpunkt- oder Stichtagsrechnung die Vermögens- und Kapitalposten zum Bilanzstichtag zeigt, enthält die Gewinn- und Verlustrechnung (nachfolgend auch kurz G + V genannt) als **Zeitraum- oder Periodenrechnung** die Aufwendungen und Erträge sowie das Ergebnis des abgelaufenen Geschäftsjahres. Der Zweck der G + V ist die Ermittlung des Jahresergebnisses und die Darstellung seiner Komponenten in Form von Erträgen und Aufwendungen. Die G + V wird daher auch als Erfolgsrechnung oder als Aufwands- und Ertragsrechnung bezeichnet.

Es leuchtet ein, dass nur eine hinreichend aufgegliederte Erfolgsrechnung einen ausreichenden Einblick in die Ertragslage des Unternehmens zu geben vermag. Daher ist das wesentliche Problem der G + V ihre Gliederung, für die unterschiedliche, sich teilweise überschneidende Gesichtspunkte denkbar sind. So kann z. B. nach

Aufwands- und Ertragsarten, nach Unternehmensbereichen oder Produktgruppen, nach betrieblichen und finanziellen Erfolgsfaktoren oder nach ordentlichen und außerordentlichen Erfolgsgrößen gegliedert werden.

Die **Gliederung der Erfolgsrechnung** nach Unternehmensbereichen oder Produktgruppen wird vor allem für unternehmensinterne Zwecke, also für die Unternehmensplanung und die kurzfristige Erfolgsrechnung als Bestandteil der Management-Rechnung angewandt. Für die G + V, die sich vor allem an externe Adressaten wendet, ist es üblich, die Aufwendungen und Erträge nach betrieblichen, finanzwirtschaftlichen und außerordentlichen Posten zu gliedern.

In der in Deutschland vorherrschenden Form der G + V werden als betriebliche Aufwendungen sämtliche Aufwendungen gezeigt, die im abgelaufenen Geschäftsjahr für die Unternehmensleistung (Produktion und andere Leistungen) angefallen sind, und zwar unabhängig davon, ob diese Leistungen im gleichen Geschäftsjahr zu Umsatz geführt haben oder nicht. Die Aufwendungen beziehen sich auf die Gesamtleistung des Unternehmens, die neben den Umsatzerlösen die nicht verkauften Eigenleistungen einschließt, die als Bestände an unfertigen und fertigen Erzeugnissen (= Bestandserhöhung) oder als selbsterstellte Anlagen aktiviert werden. Werden im Vorjahr gefertigte Produkte verkauft, so kommt es zu einem Bestandsabbau und einer entsprechenden Verringerung der Gesamtleistung.

Eine direkte Beziehung der Aufwendungen zum Umsatz des Geschäftsjahres besteht also nicht. So kann der Umsatzerlös auch im Vorjahr produzierte Erzeugnisse betreffen, während andererseits nicht alle im Laufe des Geschäftsjahres hergestellten Produkte sämtlich im Geschäftsjahr abgesetzt wurden und zu Umsatzerlösen geführt haben.

Der Vorteil dieses sog. **Gesamtkostenverfahren** (siehe Beispiel 23, S. 142) liegt vor allem darin, dass die Werte unmittelbar aus der Finanzbuchhaltung entnommen werden können. Notwendig zur Erfolgsermittlung ist allerdings eine Bestandsaufnahme der unfertigen und fertigen Erzeugnisse sowie der anderen aktivierten Eigenleistungen (z. B. selbsterstellte Anlagen) des Unternehmens zum Bilanzstichtag.

Im Gegensatz zur Gesamtkostenrechnung werden beim sog. **Umsatzkostenverfahren** nur die durch den Umsatz bedingten betrieblichen Aufwendungen gezeigt (siehe Beispiel 22, S. 141). Die Erträge und Aufwendungen für Eigenleistungen werden gegeneinander saldiert und nicht ausgewiesen, sodass Gesamtkosten- und Umsatzkostenverfahren zum gleichen Endergebnis führen. Allerdings ist beim Umsatzkostenverfahren der Einblick in die Ertragslage des Unternehmens erschwert, wenn die Bestände an unfertigen und fertigen Erzeugnissen von Jahr zu Jahr stark schwanken.

In Deutschland sind seit 1987 beide Verfahren zulässig. Das Umsatzkostenverfahren ist international stark verbreitet und wird zunehmend von börsennotierten deutschen Unternehmen angewandt.

Nach dem äußeren Aufbau kann die G + V in Kontenform oder als Staffelrechnung aufgestellt werden. Bei der Kontenform werden die Aufwendungen und Erträge jeweils getrennt in zwei Spalten dargestellt. Bei der **Staffelrechnung** wird von den Umsatzerlösen ausgehend auf das Jahresergebnis „heruntergerechnet". Für Kapitalgesellschaften und publizitätspflichtige Großunternehmen ist die Staffelform vorgeschrieben.

Beispiel 15:

Kontoform der G + V:

Aufwendungen Jahresüberschuss	Erträge Jahresfehlbetrag

Staffelform:

	Umsatzerlös:
./.	Materialaufwendungen
./.	Personalaufwendungen
	usw.
=	Jahresüberschuss/Jahresfehlbetrag

2. Die Gliederung der G + V

2.1 Gliederungsschema

Für **Kapitalgesellschaften** schreibt § 275 HGB die Gliederung der G + V im Einzelnen vor. Sie ist in Staffelform aufzustellen; es kann jedoch zwischen dem Gesamtkosten- oder dem Umsatzkostenverfahren gewählt werden (s. Tabelle 9 und 10, S. 89 f.).

Kleine und mittelgroße Kapitalgesellschaften (vgl. Tab. 3, S. 13) dürfen beim Gesamtkostenverfahren die Posten 1 bis 5 oder beim Umsatzkostenverfahren die Posten 1 bis 3 und 6 zu einem Posten unter der Bezeichnung „Rohergebnis" zusammenfassen.

Nicht publizitätspflichtige **Personenunternehmen** sind im Rahmen der Grundsätze ordnungsmäßiger Buchführung in der Gliederung der G + V frei. Neben dem Verbot, Aufwendungen und Erträge zu saldieren, richtet sich die Mindestgliederung danach, dass sie einem sachverständigen Bilanzleser einen zutreffenden Einblick in die Ertragslage des Unternehmens bietet. Als Richtschnur kann das gesetzliche Gliederungsschema für Kapitalgesellschaften angesehen werden, wobei die dort aufgeführten Posten weiter zusammengefasst werden dürfen und auch die Kontoform für die G + V gewählt werden darf.

Die gesetzlich vorgeschriebene Reihenfolge des **Gliederungsschemas** darf nicht geändert werden. **Abweichungen** sind jedoch zulässig, wenn die Besonderheiten des Unternehmens dies erfordern, um einen besseren Einblick in die Ertragslage zu bekommen. So stellen z. B. bei Holdinggesellschaften die Ergebnisse aus Beteiligungen den wesentlichen Ertrag dar und sollten in der Staffelrechnung vorangestellt werden.

Posten der G + V können mit anderen zusammengefasst werden, wenn es sich um unerhebliche Einzelbeträge handelt, deren Kenntnis für die Beurteilung der Ertragslage nicht erforderlich ist. Eine Zusammenfassung ist aber auch möglich und üblich, um eine größere Übersichtlichkeit der G + V zu erreichen. In diesem Fall ist die weitergehende gesetzliche Untergliederung im Anhang zu nennen.

Andere **Postenbezeichnungen** dürfen, u. U. müssen gewählt werden, wenn dadurch die Darstellung klarer und übersichtlicher wird. Dies ist der Fall, wenn damit den Besonderheiten des Unternehmens besser Rechnung getragen wird.

Für jeden Posten der G + V sind die **Vorjahreszahlen** anzugeben. Aus dem Vergleich der Ergebniszahlen des Berichtsjahres mit denen des Vorjahres lässt sich die Ertragslage des Unternehmens besser beurteilen.

1. Umsatzerlöse
2. Erhöhung oder Verminderung des Bestands an fertigen und unfertigen Erzeugnissen
3. andere aktivierte Eigenleistungen
4. sonstige betriebliche Erträge
5. Materialaufwand:
   a) Aufwendungen für Roh-, Hilfs- und Betriebsstoffe und für bezogene Waren
   b) Aufwendungen für bezogene Leistungen
6. Personalaufwand:
   a) Löhne und Gehälter
   b) soziale Abgaben und Aufwendungen für Altersversorgung und für Unterstützung, davon für Altersversorgung
7. Abschreibungen:
   a) auf immaterielle Vermögensgegenstände des Anlagevermögens und Sachanlagen sowie auf aktivierte Aufwendungen für die Ingangsetzung und Erweiterung des Geschäftsbetriebs
   b) auf Vermögensgegenstände des Umlaufvermögens, soweit diese die in der Kapitalgesellschaft üblichen Abschreibungen überschreiten
8. sonstige betriebliche Aufwendungen
9. Erträge aus Beteiligungen, davon aus verbundenen Unternehmen
10. Erträge aus anderen Wertpapieren und Ausleihungen des Finanzanlagevermögens, davon aus verbundenen Unternehmen
11. sonstige Zinsen und ähnliche Erträge, davon aus verbundenen Unternehmen
12. Abschreibungen auf Finanzanlagen und auf Wertpapiere des Umlaufvermögens
13. Zinsen und ähnliche Aufwendungen, davon an verbundenen Unternehmen
14. Ergebnis der gewöhnlichen Geschäftstätigkeit
15. außerordentliche Erträge
16. außerordentliche Aufwendungen
17. außerordentliches Ergebnis
18. Steuern vom Einkommen und vom Ertrag
19. sonstige Steuern
20. Jahresüberschuss/Jahresfehlbetrag

Tabelle 9: Gesamtkostenverfahren

1.	Umsatzerlöse
2.	Herstellungskosten der zur Erzielung der Umsatzerlöse erbrachten Leistungen
3.	Bruttoergebnis vom Umsatz
4.	Vertriebskosten
5.	allgemeine Verwaltungskosten
6.	sonstige betriebliche Erträge
7.	sonstige betriebliche Aufwendungen
8.	Erträge aus Beteiligungen, davon aus verbundenen Unternehmen
9.	Erträge aus anderen Wertpapieren und Ausleihungen des Finanzanlagevermögens, davon aus verbundenen Unternehmen
10.	sonstige Zinsen und ähnliche Erträge, davon aus verbundenen Unternehmen
11.	Abschreibungen auf Finanzanlagen und auf Wertpapiere des Umlaufvermögens
12.	Zinsen und ähnliche Aufwendungen, davon an verbundene Unternehmen
13.	Ergebnis der gewöhnlichen Geschäftstätigkeit
14.	außerordentliche Erträge
15.	außerordentliche Aufwendungen
16.	außerordentliches Ergebnis
17.	Steuern vom Einkommen und vom Ertrag
18.	sonstige Steuern
19.	Jahresüberschuss/Jahresfehlbetrag

Tabelle 10: Umsatzkostenverfahren

2.2 Sonderposten

Die gesetzliche Mindestgliederung kann erweitert werden, soweit dadurch nicht die Übersichtlichkeit der G + V empfindlich beeinträchtigt wird. Das Gesetz selbst sieht folgende **Ergänzungsposten** vor:

(1) Erträge aus Gewinngemeinschaften, Gewinnabführungs- und Teilgewinnabführungsverträgen,
(2) Erträge aus Verlustübernahmen,
(3) Aufwendungen aus Verlustübernahme,
(4) aufgrund einer Gewinngemeinschaft, eines Gewinnabführungs- oder Teilgewinnabführungsvertrags abgeführte Gewinne.

Die **Gewinngemeinschaft** zweier oder mehrerer Unternehmen (vgl. § 292 Abs. 1 AktG) ist dadurch gekennzeichnet, dass die von den beteiligten Unternehmen erwirtschafteten Gesamtgewinne oder auch nur Gewinne aus Teilbereichen (z. B. aus dem Exportgeschäft) zusammengelegt und nach einem bestimmten Schlüssel, z. B. Umsatzanteil, auf die beteiligten Unternehmen aufgeteilt werden (Gewinnpoolung).

Durch einen **Gewinn- oder Teilgewinnabführungsvertrag** verpflichtet sich ein Unternehmen, seinen Gewinn oder Teile davon an ein anderes Unternehmen abzuführen. Gewinnabführungsverträge schließen, zumindest bei Kapitalgesellschaften, die Verpflichtung des gewinnberechtigten Unternehmens ein, etwaige Verluste des zur Gewinnabführung verpflichteten Unternehmens zu übernehmen. Eine gleiche Verpflichtung zur Verlustübernahme besteht beim so genannten Beherrschungsvertrag, durch den eine Aktiengesellschaft die Leitung ihrer Gesellschaft einem anderen Unternehmen unterstellt, für das herrschende Unternehmen (§§ 291, 302 AktG).

Dasselbe gilt für den Organträger (ein inländisches gewerbliches Unternehmen) bei der so genannten **körperschaftsteuerlichen Organschaft**, bei der die Organgesellschaft (AG, KGaA, GmbH) finanziell, wirtschaftlich und organisatorisch in das Unternehmen des Organträgers eingegliedert ist (vgl. § 14 KStG, Abschnitt 48 ff. KStR), wodurch die steuerpflichtigen Gewinne der Organgesellschaft beim Organträger versteuert und etwaige steuerliche Verluste bei ihm verrechnet werden (s. S. 99).

Bei den Sonderposten (1) und (3) ist das bilanzierende Unternehmen Nutznießer der Gewinnabführung eines anderen Unternehmens bzw. verpflichtet, die Verluste eines anderen Unternehmens auszugleichen. Die Erträge laut (2) stammen aus der Verlustübernahmeverpflichtung eines anderen Unternehmens (meist Mutterunternehmen); hier wird das bilanzierende Unternehmen entlastet. Der Aufwand laut (4) ergibt sich aus der Verpflichtung des bilanzierenden Unternehmens, seine Gewinne an einen Dritten abzuführen. In den Fällen (2) und (4) weist also das Unternehmen bei voller Ergebnisabführung keinen Jahresfehlbetrag bzw. Jahresüberschuss aus.

Entsprechend ihrem Charakter sollten die Erträge aus Gewinnabführungsverträgen u. Ä. (1) nach den „Erträgen aus Beteiligungen", die Aufwendungen aus Verlustübernahme (2) nach (1) oder nach den „sonstigen Zinserträgen", sowie die Erträge aus Verlustübernahmen (2) und die Gewinnabführungen (4) nach „sonstigen Steuern" eingeordnet werden.

In der G + V oder im Anhang sind ferner die unterschiedlichen **Sonderabschreibungen** gesondert auszuweisen (§ 281 Abs. 2 HGB), nämlich

- die außerplanmäßigen Abschreibungen auf das Anlagevermögen,
- die Abschreibungen auf den niedrigeren Zukunftswert bei Umlaufvermögen,
- die allein nach steuerrechtlichen Vorschriften vorgenommenen Abschreibungen,
- die Einstellungen in und die Erträge aus der Auflösung von Sonderposten mit Rücklageanteil.

Im Regelfall werden diese Angaben im Anhang gemacht, und zwar im Zusammenhang mit der Erläuterung der angewandten Bewertungsgrundsätze und bei der Aufgliederung des Sonderpostens mit Rücklageanteil (siehe Beispiel 6, S. 52).

3. Erläuterung wichtiger Einzelposten

3.1 Gesamtkostenverfahren

3.1.1 Betriebliche Erträge

Als **Umsatzerlöse** (Posten Nr. 1) werden nur die Erlöse aus der für das Unternehmen typischen Leistung ausgewiesen. Sie werden netto, d. h. ohne die darauf entfallende Umsatzsteuer (Mehrwertsteuer) gezeigt. Bei Unternehmen, deren Gegenstand die Produktion und der Vertrieb von Erzeugnissen und Waren ist, sind als Umsatzerlöse die Erlöse aus dem Verkauf dieser Produkte oder Waren auszuweisen.

Zu den Umsatzerlösen rechnen auch Lizenzeinnahmen, wenn sie einem Dritten die Produktion der vom Unternehmen hergestellten Erzeugnisse ermöglichen und die Einnahmen insoweit anstelle der Umsätze aus eigenen Produkten treten. Versicherungsentschädigungen für bereits verkaufte Produkte und Waren sind den Umsatzerlösen gleichzusetzen. Erlöse aus Dienstleistungen rechnen bei Dienstleistungsunternehmen zu den Umsatzerlösen, sonst nur, wenn sie gewöhnlicher Bestandteil der branchentypischen Leistungen des Unternehmens für den Markt sind.

Sämtliche Erlöse aus (Neben-)Leistungen, die nicht als Teil der normalen Hauptleistung für den Geschäftszweig des Unternehmens kennzeichnend sind, sind unter den sonstigen betrieblichen Erträgen auszuweisen, wie z. B. Kantinenumsätze. Versicherungsentschädigungen für Vermögensgegenstände, die nicht zum Umsatz bestimmte Produkte darstellen, wie z. B. Anlagen oder Rohstoffe, sind ebenfalls als sonstige betriebliche Erträge auszuweisen.

Als Umsatzerlös ist der volle Rechnungsbetrag für die betrieblichen Leistungen, d. h. ggf. einschließlich Fracht und Verpackung, auszuweisen. Die Erlöse sind um die Umsatzsteuer (Mehrwertsteuer) sowie um Erlösschmälerungen (Rabatte, Skonti u. Ä.) zu kürzen.

Eine **Bestandserhöhung** tritt ein, wenn der Wert der hergestellten, für den Absatz bestimmten, aber noch nicht verkauften Erzeugnisse oder sonstigen Leistungen am Bilanzstichtag höher ist als zum vorhergehenden Bilanzstichtag. Dieser Ertragsposten dient als Ausgleich für die dafür angefallenen Aufwendungen, die beim Gesamtkostenverfahren in der G + V unter der zutreffenden Aufwandsart gezeigt werden. Wurde in der Periode mehr verkauft als hergestellt, so ist eine **Bestandsminderung** eingetreten, die wie ein Aufwand wirkt. Der Gegenposten sind die Umsatzerlöse für die verkauften Bestände aus dem Vorjahr.

Als Bestandsveränderungen (Nr. 2) sind neben Änderungen der Menge auch solche des Wertes zu berücksichtigen. Wertänderungen beruhen vor allem auf Abschreibungen auf den niedrigeren Stichtagswert der Bestände, z. B. wegen gesunkener Marktpreise oder wegen Ungängigkeit (Nicht-Verkäuflichkeit).

Der Gesetzgeber sieht vor, dass Kapitalgesellschaften **unübliche Abschreibungen** auf Bestände gesondert ausweisen, lässt aber offen, was damit gemeint ist. Abschreibungen auf den Niederstwert sind zwingend und üblich. Üblich sind aber auch Abschreibungen auf einen niedrigeren steuerlich zulässigen Wert oder auf den Zukunftswert, wenn dies den gewöhnlichen Bewertungsgrundsätzen des Unternehmens entspricht. Abschreibungen, die außerhalb der gewöhnlichen Geschäftstätigkeit veranlasst sind, z. B. im Fall von Enteignungen oder Sanierungen, sind als außerordentliche Aufwendungen (s. dazu unten) auszuweisen.

Bei den **anderen aktivierten Eigenleistungen** (Nr. 3) handelt es sich hauptsächlich um aktivierte Personal- und Sachaufwendungen für selbst erstellte Anlagen, z. B. selbst hergestellte Maschinen, Werkzeuge und Modelle.

Die **sonstigen betrieblichen Erträge** (Nr. 4) sind ein Sammelposten. Sie enthalten u. a. Erträge aus Hilfsumsätzen, aus Versicherungsentschädigungen, aus Kostenverrechnungen, ferner aus Auflösungen von Rückstellungen, aus Entnahmen aus dem Sonderposten mit Rücklageanteil und aus Zuschreibungen.

3.1.2 Betriebliche Aufwendungen

Der **Materialaufwand** (Nr. 5) umfasst den Materialverbrauch für die eigentliche betriebliche Leistung, bei Industriebetrieben also die Aufwendungen für die in der Produktion eingesetzten Roh-, Hilfs- und Betriebsstoffe einschließlich zugekaufter Bauteile und anderer Halbwerkzeuge. Zum Materialverbrauch rechnen auch die Inventurdifferenzen (Mehr- oder Mindermengen der Inventur gegenüber den Buchwerten) und die Wertberichtigungen (Abschreibungen) der Materialbestände aufgrund von Qualitätsminderungen, gesunkener Marktpreise usw.

Der Materialaufwand ist getrennt nach Aufwendungen für Roh-, Hilfs- und Betriebsstoffe und für bezogene Waren einerseits sowie nach Aufwendungen für bezogene Leistungen andererseits aufzuteilen. Die Aufwendungen für bezogene Leistungen betreffen alle Leistungen Dritter, die der betrieblichen Leistungserstellung dienen. Dazu gehören z. B. die Lohnbearbeitung in fremden Unternehmen oder andere Lohn- und Fremdarbeiten, z. B. für Reparaturarbeiten, Produktentwicklung oder Werbung.

Die Abgrenzung zu den sonstigen betrieblichen Aufwendungen ist nicht ganz eindeutig. Alle Fremdleistungen, die unmittelbar den Produkten der Unternehmung zugerechnet werden können, sollten als Materialaufwand ausgewiesen werden.

Der **Personalaufwand** (Nr. 6) wird in zwei Unterpositionen, nämlich Löhne und Gehälter einerseits und soziale Abgaben und Aufwendungen für Altersversorgung und Unterstützung andererseits unterteilt.

Die Position „**Löhne und Gehälter**" enthält den Bruttobetrag der Löhne und Gehälter für alle Arbeiter und Angestellten des Unternehmens einschließlich Trennungs- und Aufwandsentschädigungen, Vergütungen für Verbesserungsvorschläge, Gewinnbeteiligungen und Sachleistungen (z. B. Deputate, mietfreie Dienstwohnungen) u. Ä.

Bei den **sozialen Abgaben** handelt es sich um die gesetzlich vorgeschriebenen Arbeitgeberbeiträge zur Kranken-, Renten- und Arbeitslosenversicherung, zur Berufsgenossenschaft (Unfallversicherung) und die Beiträge an den Pensionssicherungsverein.

Die **Aufwendungen für Altersversorgung** umfassen die Pensionszahlungen (soweit sie nicht zulasten der Pensionsrückstellungen geleistet werden), die Zuführung zu den Pensionsrückstellungen, Zuweisungen an Pensions- und Unterstützungskassen sowie Versicherungsprämien zur Alterssicherung der Beschäftigten, soweit diese einen unmittelbaren Anspruch haben. Die Aufwendungen für Altersversorgung sind gesondert in der G + V oder im Anhang zu vermerken.

Die Zuführungen zu den Pensionsrückstellungen enthalten – als Folge der früheren Abzinsung der Verpflichtungen (siehe S. 84 f.) – auch einen Zinsanteil für die bereits angesammelten Rückstellungen. Wegen der großen Bedeutung von Pensionsrückstellungen und des relativ hohen Zinsanteils wird empfohlen, den Zinsanteil nicht hier, sondern als Zinsaufwand unter Nr. 13 des Gliederungsschemas anzuweisen.

Aufwendungen für Unterstützung sind soziale Aufwendungen für tätige oder pensionierte Arbeitnehmer sowie für deren Hinterbliebene, die nicht für eine Leistung des Unterstützungsempfängers gezahlt werden. Hierbei kann es sich um Krankheitszuschüsse, Heirats- und Geburtsbeihilfen u. Ä. handeln.

Als **Abschreibungen** (Nr. 7) werden die Abschreibungen auf immaterielle Anlagegüter, aktivierte Ingangsetzungskosten und Sachanlagen sowie ggf. „unübliche" Abschreibungen auf das Umlaufvermögen (s. oben) ausgewiesen. Der Posten umfasst planmäßige und außerplanmäßige Abschreibungen, wobei außerplanmäßige Abschreibungen gesondert anzugeben sind. Steuerlich zulässige Sonderabschreibungen können auch als Einstellung in Sonderposten mit Rücklageanteil (S. 50 f.) unter sonstigen betrieblichen Aufwendungen gezeigt werden.

Die Abschreibungen auf die nicht genannten Vermögensposten werden an anderer Stelle ausgewiesen. Abschreibungen auf unfertige und fertige Erzeugnisse und unfertige Leistungen sind, soweit sie nicht unüblich sind, Bestandteil der Bestandsveränderung. Abschreibungen auf Roh-, Hilfs- und Betriebsstoffe sowie Waren sind im Materialaufwand enthalten. Abschreibungen auf Finanzanlagen und auf Wertpapiere des Umlaufvermögens sind in einem eigenen Posten auszuweisen (Nr. 12 bzw. 11 des Gliederungsschemas).

Die **sonstigen betrieblichen Aufwendungen** (Nr. 8) stellen einen Sammelposten dar, der alle Aufwendungen des gewöhnlichen Geschäftsbetriebs enthält, für die kein gesonderter Ausweis vorgesehen ist. Sie betreffen u. a. Aufwendungen für Frachten und Transport, Mieten und Pachten, Leasingraten, Versicherungsprämien, Werbeaufwendungen, Beratungs- und Prüfungshonorare, Postgebühren, Spenden, aber auch Verluste aus dem Abgang von Sachanlagen, Wertberichtigungen von Forderungen und die Dotierung von Aufwandsrückstellungen. Hier werden auch die Einstellungen in den Sonderposten mit Rücklageanteil ausgewiesen.

3.1.3 Finanzergebnis

Die Posten Nr. 9 bis Nr. 13 enthalten das sog. Finanzergebnis. Es setzt sich zusammen aus den Erträgen und Aufwendungen aus Finanzanlagen, Wertpapieren des Umlaufvermögens und verzinslichen kurzfristigen Forderungen sowie für aufgenommene Kredite. Bei allen Posten sind die Beträge gesondert zu vermerken, die von verbundenen Unternehmen stammen bzw. an verbundene Unternehmen geleistet wurden.

Die **Erträge aus Beteiligungen** (Nr. 9) betreffen die Erträge aus Anteilen an verbundenen Unternehmen und sonstigen Beteiligungen (s. S. 139 f.). Nach diesem Posten sind ggf. Erträge aus Gewinnabführungsverträgen (S. 90 f.) als Sonderposten einzufügen.

Es folgen die **Erträge aus anderen Wertpapieren** (Nr. 10), die nicht Beteiligungsrechte verkörpern, und aus Ausleihungen.

Die **sonstigen Zinsen und ähnliche Erträge** (Nr. 11) betreffen die Finanzerträge aus dem Umlaufvermögen, z. B. Zinsen aus Bankguthaben, Termingeldern oder aus Forderungen an Kunden. Als zinsähnliche Erträge gelten z. B. Kreditprovisionen.

Abschreibungen auf Finanzanlagen (Beteiligungen, Wertpapiere des Anlagevermögens und Ausleihungen) und auf Wertpapiere des Umlaufvermögens (Nr. 12) ergeben sich u. a. durch einen gesunkenen Börsenkurs, anhaltende Verluste von Beteiligungsunternehmen oder aus der Abzinsung unverzinslicher Ausleihungen.

Nach diesem Posten wären ggf. **Aufwendungen aus Verlustübernahme** als Sonderposten einzufügen.

Zinsaufwendungen (Nr. 13) sind die Vergütungen für die Überlassung von Fremdkapital, z. B. für Bankkredite, Schuldscheindarlehen, Hypotheken sowie Diskontaufwendungen für Wechsel. Zu den zinsähnlichen Aufwendungen rechnen Kreditprovisionen, Bereitstellungsgebühren, Avalprovisionen sowie das Disagio bzw. die Abschreibungen auf ein aktiviertes Disagio. Hier wären auch die Zinsanteile bei Zuführungen zu Pensionsrückstellungen auszuweisen (s. S. 95).

3.1.4 Ergebnis der gewöhnlichen Geschäftstätigkeit

Das Ergebnis der gewöhnlichen Geschäftstätigkeit (Nr. 14) ergibt sich als Überschuss oder Unterdeckung der betrieblichen Erträge gegenüber den betrieblichen Aufwendungen und nach Verrechnung des Finanzergebnisses. Die Aussagekraft dieses Zwischenergebnisses ist insofern begrenzt, als in ihm auch periodenfremde, einmalige oder rein steuerlich bedingte Beträge verrechnet werden. Kapitalgesellschaften müssen allerdings periodenfremde Erträge und Aufwendungen im Anhang erläutern, soweit sie nicht von untergeordneter Bedeutung sind (§ 277 Abs. 4 Satz 3 HGB).

3.1.5 Außerordentliche Posten

Als außerordentliche Erträge und Aufwendungen (Nr. 15 und 16) sind nur die Erträge und Aufwendungen auszuweisen, die außerhalb der gewöhnlichen Geschäftstätigkeit der Kapitalgesellschaft anfallen. Es handelt sich dabei um Aufwendungen und Erträge, die im normalen Geschäftsablauf nicht vorkommen, also um außergewöhnliche Beträge, die im Leben des Unternehmens selten auftreten und nicht regelmäßig wiederkehren.

Beispiele außerordentlicher Erträge sind: Erhebliche Forderungsverzichte von Gläubigern (z. B. zur Sanierung), Erträge aus einer Kapitalherabsetzung, Gewinne aus dem Verkauf von Betriebsstätten oder von bedeutenden Beteiligungen u. Ä. Außerordentliche Aufwendungen ergeben sich beispielsweise aus Verlusten aus dem Verkauf oder der Stilllegung von Betriebsstätten oder Aufwendungen für Sozialpläne.

Die Außergewöhnlichkeit richtet sich nach den Umständen des jeweiligen Unternehmens. In einem großen Warenhausunternehmen gehört z. B. die Schließung und Eröffnung von einzelnen Warenhäusern zur gewöhnlichen Geschäftstätigkeit. Wird jedoch wegen einer neuartigen Warenhauskonzeption ein großer Teil der vorhandenen Warenhäuser stillgelegt, verkauft oder umstrukturiert, so sind die daraus entstehenden Aufwendungen und Erträge als außerordentlich einzustufen.

Im Anhang sind die wesentlichen Posten des außerordentlichen Ergebnisses zu erläutern (§ 277 Abs. 4 HGB).

3.1.6 Steuern

Zu den **Steuern vom Einkommen und vom Ertrag** (Nr. 18) gehören die Körperschaft- und die Gewerbeertragsteuer sowie ihnen entsprechende ausländische Steuern. Die Körperschaftsteuer bezieht sich – vereinfacht gesagt – auf den Jahresgewinn; die Gewerbeertragsteuer auf das Jahresergebnis zuzüglich der Zinsaufwendungen für langfristiges Fremdkapital. Abweichende steuerliche Wertansätze sowie besondere Hinzu- und Abrechnungen können dazu führen, dass das handelsrechtliche und das steuerpflichtige Ergebnis voneinander abweichen (siehe auch S. 33 und 54.)

Es dürfen nur die Steuern ausgewiesen werden, die das Unternehmen als Steuerschuldner zu entrichten hat. Kapitalgesellschaften haben sie unter Nr. 18 auszuweisen. Kapitalgesellschaften & Co. dürfen einen dem Steuersatz der Komplementärgesellschaft entsprechenden Steueraufwand offen vom Jahresüberschuss absetzen oder einem Jahresfehlbetrag hinzurechnen (§ 264 c Abs. 3 HGB); er kürzt also nicht den Jahresüberschuss.

Einzelkaufleute und Personenhandelsgesellschaften, die nach dem Publizitätsgesetz Rechnung zu legen haben, dürfen die Steuern, die sie als Steuerschuldner zu entrichten haben, gemäß § 5 Abs. 5 PublG unter den sonstigen Aufwendungen zeigen und insoweit das Jahresergebnis des Unternehmens schmälern.

Im Übrigen dürfen persönliche Steuern, die natürliche Personen als Einzelkaufleute oder Gesellschafter zu entrichten haben, das Jahresergebnis des Unternehmens nicht schmälern.

Die **Körperschaftsteuer** wird nur von juristischen Personen, vornehmlich Kapitalgesellschaften, erhoben. Die Körperschaftsteuer bezieht sich auf den steuerpflichtigen Gewinn der Kapitalgesellschaft. Sie beträgt ab 2001 25 %.

Zum Steueraufwand gehören neben den Aufwendungen für das Geschäftsjahr, einschließlich der Zuführung zu den Rückstellungen, auch etwaige Steuernachzahlungen. Etwaige Steuererstattungen sind vom Steueraufwand zu kürzen. Wesentliche periodenfremde Steuerbeträge sind im Anhang zu erläutern.

Bei steuerlich anerkannten **Gewinnabführungsverträgen**, denen ein sog. Organschaftsverhältnis zugrunde liegt, ist die Obergesellschaft Steuerschuldner. Das steuerpflichtige Ergebnis der Tochtergesellschaft („Organ" genannt) wird der Obergesellschaft („Organträger" genannt) zugerechnet. Im Interesse einer besseren Ergebnisdarstellung ist es vielfach üblich, dass der Organträger die auf das Einkommen des Organs entfallende Steuer an das Tochterunternehmen weiterbelastet. Eine solche **Steuerumlage** wird bei dem Tochterunternehmen als solche unter den Steuern von Einkommen und Ertrag ausgewiesen. Bei der Organträgerin ist der Ertrag aus der Weiterbelastung Bestandteil der Erträge aus Beteiligungen; er kann dort oder bei den Steueraufwendungen (hier natürlich als Abzugsposten) gesondert vermerkt werden.

Die **sonstigen Steuern** (Nr. 19) enthalten alle Steueraufwendungen, die nicht gewinnabhängig sind. Dazu gehören die Substanzsteuern (Vermögen-, Gewerbekapital- und Grundsteuer), die Verkehrssteuern (z. B. Grunderwerb-, Gesellschaft- oder Versicherungssteuer), Verbrauchsteuern (z. B. Mineralöl-, Tabak- und Biersteuern) sowie übrige Steuern wie z. B. Getränke- und Kfz-Steuern.

Die Umsatzerlöse werden nach Abzug der Umsatzsteuer ausgewiesen. Bei erheblichem Anteil der sonstigen Verbrauchsteuern, z. B. bei der Mineralöl- oder Tabaksteuer, ist es üblich, diese Steuern nicht hier auszuweisen, sondern statt dessen Bruttoumsatzerlöse einschließlich Verbrauchsteuern zu zeigen, von denen dann offen die Verbrauchsteuern abgesetzt werden. Der Vorteil einer solchen Gliederung liegt darin, dass das Ergebnis der gewöhnlichen Geschäftstätigkeit nicht durch die Verbrauchsteuern aufgebläht ist.

3.1.7 Jahresüberschuss/Bilanzgewinn

Der Gewinn oder Verlust des Geschäftsjahres wird als Jahresüberschuss oder Jahresfehlbetrag bezeichnet.

Da die Bilanz auch unter Berücksichtigung der vollständigen oder teilweisen Verwendung des Jahresergebnisses aufgestellt werden kann (§ 270 Abs. HGB), findet sich in vielen Gewinn- und Verlustrechnungen nach der Zeile Jahresüberschuss/Jahresfehlbetrag die Fortrechnung auf den Bilanzgewinn. Unter Berücksichtigung der weitgehenden aktienrechtlichen Vorschriften (§ 158 AktG) sieht eine vollständige Gliederung der Ergebnisverwendung wie folgt aus:

1. Jahresüberschuss/Jahresfehlbetrag	+/–
2. Gewinnvortrag/Verlustvortrag aus dem Vorjahr	+/–
3. Entnahmen aus der Kapitalrücklage	+
4. Entnahmen aus Gewinnrücklagen	+
a) aus der gesetzlichen Rücklage	
b) aus der Rücklage für eigene Aktien	
c) aus satzungsmäßigen Rücklagen	
d) aus anderen Gewinnrücklagen	
5. Einstellungen in Gewinnrücklagen	–
a) in die gesetzliche Rücklage	
b) in die Rücklage für eigene Aktien	
c) in satzungsmäßige Rücklagen	
d) in andere Rücklagen	
6. Bilanzgewinn/Bilanzverlust	=

Nicht infrage kommende Posten werden weggelassen. Zu den Rücklagenveränderungen s. S. 46 ff.

3.2 Umsatzkostenverfahren

Bei Anwendung des Umsatzkostenverfahrens fallen die mit nicht verkauften, aktivierten Eigenleistungen verbundenen Ertragsposten weg. Der Posten Umsatzerlöse (Nr. 1) hat den gleichen Inhalt wie beim Gesamtkostenverfahren (s. S. 92).

Die Aufwendungen werden nicht nach Arten ausgewiesen. Stattdessen werden die Herstellungskosten für die zur Erzielung des Umsatzes erbrachten Leistungen, die Vertriebskosten und die allgemeinen Verwaltungskosten gezeigt. Die insgesamt im Geschäftsjahr angefallenen Material- und Personalaufwendungen sind jedoch im Anhang gesondert anzugeben (§ 285 Ziff. 8 HGB).

Herstellungskosten für die zur Erzielung des Umsatzes erbrachten Leistungen (Nr. 2) sind die Aufwendungen, die durch den Verbrauch von Gütern und die Inanspruchnahme von Diensten für die Herstellung der verkauften Erzeugnisse und Leistungen entstanden sind. Dazu gehören alle direkt den Erzeugnissen zurechenbaren Personal- und Sachaufwendungen. Als Differenz aus den Umsatzerlösen und den (umsatzbezogenen) Herstellungskosten ergibt sich das Brutto-Ergebnis vom Umsatz.

Die **Vertriebskosten** (Nr. 4) enthalten alle Aufwendungen für Marketing und Vertrieb, z. B. für Provisionen, Frachten, Verpackung, Werbung, aber auch dem Vertriebsbereich zuzurechnende Aufwendungen für Abschreibungen, Energie u. Ä.

Die allgemeinen **Verwaltungskosten** (Nr. 5) umschließen alle Aufwendungen des Verwaltungsbereichs, soweit sie nicht auf die Bereiche Herstellung oder Vertrieb entfallen. Es handelt sich vor allem um Aufwendungen für das Rechnungs- und Personalwesen sowie für die Geschäftsführung. Auch die Aufwendungen für Einkaufs- und Lagerverwaltung wird man hier einbeziehen.

Alle Erträge und Aufwendungen, die nicht sinnvoll einem der genannten Funktionsbereiche (Herstellung, Vertrieb und Verwaltung) zugerechnet werden können, fallen unter die Sammelposten **sonstige betriebliche Erträge und sonstige betriebliche Aufwendungen** (Nr. 6 und 7). Hierzu gehören z. B. Aufwendungen für Forschung und Entwicklung, außerplanmäßige Abschreibungen auf Anlagen, Spenden, Vergütungen an den Aufsichtsrat u. Ä.

III. Der Anhang

1. Aufstellungspflicht

Kapitalgesellschaften einschließlich Kapitalgesellschaften & Co., Genossenschaften (§ 336 HGB) und andere publizitätspflichtige Unternehmen (§ 5 Abs. 2 PublG) haben als Bestandteil des Jahresabschlusses einen Anhang aufzustellen, in dem Bilanz und Gewinn- und Verlustrechnung zusätzlich aufzugliedern und zu erläutern sind. Der Anhang enthält darüber hinaus noch einige Zusatzangaben zum Unternehmen (vgl. §§ 284 ff. HGB).

Für mittelgroße und kleinere Kapitalgesellschaften (vgl. Tab. 3, S. 13), für Genossenschaften sowie für sonstige publizitätspflichtige Unternehmen gibt es einige Erleichterungen, bei Genossenschaften auch ein paar Ergänzungen hinsichtlich der Pflichtangaben im Anhang.

Wie die Bilanz und die G + V muss auch der Anhang dem Grundsatz der Richtigkeit, Klarheit und Übersichtlichkeit entsprechen. Dementsprechend muss vor allem die Verbindung der Angaben im Anhang zu den relevanten Bilanz- oder G + V-Posten deutlich erkennbar sein.

2. Erläuterung der Bilanz und der G + V

2.1 Bilanzierung und Bewertung

Der Anhang enthält diejenigen Angaben, die zu den einzelnen Bilanz- und G + V-Posten vorgeschrieben sind oder die in Ausübung eines Wahlrechts statt in der Bilanz oder in der G + V im Anhang gemacht werden (siehe Kapitel 2.2).

Im Anhang müssen ferner angegeben werden (vgl. § 284 HGB):

(1) Die angewandten Bilanzierungs- und Bewertungsmethoden.

(2) Etwaige Abweichungen in der Darstellungsform, insbesondere der Gliederung der Bilanz und G + V (§ 265 Abs. 1 HGB).

(3) Die Grundlagen für die Umrechnung von Fremdwährungsposten in DM.

(4) Abweichungen von den im Vorjahr angewandten Bilanz- und Bewertungsmethoden mit Begründung; der Einfluss der Änderungen auf die Vermögens-, Finanz- und Ertragslage ist gesondert darzustellen.
(5) Bei Anwendung der Gruppenbewertung oder bei der Lifo- oder einer anderen Verbrauchsfolge-Bewertung ein erheblicher Unterschied zum letzten bekannten Börsen- oder Marktpreis.
(6) Die Einbeziehung von Fremdkapitalzinsen in die Herstellungskosten.

Bilanzierungsmethoden sind Verfahren und Regeln, nach denen bilanzfähige Sachverhalte in die Bilanz eingestellt werden. Sie sind angabepflichtig, wenn sie nicht eindeutig gesetzlich bestimmt sind. Sie beziehen sich insbesondere auf die Ausübung oder Nichtausübung von Aktivierungs- oder Passivierungswahlrechten, z. B. Nichtaktivierung eines erworbenen Geschäftswertes.

Bewertungsmethoden sind Verfahren und Regeln zur Ermittlung des Wertansatzes bilanzierter Vermögens- oder Schuldposten. Die Angaben sind erforderlich, soweit Wahlrechte ausgeübt werden können. So sind z. B. der Umfang der Herstellungskosten (vgl. S. 63), die Anwendung der Lifo-Methode (s. S. 69) oder die Ermittlungsgrundlagen für die Pensionsrückstellungen im Anhang anzugeben. Zu nennen sind ferner die angewandten Abschreibungsmethoden. Der Umfang der Angaben richtet sich danach, wieweit er zum Verständnis des Jahresabschlusses und der Darstellung der Vermögens-, Finanz- und Ertragslage des Unternehmens notwendig ist.

Vom Grundsatz der **Bewertungsstetigkeit** (vgl. S. 20) darf nur in begründeten Fällen abgewichen werden. Wird der Grundsatz durchbrochen, so ist der Einfluss auf die Vermögens-, Finanz- und Ertragslage durch die Bewertungsänderung gesondert darzustellen. Werden mehrere Änderungen vorgenommen, so genügt die Angabe des Saldos; allerdings muss erkennbar sein, bei welchen Bereichen sich wesentliche Veränderungen ergeben haben.

Die bei den **vereinfachten Bewertungsmethoden** (oben Ziffer 5) anzugebenden Unterschiedsbeträge gelten dann als wesentlich, wenn sie mehr als 10 % des Bilanzwertes des Postens ausmachen. Kleine Kapitalgesellschaften (vgl. Tab. 3, S. 13) sind von dieser Angabe befreit.

2.2 Angaben zu den Bilanzposten

Zu den einzelnen Posten der Bilanz sind im Anhang folgende ergänzende Angaben zu machen (die mit * gekennzeichneten Angaben können auch in der Bilanz erfolgen):

(1) Aufgliederung zusammengefasster Posten*.

(2) Vermerk der Mitzugehörigkeit zu anderen Bilanzposten*.

(3) Der sog. Anlagenspiegel*, der die Bewegung der einzelnen Posten des Anlagevermögens nach Zu- und Abgang, Zuschreibungen, Abschreibungen usw. darstellt (s. Beispiel 3, S. 42).

(4) Erläuterung des **Beteiligungsbesitzes** unter Angabe von Name und Sitz des Beteiligungsunternehmens, Höhe des Anteils am Nominalkapital, Betrag des Eigenkapitals und Ergebnis des letzten Geschäftsjahres.
Die beiden letztgenannten Angaben können entfallen, wenn das Beteiligungsunternehmen seinen Jahresabschluss nicht offen legen muss und die Gesellschaft weniger als 50 % der Anteile besitzt.
Börsennotierte Kapitalgesellschaften haben zusätzlich alle Beteiligungen an großen Kapitalgesellschaften anzugeben, die 5 % der Stimmrechte überschreiten.
Statt im Anhang dürfen die Angaben auch in einer sog. Beteiligungsliste gemacht werden, die dem Handelsregistergericht einzureichen ist. Im Anhang ist auf den Ort der Hinterlegung hinzuweisen.

(5) Aufgliederung der Forderungen mit Angabe der Restlaufzeit von mehr als einem Jahr*.

(6) Angabe des aktivierten Disagios*.

(7) Erläuterungen zu den aktivierten oder passivierten latenten Steuern (vgl. S. 33 und 54).

(8) Angaben zum gezeichneten Kapital einer AG oder KGaA (Zahl und Nennbetrag der Aktien jeder Gattung*; Aktien, die bei einer bedingten Kapitalerhöhung oder einem genehmigten Kapital im Geschäftsjahr gezeichnet wurden; das genehmigte Kapital).

(9) Aufgliederung und Veränderung des Sonderpostens mit Rücklageanteil (s. Beispiel 6, S. 52).

(10) Die nicht passivierten Pensionsverpflichtungen (vgl. S. 53).

(11) Erläuterung der sonstigen Rückstellungen, soweit sie nicht einen nur unerheblichen Umfang haben.

(12) Angaben zu den Verbindlichkeiten (Restlaufzeit, Sicherung durch Pfandrechte oder ähnliche Rechte); siehe dazu den sog. Verbindlichkeitenspiegel (Beispiel 8, S. 57).

(13) Angabe der **Haftungsverhältnisse** aus der Begebung und Übertragung von Wechseln; Bürgschaften, Wechsel- und Scheckbürgschaften; Gewährleistungsverträgen unter Bestellung von Sicherheiten für fremde Verbindlichkeiten.

(14) Angabe der **sonstigen finanziellen Verpflichtungen**.
In Abgrenzung zu den Haftungsverhältnissen laut Ziffer 12 steht den Ausgaben aus der sonstigen finanziellen Verpflichtung ein Anspruch auf Nutzungsüberlassung oder ein Vermögensgegenstand gegenüber. Beispiele: mehrjährige Verpflichtungen aus Miet- oder Leasingverträgen; Verpflichtungen aus begonnenen Investitionsvorhaben und aus künftigen Großreparaturen; Verpflichtungen aus Kreditzusagen; Verpflichtungen aus Unternehmensverträgen u. Ä.

(15) Erläuterung von Vermögensgegenständen und Schulden, die erst nach dem Bilanzstichtag rechtlich entstehen, wenn sie einen größeren Umfang haben (§ 268 Abs. 4 und 5 HGB).

2.3 Angaben zur G + V

Zu den Posten der G + V sind im Anhang folgende Angaben zu machen:

(1) Aufgliederung der Umsatzerlöse nach Tätigkeitsbereichen und geografisch bestimmten Märkten.

(2) Erläuterungen und Ergänzungen zu den Abschreibungen, z. B. außerplanmäßige oder steuerlich bedingte Abschreibungen.

(3) Erläuterungen der außerordentlichen Aufwendungen und Erträge.

(4) die Gründe für die planmäßige Abschreibung des Geschäfts- oder Firmenwertes über die voraussichtliche Nutzungsdauer (s. S. 38)

(5) Erläuterungen des Ertragsteueraufwandes (Aufteilung nach der Belastung des Ergebnisses aus gewöhnlicher Geschäftstätigkeit und des außerordentlichen Ergebnisses).
(6) Angabe des Material- und Personalaufwandes bei Anwendung des Umsatzkostenverfahrens.
(7) Die Beeinflussung des Jahresergebnisses durch **steuerlich motivierte Bewertungsmaßnahmen** (Abschreibungen, Sonderposten mit Rücklageanteil) und das Ausmaß erheblicher künftiger Belastung, das sich aus dieser Bewertung bzw. Bilanzierung ergibt. Diese Angaben gelten nur für große Kapitalgesellschaften. Es müssen keine betragsmäßig genauen Angaben gemacht werden, doch sind aufgrund einer Vergleichsrechnung die größenordnungsmäßigen Auswirkungen zu nennen, z. B.: ohne die Einstellung in den Sonderposten mit Rücklageanteil wäre der Jahresüberschuss um etwa 15 % höher ausgefallen.

3. Sonstige Pflichtangaben

Die sonstigen Pflichtangaben betreffen:
(1) Die durchschnittliche Zahl der während des Geschäftsjahres beschäftigten Arbeitnehmer, getrennt nach Gruppen.
(2) Die für die Tätigkeit im Geschäftsjahr gewährten Gesamtbezüge (Gehälter, Gewinnbeteiligung, Aufwandsentschädigung usw.) für die Mitglieder des Geschäftsführungsorgans, des Aufsichtsrates, eines Beirates oder einer ähnlichen Einrichtung; jeweils für jede Personengruppe gesondert, einschließlich des ausgeübten Berufs und bei börsennotierten Gesellschaften auch der Mitgliedschaft in anderen Aufsichtsräten und ähnlichen Kontrollgremien.
(3) Die Gesamtbezüge der früheren Mitglieder der genannten Organe und ihrer Hinterbliebenen, einschließlich der für diese Personengruppe gebildeten Pensionsrückstellungen und ggf. der nicht passivierten Pensionsverpflichtungen.
(4) Die an die genannten Organe gewährten Vorschüsse oder Kredite unter Angabe der Zinssätze und der sonstigen wesentlichen Konditionen.

(5) Die Namen der Mitglieder der Geschäftsführung, des Aufsichtsrates oder einer ähnlichen Einrichtung.

(6) Name und Sitz des **Mutterunternehmens** der Kapitalgesellschaft, das den Konzernabschluss für den größten Kreis von Unternehmen aufstellt, sowie des Mutterunternehmens, das den Konzernabschluss für den kleinsten Kreis von Unternehmen aufstellt. Dabei ist anzugeben, wo publizierte Konzernabschlüsse dieser Muttergesellschaften erhältlich sind.

4. Einschränkung der Angaben im Anhang

Die vorgesehenen Angaben im Anhang müssen unterbleiben, wenn es das Wohl der Bundesrepublik oder eines ihrer Länder erfordert (§ 286 Abs. 1 HGB).

Auf die Aufgliederung der Umsatzerlöse kann verzichtet werden, wenn die Aufgliederung nach vernünftiger kaufmännischer Beurteilung geeignet ist, der Kapitalgesellschaft oder einem Unternehmen, an dem die Kapitalgesellschaft mit mindestens 20 % beteiligt ist, einen erheblichen Nachteil zuzufügen (§ 286 Abs. 2 HGB).

Die Angabe zu dem Beteiligungsbesitz kann unterbleiben, soweit sie für die Darstellung der Vermögens-, Finanz- und Ertragslage der Kapitalgesellschaft von untergeordneter Bedeutung ist oder nach vernünftiger kaufmännischer Beurteilung geeignet ist, der Kapitalgesellschaft oder dem Beteiligungsunternehmen einen erheblichen Nachteil zuzufügen (§ 286 Abs. 3 HGB). Wie schon erwähnt, kann anstelle der Angaben im Anhang auf die beim Handelsregister hinterlegte Beteiligungsliste verwiesen werden.

Kleine Kapitalgesellschaften dürfen die Angaben zur Bilanz laut Ziffer 1, 3, 6, 10, 13 und 15, zur G + V laut Ziffer 1, 4, 6 und 5 bezüglich des Materialaufwandes sowie die besonderen Angaben laut Ziffer 1 bis 3 unterlassen. Mittelgroße Kapitalgesellschaften brauchen ihre Umsatzerlöse nicht aufzugliedern (G + V Ziffer 1). Die besonderen Angaben nach Ziffer 2 und 3 können weiterbleiben, wenn sich anhand dieser Ausgaben die Bezüge eines Mitglieds dieser Organe feststellen lassen.

IV. Der Lagebericht

Der Jahresabschluss der Kapitalgesellschaften wird ergänzt durch den sog. Lagebericht (§ 289 HGB). In ihm sind der **Geschäftsverlauf und die Lage der Gesellschaft** so darzustellen, dass ein den tatsächlichen Verhältnissen entsprechendes Bild der Vermögens-, Finanz- und Ertragslage vermittelt wird.

Als wesentlicher Inhalt findet sich im Lagebericht eine Würdigung des abgelaufenen Geschäftsjahres und der Lage des Unternehmens durch seine Geschäftsführung sowie deren Ausblick auf die voraussichtliche Entwicklung des Unternehmens. Dabei ist darzulegen, mit welchen Risiken die künftige Entwicklung des Unternehmens belastet sein kann.

Bei den **Risiken der künftigen Entwicklung** ist an Risiken gedacht, die wesentlichen Einfluss auf die Vermögens-, Finanz- und Ertragslage und auf die Fortführung des Unternehmens haben können. Im Rahmen der Risikoberichterstattung ist im Einzelnen auf die Risikolage, die Risikopolitik, das Risikomanagement und das Überwachungssystem zur Früherkennung von Risiken einzugehen. Schwerpunkt der Risikoberichterstattung bilden die geschäftsspezifischen Risiken des Unternehmens. Anzusprechen sind u. a. wesentliche Marktentwicklungen, die Marktposition, die Auftragslage und besondere Maßnahmen, die die Vermögens-, Finanz- und Ertragslage des Unternehmens und seine künftige Entwicklung beeinflussen können.

Im Lagebericht soll ferner eingegangen werden auf

- Vorgänge von besonderer Bedeutung, die nach dem Bilanzstichtag eingetreten sind,
- die voraussichtliche Entwicklung der Gesellschaft sowie auf
- den Bereich Forschung und Entwicklung.

V. Prüfung und Offenlegung des Jahresabschlusses

1. Prüfung des Jahresabschlusses

Mittelgroße und große Kapitalgesellschaften, Genossenschaften und publizitätspflichtige sonstige Unternehmen (vgl. Tab. 3, S. 13) müssen ihren Jahresabschluss und den Lagebericht durch einen unabhängigen **Abschlussprüfer** prüfen lassen (§ 316 HGB). Für mittelgroße Kapitalgesellschaften sind Wirtschaftsprüfer und vereidigte Buchprüfer als Abschlussprüfer zugelassen, bei großen Kapitalgesellschaften, Genossenschaften und anderen Großunternehmen nur Wirtschaftsprüfer oder Wirtschaftsprüfungsgesellschaften.

Der Abschlussprüfer wird bei Kapitalgesellschaften von der Haupt- oder Gesellschafterversammlung, sonst von den Unternehmenseigentümern gewählt. Soweit das Unternehmen einen Aufsichtsrat haben muss, erteilt dieser, sonst die Geschäftsführung den Auftrag an den Abschlussprüfer.

Die Abschlussprüfung erstreckt sich vor allem darauf, ob bei der Buchführung und Rechnungslegung die gesetzlichen Vorschriften und sie ergänzende Bestimmungen des Gesellschaftsvertrages (Satzung) beachtet worden sind. Ihr Gegenstand und Umfang sowie die diesbezügliche Berichterstattung und der Bestätigungsvermerk des Abschlussprüfers sind in §§ 317, 321 und 322 HGB näher beschrieben. Die Abschlussprüfung ist eine **Ordnungsmäßigkeitsprüfung**. Wirtschaftlichkeit und Zweckmäßigkeit von unternehmerischen Entscheidungen und Maßnahmen sind nicht Prüfungsgegenstand.

Über Art und Umfang sowie über das Ergebnis der Prüfung hat der Abschlussprüfer schriftlich zu berichten. Er hat einleitend zu der Beurteilung der Lage des Unternehmens durch die Geschäftsführung, insbesondere hinsichtlich des Fortbestandes und der künftigen Entwicklung des Unternehmens, Stellung zu nehmen. Im **Prüfungsbericht** ist ferner darzulegen, ob Unrichtigkeiten und Verstöße gegen gesetzliche Vorschriften sowie Tatsachen festgestellt wurden, die den Bestand des geprüften Unternehmens gefährden oder seine Entwicklung wesentlich beeinträchtigen können. Im Hauptteil des

Berichts ist darzustellen, ob die Buchführung und der Jahresabschluss den Vorschriften entsprechen und ob der Abschluss insgesamt unter Beachtung der GoB ein den tatsächlichen Verhältnissen entsprechendes Bild der Vermögens-, Finanz- und Ertragslage der Kapitalgesellschaft vermittelt und der Lagebericht damit im Einklang steht.

Bei börsennotierten Aktiengesellschaften ist zu prüfen, ob der Vorstand gemäß § 91 Abs. 2 AktG geeignete Maßnahmen getroffen hat, damit den Fortbestand der Gesellschaft gefährdende Entwicklungen früh erkannt werden. Im Prüfungsbericht ist das Überwachungssystem zu beurteilen und mitzuteilen, ob Verbesserungsmaßnahmen erforderlich sind.

Empfänger des vertraulichen Prüfungsberichtes ist in erster Linie der Aufsichtsrat, dann die Geschäftsführung des Unternehmens sowie unter Umständen auch Gesellschafter und Kreditgeber. Der Prüfungsbericht ist jedem Aufsichtsratsmitglied oder, soweit dies der Aufsichtsrat beschlossen hat, den Mitgliedern eines Ausschusses auszuhändigen.

Der **Bestätigungsvermerk** des Abschlussprüfers (§ 322 HGB) richtet sich demgegenüber an die Öffentlichkeit. Er ist Bestandteil der offen zu legenden Unterlagen (siehe unten Kapitel 3).

Der **Aufsichtsrat** hat seinerseits den Jahresabschluss ebenfalls zu prüfen und über das Ergebnis an die Gesellschafter- oder Hauptversammlung zu berichten (§§ 170, 171 AktG). Bei seiner Prüfung wird sich der Aufsichtsrat weitgehend auf den Bericht des Abschlussprüfers stützen. Er muss sich mit dem Bericht kritisch auseinander setzen und hat darüber hinaus die Zweckmäßigkeit der von der Geschäftsführung eingeschlagenen Bilanzpolitik zu würdigen. Der Abschlussprüfer hat an der Bilanzsitzung des Aufsichtsrates oder seines Ausschusses teilzunehmen. Bei dieser Gelegenheit kann, bei wesentlichen Unklarheiten muss der Aufsichtsrat zusätzliche Informationen und Erläuterungen erbitten. Weitergehende Prüfungshandlungen des Aufsichtsrates sind nur in Ausnahmefällen geboten.

2. Feststellung des Jahresabschlusses

Im Anschluss an die vorgeschriebenen Prüfungen ist der Jahresabschluss von den dazu berechtigten Personen formal zu verabschieden. Mit seiner Feststellung wird der Jahresabschluss endgültig.

Die Feststellung des Jahresabschlusses erfolgt bei Einzelunternehmen durch den Inhaber und bei Personengesellschaften (oHG, KG) durch sämtliche Gesellschafter. Bei der GmbH und bei den Genossenschaften ist jeweils die Gesellschafterversammlung zuständig (§ 48 GmbHG bzw. § 43 GenG).

Bei der **Aktiengesellschaft** wird der Jahresabschluss in der Regel durch Vorstand und Aufsichtsrat festgestellt (§ 172 AktG). Die Hauptversammlung ist an den festgestellten Jahresabschluss gebunden. Sie entscheidet über die Verwendung des dort ausgewiesenen Bilanzgewinns. Vorstand und Aufsichtsrat können aber beschließen, die Feststellung des Jahresabschlusses der Hauptversammlung zu überlassen (§ 173 AktG).

Bei der AG haben Vorstand und Aufsichtsrat der Hauptversammlung einen Vorschlag zur Beschlussfassung über die Verwendung des Bilanzgewinns (vgl. S. 100) zu unterbreiten, der wie folgt zu gliedern ist (§ 170 AktG):

(1) Verteilung an die Aktionäre
(2) Einstellung in die Gewinnrücklage
(3) Gewinnvortrag
(4) Bilanzgewinn

Wenn die Hauptversammlung vom Gewinnverwendungsvorschlag abweicht und eine höhere Gewinnthesaurierung (Gewinnzuschläge, Gewinnvortrag) beschließt, so ist der damit verbundene zusätzliche Aufwand, i. d. R. Körperschaftsteuer, außerhalb der G + V im Gewinnverwendungsbeschluss zu verrechnen (§ 174 AktG).

3. Offenlegung des Jahresabschlusses

Offenlegung bedeutet Einreichung des Jahresabschlusses und zugehöriger Unterlagen zum Handelsregister (§ 325 Abs. 1 HGB).

Große Kapitalgesellschaften haben die Unterlagen zunächst im Bundesanzeiger bekannt zu machen (§ 325 Abs. 2 HGB). Zu Erleichterungen in Bezug auf die Offenlegung für kleine und mittelgroße Kapitalgesellschaften siehe § 326 bzw. § 327 HGB. Die Offenlegung hat innerhalb von 12 Monaten nach dem Bilanzstichtag zu erfolgen.

Große Kapitalgesellschaften haben die offen zu legenden Unterlagen zunächst im Bundesanzeiger bekannt zu machen und dann die Bekanntmachung mit den Unterlagen zum Handelsregister einzureichen.

Im Einzelnen ist die Publizitätspflicht wie aus Tabelle 11 ersichtlich geregelt. GmbHs müssen keine Angaben zur Ergebnisverwendung machen, wenn sich anhand dieser Angaben die Gewinnanteile von natürlichen Personen feststellen lassen, die Gesellschafter sind (§ 325 Abs. 1 HGB).

Die **Sanktionen** für einen Verstoß gegen die Offenlegungspflichten sind erheblich verschärft worden. Im Falle der Nichtoffenlegung des Jahresabschlusses oder des Lageberichts muss das Registergericht auf Antrag einer beliebigen Person ein Ordnungsgeldverfahren durchführen (§§ 335 a und b HGB). Der Ordnungsgeldrahmen beträgt 25 000 Euro, wobei das erstmalige Zwangsgeld mindestens 2500 Euro beträgt. Sofern nicht spätestens 6 Wochen nach Zugang der Ordnungsgelddrohung der Offenlegungspflicht entsprochen wird oder die Unterlassung mittels Einspruch gerechtfertigt wurde, ist das Ordnungsgeld unverzüglich festzusetzen und zugleich die frühere Verfügung unter Androhung eines erneuten Ordnungsgeldes zu wiederholen.

	Handelsregister	**Bundesanzeiger**
Große Kapital- gesellschaften	Jahresabschluss, Lagebericht, Bericht des Aufsichtsrates Vorschlag über Ergebnis- verwendung.	wie Handels- register
Mittelgroße Kapitalgesellschaften	Wie große Kapitalgesell- schaften, jedoch mit ver- kürzter Bilanzgliederung.	Hinweis, bei welchem Handels- register die Unterlagen eingereicht wurden.
Kleine Kapital- Gesellschaften	Bilanz und Anhang ohne G + V-bezogene Angaben.	Hinweis auf das Handelsregister.
Große Genossen- schaften1	Genossenschaftsregister: wie große Kapitalgesell- schaften.	wie Handels- register
Einzelkaufleute Personengesell- schaften	Bilanz mit sog. Anlage	wie Handels- register gem. § 9 Abs. 2 PublG.
Sonstige publizitäts- pflichtige Unter- nehmen	Wie große Kapital- gesellschaften	wie Handels- register.

Tabelle 11: Publizitätspflicht und -umfang verschiedener Unternehmenstypen

D. Bilanzanalyse und Bilanzpolitik

- Analyse der Bilanz (Bilanzstruktur, Wertansätze, nicht ersichtliche Posten)
- Analyse der Erfolgsrechnung
- Analyse der finanziellen Verhältnisse
- Bilanzpolitik (Instrumente und Gestaltungsspielräume)

I. Bilanzanalyse

„Bilanzanalyse" ist die übliche und verkürzte Bezeichnung für die **Analyse des Jahresabschlusses**, der neben der Bilanz auch die Gewinn- und Verlustrechnung sowie den Anhang umfasst und ggf. auch den Lagebericht einschließt. In diesem erweiterten Sinn wird hier der übliche Begriff Bilanzanalyse verwendet (Zur Analyse des Konzernabschlusses siehe Abschnitt E V).

Eine Bilanzanalyse anhand interner Informationen obliegt der Geschäftsführung, dem Aufsichtsrat und dem Abschlussprüfer. Externe Analysten sind auf die veröffentlichten Unterlagen angewiesen. Börsennotierte Unternehmen veröffentlichen regelmäßig einen **Geschäftsbericht**, der neben Jahresabschluss und Lagebericht weitere Informationen über das Unternehmen und seine Entwicklung enthält. Seine Güte hängt wesentlich davon ab, ob er entscheidungsrelevante Informationen für die Investoren (Aktionäre und Kreditgeber) enthält, die vollständig und verständlich dargeboten werden. Außerdem werden zunehmend Informationen über das Internet zur Verfügung gestellt.

Zur Bilanzanalyse sind verschiedene statistisch-mathematische Verfahren und Modelle entwickelt worden, die hier nicht behandelt werden, weil sie dem Bilanzleser normalerweise nicht unmittelbar zur Verfügung stehen. Stattdessen werden die zugrunde liegenden Sachverhalte und Zusammenhänge und deren Analyse mit „Hausmitteln" erläutert.

1. Schritte zur Analyse des Jahresabschlusses

Bei der Analyse des Jahresabschlusses wird im Allgemeinen wie folgt vorgegangen:

(1) **Aufbereitung der Bilanz und der G + V**: Die Zusammenfassung der wichtigen Bilanz- und G + V-Posten und Wertangaben mit wenigen Ziffern sollen den Vermögensaufbau, die Kapitalstruktur und die Ergebnisquellen deutlicher herausstellen.

(2) Die **Bildung von Kennzahlen** soll betriebswirtschaftliche Zusammenhänge herausstellen; Einzelheiten siehe Kapitel 4.

(3) Aus dem **Anhang** sind u. a. die angewandten Bilanzierungs- und Bewertungsmethoden, die Inanspruchnahme von Wahlrechten, Veränderungen gegenüber dem Vorjahr sowie die nicht bilanzierten finanziellen Verpflichtungen zu entnehmen.

(4) Dem **Lagebericht**, den Kapitalgesellschaften zu erstellen haben, müssen insbesondere Vorgänge von besonderer Bedeutung, die nach dem Bilanzstichtag eingetreten sind, sowie die voraussichtliche Entwicklung des Unternehmens und deren Risiken zu entnehmen sein.

(5) Um die wichtigsten Finanzströme (Cashflow, Investitions- und Finanzierungsvorgänge) des abgelaufenen Geschäftsjahres aufzuzeigen, empfiehlt sich eine **Kapitalflussrechnung** (vgl. Kapitel 7.3 und E.IV 1.1; S.198).

Da viele im Rahmen der Rechnungslegung verwandte Begriffe und Kennzahlen von Fall zu Fall unterschiedlich definiert werden, ist auf ihren Inhalt und ihre Vergleichbarkeit zu achten.

2. Die Aussagefähigkeit der Bilanz und ihre Grenzen

2.1 Eigenart und Zweck der Bilanz

Eigenart und Zweck der Rechnungslegung, die in den einschlägigen Vorschriften und Grundsätzen ihren Niederschlag gefunden haben, bestimmen wesentlich die Aussagekraft der Bilanz bzw. des Jahresabschlusses.

Der Jahresabschluss dient vor allem zur **Ermittlung des ausschüttungsfähigen Gewinns**, wobei dem Gläubigerschutz und der nominellen Kapitalerhaltung besondere Bedeutung zukommt. Diese Zwecksetzungen haben insbesondere das Vorsichts- und Imparitätsprinzip (s. S. 18 f.) geprägt. Der Jahresabschluss bedeutet außerdem eine **Rechenschaftslegung** gegenüber den Eigentümern und den Gläubigern des Unternehmens.

Da für die Bilanzierung **die wirtschaftliche Zugehörigkeit** zum Unternehmen entscheidend ist, sind abweichende rechtliche Bindungen wie Sicherungsübereignung oder Eigentumsvorbehalt im Regelfall aus der Bilanz nicht ersichtlich. Miet- und Pachtverhältnisse werden als schwebende Geschäfte grundsätzlich nicht bilanziert, sodass dem Unternehmen dienende, aber gemietete oder gepachtete Gegenstände in der Bilanz nicht gezeigt werden.

Ähnlich wirken Bilanzierungsverbote oder der Verzicht auf ein Bilanzierungswahlrecht. Das private Vermögen und die privaten Schulden werden im Jahresabschluss des Kaufmanns nicht bilanziert.

Als Folge der neuen Technologien steigt der **Anteil der immateriellen Werte** am Gesamtvermögen der Unternehmens erheblich; die Investitionen in diesem Bereich wachsen stark. Da selbst geschaffene immaterielle Werte nicht bilanziert werden dürfen, werden insoweit die Vermögenswerte des Unternehmens zunehmend unvollständig in der Bilanz abgebildet.

Das Gliederungsschema gliedert die Aktivposten prinzipiell nach der **Dauer der Kapitalbindung** in Anlage-, Vorrats- und sonstiges Umlaufvermögen. Es ist jedoch zu bedenken, dass das investierte Kapital nicht nur im Anlagevermögen, sondern auch in Teilen des Umlaufvermögens langfristig gebunden ist, weil auch ein Mindest-Umlaufvermögen dauernd zur Aufrechterhaltung der Betriebsbereitschaft erforderlich ist. Die als Umlaufvermögen ausgewiesenen Vermögensteile werden zwar verhältnismäßig rasch zu Geld, doch muss dieses wieder reinvestiert werden, um das Geschäft des Unternehmens in Gang zu halten.

Darüber hinaus fassen die Bilanzposten oft Bestände mit unterschiedlichen Eigenschaften zusammen. So können z. B. unter Maschinen und maschinellen Anlagen Aggregate mit sehr unterschiedlichem Alter und technischen Zuständen oder unter Fertigfabrikaten und Waren sowohl gängige Erzeugnisse als auch Lagerhüter enthalten sein. Forderungen können überfällig und ausfallsbedroht sein.

Die Aussagefähigkeit der Bilanz wird weiterhin von der **Bewertung** der Bestände beeinflusst. Sie sind höchstens zu Anschaffungs- oder Herstellungskosten, u. U. zu niedrigeren Stichtags- oder Buchwerten bewertet. Gegenüber den Bilanzwerten können die Zeit- oder Verkehrswerte am Bilanzstichtag höher sein. Vor allem zum Schutz der Gläubiger und zur Vermeidung ungerechtfertigter Gewinnausschüttungen sollen die Jahresabschlüsse keine überhöhten Vermögenswerte und Ergebnisse ausweisen. Der Kaufmann soll sich „eher arm als zu reich rechnen".

Die aus der Bilanz nicht ersichtlichen Mehrwerte der Aktiva oder Minderwerte der Passiva nennt man **stille Reserven**. Ihre Problematik liegt darin, dass sich diese Reserven nicht nur „still" bilden, sondern auch „still" auflösen können, sodass die exakte Erfassung ihrer meist schwankenden Höhe praktisch kaum möglich ist (siehe auch Kapitel 5.2.2; S. 134).

Die Bilanz ist eine zeitpunktbezogene Bestandsrechnung. Für Art und Umfang der in der Bilanz ausgewiesenen Bestände und für ihre Bewertung sind die Verhältnisse am **Bilanzstichtag** von Bedeutung. Bei der Würdigung des Bilanzbildes ist zu berücksichtigen, wie der Bilanzstichtag innerhalb des Saison- oder Konjunkturverlaufs oder innerhalb des Produktionszyklus im Unternehmen liegt. Die zum Bilanzstichtag vorhandenen Bestände können außerdem mengen- oder wertmäßig zufallsbedingt sein.

Nach dem Bilanzstichtag entstehende Zahlungsverpflichtungen oder eingehende Zahlungen sind der Bilanz nicht zu entnehmen. Daher ist die Bilanz für eine **Liquiditätsbeurteilung** im Hinblick auf die jederzeitige Zahlungsbereitschaft wenig geeignet.

2.2 Bilanzierungs- und Bewertungsspielraum

Die gesetzlichen Bilanzierungs- und Bewertungswahlrechte räumen dem Kaufmann einen erheblichen Spielraum ein, den er zur Ergebnisbeeinflussung nutzen kann. Das wird durch das Beispiel 27 (S. 161 ff.) verdeutlicht.

Durch den **Bilanzzusammenhang**, nach dem die Schlussbilanz des Geschäftsjahres die Anfangsbilanz des Folgejahres bildet, ferner durch den Grundsatz der **Bewertungsstetigkeit** sowie durch das Verbot willkürlicher Bilanzierung und Bewertung ist der Spielraum jedoch eingegrenzt. Im ersten Jahr ist man in der Ausübung von Wahlrechten frei, in den Folgejahren ist man aber durch die im Vorjahr getroffene Wahl weitgehend gebunden.

Zusätzliche Erläuterungen im Anhang offenbaren die bei der Bilanzierung und Bewertung angewandten Grundsätze und Methoden sowie etwaige Änderungen. Sie zeigen auf, ob das Unternehmen tendenziell besonders vorsichtig bilanziert hat oder nicht.

Die Erfahrung lehrt, dass bei vergleichsweise schlechtem Jahresergebnis die **Bilanzpolitik** (s. Kap. D.II) in der Tendenz auf höhere Ergebnisse ausgerichtet ist und stille Reserven aufgelöst werden, um unerwünschte Reaktionen der Bilanzleser möglichst zu vermeiden. Im umgekehrten Fall werden dagegen alle Abwertungsmöglichkeiten wahrgenommen und stille Reserven gebildet. Bei guter Ergebnisentwicklung neigt der Kaufmann dazu, das Vorsichtsprinzip zu überdehnen. Bei ungünstigem Ergebnis werden die Einschätzungen oft mutiger vorgenommen.

Es ist im Interesse einer kontinuierlichen Entwicklung des Unternehmens und seines Ansehens verständlich, dass es sich mit seinem Jahresabschluss positiv darstellen will. Man wird daher lieber vom halb vollen als vom halb leeren Glas sprechen. Das ist legitim, solange die Regeln der Rechnungslegung eingehalten werden und kein irreführender Eindruck von der Vermögens-, Finanz- und Ertragslage des Unternehmens hervorgerufen wird.

Um der Vielfalt der tatsächlichen Gegebenheiten (Markt- und andere Umfeldeinflüsse, kurzfristige Absatz- und Preisschwankungen u. Ä.) und den Unsicherheiten bei der Einschätzung der künftigen Entwicklung einerseits und den begrenzten Informationsmöglichkeiten gegenüber externen Bilanzlesern andererseits Rechnung tragen zu können, hat der Gesetzgeber dem Kaufmann einen gewissen Ermessenspielraum eingeräumt, den er bilanzpolitisch nutzen kann. Fragwürdig ist eine kurzfristige, von Jahr zu Jahr oder gar von Quartal zu Quartal bestimmte Bilanzpolitik. Unzulässig ist eine willkürliche Ausnutzung des Ermessensspielraums.

Fehleinschätzungen künftiger Entwicklungen lassen sich trotz

Sorgfalt und Vorsicht nicht vermeiden. Kritisch ist aber, wenn konkrete Risiken oder drohende Verluste wegen zu optimistisch eingeschätzter Chancen oder wegen erwarteter, aber unsicherer Ergebnisverbesserungen unzureichend im Jahresabschluss berücksichtigt werden.

Trotz der genannten Vorschriften und Grundsätze lässt sich nicht ausschließen, dass der Bilanzierungsspielraum missbraucht wird. Allerdings zeigen die wenigen gravierenden Ausnahmefälle, dass die irreführende Darstellung – wenn nicht betrügerisch gehandelt wurde (= Bilanzfälschung) – durch ordnungsmäßige Prüfung und professionelle Bilanzanalyse hätte aufgedeckt werden können.

2.3 Der Einfluss von Sachverhaltsgestaltungen

Als Geschäftsjahr wird vorwiegend das Kalenderjahr und damit als Bilanzstichtag der 31. Dezember gewählt. Aus betrieblichen und sonstigen Gründen kann es jedoch vorteilhaft sein, einen abweichenden **Bilanzstichtag** zu wählen. Das gilt vor allem für Saisonbetriebe; hier wird als Bilanzstichtag oft der Zeitpunkt gewählt, in dem das Unternehmen regelmäßig niedrige Bestände aufweist. Damit werden die Inventurarbeiten wesentlich erleichtert.

Die Zahlen der Bilanz knüpfen an konkrete Geschäftsvorfälle an, die vor dem Bilanzstichtag verwirklicht worden sind. Daher beginnen bilanzpolitische Maßnahmen bereits mit der **Sachverhaltsgestaltung vor dem Bilanzstichtag**. Sie schafft die Basis für die Ausnutzung etwaiger Bilanzierungs- oder Bewertungswahlrechte. Art und Zeitpunkt von Investitionen oder Desinvestitionen beeinflussen den Jahresabschluss erheblich.

Kritisch sind jene Maßnahmen zu betrachten, die lediglich kurzfristig über den Bilanzstichtag die Bestände der Bilanz verändern sollen oder die ausschließlich zur **Ergebnisverlagerung** zwischen dem laufenden und dem folgenden Geschäftsjahr vorgenommen werden (zu den Motiven siehe Kapitel II).

Als Beispiele für Ertragsverlagerungen kommen die Beschleunigung oder Verzögerung von Investitionen in Betracht, da hiermit der Beginn der planmäßigen Abschreibungen beeinflusst wird. Ein anderes Beispiel ist die zeitliche Fixierung von Lieferungen oder von

Auftragsabrechnungen. Da nicht verkaufte Erzeugnisse und nicht abgerechnete Leistungen nur mit den Herstellungskosten aktiviert werden dürfen, die nicht die vollen Selbstkosten umfassen (siehe S. 63 ff.), und Gewinne erst mit der Lieferung und Leistungserfüllung realisiert werden dürfen, kann sich eine zeitliche Verlagerung der Lieferung oder Leistung auf das Jahresergebnis erheblich auswirken. Auf diesen Tatbestand ist insbesondere bei Unternehmen mit langfristiger Auftragsabwicklung zu achten, z. B. im Industrieanlagengeschäft. Weitere Beispiele siehe Tabelle 12.

Ziel	**Maßnahmen**
Verminderung des Vorratsvermögens	Verzögerung der Lieferung von Rohstoffen bis nach dem Bilanzstichtag (Nichtbilanzierung unterwegs befindlicher Ware unzulässig) Frühere Abrechnung von Aufträgen (nur möglich, wenn eine abrechenbare [Teil-]Leistung erbracht worden ist)
Abbau von Forderungen	Hereinnahme von Kundenwechseln, die diskontiert werden Kurzfristige Rückführung von Ausleihungen und anderen Außenständen über den Bilanzstichtag
Verringerung der flüssigen Mittel	Leistung von Anzahlungen oder Vorauszahlungen, kurzfristige Ausleihungen
Verbesserung der Liquidität	Veräußerung von Vermögensgegenständen mit der Vereinbarung, sie später wieder zurückzunehmen (z. B. sog. Pensionsgeschäfte bei Banken) Veräußerung von Anlagegütern, die anschließend vom Unternehmen gemietet werden (sale and lease back) Einforderungen von Anzahlungen
Ergebnisverbesserung	Verzögerung der Inbetriebnahme von Anlagen, frühere Abrechnung von Aufträgen

Tabelle 12: Maßnahmen der „Bilanzkosmetik“

Wegen des **Stichtagsprinzips** sind für die Bilanzierung und Bewertung allein solche Tatbestände entscheidend, die am Bilanzstichtag verwirklicht waren. Für die Bilanzierung und Bewertung sind alle am Bilanzstichtag gegebenen Umstände zu berücksichtigen, auch wenn sie am Bilanzstichtag noch nicht bekannt waren, aber bis zur Aufstellung der Bilanz bekannt werden. Wird die Bilanzaufstellung zeitlich hinausgeschoben, so sind grundsätzlich im größeren Umfang nach dem Bilanzstichtag bekannt gewordene Umstände bei der Bilanzierung zu verwerten.

Investoren sind an einer möglichst aktuellen Rechnungslegung der Unternehmen interessiert. Dementsprechend legen insbesondere große Kapitalgesellschaften Wert auf eine kurzfristige Fertigstellung des Jahresabschlusses. Dies lässt sich nur dadurch bewerkstelligen, dass frühzeitig die Buchhaltung abgeschlossen wird, sodass z. B. für ausstehende Rechnungen vom Lieferanten oder für Restrisiken aus schwebenden Lieferverträgen Schätzbeträge in die Bilanz eingestellt werden müssen.

3. Aufbereitung des Jahresabschlusses

Eine fundierte Bilanzanalyse lebt davon, dass sämtliche Informationen des Jahresabschlusses zur Interpretation genutzt werden, also neben der Bilanz und der Gewinn- und Verlustrechnung vor allem auch der Anhang. Es kommt darauf an, durch Strukturierung, Kennziffern und Vergleiche die branchen- und unternehmensspezifischen Bilanz- und Erfolgskriterien hervorzuheben.

Zur Analyse sind die vorgelegte Bilanz und die G + V zunächst durch Zusammenfassung von Einzelposten und durch Aufrundung ihrer Werte zu lesbaren Zahlengrößen (Mio DM oder TDM statt DM) zur übersichtlichen Darstellung der Bilanzstruktur und der Erfolgsfaktoren aufzubereiten (vgl. dazu die Gliederung des Beispiels 27, S. 161 ff.).

Zunächst sind die **Strukturen von Bilanz und Gewinn- und Verlustrechnung** herauszuarbeiten. Eine Zusammenfassung der einzelnen Abschlussposten zu wesentlichen Gesamtposten und die prozentualen Anteile der zusammengefassten Posten an der Bilanzsumme bzw. am Umsatz oder der Gesamtleistung verdeutlichen die Strukturen. Zu ihrer Erklärung und zur Beurteilung ihrer Veränderungen interessiert dann wieder deren Zusammensetzung nach Einzelposten, z. B. der Vorräte nach Roh-, Hilfs- und Betriebsstoffen sowie Erzeugnisse und Waren und ihre Veränderung.

Die Tabelle 13 nennt die wichtigsten Untersuchungsgegenstände der Bilanzanalyse.

Bilanzstruktur	
	Vermögensaufbau
	Kapitalstruktur
	Vertikale Struktur
G + V-Struktur	
	Erfolgsstruktur
	Erfolgsquellen; Betriebs- und Finanzergebnis
Kennzahlen	
	Lagerumschlag
	Zielinanspruchnahme von Kunden
	Kreditdauer bei Lieferanten
	Verschuldungsgrad
	Kapitalrentabilität
	Umsatzrendite
	Umsatz/Gesamtleistung je Mitarbeiter
	oder Verkaufsfläche
	Personalkosten je Mitarbeiter
Finanzlage	
	Cashflow-Analyse
	Zahlungsströme der Periode

Tabelle 13: Untersuchungsgegenstände der Bilanzanalyse

4. Die Bilanzstruktur

4.1 Vermögensaufbau

Hinsichtlich der Vermögensstruktur unterscheidet man zwischen langfristig gebundenem Vermögen (Anlagevermögen) und kurzfristig gebundenem Vermögen (Umlaufvermögen). Die Bindungsdauer oder der Liquiditätsgrad der im Umlaufvermögen zusammengefassten Bestände ist allerdings sehr unterschiedlich. Roh-, Hilfs- und Betriebsstoffe oder angearbeitete langfristige Aufträge sind von der Geldwerdung wesentlich weiter entfernt als kurzfristig fällige Forderungen.

$$\frac{\text{Anlagevermögen}}{\text{Umlaufvermögen}} \quad \text{oder} \quad \frac{\text{Anlagevermögen}}{\text{Gesamtvermögen}}$$

Tabelle 14: Anlagenintensität

Aus dem Verhältnis des Anlage- zum Umlaufvermögen oder von Anlage- zu Gesamtvermögen ergibt sich die **Anlagenintensität** des Unternehmens (Tabelle 15). Anlagenintensive Unternehmen haben vergleichsweise hohe Abschreibungen und daher einen hohen Fixkostenanteil, also der Kosten, die von Schwankungen der Beschäftigung oder Produktion nicht beeinflusst werden. Da der Vermögensaufbau im starken Maße branchenbedingt ist, vermag ein Vergleich zwischen branchenüblichen und den betrieblichen Beständen wertvolle Hinweise zu geben.

Als zweiter Block des betrieblichen Vermögens ist das Netto-Umlaufvermögen oder das „**Working Capital**" anzusprechen. Es setzt sich zusammen aus dem Umlaufvermögen abzüglich der kurzfristigen unverzinslichen Verbindlichkeiten (im Wesentlichen Lieferantenschulden; vgl. Beispiel 15).

Beispiel 15 (in TDM):

Sachanlagen	120	Eigenkapital	100
Vorräte	80	Bankkredite	110
Forderungen	40	Lieferantenschulden	30
Flüssige Mittel	10	sonstige Schulden	10
	250		250

Anlagevermögen	120
Working Capital (80 + 40 + 10 – 30 – 10)	90
Netto-Betriebsvermögen	210

Das Anlage- und das Netto-Umlaufvermögen werden als Netto-Betriebsvermögen dem „verzinslichen“ Eigen- und Fremdkapital gegenübergestellt (siehe auch Kapitel 6.3, S. 143 f.).

Aktiva	Passiva
Anlagevermögen	Eigenkapital
Working Capital	Finanzschulden

Tabelle 15: Bilanzstruktur

Bei Veränderungen des Bilanzvermögens nach Höhe und Zusammensetzung ist zu bedenken, dass höhere Vermögensbestände eine erhöhte **Kapitalbindung** bedeuten und damit Zinsaufwendungen verursachen. Grundsätzlich sollten die Vermögensbestände möglichst so niedrig gehalten werden, wie es zur reibungslosen Leistungserstellung unter Beachtung einer angemessenen Sicherheitsmarge erforderlich ist. Dabei können rein wertmäßige Vergleiche unzureichend sein, wenn man z. B. an unterschiedliche Zustände des Anlagevermögens oder an starke Preisänderungen beim Vorratsvermögen denkt. Darüber hinaus sind für eine Beurteilung der Vermögensstruktur anstelle der mehr oder weniger zufallsbedingten Bestände des Bilanzstichtages die durchschnittlichen Bestände während des Geschäftsjahres besser geeignet.

Als Indiz für die Kapitalbindung sind Kennzahlen wie Umschlag des Vorratsbestandes (1), durchschnittliche Zielinanspruchnahme der Debitoren (2) oder durchschnittliche Kreditinanspruchnahme bei den Lieferanten (3) von größerer Aussagekraft. Sie errechnen sich – vereinfachend – wie in Tab. 16 dargestellt.

(1) $\frac{\text{Umsatz}}{\text{Vorräte}} = \text{Lagerumschlag}$

(2) $\frac{\text{Forderungen}}{\text{Umsatz}} \text{ mal } 360 = \text{X Tage}$

(3) $\frac{\text{Lieferantenschulden}}{\text{Materialaufwand}} \text{ mal } 360 = \text{X Tage}$

Tabelle 16: Kennzahlen der Kapitalbindung

Beispiel 16:

Umsatz 1000 TDM; Vorratsvermögen 300 TDM; Forderungen 150 TDM; Lieferantenschulden 100 TDM; Materialaufwendungen 600 TDM.

Lagerumschlag: (1000 : 300 =)	3,3 mal
Zielinanspruchnahme der Kunden: (150 × 360) : 1000 =	54 Tage
Zielinanspruchnahme bei Lieferanten: (100 × 360) : 600 =	60 Tage

Bei der Bilanzanalyse interessiert die Verbesserung oder Verschlechterung der genannten Kennziffern im Zeitvergleich und ihre Angemessenheit im Vergleich der Branche oder zu sonst üblichen und vergleichbaren Verhältnissen.

Ein geringer Lagerumschlag bedeutet eine höhere Kapitalbindung und birgt außerdem die Gefahr ungängiger Erzeugnisse und Waren in sich. Lange Zahlungsfristen bei den Forderungen lassen Zahlungsschwierigkeiten bei den Schuldnern befürchten und führen in jedem Fall zu Zinsverlusten. Eine starke Inanspruchnahme von Lieferantenkrediten kann sehr teuer sein; sie kann Verzicht auf Skontoerträge oder höhere Beschaffungspreise (z. B. durch „Zitterprämien" oder Zinszuschläge) bedeuten. Bei den Alternativen, 3 % Skonto bei Barzahlung innerhalb von 10 Tagen oder Nettozahlung nach zwei Monaten, errechnet sich ein Zinssatz für den „zinslosen" Lieferantenkredit von 21,6 % p. a.

4.2 Kapitalstruktur

Die Kapitalstruktur wird vor allem durch das Verhältnis von Eigen- zu Fremdkapital und vom **Verschuldungsgrad** charakterisiert. Ein höherer Verschuldungsgrad bedeutet ein höheres Finanzierungsrisiko, da für das Fremdkapital generell unaufschiebbare Zins- und Tilgungsverpflichtungen bestehen, während das Eigenkapital dem Unternehmen auf Dauer zur Verfügung steht. Für Kreditgeber bildet das Eigenkapital die wesentliche Haftungsgrundlage.

Beim Fremdkapital lassen sich Finanzschulden und Verbindlichkeiten aus der laufenden Geschäftstätigkeit unterscheiden. **Finanzschulden** sind von Banken und anderen Kreditgebern aufgenommene Mittel, für die i. d. R. bestimmte Zinsen und Tilgungsbedingungen vereinbart worden sind. Zu ihnen rechnen Anleihen, Bankverbindlichkeiten und andere Darlehen.

Die **laufenden Verbindlichkeiten** ergeben sich aus der üblichen Geschäftsabwicklung. Hierzu gehören insbesondere die Verbindlichkeiten aus Lieferungen und Leistungen Dritter sowie noch nicht bezahlte Löhne und Gehälter oder Steuern. Diese laufenden Verbindlichkeiten sind Bestandteil des sog. Working Capital (s. S. 124). Wechselverbindlichkeiten können sowohl den Charakter von Lieferverbindlichkeiten wie von Finanzschulden haben.

Der **Sonderposten mit Rücklageanteil** stellt – wie schon gesagt – einen Mischposten von Eigen- und Fremdkapital dar, weil seine Auflösung Steuern auslöst. Die Aufspaltung in Eigen- und Fremdkapital hängt von der unternehmensindividuellen Steuerbelastung ab; eine 50 : 50-Aufteilung ist in der Regel eine ausreichende und vereinfachende Lösung.

Bei einer Beurteilung der Finanzlage sind aber nicht nur das bilanzierte Eigen- und Fremdkapital, sondern auch **nicht bilanzierte Verpflichtungen** (z. B. Leasingverträge) oder außerhalb des Unternehmens bereitstehendes Eigenkapital (z. B. Einzahlungsverpflichtungen von zahlungskräftigen Gesellschaftern) oder eingeräumte **Kreditlinien** zu berücksichtigen. Außerdem ist entscheidend, wie sich die künftigen Ergebnisse und Zahlungszuflüsse des Unternehmens aus seiner gewöhnlichen Geschäftstätigkeit entwickeln, die zur Verzinsung, Schuldentilgung und zur Verstärkung der Eigenkapitalbasis dienen können (siehe dazu Kapitel 7.3). Daher lassen sich keine allgemein verbindlichen Normen für das Verhältnis von Eigen- zu Fremdkapital angeben.

Die Informationen über den künftigen Kapitalbedarf und über das vorhandene Finanzierungspotenzial sind aus dem Jahresabschluss nicht oder nur zum Teil ersichtlich. In Ermangelung besserer Kenntnisse wird die Kreditwürdigkeit eines Unternehmens weitgehend anhand des Jahresabschlusses beurteilt.

Die vertikale Bilanzstruktur, bei der Aktiv- und Passivseite der Bilanz zusammen betrachtet werden, wird vielfach anhand sog. **Finanzierungsregeln** bewertet. Die „goldene Finanzierungsregel" verlangt, dass das dem Unternehmen zur Verfügung stehende Kapital nicht kürzer befristet sein soll, als es in den Vermögensposten gebunden ist. Das ist prinzipiell richtig. Allerdings gibt die Bilanz die Bindungsdauer der Vermögens- und Kapitalbestände nur unzureichend wieder. Zu hinterfragen ist z. B., ob kurzfristige Kredite prolongiert oder durch andere kurz- oder langfristige Kapitalüberlassung (Kredite oder Eigenkapital) ersetzt werden können oder ob langfristige Darlehen kurzfristig fällig sind.

Ähnlich verhält es sich mit der sog. goldenen Bilanzregel (1, 2), nach der das Anlagevermögen durch Eigenkapital, zumindest aber durch Eigenkapital und langfristiges Fremdkapital zu finanzieren ist. Diese Faustregel kann dahingehend erweitert werden, dass auch das langfristig gebundene Umlaufvermögen, z. B. der Mindestbestand an Roh-, Hilfs- und Betriebsstoffen zur Aufrechterhaltung der Betriebsbereitschaft, entsprechend finanziert sein muss (3).

$$(1) \quad \frac{\text{Anlagevermögen}}{\text{Eigenkapital}}$$

$$(2) \quad \frac{\text{Anlagevermögen}}{\text{Eigenkapital + langfristiges Fremdkapital}}$$

$$(3) \quad \frac{\text{Anlagevermögen + langfristig gebundenes Umlaufvermögen}}{\text{Eigenkapital + langfristiges Fremdkapital}}$$

Tabelle 17: Kennziffern der Finanzierungsregeln

Die stichtagsbezogene Einhaltung der Finanzierungsregeln gibt also keine Sicherheit, dass das Unternehmen in Zukunft in der Lage sein wird, allen Zahlungsverpflichtungen nachzukommen und darüber hinaus die zur Aufrechterhaltung der Betriebsbereitschaft notwendigen Investitionen zu finanzieren. Für die Aufrechterhaltung der Liquidität i. S. von **Zahlungsbereitschaft** sind nicht die Fristenkongruenz, sondern die künftigen Ein- und Auszahlungen entscheidend, die sich aus dem Zahlungsüberschuss aus dem laufenden Geschäft (Cashflow; s. S. 145) sowie aus der Fähigkeit des Unternehmens ergeben, im Bedarfsfall neues Kapital aufnehmen oder bestehende Kredite verlängern zu können.

Ähnliche Bedenken wie bei den Finanzierungsregeln gelten auch hinsichtlich der sog. **Liquiditätskennziffern**, die in Anlehnung an die Finanzierungsregeln aus der Bilanz abgeleitet werden. Als „Liquidität ersten Grades“ bezeichnet man das Verhältnis der flüssigen Mittel zuzüglich kurzfristigem Umlaufvermögen (ohne Vorräte) zu kurzfristigem Fremdkapital. Bei der „Liquidität zweiten Grades" wird zusätzlich das Vorratsvermögen in die Gegenüberstellung mit den kurzfristigen Verbindlichkeiten einbezogen (s. Tabelle 18).

	Flüssige Mittel
+	kurzfristige Forderungen
–	kurzfristige Verbindlichkeiten
=	Liquidität ersten Grades
+	Vorratsvermögen
=	Liquidität zweiten Grades

Tabelle 18: Liquidität ersten und zweiten Grades

Beispiel 17:

Unter Zugrundelegung des Beispiels 15 (S. 124) ergibt sich als Liquidität ersten Grades (40 + 10 – 30 – 10 =) 10 TDM und als Liquidität zweiten Grades 90 TDM (= Working Capital).

Die genannten Regeln haben aber ihre grundsätzliche Berechtigung als **Indiz einer gesunden Finanzstruktur**. Wird im größeren Umfang gegen sie verstoßen, so kann es zu Finanzierungsengpässen kommen. Da die Kreditwürdigkeit eines Unternehmens vor allem nach dem Verschuldungsgrad und der Ausgewogenheit der Finanzstruktur beurteilt wird, ist die prinzipielle Beachtung der genannten Regeln geboten. Kurz- bis mittelfristige Abweichungen können aber durchaus Ausfluss eines vernünftigen Finanzmanagements sein. Z. B. werden in Erwartung fallender Zinssätze Anlageinvestitionen zunächst mit kurzfristigen, aber verlängerungsfähigen Krediten finanziert.

Die Analyse der Kapitalstruktur soll u. a. zeigen, ob die Verschuldung, gegebenenfalls unter Einbeziehung eines aufgelaufenen Verlustes, ein kritisches Ausmaß erreicht hat. Kapitalgesellschaften müssen ihre Gesellschafterversammlung einberufen, wenn die Hälfte des Eigenkapitals durch Verluste aufgezehrt ist (§ 49 Abs. 3 GmbHG; § 92 Abs. 1 AktG).

Im Falle der **Überschuldung**, wenn also die gesamten Verbindlichkeiten das Eigenkapital übersteigen, müssen Kapitalgesellschaften Konkurs anmelden. Für die Feststellung der Überschuldung kommt es allerdings nicht auf die Bilanzwerte, sondern vielmehr auf die den Vermögensgegenständen und Schulden am Stichtag beizulegenden Werte an. Bei einer bilanzmäßigen Überschuldung sind daher entsprechende Bewertungen vorzunehmen. Die Überschuldung kann durch Zuschüsse oder Garantien der Gesellschafter oder durch Rangrücktritt bei Gesellschafterdarlehen beseitigt werden. Die Geschäftsführung ist aufgefordert, anhand einer Finanzplanung eine „Überlebensprognose" zu erstellen.

5. Analyse der Bilanzierung und Bewertung

5.1 Bilanzierungs- und Bewertungswahlrechte

Durch die Ausübung von Bilanzierungs- und Bewertungswahlrechten kann der Kaufmann die Darstellung im Jahresabschluss und das Jahresergebnis beeinflussen. Für die Bilanzanalyse ist daher wichtig zu wissen, wie der Kaufmann von den gegebenen Wahlrechten Gebrauch gemacht hat. Für die Kapitalgesellschaften sind entsprechende Angaben im Anhang vorgeschrieben (siehe oben Kapitel C.III.2; S. 103 ff.). Teilweise ist auch eine zahlenmäßige Darstellung im Jahresabschluss gefordert, z. B. hinsichtlich der Inanspruchnahme steuerrechtlich zulässiger Sonderabschreibungen.

Die Bilanzierungs- und Bewertungswahlrechte wurden bereits bei der Erläuterung der Bilanz und der G + V-Posten angesprochen. Wichtig ist die Erkenntnis, dass die Ergebnisbeeinflussung durch Bilanzierungs- oder Bewertungswahlrechte in einer bestimmten Richtung, nämlich Verbesserung oder Verminderung des Ergebnisses, in den Folgejahren umgekehrte Ergebnisauswirkungen hat. Wenn z. B. eine steuerliche Sonderabschreibung auf Anlagen in den neuen Bundesländern vorgenommen wird und dies den Gewinn des Geschäftsjahres vermindert, ergeben sich (durchaus so gewollt) für die Folgejahre geringere Abschreibungsbeträge und damit ein vergleichsweise höherer Ergebnisausweis (vgl. Beispiel 18).

Beispiel 18:

Anschaffungskosten 100 TDM; Nutzungsdauer zehn Jahre, lineare Abschreibung; Sonderabschreibung als Wahlrecht: 50 % im Jahr der Inbetriebnahme, Ergebnisauswirkungen:

	mit	ohne
	Sonderabschreibung	
	TDM	TDM
1. Jahr:		
planmäßige Abschreibung	10	10
außerplanmäßige Abschreibung	50	–
Aufwand	60	10
2. Jahr:		
Restbuchwert zum 1. 1.	40	90
Planmäßige Abschreibung des Restbuchwertes auf neun Jahre bzw. 10 %	4,4	10
3. Jahr:		
Aufwand	4,4	10

usw.

Die hohe Ergebnisbelastung durch die Sonderabschreibung im ersten Jahr führt in den Folgejahren zu vergleichsweise geringeren Aufwendungen.

Nach dem Grundsatz der Bewertungsstetigkeit darf der Kaufmann von einer gewählten Bewertungsmethode für einen vorhandenen Vermögensgegenstand und Schuldposten nur in begründeten Fällen abweichen. Der Tatbestand der Abweichung und die Begründung sowie eine wesentliche Ergebnisbeeinflussung durch die Bewertungsgegenstände sind im Anhang anzugeben. Für Bilanzierungs- oder Ansatzwahlrechte gilt der **Stetigkeitsgrundsatz** zwar nicht, doch sind ebenfalls Änderungen gegenüber dem Vorjahr im Anhang zu vermerken.

Die nachstehend aufgeführten **Bilanzierungs- und Bewertungswahlrechte** (Tabelle 19) sind ihrer Natur nach unterschiedlich zu beurteilen. Zum einen dienen sie der Vereinfachung der Bilanzierung und Bewertung und zum anderen eröffnen sie die Möglichkeit einer mehr oder weniger vorsichtigen Bewertung.

1. **Bilanzierungswahlrechte**
   a) **Aktivierungswahlrechte**
   - erworbener Geschäfts- oder Firmenwert
   - Kosten der Ingangsetzung des Geschäftsbetriebs
   - Disagio
   - aktivische latente Steuern
   - Rechnungsabgrenzungsposten für Zölle und Verbrauchssteuern auf Vorräte und für Umsatzsteuer auf Anzahlungen
   Die beiden ersten Posten können jederzeit voll oder kurzfristig abgeschrieben werden.
   b) **Passivierungswahlrechte**
   - Wertaufholungsrücklage
   - Sonderposten mit Rücklageanteil (Pensionsrücklage; Investitionsrücklage)
   - Pensionsrückstellung für Zusagen vor dem 1. 1. 1987
   - Pensionsrückstellungen für mittelbare Verpflichtungen
   - Rückstellungen für unterlassene Instandhaltung, die drei Monate nach, spätestens aber innerhalb eines Jahres nach Ablauf des Geschäftsjahres nachgeholt werden.
   - Rückstellungen für bestimmte Aufwendungen.
2. **Ausweiswahlrechte**
   - Gliederungswahlrechte, z. B. Aufgliederung in der Bilanz oder im Anhang
   - Umsatzkosten- oder Gesamtkostenverfahren bei der G + V
   - freiwillige Erweiterung des Gliederungsschemas
   für Kapitalgesellschaften insgesamt stark eingeschränkt.
3. **Bewertungswahlrechte**
   a) **Methodenwahlrechte**
   - Gruppenbewertung
   - Festbewertung
   - Lifo-, Fifo- oder ähnliche Verfahren
   - Abschreibungsmethode (linear, degressiv usw.)
   b) **Wertansatzwahlrechte**
   - Umfang der Herstellungskosten
   - Beibehaltung des niedrigeren Buchwertes
   c) **Aufwertungswahlrechte**
   - Zuschreibungen bis zur Höhe der ursprünglichen Anschaffungs- oder Herstellungskosten, ggf. vermindert um planmäßige Abschreibungen; bei Kapitalgesellschaften Wertaufholung zwingend, wenn nicht (wie in der Regel) der niedrigere Wertansatz steuerlich

beibehalten werden kann und dafür Voraussetzung ist, dass dies auch in der Handelsbilanz geschieht.
d) Abwertungswahlrechte
• außerplanmäßige Abschreibungen bei vorübergehender Wertminderung von Gegenständen des Anlagevermögens
• Vollabschreibung geringwertiger Anlagegüter (Vereinfachungsregelung)
• niedrigerer Wert zum Ausgleich künftiger Wertschwankungen beim Umlaufvermögen
• Abschreibungen im Rahmen vernünftiger kaufmännischer Beurteilung; gilt nur für Einzelunternehmen und Personengesellschaften
• niedrigerer steuerlich zulässiger Wert (steuerliche Sonderabschreibungen für bestimmte Anlagegüter, z. B. im sog. Fördergebiet, früher Berlin- und Zonenrandförderung; Anlagen für Forschung und Entwicklung, Umweltschutz und anderes)

Tabelle 19: Bilanzierungs- und Bewertungswahlrechte

Der unternehmensinterne Bilanzleser, z. B. der Aufsichtsrat, sollte die Möglichkeit nutzen, durch zusätzliche Informationen, z. B. Prüfungsbericht des Abschlussprüfers oder Auskünfte der Geschäftsführung, weitere Aufklärungen zu bekommen.

5.2 Bildung und Auflösung von Rücklagen

Rücklagen sind Eigenkapital des Unternehmens. Sie werden entweder als offene Rücklagen in der Bilanz ausgewiesen oder treten als sog. stille Reserven in der Bilanz nicht offen in Erscheinung.

5.2.1 Offene Rücklagen

Offene Rücklagen werden gebildet durch Einbehaltung von Gewinnen (Gewinnrücklagen) oder durch Zuführungen von Eigenkapital durch die Unternehmenseigentümer, die über das Nennkapital hinausgehen, z. B. das Agio bei der Aktienausgabe oder Zuschüsse der Gesellschafter (Kapitalrücklagen).

Die Bildung von offenen Rücklagen kann gesetzlich oder vertraglich vorgeschrieben sein; siehe Seite 47 ff. Über die Bildung von und die Entnahmen aus freien Rücklagen entscheiden im gesetzlichen und vertraglichen Rahmen der Einzelkaufmann, die geschäftsführenden Gesellschafter der Personenhandelsgesellschaften oder bei Kapitalgesellschaften die Organe, die für die Feststellung des Jahresabschlusses zuständig sind. Bei der AG sind dies in der Regel Vorstand und Aufsichtsrat; bei der GmbH die Gesellschafterversammlung.

5.2.2 Stille Rücklagen

Stille Rücklagen sind aus dem Jahresabschluss im Regelfall nicht ersichtliche Bewertungsreserven, die in bestimmten Bilanzposten gebunden sind. Sie entstehen durch die Unterbewertung der Vermögensgegenstände (z. B. steigende Marktpreise finden gegenüber den niedrigeren Anschaffungs- oder Herstellungskosten in der Bilanz keine Berücksichtigung) oder (selten) durch eine Überbewertung von Passivposten.

Soweit sich die Bildung und die Auflösung dieser Reserven „still" vollziehen, kann der Einblick in die Vermögens-, Finanz- und Ertragslage des Unternehmens empfindlich beeinträchtigt werden. Die zulässige Bildung stiller Reserven ist durch die Bilanzierungs- und Bewertungsvorschriften abgesteckt.

Folgende **Arten** stiller Reserven lassen sich unterscheiden:

- Zwangsreserven, die aufgrund zwingender Bewertungsvorschriften entstehen (vor allem aufgrund des Anschaffungswertprinzips),
- freiwillige Reserven, die in Ausübung von Bilanzierungs- und Bewertungswahlrechten entstehen,
- Schätzungsreserven, die sich im Rahmen vernünftigen kaufmännischen Ermessens ergeben (Prinzip der Vorsicht),
- Willkürreserven, die über die genannten Reserven hinausgehen.

Stille Reserven sind nur insoweit statthaft, als sie sich zwangsläufig aus den Bilanzierungs- und Bewertungsvorschriften ergeben oder in Ausübung der vom Gesetz ausdrücklich eingeräumten Bilanzierungs- und Bewertungswahlrechte entstehen. Willkürreserven sind verboten, denn eine willkürliche Bilanzierung und Bewertung widerspricht den Grundsätzen ordnungsmäßiger Buchführung.

Kritisch ist vor allem die „stille" **Auflösung** von Reserven zu sehen, weil hierdurch ungünstige Entwicklungen oder gar eingetretene Verluste verschleiert werden können. Aufschlussreich sind dazu die im Anhang angegebenen Bewertungs- und Abschreibungsmethoden und deren Änderungen sowie unterlassene Zuschreibungen (§ 285 Ziff. 5 und § 280 Abs. 3 HGB).

Allerdings wird damit nicht jede Form der Auflösung stiller Reserven für Außenstehende offenkundig. Verdeckt bleiben Auflösungen, die sich durch den Umsatzprozess ergeben. Stille Reserven werden z. B. weitgehend unbemerkt freigesetzt, wenn Vorratsbestände, die nicht zu Vollkosten bewertet sind, verbraucht oder verkauft werden.

Oft wird bei einer Analyse übersehen, dass stille Reserven in aller Regel mit Ertragsteuern belastet sind, die bei Auflösung der stillen Reserven fällig werden. Im Zusammenhang mit den stillen Reserven sollte auch bedacht werden, dass Abschreibungen auf der Basis der historischen Anschaffungs- oder Herstellungskosten nicht gestiegene Wiederbeschaffungskosten für Maschinen und andere Anlagen decken. Prinzipiell sollen die in den Verkaufspreisen kalkulierten Abschreibungen über den Umsatzerlös zur Ansammlung flüssiger Mittel führen, die für den Anlagenersatz eingesetzt werden können. Dasselbe gilt, wenn günstig eingekaufte Rohstoffe oder Waren verkauft werden und die Verkaufserlöse nicht die gestiegenen Widerbeschaffungskosten decken.

Zur **Substanzerhaltung** ist daher eine Reservebildung notwendig, die vorzugsweise durch Gewinneinbehalt, also durch Bildung offener Rücklagen erfolgen sollte. Bei hoher Inflation kommt es durch die Bindung an die ursprünglichen Anschaffungswerte zum Ausweis und zu einer Besteuerung von inflationär bedingten Scheingewinnen.

6. Analyse der Erfolgsrechnung

6.1 Erfolgsstruktur

Die Analyse der Gewinn- und Verlustrechnung lebt vor allem vom **Vergleich mit den Vorjahreszahlen**. Neben den absoluten Veränderungen der Ertrags- und Aufwandsposten, z. B. Zunahme der Umsatzerlöse um 200 Mio DM, interessieren vor allem die relativen

Veränderungen der einzelnen Erträge und Aufwendungen und ihre Gründe. Es ist z. B. interessant festzustellen, dass die Umsatzerlöse um 8 %, der Material- oder Wareneinsatz jedoch um 10 % gestiegen ist, denn dies bedeutet einen geringeren Rohertrag oder eine geringere Marge. Unterschiedliche relative Veränderungen führen zu einer Veränderung der Ertragsstruktur.

Die **Erfolgsstruktur** gliedert die zur Erzielung der Umsatzerlöse oder der Gesamtleistung des Unternehmens angefallenen betrieblichen Aufwendungen und sonstigen Erträge in ihre wesentlichen Bestandteile. Dazu werden am besten die Umsatzerlöse oder die Gesamtleistung = 100 % gesetzt und die nachfolgenden Erträge und Aufwendungen in Prozent dieser Bezugsgröße ausgedrückt. Bei Unternehmen mit erheblichen Zulieferungen Dritter, z. B. Unterauftragnehmer, kann es zweckmäßiger sein, als Bezugsgröße den Rohertrag zugrunde zu legen, weil sonst diese Zulieferungen die Strukturzahlen erheblich stören würden. Außerdem ist zwischen ordentlichem und außerordentlichem Ergebnis zu unterscheiden (s. S. 97 f.).

Bei der Analyse der einzelnen Ertrags- und Aufwandsposten sollte man vor allem auf folgende Einzelheiten achten:

Kapitalgesellschaften müssen im Anhang die **Umsatzerlöse** (S. 92) nach Tätigkeitsbereichen sowie nach geografisch bestimmten Märkten aufteilen. Damit wird deutlich, von welchen Tätigkeitsbereichen oder Absatzmärkten das Unternehmen besonders abhängig ist. Interessant ist diese Aufteilung dann, wenn die einzelnen Segmente ein unterschiedliches Preisniveau, unterschiedliche Gewinnspannen oder unterschiedliche Chancen und Risiken aufweisen. Aus dem gleichen Grund ist es nützlich, ggf. die Unterteilung der Umsatzerlöse nach eigenen Produkten und nach Handelswaren zu kennen. Bei umfangreichem Exportgeschäft stellt sich die Frage, ob in DM oder in fremder Währung fakturiert wird, weil hier u. U. erhebliche Kursrisiken bestehen können.

Bestandsveränderungen (S. 93) wirken als Gegenposten für die angefallenen Herstellungskosten weitgehend erfolgsneutral. Da nur ein Teil der Herstellungsaufwendungen aktiviert wird, führt eine Bestandserhöhung zu einer relativ höheren Aufwandsbelastung in der Periode. Umgekehrt bewirkt eine Bestandsminderung eine relative

Ergebnisverbesserung, weil die erzielten Umsatzerlöse in der Regel auch die nicht aktivierten Kosten sowie zusätzlich einen Gewinnanteil enthalten (s. Beispiel 19).

Beispiel 19:

Bestandserhöhung um 100 Stück; Herstellungskosten = Einzelkosten 50 TDM; Vollkosten (Einzel- und Gemeinkosten 70 TDM); Veräußerungserlös 90 TDM.

		TDM
1. Jahr	Umsatz	0
	Bestandserhöhung	50
	Aufwendungen (Einzel- und Gemeinkosten)	– 70
	Verlust	– 20
2. Jahr	Umsatz	90
	Bestandsveränderung	– 50
	Gewinn	40

Der Verlust des ersten Jahres erklärt sich aus nicht aktivierten Gemeinkosten. Der Gewinn des zweiten Jahres ergibt sich aus den Umsatzerlösen, die neben den aktivierten Herstellungskosten auch die nicht aktivierten Gemeinkosten und eine Gewinnspanne von 20 TDM abdecken.

Die Entwicklung des **Materialaufwandes** (S. 94) wird wesentlich von der Umsatz- bzw. Leistungszusammensetzung geprägt. Er enthält neben dem Aufwand für Roh-, Hilfs- und Betriebsstoffe auch den für Zulieferteile, bezogene Leistungen und für die eingesetzten Handelswaren, soweit sie zur Produktion bzw. Umsatzerzielung eingesetzt werden. In einigen Branchen kann eine besondere Abhängigkeit von einem oder wenigen Rohstoffen bestehen, die stark schwankende Preise aufweisen können, z. B. Rohkaffee oder Rohöl.

In den Materialaufwand gehen auch die Bewertungsmaßnahmen zum Bilanzstichtag ein. Abwertungen des Vorratsvermögens auf den niedrigeren Stichtagswert oder die Auswirkungen der Lifo- oder ähnlicher Methoden schlagen sich im Materialaufwand nieder.

Bezieht man den Materialaufwand auf den Umsatz oder die Gesamtleistung oder auf die Gesamtaufwendungen, so erhält man eine Kennziffer für die Materialintensität. Bei erheblichen Schwankungen dieser Materialintensität ist nach den Ursachen zu fragen.

Die Veränderung der **Personalaufwendungen** (S. 94) sollte durch die Entwicklung des durchschnittlichen Personalstandes und die Auswirkungen der Tariferhöhungen im Wesentlichen erklärbar sein.

Sonderentwicklungen können sich bei den hier ebenfalls ausgewiesenen Aufwendungen für Altersversorgung ergeben, z. B. Veränderung des Abzinsungszinsfußes für Pensionsrückstellungen (s. auch S. 84). Der Anteil der Personalkosten an der Gesamtleistung drückt die Personalkostenintensität aus.

Die in der G + V ausgewiesenen **Abschreibungen** (S. 95) enthalten in der Regel nur die handelsrechtlichen planmäßigen und außerplanmäßigen Abschreibungen. Steuerlich zulässige Sonderabschreibungen werden dagegen unter den sonstigen betrieblichen Aufwendungen als Einstellung in den Sonderposten mit Rücklageanteil gezeigt. Die durch solche Sonderabschreibungen vorweggenommenen planmäßigen Abschreibungen werden in den Folgejahren durch entsprechende Entnahmen aus dem Sonderposten mit Rücklageanteil neutralisiert (vgl. Beispiel 6, S. 52). Zur Beurteilung der Abschreibungen sind daher die Veränderungen der Sonderposten mit Rücklageanteil mit heranzuziehen. Der Anhang enthält entsprechende Angaben.

Die Abschreibungen werden im Allgemeinen zu den Anlageinvestitionen in Beziehung gesetzt. Da sie normalerweise über den Preis für die Produkte und Dienstleistungen erlöst werden, werden sie als Selbstfinanzierung mit den Anlageinvestitionen in Verbindung gebracht. Daher wird erwartet, dass in Höhe der planmäßigen Abschreibungen Ersatzinvestitionen erfolgen, wobei jedoch gestiegene Wiederbeschaffungskosten, also Inflationsauswirkungen, aber auch technischer Fortschritt, damit nicht ganz berücksichtigt sind.

Beispiel 20:

	Mio DM
Abschreibungen laut G + V	45
+ Einstellungen in Sonderposten (§ 4 Fördergebietsgesetz)	15
– Entnahmen aus Sonderposten (§ 14 BerlinFördG)	– 6
Gesamtabschreibungen	54

Die **sonstigen betrieblichen Erträge** (S. 94) enthalten Hilfsumsätze aus Kantinenverkäufen u. Ä., aber auch Gewinne aus Verkäufen von Anlagevermögen, Erträge aus der Auflösung von Rückstellungen sowie Entnahmen oder Auflösung von Sonderposten mit Rücklageanteil. Die letztgenannten Erträge können von Jahr zu Jahr erheblich schwanken und sollten daher hinterfragt werden.

Die **sonstigen betrieblichen Aufwendungen** (S. 96) stellen den Sammelposten für alle Aufwendungen dar, die nicht gesondert auszuweisen sind und die zur gewöhnlichen Geschäftstätigkeit des Unternehmens gehören. Für die Analyse sind die wesentlichen Veränderungen gegenüber dem Vorjahr interessant.

Das Zwischenergebnis der bisher besprochenen Posten (= Ziff. 1 bis 8 der G + V-Gliederung gemäß § 275 Abs. 2 HGB) kann man als **operatives oder Betriebsergebnis** bezeichnen. Häufig wird dieses Ergebnis auch EBIT, d. h. Earnings before Interest and Tax genannt, wobei dieser Begriff z. T. die Beteiligungserträge einschließt.

Zu seiner Beurteilung ist u. a. die Frage zu beantworten, ob in den betrieblichen Erträgen und Aufwendungen erhebliche periodenfremde oder einmalige, nicht regelmäßig wiederkehrende Posten enthalten sind. Solche Posten können z. B. betreffen: in größeren Abständen anfallende Generalreparaturen oder Sicherheitsinspektionen, in zwei- oder dreijährigem Turnus stattfindende Messen und Ausstellungen (beide Aufwandsarten könnte man durch Aufwandsrückstellungen - siehe S. 55 - periodengerecht erfassen), Eingänge auf in Vorjahren wertberichtigte Forderungen, Steuernachzahlungen, Abfindungen u. Ä.

Beim **Finanzergebnis** (S. 96 f.), das die Aufwendungen und Erträge aus Finanz- und Geldanlagen sowie aus Krediten und anderen Finanzschulden zusammenfasst, interessieren bei der Analyse vor allem Ausmaß und Gründe der Abschreibungen auf Finanzanlagen und Wertpapiere sowie der Verlustübernahmen. Die Ergebnisse aus Beteiligungen sind auch Anlass, sich mit dem Beteiligungsportfolio und etwaigen Konzernverflechtungen sowie mit möglichen Ergebnisverlagerungen kritisch auseinander zu setzen (zum Konzern siehe Kapitel E).

Erträge aus Beteiligungen sind grundsätzlich in dem Zeitpunkt zu vereinnahmen, in dem der Anspruch entstanden ist. Bei einer Personengesellschaft entsteht der Gewinnanspruch des Gesellschafters regelmäßig mit Ablauf des Geschäftsjahres. Bei Kapitalgesellschaften entsteht der Gewinnanspruch erst mit dem Ausschüttungsbeschluss der Gesellschafter- bzw. Hauptversammlung.

Bei Mehrheitsbeteiligungen ist eine Vereinnahmung von Gewinnen des abgelaufenen Geschäftsjahres im Jahresabschluss des Mutterunternehmens dann möglich (= phasengleiche Vereinnahmung des Gewinns des Tochterunternehmens), wenn das Mutterunternehmen aufgrund seiner Stimmenmehrheit einen bestimmten Gewinnverwendungsbeschluss durchsetzen kann, der Abschlussstichtag des Beteiligungsunternehmens nicht nach dem Bilanzstichtag des Mutterunternehmens liegt, der Jahresabschluss des Tochterunternehmens festgestellt ist und ein entsprechender Gewinnverwendungsvorschlag vorliegt. Zur steuerlichen Anerkennung muss der Gewinnverwendungsbeschluss vor dem Bilanzstichtag des Mutterunternehmens gefasst worden sein.

Bei hundertprozentigem Anteilsbesitz ist die Vereinnahmung zwingend, wenn der Jahresabschluss des Tochterunternehmens vor Abschluss der Abschlussprüfung beim Mutterunternehmen festgestellt worden ist und die Gesellschafterversammlung des Tochterunternehmens über die Gewinnverwendung beschlossen hat.

Die **Zinsaufwendungen** können einen beachtlichen Kostenblock darstellen. Ihr Anteil an der Gesamtleistung drückt die Zinsintensität aus.

Beispiel 21:

Gesamtleistung: 500 TDM, Zinsaufwand: 20 TDM.
Zinsaufwandsquote oder Zinsintensität = 4 %

Aufschlussreich können außerdem die Höhe der Zinssätze (im Vergleich zu marktüblichen Sätzen oder zur Vorperiode), der Kredit- und ähnlicher Provisionen sowie die Abschreibungsbeträge für das Disagio sein.

Setzt man das Finanzergebnis, also Zins-, Beteiligungs- und sonstiges Finanzergebnis zum Ergebnis der gewöhnlichen Geschäftstätigkeit (siehe unten) in Beziehung, so erhält man die Finanzergebnisquote. Sie gibt Hinweise zur Struktur der Unternehmenstätigkeit und zum relativen Ausmaß der Finanzanlagen.

Betriebs- und Finanzergebnis ergeben zusammen das **Ergebnis der gewöhnlichen Geschäftstätigkeit**.

Die **außerordentlichen Aufwendungen und Erträge** enthalten jene Posten, die nicht im Rahmen der gewöhnlichen Geschäftstätigkeit anfallen. Die Abgrenzung zum ordentlichen Ergebnis hängt von der Branche und Größe des Unternehmens ab (s. S. 97). Zu den außerordentlichen Posten gehören z. B. Aufwendungen im Zusammenhang mit der Stilllegung von Teilbetrieben, den Verkauf wesentlicher Beteiligungen u. Ä. Sie sind meist Ausdruck gewichtiger Umstrukturierungen und können auf die künftige Unternehmensentwicklung erheblichen Einfluss haben. Sie können aber auch Korrekturen früherer Fehlentscheidungen bedeuten.

Wegen der Einschränkung der Bilanzierungs- und Bewertungswahlrechte in der Steuerbilanz wird der **Ertragsteueraufwand** und seine Veränderung als ein wichtiges Indiz für die Ergebnisentwicklung betrachtet. Dabei wird der Ertragsteueraufwand zum Ergebnis vor Steuern in Beziehung gesetzt. Wesentliche Abweichungen können darauf zurückzuführen sein, dass Steuersätze sich geändert haben, ein unterschiedliches Ausschüttungsverhalten vorliegt (auszuschüttende Gewinne werden anders besteuert als einbehaltene Gewinne), in unterschiedlichem Umfang steuerfreie oder steuerbegünstigte Einkünfte angefallen sind oder durch handelsrechtliche Bewertungsmaßnahmen, die nicht steuerlich anerkannt werden (siehe dazu die Ausführungen zu latenten Steuern, S. 33 und 57).

6.2 Umsatzkosten- und Gesamtkostenverfahren

Die Gliederung der Gewinn- und Verlustrechnung kann nach dem Umsatzkostenverfahren oder nach dem Gesamtkostenverfahren erfolgen. Dazu nachfolgend die Beispiele 22 und 23:

Beispiel 22: Umsatzkostenverfahren (Audi AG)

	1991 Mio DM	%	**1990** Mio DM	%	Veränderung %
Umsatzerlöse	+ 14814	100	+ 12125	100	+ 22
Herstellungskosten zur Erzielung des Umsatzes	– 13606	92	– 11509	95	+ 18
Bruttoergebnis	+ 1208	8	+ 616	5	+ 96
Vertriebskosten	– 823	6	– 260	2	+ 217

Allgemeine Verwaltungs-Kosten	– 186	1	– 160	1	+ 216
Sonstige betriebliche Erträge	+ 416	3	+ 426	3	+ 2
Sonstige betriebliche Aufwendungen	– 71	0	– 76	0	– 7
	+ 544	4	+ 546	5	0
Finanzergebnis	+ 212	1	+ 194	1	+ 9
Ergebnis der gewöhnlichen Geschäftstätigkeit	+ 756	5	+ 740	6	+ 2
Steuern	– 386		– 456		
Jahresergebnis	+ 370		+ 284		

Kurzkommentar: Auffallend sind die Zunahme des Bruttoergebnisses und die Erhöhung der Vertriebskosten. Sie werden mit Produktionsumstellungen auf neue Modelle und einer geänderten Abwicklung des Fahrzeuggeschäfts über die Volkswagen AG, die auch zu einer Umsatzausweisung beigetragen hat, erklärt. Die Material- und Personalaufwendungen stiegen um 14 % bzw. 13 %. Der Rückgang der Steueraufwendungen (51 % bzw. 60 % des Ergebnisses vor Steuern) wird nicht näher erläutert.

Beispiel 23: Gesamtkostenverfahren (Hapag-Lloyd AG)

	1991		**1990**		Veränderung
	Mio DM	%	Mio DM	%	%
Umsatzerlöse	+ 1891		+ 1846		+ 2
Bestandsveränderung	– 3		– 10		
andere aktivierte Eigenleistungen	+ 4		+ 3		
Gesamtleistung	+ 1892	100	+ 1839	100	+ 3
Transportaufwendungen	– 1504	80	– 1623	88	– 7
	+ 338	20	+ 216	12	+ 80
Personalaufwand	– 225	12	– 203	11	+ 11
Abschreibungen	– 174	9	– 164	9	+ 6
Sonstige betriebliche Aufwendungen	– 109	6	– 67	4	+ 63
Sonstige betriebliche Erträge	+ 144	8	+ 155	8	– 7
	+ 24	1	– 63	– 3	
Finanzergebnis	+ 58	3	+ 82	4	– 29

Ergebnis der gewöhnlichen Geschäftstätigkeit	+ 82	4	+ 21	1	+ 290
Steuern	– 58		– 2		
Jahresüberschuss	+ 24		+ 19		

Kurzkommentar: Die Aufgliederung zeigt einige gravierende Veränderungen. Zur Ergebnisverbesserung in 1991 haben vor allem die geringeren Transportaufwendungen beigetragen. Fragen ergeben sich zum Finanzergebnis; in 1990 waren wesentlich höhere Beteiligungsbeträge angefallen.

6.3 Rentabilität

Als Erfolgskennziffern sind neben den schon erwähnten Strukturzahlen wie Material- und Zinsintensität Rentabilitätskennziffern gebräuchlich (s. Tabelle 19). Hierzu wird das Ergebnis der gewöhnlichen Geschäftstätigkeit oder der Jahresüberschuss zum Umsatz oder zum Gesamt- oder Eigenkapital in Beziehung gesetzt. Den Quotienten bezeichnet man als Umsatz-, Gesamtkapital- oder Eigenkapitalrentabilität.

$$\frac{\text{Ergebnis vor Ertragsteuern und Zinsen}}{\text{Umsatz}} = \text{Umsatzrentabilität}$$

$$\frac{\text{Ergebnis vor Ertragsteuern und Zinsen}}{\text{Gesamtkapital}} = \text{Gesamtkapitalrentabilität}$$

$$\frac{\text{Ergebnis vor Ertragsteuern}}{\text{Eigenkapital}} = \text{Eigenkapitalrentabilität}$$

$$\frac{\text{Materialaufwand}}{\text{Gesamtleistung}} = \text{Materialintensität}$$

$$\frac{\text{Personalaufwand}}{\text{Gesamtleistung}} = \text{Personalintensität}$$

$$\frac{\text{Zinsergebnis}}{\text{Gesamtleistung}} = \text{Zinsintensität}$$

$$\frac{\text{Finanzergebnis}}{\text{Ergebnis vor Ertragsteuern}} = \text{Finanzergebnisquote}$$

Tabelle 19: Ergebniskennzahlen

Zur Ermittlung der Gesamtkapitalrentabilität sind dem Jahresergebnis die (Netto-) Zinsaufwendungen hinzuzurechnen, da die Gesamtkapitalrentabilität ja die Verzinsung des gesamten Kapitals angeben soll. Zusätzlich ist aber zu beachten, dass der Jahresüberschuss den Gewinn nach Steuern darstellt, während die Zinsaufwendungen vor Steuern gezeigt werden. Dies kann entweder dadurch berücksichtigt werden, dass der Zinsaufwand um fiktive Ertragsteuern gekürzt oder dass vom Ergebnis vor Zinsen und Steuern ausgegangen wird. Das letztgenannte Ergebnis wird häufig unter der Bezeichnung „EBIT“ (Earnings before Interest and Tax) verwendet.

Als Gesamtkapital sollten das Eigenkapital und die Finanzschulden (verzinsliches Fremdkapital) angesetzt werden. In dieser Form entspricht es dem Netto-Betriebsvermögen (S. 124).

Beispiel 24: Gesamtkapitalrendite:

	Mio DM
Ergebnis der gewöhnlichen Geschäftstätigkeit	10
+ (Netto-)Zinsaufwand	5
Gewinn vor Zinsen und Steuern	
(Earnings Before Interest and Tax – EBIT)	15
dividiert durch Gesamtkapital	
Eigenkapital	30
+ Fremdkapital (Finanzschulden)	70
	100

= 15 : 100 = 15 %

Eigenkapitalrendite (vor Steuern):
10 : 30 = 33 %

Bei der Ermittlung der Kapitalrendite ist – streng genommen – auf die durchschnittliche Kapitalinanspruchnahme während des Geschäftsjahres abzustellen. Die Werte am Bilanzstichtag können davon saisonal oder zufallsbedingt erheblich abweichen. Der externe Bilanzleser kann hilfsweise als Durchschnitt „(Anfangsbestand + Endbestand) : 2“ ansetzen.

Im Normalfall sollte die Fremdkapitalverzinsung unter der Gesamtkapitalrente liegen, da das Eigenkapital einem höheren Risiko ausgesetzt ist und dementsprechend höher zu „verzinsen“ ist. Bei einer über der Fremdkapitalverzinsung liegenden Gesamtkapitalrendite ergibt sich mit sinkender Eigenkapitalquote eine höhere Eigenkapitalrendite (sog. Leverage-Effekt).

7. Finanzanalyse

7.1 Cashflow

Als Cashflow bezeichnet man den im Geschäftsjahr erzielten **Zahlungsüberschuss** aus der gewöhnlichen Unternehmenstätigkeit (Cashflow = Zahlungszufluss). Er leitet sich aus den Einzahlungen aus der Umsatztätigkeit und den Auszahlungen für die dabei eingesetzten Ressourcen ab. Da aber in der Regel keine umfassende Ein- und Auszahlungsrechnung im Unternehmen geführt wird, wird der Cashflow in der Regel indirekt aus der Gewinn- und Verlustrechnung ermittelt, indem aus den Erträgen und Aufwendungen die nicht zahlungswirksamen Beträge eliminiert werden.

Für den externen Bilanzleser sind die zahlungswirksamen und die nicht zahlungswirksamen Posten aus der G + V nur unvollständig, wenn auch zu einem erheblichen Teil ersichtlich. Erkennbar sind in erster Linie die Abschreibungen auf Anlagen, die Veränderungen des Sonderpostens mit Rücklageanteil sowie die Nettozuführung zu den Pensionsrückstellungen, die jeweils Aufwand oder Ertrag, aber keine Zahlungen darstellen. Darüber hinaus empfiehlt es sich, die außerordentlichen Aufwendungen und Erträge auszusondern.

Der Cashflow drückt die eigene **Finanzkraft** des Unternehmens aus. Er zeigt den Finanzmittelzufluss aus der Geschäftstätigkeit. Da die Abschreibungen und andere nicht zahlungswirksame Bewertungsvorgänge, die das Jahresergebnis beeinflusst haben, bei der Ermittlung des Cashflow eliminiert werden, ist der Cashflow auch ein gewisser Indikator für die Ertragskraft des Unternehmens. Durch den Vergleich des Cashflow zweier oder mehrerer Jahre lässt sich erkennen, inwieweit reine Bewertungsmaßnahmen das Jahresergebnis beeinflusst haben.

In der Praxis wird der Cashflow immer noch unterschiedlich ermittelt. Seine Errechnung kann der externe Bilanzleser nicht immer im Einzelnen nachvollziehen. Für ihn ist die Ermittlung des Cashflow nur in vereinfachter Form möglich und in der Regel auch ausreichend (vgl. Tab. 20). Wichtig sind dabei die gleichmäßige Ermittlung, der Mehrjahresvergleich und die künftige Entwicklung.

	Jahresüberschuss bzw. Jahresfehlbetrag,
+	Abschreibungen auf das Anlagevermögen
+	Erhöhung bzw.
–	Auflösung von langfristigen Rückstellungen (Pensionsrückstellungen) und von Sonderposten mit Rücklageanteil
=	Cashflow

Tabelle 20: Vereinfachte Ermittlung des Cashflow

Um eine Vergleichbarkeit der Cashflow-Angaben zu erreichen, haben die Deutsche Vereinigung für Finanzanalyse und Anlageberatung (DVFA) und die Schmalenbach-Gesellschaft/Deutsche Gesellschaft für Betriebswirtschaft (SG) eine Empfehlung veröffentlicht, der viele Publikumsgesellschaften folgen (s. Tab. 21).

1.		Jahresüberschuss/-fehlbetrag
2.	+	Abschreibungen auf Gegenstände des Anlagevermögens
3.	–	Zuschreibungen zu Gegenständen des Anlagevermögens
4.	+/–	Veränderung der Rückstellungen für Pensionen bzw. anderer langfristiger Rückstellungen
5.	+/–	Veränderung der Sonderposten mit Rücklageanteil
6.	+/–	andere nicht zahlungswirksame Aufwendungen und Erträge von wesentlicher Bedeutung
7.	=	Jahres Cashflow
8.	+/–	Bereinigung ungewöhnlicher zahlungswirksamer Aufwendungen/Erträge von wesentlicher Bedeutung
9.	=	Cashflow nach DVFA/SG

Tabelle 21: Cashflow nach DVFA/SG

Der Cashflow wird u. a. zur Nettoverschuldung des Unternehmens in Relation gesetzt. Als Nettoverschuldung gilt die Summe der verzinslichen Kredite oder Finanzschulden, abzüglich der flüssigen Mittel (Bargeld und Bankguthaben). Der damit ermittelte sog. **dyna-**

mische Verschuldungsgrad gibt an, wie schnell die Netto-Verschuldung (theoretisch) aus dem Cashflow auf null zurückgeführt werden könnte. Es gibt z. B. Vereinbarungen mit Kreditgebern, nach denen die Netto-Verschuldung das 3,5fache des Cashflow nicht übersteigen soll. Um kurzfristigen Schwankungen oder Stichtagseinflüssen Rechnung zu tragen, werden dabei drei Jahre bzw. Bilanzstichtage betrachtet.

Beispiel 25:

	TDM
Bankverbindlichkeiten	1200
Wechselkredite	300
Finanzschulden	1500
Flüssige Mittel	– 100
Netto-Verschuldung	1400
Jahresergebnis	200
Abschreibungen	300
Zunahme der Pensionsrückstellungen	100
Cashflow	600
Dynamischer Verschuldungsgrad	1400 : 600 = 2,33

Ein vergleichsweise hoher Cashflow drückt aus, dass das Unternehmen eine hohe Selbstfinanzierung oder Finanzkraft aufweist, die nicht nur zur Schuldentilgung, sondern auch zur Finanzierung von Investitionen zur Aufrechterhaltung und zum Ausbau des Geschäfts verwendet werden kann.

Kritisch ist der Cashflow zu betrachten, wenn die in ihm enthaltenen Abschreibungen effektiv eingetretene Verluste ausdrücken, z. B. bei Abschreibung einer durch Brand beschädigten Anlage. Hat ein Unternehmen einen wesentlichen Teil seiner Anlagen gemietet (Leasing), so treten anstelle der Abschreibungen die gezahlten Leasingraten, und der Cashflow fällt geringer aus, ohne dass allein deshalb die Ertragskraft des Unternehmens ungünstiger zu beurteilen ist.

7.2 Bewegungsbilanz

Die im Geschäftsjahr eingetretenen Veränderungen der Bilanzposten können als Investitions- und Finanzierungsvorgänge interpretiert werden. Zu diesem Zweck werden in einer sog. Bewegungsbilanz die Veränderungen der einzelnen Bilanzposten als **Mittelverwendung oder Mittelherkunft** dargestellt. Dabei werden Vermögenszuwachs und Kapitalminderungen als Verwendung, Vermögensminderungen und Kapitalzuwächse als Aufbringung von Finanzierungsmitteln interpretiert.

Mittelverwendung		Mittelherkunft	
Aktiva	+	Aktiva	–
Passiva	–	Passiva	+

Tabelle 22: Bewegungsbilanz

Einem **Vermögenszuwachs** liegen in der Regel Investitionen zugrunde, die durch Verwendung von Finanzierungsmitteln ermöglicht wurden. Auch reine Vermögensumschichtungen lassen sich als Kapitalverwendung interpretieren. Wenn z. B. Warenvorräte gegen Forderungen verkauft werden, sind die bisher in den Vorräten gebundenen Finanzierungsmittel nunmehr in den Forderungen enthalten. Bei reinen Werterhöhungen, wie Zuschreibungen beim Anlagevermögen, kann von einer Mittelverwendung insofern gesprochen werden, als es sich hierbei um die Verwendung stiller Reserven handelt, die als außer Rechnung gesetzte Finanzierungsmittel angesehen werden können.

Eine **Kapitalminderung** stellt ebenfalls eine Mittelverwendung dar. Als solche kommen vor allem die Tilgung von Schulden, Gewinnausschüttungen und Kapitalentnahmen in Betracht. Die Auflösung von Rückstellungen beinhaltet die Verwendung stiller Reserven – im Gegensatz zum Verbrauch von Rückstellungen, der den Gegenposten zu angefallenen Ausgaben darstellt.

Durch die **Verminderung der Aktiva**, z. B. Abbau der Vorräte, wird in den Vermögensposten gebundenes Kapital freigesetzt. Das bedeutet einen Mittelzufluss und eine Mittelherkunft. Bestandsminderungen durch Schwund, Brandschäden, Preisrückgänge und dergleichen werden im Rahmen der Bewegungsbilanz als „Finanzierung" des Verlustpostens gedeutet, der an die Stelle der geschwundenen Bestände tritt.

Wichtigster Posten des auf der Aktivseite freigesetzten Kapitals sind die Abschreibungen auf Anlagen. Sie sollen in erster Linie die eingetretenen Wertminderungen beim Anlagevermögen decken. Sie werden entsprechend in den Preisen kalkuliert und führen zu entsprechenden Erlösen. Dies bedeutet eine Kapitalfreisetzung im Anlagevermögen, die ihren Niederschlag in den Halb- oder Fertigfabrikaten bzw. nach dem Verkauf der Produkte in den Forderungen oder in flüssigen Mitteln findet.

Die **Zunahme der Passiva** ist auf Eigen-, Fremd- oder Selbstfinanzierungsvorgänge zurückzuführen. Wenn der Unternehmer oder die Gesellschafter neue Mittel einlegen, spricht man von Eigenfinanzierung. Werden Kredite aufgenommen, handelt es sich um Fremdfinanzierung, während durch die Einbehaltung von Gewinnen das Unternehmen Selbstfinanzierung betreibt. Die Dotierung von Rücklagen stellt also eine Selbstfinanzierung dar, die Bildung von Rückstellungen ist dagegen wie eine Schuldaufnahme zu sehen.

Zur besseren Darstellung der finanziellen Entwicklung empfiehlt es sich, über die einfache Veränderungsbilanz hinaus die Bewegungsvorgänge innerhalb der einzelnen Bilanzposten brutto auszuweisen und dadurch besser sichtbar zu machen. So werden in der Bewegungsbilanz z. B. beim Anlagevermögen die Anlagezugänge und die Abschreibungen jeweils gesondert als Mittelverwendung bzw. Mittelherkunft ausgewiesen (Beispiel 26).

Beispiel 26:

– Mio DM –	1994	1993	Veränderungsbilanz Mittel- verwendung	 Mittel- herkunft
Aktiva				
Immaterielle Vermögensgegenstände	6	3	3	
Sachanlagen	364	396		32
Finanzanlagen	692	464	228	
Anlagevermögen	1062	863		

Vorräte	250	241	9	
Forderungen	334	300	34	
Flüssige Mittel	105	33	72	
	1751	437		
Passiva				
Eigenkapital	932	663		269
Sonderposten mit Rücklageanteil	11	29	18	
Pensionsrückstellungen	420	390		30
Verbindlichkeiten	388	355		33
	1751	437	364	36

	Zugänge	Abgänge	Abschreibungen	Veränderung
Imm. Verm.	5	0	2	3
Sachanlagen	115	50	97	– 32
Finanzanlagen	283	20	35	228
	403	70	134	199

Bewegungsbilanz

Mittelverwendung	**Mio DM**
Anlageinvestitionen	403
Aufstockung der Vorräte	9
Erhöhung der Forderungen	34
Zunahme der flüssigen Mittel	72
Auflösung von Sonderposten	18
	536
Mittelherkunft	
Anlageabschreibungen	134
Anlagenabgänge	70
Erhöhung des Eigenkapitals	269
Zuführung zu Pensionsrückstellungen	30
Zunahme der Verbindlichkeiten	33
	536

7.3 Kapitalflussrechnung

Eine sinnvolle Erweiterung der Bewegungsbilanz stellt die Einbeziehung der G + V und damit des Cashflow in die Finanzrechnung dar. Man nähert sich damit der Kapitalflussrechnung, welche die Finanzströme einer Periode zeigt. Eine solche Kapitalflussrechnung haben börsennotierte Mutterunternehmen im Rahmen ihres Konzernabschlusses zu erstellen (§ 297 Abs. 1 HGB). Nach international anerkannten Rechnungslegungsgrundsätzen ist die Kapitalflussrechung zwingender Bestandteil des Jahres- bzw. Konzernabschlusses. Die Kapitalflussrechnung soll die mit der Geschäfts-, Investitions- und Finanzierungstätigkeit verbundenen Finanzströme des abgelaufenen Geschäftsjahres darstellen. Wegen weiterer Einzelheiten siehe Kapitel E.IV.1.1 (S. 198 f.).

8. Analyse einzelner Posten des Jahresabschlusses

Immaterielle Vermögensgegenstände dürfen nur aktiviert werden, wenn sie von Dritten entgeltlich erworben worden sind. Die Einschätzung ihres Wertes ist schwierig, weil für sie in der Regel kein Markt existiert. Die Wertansätze sind daher vorsichtig zu beurteilen, zumal sich der Wert immaterieller Güter leichter verflüchtigt als der von materiellen Gegenständen. Lizenzen und Konzessionen können für die Aufrechterhaltung des Betriebes von großer Bedeutung sein. Insofern sind ihre Laufzeit und ihre Marktgängigkeit wichtig.

Der **Geschäftswert** ist Ausdruck der Marktposition des Unternehmens, seiner Kundenbeziehungen, Organisation, seines selbst geschaffenen Know-hows u. Ä. Er entspricht der Differenz zwischen dem höheren Ertragswert eines Unternehmens oder Betriebs und dem Zeitwert seines Reinvermögens. Nur ein entgeltlich erworbener Geschäftswert darf aktiviert werden. Er ist in seiner Werthaltigkeit kritisch zu beurteilen. Bei der Bilanzanalyse wird ein aktivierter Geschäftswert aus Gründen der Vergleichbarkeit z. T. gegen das Eigenkapital verrechnet.

Innerhalb des **Sachanlagevermögens** stimmen bei Grundstücken und zum Teil auch bei Gebäuden Bilanz- und tatsächlicher Wert selten überein. Bei entsprechender Lage und Beschaffenheit kann ihr realer Wert erheblich über dem Bilanzansatz und der ursprünglichen Anschaffungs- oder Herstellungskosten liegen. Es ist aber auch denkbar, dass der Wert der Immobilien, insbesondere bei Gebäuden mangels ertragbringender Nutzung, erheblich gesunken ist oder mit Wertminderungen in der Zukunft zu rechnen ist. Der Wert des Maschinenparks wird erheblich vom Alter, technischem Zustand sowie der (technischen) Zweckmäßigkeit der Maschinen beeinflusst.

Die **Finanzanlagen** hängen in ihrer Werthaltigkeit besonders von der Geschäftsentwicklung der betroffenen Unternehmen und Schuldner ab. Sie sind ebenfalls auf Dauer angelegt und können in der Regel nicht kurzfristig liquidiert werden. Der Wertansatz von Beteiligungen ist im Zusammenhang mit den nachhaltigen Ergebnissen der einzelnen Beteiligungsunternehmen zu würdigen. Die sonstigen Ausleihungen können Darlehen an verbundene Unternehmen, Geschäftsfreunde, Arbeitnehmer oder Unterstützungskassen betreffen. Sie können niedrig verzinslich oder unverzinslich sein. Soweit es sich bei den Wertpapieren des Anlagevermögens um börsengängige Wertpapiere handelt, können sie kurzfristig liquidiert werden, es sei denn, sie sind zur Sicherheit von Krediten verpfändet.

Beim **Vorratsvermögen** kommt es auf Eignung (z. B. Zustand, Aktualität, Kosten/Preis), den Umfang und den Zeitpunkt ihrer Verwendbarkeit bzw. Verkäuflichkeit an. Da die Bestandhaltung Zinsen kostet, sollte die Vorratshaltung dahingehend begrenzt werden, dass die Verfügbarkeit für den Produktionsablauf bzw. eine marktgerechte Lieferfähigkeit sichergestellt ist. Dieser Sicherheitsbestand bedeutet – wie das Anlagevermögen – eine langfristige Mittelbindung.

Roh-, Hilfs- und Betriebsstoffe müssen aus Kostengründen oder zur Absicherung ihrer Verfügbarkeit unter Umständen in größeren Mengen eingekauft werden. Bei den Erzeugnissen und Waren ist vor allem nach der Auskömmlichkeit und Entwicklung der Verkaufspreise sowie nach etwaigen Ladenhütern zu fragen. Bei unfertigen Erzeugnissen und noch nicht abgerechneten Leistungen stellt sich die Frage nach den noch anfallenden Kosten und ihrer Deckung durch den voraussichtlichen Erlös.

Umfang und Entwicklung der **Forderungen** sind insbesondere in Zeiten rückläufiger Konjunktur und nachlassender Zahlungsmoral kritisch zu würdigen. Hohe Außenstände bedeuten nicht nur hohe Zinslast für das bilanzierende Unternehmen, sondern auch ein erhöhtes Risiko für Forderungsausfälle. Marktgründe können eine erweiterte Zielgewährung erforderlich machen; doch kann auch eine Lücke im Mahnwesen des Unternehmens Ursache erhöhter Außenstände sein. Forderungen an Gesellschafter sind kritisch zu beurteilen, wenn sie de facto eine Kapitalrückzahlung bedeuten.

Wertpapiere des Umlaufvermögens, die nicht eigene Anteile oder Anteile an verbundenen Unternehmen betreffen, können flüssigen Mitteln gleichgesetzt werden, wenn für sie ein funktionsfähiger Markt (Börse) vorhanden ist. Bei den eigenen Anteilen oder Anteilen an einem herrschenden Unternehmen (s. auch S. 44) interessieren der Grund ihres Erwerbs bzw. ihrer Einstellung als Wertpapiere des Umlaufvermögens sowie ihre künftigen Verwertungsmöglichkeiten.

Zum **Eigenkapital** gehören das gezeichnete Kapital bzw. die Kapitaleinlagen der Gesellschafter sowie die Rücklagen und der Bilanzgewinn oder -verlust.

Bei Kapitalgesellschaften stellt das „gezeichnete Kapital“ (Grundkapital, Stammkapital) das auf Dauer dem Unternehmen zur Verfügung stehende **Haftkapital** dar, das nur im Wege der formal erschwerten Kapitalherabsetzung an die Kapitalgeber zurückgezahlt werden kann. Im Liquidationsfall einschließlich Konkurs findet eine Auszahlung erst statt, wenn alle Gläubiger (durch Zahlung oder Sicherheitsleistung) befriedigt worden sind. Vom gezeichneten Kapital sind die ausstehenden Einlagen zu kürzen. Eingeforderte Einlagen sind als Forderungen zu behandeln, wenn mit ihrem Eingang zu rechnen ist.

Beim Bilanzgewinn ist die vorgesehene und wahrscheinliche Gewinnausschüttung wie eine kurzfristig fällige Verbindlichkeit zu werten. Der Bilanzverlust vermindert das Eigenkapital.

Bei Personenunternehmen gelten als Eigenkapital die Einlagen des Einzelkaufmanns oder der Komplementäre und der Kommanditisten sowie deren Kapitalkonten zur Verrechnung von Gewinnanteilen und -entnahmen.

Darlehen der Gesellschafter sind Fremdkapital. Sie können gegenüber anderen Verbindlichkeiten nachrangig sein. Hierzu gehören auch so genannte „kapitalersetzende Darlehen“, auch wenn deren Rückgewähr im Konkursfall nicht geltend gemacht werden kann (§ 32 a GmbHG).

Rückstellungen können sehr unterschiedlichen Charakter haben, und zwar insbesondere im Hinblick auf ihre Begründung, Fristigkeit und die Unsicherheit ihrer Bewertung. Aufwandsrückstellungen sind keine Verbindlichkeiten gegenüber Dritten, sondern Vorsorge für künftige Aufwendungen, die zur Unternehmensfortführung notwendig sind.

Pensionsrückstellungen werden für künftige Zahlungsverpflichtungen aus der Altersversorgung der Mitarbeiter während der aktiven Dienstzeit angesammelt und während der Pensionszeit ratierlich verbraucht. Sie haben insoweit den Charakter langfristigen Fremdkapitals. Für ihre Fristigkeit spielt das Verhältnis von aktiven Mitarbeitern und Pensionären eine wichtige Rolle.

Die übliche Bewertung der Pensionsverpflichtungen folgt den steuerlichen Vorschriften (§ 6a EStG); ihnen liegt ein Abzinsungsatz von 6 % p. a. zugrunde. Dieser Wertansatz unterstellt, dass mit den zurückgestellten Mitteln eine Rendite von mindestens 6 % p. a. erzielt wird. Gravierend ist jedoch, dass künftige Lohn- und Gehaltstrends sowie die Dynamisierung der Renten bei der Bewertung nach § 6a EStG nicht berücksichtigt werden. Dadurch werden die Verpflichtungen im Allgemeinen um 20 bis 35 % zu niedrig ausgewiesen.

Laufzeit, Verzinsung und sonstige Konditionen der übrigen Verbindlichkeiten, insbesondere der sog. **Finanzschulden**, sind für die Frage interessant, ob dem Unternehmen entsprechend seiner Mittelbindung und Geschäftsentwicklung längerfristig ausreichende Finanzmittel zu marktgerechten Konditionen zur Verfügung stehen. Gravierende Veränderungen auf den Geld- oder Kapitalmärkten können Anlass zu weiterer Analyse sein.

Die nicht bilanzierten, sondern unter der Bilanz bzw. im Anhang vermerkten **sonstigen finanziellen Verpflichtungen** geben eine grobe Auskunft über künftige Zahlungsverpflichtungen des bilanzierenden Unternehmens. Die Höhe der Leasingraten deutet an, in welchem Umfang von dem Unternehmen nicht bilanzierte Vermögensgegenstände (Immobilien, Flugzeuge, Maschinen, Geräte) genutzt werden.

Die Angaben über **Haftungsverhältnisse** (Wechselobligo, Bürgschaften, Sicherheiten für fremde Verbindlichkeiten) sind bei entsprechender Größenordnung bei der Würdigung des haftenden Eigenkapitals zu berücksichtigen.

In der **Gewinn- und Verlustrechnung** sind insbesondere folgende Posten auf Besonderheiten oder gravierende Veränderungen hin zu untersuchen: Zuschreibungen zum Anlagevermögen (Grund und Umfang), hohe aktivierte Eigenleistungen, sonstige betriebliche Aufwendungen und Erträge (wesentliche oder ungewöhnliche Einzelposten), Abschreibungen auf Finanzanlagen (Begründung, Ausmaß), Verlustübernahmen (betroffene Unternehmen, künftige Entwicklung) sowie außerordentliche Erträge und Aufwendungen.

Generell sind für alle Posten des Jahresabschlusses auffallende und wesentliche **Veränderungen gegenüber dem Vorjahr** hinsichtlich ihrer Ursachen zu untersuchen. Bei den Unterschieden kann es um stichtagsbedingte Zufälligkeiten handeln, die Veränderungen können sich aber auch aus der besonderen Geschäftsentwicklung im abgelaufenen Geschäftsjahr ergeben haben. Hinweise dafür finden sich im Anhang oder im Lagebericht, unter Umständen auch in dem Geschäftsbericht.

Zusammenfassend zeigt die Abbildung 3 auf Seite 156, wie der betriebliche Leistungsprozess und die Posten des Jahresabschlusses miteinander verknüpft sind.

9. Analyse der Unternehmensverbindungen

Durch die Gliederung des Jahresabschlusses (§§ 265 und 275 HGB) und durch zusätzliche Angaben im Anhang (§ 285 Ziff. 11 und 14 HGB) werden die finanziellen Verflechtungen mit anderen Unternehmen prinzipiell sichtbar gemacht. Von besonderem Interesse sind die Konzernverbindungen, weil sie einen wesentlichen Einfluss auf die Lage und Entwicklung des Unternehmens haben können (s. auch S. 205 ff.).

Die Unternehmensverbindungen finden folgenden **Ausweis im Jahresabschluss**: Die Anteile, Ausleihungen und Forderungen an und die Verbindlichkeiten gegenüber verbundenen und Beteiligungsunternehmen (S. 44 u. 56) sowie die entsprechenden Finanzerträge und -aufwendungen sind in der Bilanz bzw. in der

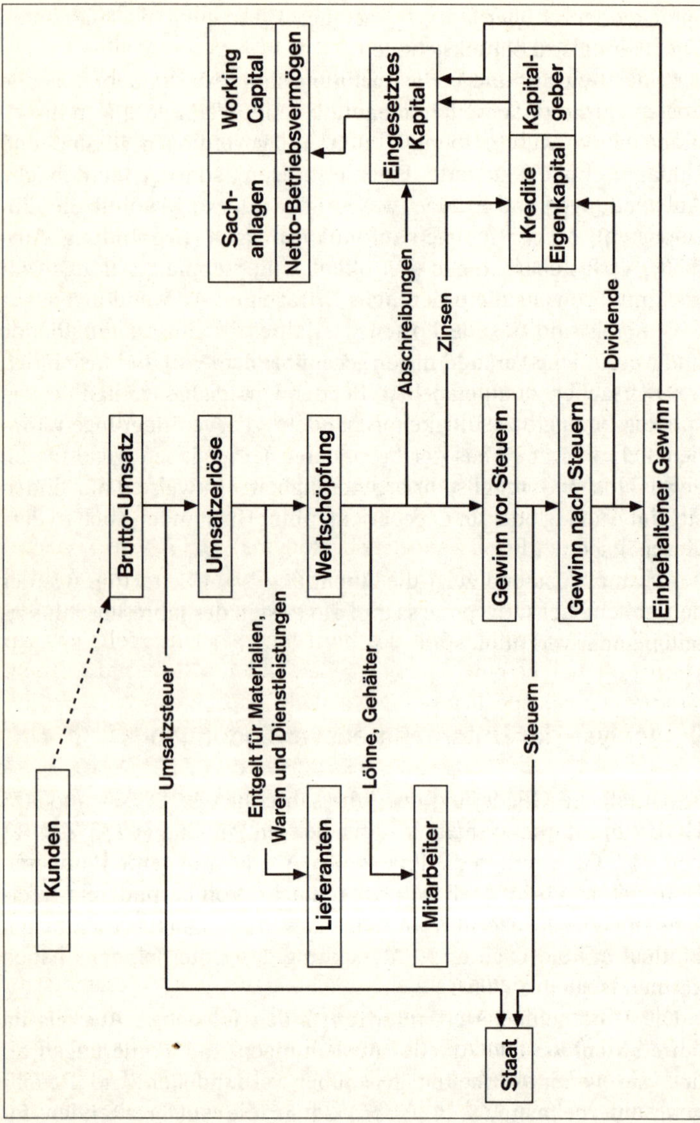

Abb. 3: Verknüpfung von Leistungsprozess und Jahresabschluss

G + V gesondert auszuweisen. GmbHs und Kapitalgesellschaften & Co. haben Ausleihungen, Forderungen und Verbindlichkeiten gegenüber ihren Gesellschaftern gesondert auszuweisen. Kritisch zu hinterfragen sind Grund, Höhe und Konditionen dieser Posten.

Die meisten publizitätspflichtigen Unternehmen sind mit anderen Unternehmen konzernmäßig verbunden. Für den Bilanzleser ist wichtig zu wissen, wie das Unternehmen in welchen **Konzern** eingebunden ist. Es kann Mutterunternehmen des eigenen Konzerns, Tochterunternehmen in einem größeren Konzern und zugleich Mutterunternehmen eines Teilkonzerns oder nur Tochterunternehmen sein. Im Anhang sind Name und Sitz des Mutterunternehmens anzugeben, in dessen Konzernabschluss (siehe Kapitel E) das bilanzierende Unternehmen einzubeziehen ist. Ferner ist das Unternehmen zu nennen, in dessen Konzernabschluss das Mutterunternehmen einbezogen wird.

Die **Grundlagen der Konzernbeziehungen** können Verträge (z. B. ein Beherrschungsvertrag gemäß § 291 AktG) oder faktische Verhältnisse (in der Regel Mehrheitsbeteiligung) sein. Diese Konzernbeziehungen können mit einem Gewinnabführungsvertrag verbunden sein. Der Beherrschungs- und der Gewinnabführungsvertrag schließen die Verpflichtung des herrschenden Unternehmens zur Verlustübernahme ein. Daraus ergeben sich für Mutter- und Tochterunternehmen spezifische bilanzielle Konsequenzen.

Bei faktischen Konzernverhältnissen darf die Einflussnahme des herrschenden Unternehmens auf das Tochterunternehmen nicht gegen dessen Eigeninteresse verstoßen. Abhängigen Aktiengesellschaften ist daher bei Maßnahmen auf Veranlassung oder im Interesse des herrschenden oder eines mit ihm verbundenen Unternehmens (§ 15ff AktG) ein Ausgleich für etwaige Nachteile zu gewähren. Eine nachteilige Einflussnahme ohne Nachteilsausgleich ist nicht zulässig.

Der Vorstand der abhängigen AG hat für jedes Geschäftsjahr einen so genannten **Abhängigkeitsbericht** zu erstellen, in dem alle derartigen Maßnahmen aufzuführen sind und in dem für jede Maßnahme vom Vorstand festzustellen ist, ob Leistung und Gegenleistung oder Vorteile und Nachteile sich ausgeglichen haben und ob ein etwaiger Nachteil ausgeglichen worden ist oder ein Anspruch auf Nachteilsausgleich gewährt wurde (§§312ff. AktG). Die abschließende Feststellung von Vorstand und Abschlussprüfer sind in den Anhang aufzunehmen. Der Abhängigkeitsbericht ist vom Abschlussprüfer und vom Vorstand zu prüfen.

Bei einer abhängigen GmbH können sich bei sehr intensiver Einflussnahme eine Verlustübernahmeverpflichtung oder weitergehende Haftungen des herrschenden Unternehmens ergeben.

Die gegenseitige **Abhängigkeit von Konzernunternehmen** ist bei stark zentralisierter Konzernführung und bei umfangreichen konzerninternen Lieferungen und Leistungen erheblich. Daher muss zur Analyse des Jahresabschlusses eines konzernverbundenen Unternehmens als ergänzende Informationsquelle der Konzernabschluss herangezogen werden.

II. Bilanzpolitik

1. Begriffe und Ziele

Bilanzpolitik ist

- die bewusste Gestaltung des Jahresabschlusses durch Nutzung der gegebenen Bilanzierungs- und Bewertungswahlrechte
- zur Erreichung oder Unterstützung unternehmerischer Ziele
- unter Wahrung der gesetzlichen und vertraglichen Vorschriften sowie der Grundsätze ordnungsmäßiger Buchführung.

Gegenstand der Bilanzpolitik sind der Jahresabschluss (Bilanz, Gewinn- und Verlustrechnung und Anhang) und der Lagebericht sowie beim Konzern der Konzernabschluss und der Konzernlagebericht. Dabei können im Einzelabschluss und im Konzernabschluss eigenständige, unterschiedliche Bilanzpolitiken verfolgt werden, doch werden durch die Publizität die unterschiedlichen Politiken offensichtlich. (Zum Konzernabschluss siehe Abschnitt E.)

Ziele bilanzpolitischer Maßnahmen sind

- die Sicherung, Erhaltung und Erweiterung des (Eigen-)Kapitals,
- Verbesserung der Liquidität,
- Verringerung der Steuerbelastung,

- Beeinflussung des ausschüttungsfähigen Gewinns (Dividendenpolitik),
- Beeinflussung der Publizität des Jahresabschlusses.

Darüber hinaus bezwecken die bilanzpolitischen Maßnahmen, die Adressaten des Jahresabschlusses zu einem gewünschten Verhalten zu bewegen (s. unten Kap. 4).

Das betriebliche Vermögen ist einer Vielzahl von Risiken ausgesetzt, die zu einem erheblichen Teil vom Unternehmen nicht beeinflusst werden können. Während spezielle Risiken durch Fremdversicherung abgedeckt oder auch durch Rückstellungen abgesichert werden können, kann Vorsorge für das allgemeine Unternehmerrisiko bilanzmäßig nur durch Bildung von offenen oder stillen Rücklagen getroffen werden.

Die handels- und steuerrechtlichen Bewertungsvorschriften sichern wegen des Anschaffungswertprinzips nur eine nominelle **Kapitalerhaltung**. Die Wiederbeschaffung der zur Aufrechterhaltung der bisherigen Leistungserstellung notwendigen Vermögenswerte ist bei gestiegenen Wiederbeschaffungskosten infrage gestellt, wenn Preissteigerungsgewinne versteuert oder ausgeschüttet werden.

Bewertungsverfahren wie die Lifo-Methode mildern nur in begrenztem Umfang den Ausweis von Scheingewinnen. Zusätzlich müssen daher zur Substanzerhaltung entsprechende Gewinnbestandteile im Unternehmen zurückbehalten werden. Zweck der Thesaurierung von Gewinnen kann darüber hinaus die Selbstfinanzierung von Investitionen, die Rückzahlung von Fremdkapital und die Verbesserung von Liquidität sein.

Da der Jahresabschluss zur Beurteilung der wirtschaftlichen Lage, der Konkurrenzfähigkeit und der Kreditwürdigkeit des Unternehmens herangezogen wird, können bilanzpolitische Maßnahmen auch eine bestimmte Darstellung im Jahresabschluss bezwecken.

Unternehmen und Gesellschafter sind in der Regel an einem möglichst hohen versteuerten Gewinn interessiert, da nur dieser zu ihrer Verfügung steht. Das Unternehmen wird daher – ggf. unter Beachtung anderer Ziele der Bilanzpolitik – versuchen, alle Möglichkeiten zur **Steuerersparnis** auszunutzen. Das bedeutet vor allem die Ausnutzung aller steuerrechtlich zulässigen Sonderabschreibungen und sonstigen Abwertungen. Dabei geht es selten um eine endgültige Steuerersparnis als vielmehr um eine Steuerstundung. Die gebildeten stillen Reserven lösen sich nämlich im Laufe der Nutzung, durch den Verbrauch oder Verkauf der Vermögensgegenstände in künftigen Geschäftsjahren zwangsläufig auf.

Die **Dividendenpolitik** hat die unterschiedlichen Interessen von Unternehmen und Aktionären abzuwägen. Die Geschäftsführung wird zur Sicherung des Unternehmens dessen Eigenkapitalbasis und Liquidität stärken und dazu die Gewinnausschüttung begrenzen wollen, während den Gesellschaftern im Allgemeinen an möglichst hohen Gewinnausschüttungen gelegen ist. Den Eigenkapitalgebern muss auf Dauer eine angemessene Verzinsung des von ihnen zur Verfügung gestellten Risikokapitals gewährt werden.

Bei der **Aktiengesellschaft** wird der Jahresabschluss im Allgemeinen von Vorstand und Aufsichtsrat festgestellt (§ 172 AktG), sodass der Aktionär keinen Einfluss auf die Bilanzpolitik nehmen kann. Der Beschluss der Aktionäre über die Gewinnverwendung bezieht sich lediglich auf den nach Vornahme aller Bilanzierungs- und Bewertungsmaßnahmen sowie nach Rücklagendotierungen im Rahmen der Bilanzfeststellung verbleibenden Bilanzgewinn.

Die im Jahresabschluss ausgewiesenen Ergebnisse sind oft auch Maßstäbe für Tantiemeregelungen für Vorstand und andere Führungskräfte sowie für den Aufsichtsrat.

Anders ist es bei **Einzel- und Personenunternehmen** sowie bei der **GmbH**. Hier können die Unternehmenseigentümer (Einzelunternehmer, Gesellschafter) im Rahmen der von ihnen vorzunehmenden Feststellung des Jahresabschlusses direkt Einfluss nehmen auf die Bilanzierungs- und Bewertungsmaßnahmen, die von der Geschäftsführung vorgeschlagen werden.

2. Instrumente und Gestaltungsspielraum

Als bilanzpolitisches Instrumentarium stehen neben den Sachverhaltsgestaltungen, die vor dem Bilanzstichtag zu erfolgen haben (s. S. 120 f.), die dargestellten Bilanzierungs- und Bewertungswahlrechte (s. S. 132 f.) zur Verfügung. Mit diesen Maßnahmen sollen beeinflusst werden:

- Vermögen und Kapital nach absoluter Höhe und Struktur,
- die Aufwendungen und Erträge nach Art, Höhe und Zusammensetzung sowie
- das Jahresergebnis.

Die Ausübung von Aktivierungs- und Passivierungswahlrechten verbessert – unabhängig von der Bewertung – den Einblick in die Vermögens- und Finanzlage des Unternehmens, da andernfalls die nicht bilanzierten Vermögens- oder Schuldposten in der Bilanz nicht erscheinen würden.

Im Vordergrund der bilanzpolitischen Überlegungen steht die Beeinflussung des Erfolgsausweises. In Abhängigkeit von der bilanzpolitischen Zielsetzung und der wirtschaftlichen Lage des Unternehmens und ihrer voraussichtlichen Entwicklung wird man eine Verbesserung oder Verminderung des Jahresergebnisses anstreben.

Das folgende Beispiel 27 soll den (maximalen) Gestaltungsspielraum veranschaulichen.

Beispiel 27:

Es handelt sich um eine neu gegründete AG und um den Jahresabschluss für das erste Geschäftsjahr. Im Fall A wird jeweils der höchstmögliche Wertansatz gewählt, während im Fall B umgekehrt verfahren wird. Bilanz und G + V werden in zusammengefasster und zur Analyse aufbereiteter Form gezeigt. Die unterschiedliche Ausübung von Wahlrechten wird für die einzelnen Abschlussposten unter den angeführten Ziffern nachstehend erläutert. Mengenangaben in 1000 t.

Bilanz

		A		**B**	
AKTIVA		Mio DM	%	Mio DM	%
Immaterielle Vermögensgegenstände	1.	1	0	0	0
Sachanlagen	2.	101	41	84	42
Finanzanlagen		4	2	4	2
Anlagevermögen		106	43	88	44
Vorräte					
Roh-, Hilfs- und Betriebsstoffe	3.	58	24	47	23
unfertige und fertige Erzeugnisse	4.	30	12	20	10

Forderungen					
aus Warenlieferungen					
und Leistungen		40	16	40	20
sonstige		5	2	5	2
Flüssige Mittel		2	1	2	1
Umlaufvermögen		135	55	114	56
Rechnungsabgrenzungs-					
posten	5.	5	2	0	0
		246	100	202	100
PASSIVA					
Eigenkapital					
Gezeichnetes Kapital		60	25	60	30
Rücklagen		1	0	0	
Bilanzgewinn		18	7	– 10	– 5
		79	32	50	25
Rückstellungen	6.	10	4	15	7
Verbindlichkeiten					
gegenüber Kredit-					
instituten	5.	100	41	100	50
aus Lieferungen					
und Leistungen		36	15	36	18
sonstige	9.	21	8	1	0
		246	100	202	100

G + V

		A		B	
		Mio DM	%	Mio DM	%
Umsatzerlöse		450		450	
Bestandsveränderung	6.	30		20	
Sonstige aktivierte					
Eigenleistung	2.	8		4	
Gesamtleistung		488	100	474	100
Materialaufwendungen	3.	209	43	220	46
Wertschöpfung		279	57	254	54
Personalaufwendungen		135	28	135	29
Abschreibungen	2.	10	2	23	5
Sonstige betriebliche					
Aufwendungen	7.	85	17	91	19

Ordentliches Ergebnis vor Zinsen und Steuern		49	10	5	1
Zinsaufwendungen	5./8.	10	2	15	3
Ergebnis der gewöhnlichen Geschäftstätigkeit		39	8	–10	– 2
Steuern	9.	20	4	0	
Jahresüberschuss/ Jahresfehlbetrag		19	4	–10	– 2
Einstellung in Rücklagen (5 %)		1		0	
Bilanzgewinn/ Bilanzverlust		18		–10	

Erläuterung der ausgeübten Wahlrechte

(Beträge in Mio DM)	**A**	**B**
1. Kosten der Ingangsetzung	1,0	0
2. Sachanlagen		
Grundstücke (Zugang)	3,0	3,0
Gebäude (Zugang)		
Anschaffungskosten	30,0	30,0
Herstellungskosten (Voll-/Einzelkosten)	8,0	4,0
	38,0	34,0
Abschreibungen A = 2 %; B = 7 % (§ 7 Abs. 5 EStG)	0,8	2,4
	37,2	31,6
Maschinen (10 Jahre Nutzungsdauer) (Zugang)	50,0	50,0
Abschreibung A: 10 %	5,0	
B: 30 % degressiv		15,0
	45,0	35,0
Sonstige Anlagen (Zugang) (5 Jahre Nutzungsdauer)	20,0	20,0
Abschreibung A: 20 %	4,0	
B: 30 % degressiv		6,0
	16,0	14,0
	101,2	83,6
Abschreibungen gesamt	9,8	23,4

			A	B
3. Rohstoffe		DM/t		
Zugänge	100	300		
	50	330		
	450	360		
	80	370		
	70	400		
	750			
Abgänge	600			
Bestand	150			
A: Fifo: 80 × 370 + 70 × 400			57,6	
B: Lifo: 100 × 300 + 50 × 330				46,5

Materialaufwand

A:	100 × 300 =	30,0	**B:** 270 × 400 =	28,0
	50 × 330 =	16,5	80 × 370 =	29,6
	450 × 360 =	162,0	450 × 360 =	162,0
		208,5		219,6

	A	B
4. Erzeugnisse		
Einzelkosten		20
Einzel- und angemessene Gemeinkosten	30	
5. Disagio		
Aufnahme eines Kredits von 100 Mio DM mit einem Disagio von 5 %	5	0
6. Rückstellungen		
für Instandhaltungen	0	5
sonstige Rückstellungen	10	10
	10	15
7. Sonstige betriebliche Aufwendungen	85	85
Kosten der Ingangsetzung	0	1
Aufwandsrückstellung	0	5
	85	91

8. Zinsaufwand		
10 % Zins auf Bankkredit	10	10
5 % Disagio	0	5
	10	15
9. Steuerschulden	20	0
sonstige		1
	21	1

Einige Kennzahlen:

Cashflow:	Jahresergebnis	19	–10
	Abschreibungen	10	23
	Zuführung zu Rückstellungen	10	15
	Disagio	– 5	0
	Abschreibungen	– 1	0
		33	28
Netto-Verschuldung		98	98
Dynamischer Verschuldungsgrad		2,97	3,50

Ein externer Bilanzleser wird das Unternehmen im Fall B ungünstiger beurteilen als im Fall A, da bei B die Kennzahlen schlechter sind. Das Ausmaß der unterschiedlichen aktivierten Herstellungskosten und die unterschiedlichen Auswirkungen der Bestandsbewertung lassen sich extern nicht genau quantifizieren.

Zusammengefasst erklärt sich der Ergebnisunterschied A – B vor Steuern von 49 Mio DM wie folgt: (die Ziffern verweisen auf die vorstehenden Erläuterungen):

	Mio DM
Unterschied Abschreibungen (2)	13
Unterschied Rückstellungen (6)	5
Disagio, Instandsetzungskosten (1; 5)	6
Unterschied Herstellungskosten (2; 4)	14
Unterschied Bestandsbewertung Rohstoffe (3)	11
	49

3. Folgewirkungen

Die eingeschlagene Bilanzpolitik wirkt sich wegen des Bilanzzusammenhangs auf künftige Jahresabschlüsse aus. Sie engt wegen des

Stetigkeitsgrundsatzes den künftigen Bilanzierungs- und Bewertungsspielraum ein. Sie hat in späteren Jahresabschlüssen meistens entgegengesetzte Auswirkungen. Bilanzpolitik darf daher nicht kurzfristig gesehen werden (s. Kapitel 4; S. 170f.).

Schematisch lassen sich diese Zusammenhänge wie folgt darstellen:

Bilanzpolitische Maßnahmen		Auswirkungen in Folgejahren	
Ausübung von		Zusätzliche Abschreibungsmöglichkeit oder -notwendigkeit	–
Aktivierungswahlrechten	+	Geringerer Gewinn oder höherer Verlust beim Ausscheiden des Vermögensgegenstandes durch Verkauf u. Ä.	–
Wertansatzwahlrechten	+		
Aufwertungswahlrechten	+		
Nichtausübung der vorstehend genannten Wahlrechte	–	Keine oder geringere Abschreibungsmöglichkeiten	+
Ausübung von Abwertungs-Wahlrechten	–	Höherer Gewinn oder geringerer Verlust beim Ausscheiden	+
Ausübung von Passivierungs-Wahlrechten	+	Ertrag bei Auflösung der Passivposten oder geringerer Aufwand	+
Nichtausübung von Passivierungswahlrechten	+	Spätere Aufwendungen	–

+ = Gewinnerhöhung bzw. Verlustminderung
– = Gewinnminderung bzw. Verlustmehrung

Zeitpunkt und Umfang der künftigen Auswirkungen auf das Ergebnis werden bestimmt

- vom Zeitpunkt der Umsatzrealisierung und damit der Dauer der Betriebszugehörigkeit der Vermögens- und Schuldposten,
- von der Abschreibungsdauer und -methode,
- vom Zeitpunkt des tatsächlichen Einnahme- und Ausgabeanfalls sowie
- von Preis- und etwaigen Steuerveränderungen.

Beispiel 28:

Zur Veranschaulichung wird das Beispiel 27 mit vereinfachenden Annahmen fortgeführt.

Umsatzerlös 520 Mio. DM einschließlich 5 % Preissteigerung, d. h. Mengenzunahme 10 %. Die Fertigwarenbestände werden um die Hälfte abgebaut; der Rohstoff kostet 400 DM/t; Rohstoffbestand wie im Vorjahr 150 t; normale betriebliche Aufwendungen 60 Mio DM. Alles andere unverändert, insbesondere auch die Bewertungsgrundsätze. Die Veränderungen bei den G + V-Positionen ergeben sich wie folgt:

(Beträge in Mio DM)

		A	B
1. Bestandsveränderung			
A: 50 % × 30		15	
B: 50 % × 20			10
2. Materialaufwand			
A: 80 × 370 =	229,6		
70 × 400 =	228,0		
510 × 400 =	204,0		
660	261,6	262	
B: 660 × 400 =			264
3. Abschreibungen			
A: wie im Vorjahr	9,8		
Abschreibung Ingangsetzung	0,3		
	10,1	10	
B: Gebäude	2,4		
Maschinen 30 % × 35 =	10,5		
sonst. 30 % × 14 =	4,2		
	17,1		17
4. Betriebliche Aufwendungen		60	60
Instandhaltung (bei B Verbrauch der Aufwandsrückstellung)		5	0
		65	60
5. Zinsen			
10 % auf Bankkredit		10	10
10 % auf Disagio		1	0
		11	10

6. Steuern

B: Wegen Verlustvortrag
nur 50 % × (24–10) 7

G + V

		A		B	
		Mio DM	%	Mio DM	%
Umsatzerlöse		520		520	
Bestandsveränderung	1.	–15		–10	
Sonstige aktivierte Eigenleistung		0		0	
Gesamtleistung		505	100	510	100
Materialaufwendungen	2.	262	52	264	52
Wertschöpfung		243	48	246	48
Personalaufwendungen		135	27	135	26
Abschreibungen	3.	10	2	17	3
Sonstige betriebliche Aufwendungen	4.	65	13	60	12
Ordentliches Ergebnis vor Zinsen und Steuern		33	6	34	7
Zinsaufwendungen	5.	11	2	10	2
Ergebnis der gewöhnlichen Geschäftstätigkeit		22	4	24	5
Steuern	6.	11	2	7	1
Jahresüberschuss/ Jahresfehlbetrag		11	2	17	4
Gewinn-/Verlustvortrag		18		–10	
		29		7	
Einstellung in die gesetzliche Rücklage (A: 5 % von 11; B: 5 % von 7)		(0,5)		(0,4)	
Bilanzgewinn		29		7	

Bilanz

AKTIVA	A Mio DM	A %	B Mio DM	B %
Immaterielle Vermögensgegenstände	1		0	
Sachanlagen	91	37	67	30
Finanzanlagen	4	2	4	2
Anlagevermögen	96	39	71	32
Vorräte				
Roh-, Hilfs- und Betriebsstoffe	60	24	47	21
unfertige und fertige Erzeugnisse	15	6	10	5
Forderungen				
aus Warenlieferungen und Leistungen	40	16	40	18
sonstige	5	2	5	2
Flüssige Mittel	28	11	48	22
Umlaufvermögen	148	59	150	68
Rechnungsabgrenzungsposten	4	2	0	0
	248	100	221	100

PASSIVA	A Mio DM	A %	B Mio DM	B %
Eigenkapital				
Gezeichnetes Kapital	60	24	60	27
Rücklagen	1	0	0	
Bilanzgewinn	29	12	7	3
	90	36	67	30
Rückstellungen	10	4	10	5
Verbindlichkeiten				
gegenüber Kreditinstituten	100	40	100	45
aus Lieferungen und Leistungen	36	15	36	16
sonstige	12	5	8	4
	248	100	221	100

Kennzahlen:

(Beträge in Mio DM)		**A**	**B**
Cashflow:	Jahresergebnis	11	17
	Abschreibungen	10	17
	Veränderung		
	Rückstellung	0	–5
	Abschreibung Disagio	1	0
		22	29
Netto-Verschuldung		72	52
Verschuldungsgrad		3,1	1,9

Das Bild von A und B hat sich im Vergleich zum Vorjahr (Beispiel 27) gewandelt. Das Jahresergebnis bei B liegt leicht über dem bei A. Auffallend ist der geringere Verschuldungsgrad bei B, der insbesondere durch die Steuereinsparung in den beiden Jahren beeinflusst ist.

Kritisch ist bei A und B anzumerken, dass trotz Umsatzausweitung um 15 % und unveränderten Personalaufwendungen der Gewinn und der Cashflow zurückgegangen sind. Hier hat sich die starke Verteuerung des Materials (bei A = + 25 %; bei B = + 20 %) ausgewirkt.

Zusammengefasst erklärt sich der **Ergebnisunterschied A–B** vor Steuern wie folgt:

	Mio DM
Unterschied Abschreibung (3)	– 7
Unterschied Instandhaltungsaufwand (4)	5
Unterschied Materialaufwand (2)	– 2
Unterschied Bestandsbewertung (1)	5
Unterschied Disagio (5)	1
	2

4. Strategische Bilanzpolitik

Der klassische Ansatz der Bilanzpolitik zielt in erster Linie auf die Beeinflussung des Jahresergebnisses. Die hohe Steuerbelastung der deutschen Unternehmen sowie die Maßgeblichkeit der Handelsbilanz für die Steuerbilanz sind die Hauptursache dafür, dass zumindest bei kleinen und mittelständischen Unternehmen steuerliche Überlegungen bei der Bilanzpolitik stark im Vordergrund stehen.

Eine mehr strategisch ausgerichtete Bilanzpolitik ist dadurch gekennzeichnet, dass sie nicht nur den Gewinnausweis, sondern auch andere Positionen der Rechnungslegung betrachtet, ferner nicht allein auf die Kapitalgeber, sondern auch auf andere Bezugsgruppen des Unternehmens zielt, um deren Verhalten im Interesse des Unternehmens zu beeinflussen. Sie ist außerdem nicht kurzfristig, sondern **langfristig orientiert** und soll der nachhaltigen Absicherung des Unternehmens dienen. Sie ist die logische Konsequenz einer strategischen Unternehmensführung.

Eine solche langfristige Ausrichtung stößt namentlich dann auf Widerstand, wenn der kurzfristige Gewinnausweis und der Ergebnisvergleich zur Vorperiode im Vordergrund der bilanzpolitischen Überlegung stehen. Eine solche Kurzatmigkeit der Bilanzpolitik wird durch die zunehmend übliche Halbjahres- und Quartalsberichterstattung oft noch verstärkt.

Unabhängig davon, dass Unternehmen in besonderer Lage eine kurzfristig wirksame Überlebensstrategie fahren müssen, die sich entsprechend auf die Bilanzpolitik auswirkt, sollte grundsätzlich bedacht werden, dass die Erhaltung und Stärkung der Überlebensfähigkeit des Unternehmens durch Ausbau der Marktposition, Flexibilität und anderes mehr und eine ihr entsprechende Ausrichtung der Bilanzpolitik am besten dem Interesse des Unternehmens und seiner Bezugsgruppen (Eigentümer, Gläubiger, Mitarbeiter, Kunden und Gemeinwesen) dient. Unternehmen können sich nur dann dauerhaft im Wettbewerb behaupten, wenn sie für ihre relevanten Bezugsgruppen attraktiv sind und bleiben.

E. Der Konzernabschluss

- Einheitliche Betrachtung des Konzerns
- Konsolidierungsgrundsätze
- Analyse des Konzernabschlusses

I. Einführung

1. Der Konzern

Eine große und zunehmende Zahl von Unternehmen ist Mitglied eines Konzerns, sei es als herrschendes oder als abhängiges Unternehmen bzw. als Mutter- oder Tochterunternehmen (siehe Kapitel 2.1). Der Konzern ist dadurch gekennzeichnet, dass zwei oder mehr rechtlich selbstständige Unternehmen unter einer **einheitlichen Leitung** zusammengefasst werden (= betriebswirtschaftlicher und aktienrechtlicher Konzernbegriff; § 18 AktG). Die Konzernleitung übt dabei in unterschiedlichem Ausmaß Einfluss auf die Konzernunternehmen aus, um den Konzern wie eine wirtschaftliche Einheit zu führen.

Die einheitliche Leitung beruht entweder auf faktischen oder auf vertraglichen Beherrschungsverhältnissen. Das faktische Konzernverhältnis ergibt sich in der Regel aus einer mehrheitlichen Beteiligung der Konzernobergesellschaft an den Tochterunternehmen. Der Vertragskonzern ist durch einen Beherrschungsvertrag (§ 291 Abs. 1 AktG) oder ähnliche Verträge unterlegt.

Der Konzernverbund ermöglicht Synergien durch die Bündelung der Nachfrage und der Ressourcen sowie durch Zusammenfassung oder Koordinierung bestimmter Funktionen. Die **finanzielle Verflechtung** der Konzernunternehmen und der konzerninterne Leistungsaustausch kann zu Vermögens-, Kapital- und Ergebnisverlagerungen zwischen den Konzernunternehmen führen. Der Konzern ist also mehr als die Addition der einzelnen Konzernunternehmen.

Insofern geben die Jahresabschlüsse der einzelnen Konzernunternehmen nur ein unvollkommenes Bild der Vermögens-, Finanz- und Ertragslage der Unternehmen und des Konzerns. Entscheidungen der Konzernleitung, konzerninterne Lieferungen, Leistungen und Finanztransaktionen sowie der Austausch von Vermögen oder Know-how können die wirtschaftliche Lage und Entwicklung und damit die Jahresabschlüsse der Konzernunternehmen wesentlich beeinflussen. Der Einfluss hängt im Einzelnen von dem Grad und der Art der Konzernverflechtung, von der Intensität der Einflussnahme der Konzernleitung sowie von der Situation des Konzerns und seiner wesentlichen Unternehmen ab.

Der Jahresabschluss des Konzerns oder der **Konzernabschluss** zeigt die Vermögens-, Finanz- und Ertragslage des Konzerns nach Eliminierung der konzerninternen Vorgänge. Vermögens- und Schuldposten sowie die Umsatzerlöse und die übrigen Aufwendungen und Erträge werden auf die Außenbeziehungen des Konzerns zurückgeführt. Der Konzern wird im Konzernabschluss so abgebildet als bilde er ein wirtschaftlich einheitliches Unternehmen.

Der Konzernabschluss ist somit eine notwendige und wichtige Ergänzung zu den Jahresabschlüssen der Konzernunternehmen. Er soll unter Beachtung der Grundsätze ordnungsmäßiger Buchführung ein den tatsächlichen Verhältnissen entsprechendes Bild der Vermögens-, Finanz- und Ertragslage des Konzerns vermitteln (§ 297 Abs. 2 HGB). Der Konzernabschluss ist maßgeblich für die Beurteilung des Gesamtkonzerns und mittelbar für die Einschätzung der Konzernobergesellschaft und der abhängigen Konzernunternehmen.

2. Konzernrechnungslegung

Die Konzernrechnungslegung ist in den §§ 290 bis 315 HGB gesetzlich geregelt. Hierbei ist der Konzernbegriff weiter gefasst als oben genannt. Neben der einheitlichen Leitung genügt die Möglichkeit der Beherrschung eines anderen Unternehmens (siehe unten Kapital 2.1.)

In Ergänzung zum HGB sind für die Konzernrechnungslegung die Rechnungslegungsstandards des Deutschen Rechnungslegungs

Standards Committee (DRSC; siehe Kapitel 2.3) von Bedeutung (§ 342 Abs. 2 HGB).

2.1. Aufstellungspflicht

Mutterunternehmen, die an einem oder mehr anderen Unternehmen beteiligt sind und diese

- entweder (tatsächlich) einheitlich leiten (§ 290 Abs. 1 HGB) oder
- über die Mehrheit der Stimmrechte oder ähnliche Kontrollrechte bei diesen Unternehmen verfügen (§ 290 Abs. 2 HGB),

haben einen Konzernabschluss aufzustellen (§ 290 HGB).

Bei der Ermittlung der Mehrheit der Stimmrechte sind die indirekt über andere Tochterunternehmen sowie die von Dritten für Rechnung des Mutterunternehmens oder der anderen Tochterunternehmen gehaltenen Stimmrechte dem Mutterunternehmen zuzurechnen (§ 290 Abs. 3 HGB). Ähnliche **Kontrollrechte** besagen, dass das Mutterunternehmen das Recht hat, die Mehrheit der Mitglieder der Verwaltungsorgane (Vorstand oder Aufsichtsrat) zu bestellen oder abzuberufen. Derartige Kontrollrechte können sich z. B. aufgrund eines Beherrschungsvertrages oder durch Satzungsbestimmungen ergeben.

Zur Aufstellung eines Konzernabschlusses ist jedes Mutterunternehmen verpflichtet, dessen Konzern zwei der drei in Tabelle 20 genannten **Schwellenwerte** überschreitet (§ 293 HGB). „Konsolidiert" heißt Addition der Einzelabschlüsse unter Eliminierung der konzerninternen Geschäftsvorfälle; s. Kap. III.

	Bilanzsumme Mio DM	**Umsatzerlöse** Mio DM	**Anzahl der Arbeitnehmer**
1. Kapital-Gesellschaften			
Addiert	> 32,27	> 64,54	> 250
Konsolidiert	> 26,89	> 53,78	> 250
2. Personen-Gesellschaften			
Konsolidiert	> 125	> 250	<> 5000
Banken, Versicherungen	unabhängig von Größe und Rechtsform		

Tabelle 20: Größenmerkmale für die Konzernrechnungslegung

Wenn das Mutterunternehmen oder eines seiner Tochterunternehmen durch von ihm ausgegebene Wertpapiere (Aktien, Schuldverschreibungen u. Ä.) einen organisierten Markt (Börse) in Anspruch nimmt, hat es unabhängig von der Konzerngröße einen Konzernabschluss aufzustellen (§ 293 Abs. 4 HGB). Man spricht in Abgrenzung zu den börsennotierten Mutterunternehmen, deren Aktien an der Börse notiert sind, bei dem erweiterten Kreis verkürzt von „kapitalmarktorientierten Mutterunternehmen".

Grundsätzlich ist jedes Mutterunternehmen, das die genannten Voraussetzungen erfüllt, zur Aufstellung eines Konzernabschlusses verpflichtet. Bei mehrstufigen Konzernen mit Mutter-, Tochter-, Enkel- und Urenkel-Unternehmen wäre demnach für jeden der sich stufenweise ergebenden Teilkonzerne ebenfalls ein (Teil-)Konzernabschluss aufzustellen. Einen **Teilkonzernabschluss** braucht ein Mutterunternehmen jedoch dann nicht aufzustellen, wenn es in den Konzernabschluss eines übergeordneten Mutterunternehmens einbezogen wird, der den Konzernrechnungslegungsvorschriften entspricht und der offen gelegt wird (§§ 291 f. HGB und Konzernabschlussbefreiungsverordnung).

2.2 Inhalt und Zweck des Konzernabschlusses

Inhalt: Der Konzernabschluss umfasst – analog zum Jahresabschluss – die Konzernbilanz, die Konzern-G + V und den Konzernanhang. Außerdem ist ein Konzern-Lagebericht zu erstellen. Für den Konzernabschluss gelten die gleichen Bilanzierungs- und Bewertungsvorschriften wie für den Einzelabschluss des Mutterunternehmens. Die Gliederung der Konzernbilanz und der Konzern-G + V entsprechen der Gliederung des Jahresabschlusses (insbesondere Tabelle 6 sowie 9 oder 10). Der Konzernanhang enthält ergänzende Angaben und Erläuterungen zur Konzernbilanz und zur Konzern-G + V.

Börsennotierten Mutterunternehmen haben ihren Konzernanhang um eine Kapitalflussrechnung und eine Segmentberichterstattung zu erweitern (§ 297 Abs. 1 S. 2 HGB). Die Unternehmen veröffentlichen und erläutern in ihrem Geschäftsbericht häufig nur den Konzernabschluss.

Zweck: Der Konzernabschluss zeigt die Vermögens-, Finanz- und Ertragslage des Konzerns nach Eliminierung der konzerninternen Vorgänge. Vermögens- und Schuldposten sowie die Umsatzerlöse und die übrigen Aufwendungen und Erträge werden auf die Außenbeziehungen des Konzerns zurückgeführt, also auf die Geschäftsvorgänge mit Konzernfremden.

Der Konzernabschluss ist – im Gegensatz zum Jahres- oder Einzelabschluss – keine Grundlage für die Gewinnverteilung oder für die Besteuerung. Die Stellung der Gesellschafter und der Gläubiger der einzelnen Konzernunternehmen wird durch den Konzernabschluss nicht berührt. Der Konzernabschluss erfüllt eine reine, aber sehr wichtige **Informationsfunktion**. Er ist für die Beurteilung der Kreditwürdigkeit des Konzerns und seiner Unternehmen von großer Bedeutung. Zunehmend wird er auch für die Beurteilung der Gewinnausschüttung des Mutterunternehmens herangezogen. Er dient sowohl als Führungsinstrument für das Konzernmanagement als auch zur Rechenschaftslegung der Konzernführung.

2.3. Rechnungslegungsstandards

Es entspricht der rechtlichen Tradition in Deutschland, dass die Rechnungslegung der Unternehmen gesetzlich detailliert geregelt ist. Diese umfassende gesetzliche Regelung hat den Vorteil der Rechtssicherheit. Ihre Kehrseite ist jedoch, dass viele nur das tun, wozu sie rechtlich verpflichtet sind, obwohl ein Mehr oder ein gleichwertiges Aliud sachgerechter wäre. Eine Anpassung der gesetzlichen Vorschriften an veränderte Verhältnisse und Erkenntnisse ist langwierig.

In den angelsächsischen Ländern und denjenigen, die ihnen folgen, also in dem größten Teil der Welt, spricht man nicht vom Bilanzrecht, sondern von Accounting Principles, Basic Accounting Assumptions usw. Grundlage dieser andersartigen Regelung ist ein Konsens über Rechnungslegungsgrundsätze aus freier Überzeugung, dem ein freiwilliges, wenn auch häufig aus selbst gewählten Sachzwängen sich ergebendes Konsensverhalten folgt. Die Rechnungslegungsgrundsätze werden durch privatwirtschaftlich getragene, unabhängige und neutrale „**Standardsetter**" entwickelt und in der Regel durch die Börsenaufsichtsbehörde und die Berufsgrundsätze der Abschlussprüfer durchgesetzt.

Ein wesentlicher Vorteil der Standardisierung wird darin gesehen, dass die Rechnungslegungsgrundsätze schneller und zielgerichteter an neue Entwicklungen und spezielle Sachverhalte angepasst werden können als dies im Gesetzgebungsverfahren möglich ist.

In Anlehnung an die internationale Praxis hat der deutsche Gesetzgeber in § 342 HGB die Einrichtung eines **privaten Rechnungslegungsgremiums** vorgesehen, das u. a. Empfehlungen bzw. Standards für die Konzernrechnungslegung erarbeiten soll. Mit dieser Einrichtung soll eine größere Flexibilität für die Weiterentwicklung der Rechnungslegungsgrundsätze und ihre schnellere Anpassung an international anerkannte Grundsätze erreicht werden.

Das in § 342 HGB vorgesehene Rechnungslegungsgremium ist Mitte 1998 mit dem Deutschen Standardisierungsrat (DSR) des Deutschen Rechnungslegungs Standards Committee e. V. (**DRSC**) geschaffen und vom Bundesjustizministerium (BMJ) als Rechnungslegungsgremium anerkannt worden. In ihm sind – analog zu dem US-amerikanischen Financial Accounting Standard Board (FASB) und dem jetzt neu strukturierten International Accounting Standard Committee (IASC) – alle Rechnungsleger, d. h. Aufsteller, Prüfer und Nutzer der Rechnungslegung (Unternehmen, Wirtschaftsprüfer, Finanzanalysten, Hochschullehrer), vertreten.

Der DSR ist bei der Erarbeitung von Rechnungslegungsstandards an die gesetzlichen Vorschriften (insbesondere HGB und GoB sowie die europäischen Bilanzrichtlinien) gebunden. Vorschläge, die er zur Anpassung an die international anerkannten Rechnungslegungsgrundsätze für notwendig oder zweckmäßig hält, die aber mit dem geltenden Recht nicht übereinstimmen, werden nicht in den Standard aufgenommen, sondern als Anhang mit entsprechenden Empfehlungen an den Gesetzgeber veröffentlicht.

Bei den vom DSR verabschiedeten **Deutschen Rechnungslegungsstandards (DRS)** (siehe S. 207) handelt es sich zunächst um Regeln, die zum Nutzen der Allgemeinheit von einem fachlich qualifizierten, unabhängigen und neutralen Gremium unter Beachtung der gesetzlichen Vorschriften und der GoB erarbeitet und als Entwurf veröffentlicht werden. Sie werden nach Stellungnahmen und

Anhörung aller Rechnungsleger und der interessierten Öffentlichkeit in öffentlicher Sitzung verabschiedet.

Mit der anschließenden Veröffentlichung der DSR-Standards durch das BMJ, die im Bundesanzeiger erfolgt, wird bei ihrer Anwendung vermutet, dass die Grundsätze ordnungsmäßiger Konzernrechnungslegung beachtet werden (§ 342 Abs. 2 HGB). Eine abweichende Handhabung ist daher nur zulässig, wenn nachgewiesen wird, dass die empfohlene Handhabung nicht geeignet ist, die gesetzlichen Ziele zu verwirklichen und dass deshalb die abweichende Verfahrensweise gewählt wurde, um den Grundsätzen ordnungsmäßiger Konzernrechnungslegung zu entsprechen.

2.4 Prüfung und Offenlegung

Der Konzernabschluss und der Konzernlagebericht von Kapitalgesellschaften und Großunternehmen sind durch einen Abschlussprüfer zu prüfen (§ 316 Abs. 2 HGB; § 14 PublG). Die genannten Unterlagen sind außerdem analog zum Jahresabschluss und Lagebericht nach Maßgabe von § 325 Abs. 3 HGB offen zu legen.

II. Grundsätze der Konzernrechnungslegung

1. Die Einheitstheorie

Die Konzernrechnungslegung beruht auf der Fiktion, dass der Konzern eine unternehmerische Einheit darstellt, sodass die einzelnen Konzernunternehmen wie unselbstständige Teilbetriebe einer einheitlichen Unternehmung behandelt werden. Der Konzernabschluss soll die Vermögens-, Finanz- und Ertragslage der einbezogenen Unternehmen so darstellen, als ob diese Unternehmen insgesamt ein einziges Unternehmen wären (§ 297 HGB).

Aus dieser sog. Einheitstheorie folgt, dass die bilanz- und ergebnismäßigen Auswirkungen konzerninterner Vorgänge im Konzernabschluss rückgängig gemacht werden. Die Aufrechnung konzerninterner Vorgänge nennt man **Konsolidierung**. Sie betrifft

- die konzerninternen Beteiligungen an anderen Unternehmen,

- die innerkonzernlichen Lieferungen, Leistungen und Finanztransaktionen,
- die konzerninternen Forderungen und Verbindlichkeiten sowie
- die konzernintern entstandenen Gewinne und Verluste.

Die Einheitstheorie hat ferner zur Konsequenz, dass für den Konzernabschluss einheitliche Bilanzierungs- und Bewertungsgrundsätze anzuwenden sind, und zwar unabhängig von der Bilanzierung und Bewertung in Einzelabschlüssen der Konzernunternehmen.

Der Einblick in die **Vermögenslage** des Konzerns wird dadurch verbessert oder eigentlich erst ermöglicht, dass Doppelzählungen von Vermögens- und Schuldposten vermieden und stattdessen das einheitlich bilanzierte und bewertete Gesamtvermögen aller einbezogenen Konzernunternehmen und der Gesamtbetrag ihrer Verbindlichkeiten gegenüber Dritten (Konzernfremden) ausgewiesen werden. Dem Einblick in die **Finanzlage** kommt zugute, dass konzerninterne Finanztransaktionen neutralisiert und die tatsächliche Eigenkapitalausstattung des Konzerns und dessen Verschuldung gezeigt werden. Schließlich werden zur besseren Einsicht in die **Ertragslage** die konzerninternen Aufwendungen und Erträge verrechnet und die Gewinne oder Verluste, die auf innerkonzernlichen Lieferungen und Leistungen beruhen, eliminiert. Damit wird das Konzernergebnis auf die mit Konzernfremden erzielten Umsätze und sonstigen Erträge zurückgeführt.

2. Konsolidierungskreis

In den Konzernabschluss sind das Mutterunternehmen und grundsätzlich sämtliche Tochterunternehmen, unabhängig von ihrer Rechtsform und von ihrem Sitz, einzubeziehen. Damit gehören neben den inländischen auch alle ausländischen Tochterunternehmen zum so genannten Konsolidierungskreis. Der Konzernabschluss stellt also prinzipiell den „Weltabschluss" des Mutterunternehmens dar (**Konsolidierungspflicht**).

Tochterunternehmen dürfen in den Konzernabschluss dann nicht einbezogen werden, wenn sich ihre Tätigkeit von der Tätigkeit der anderen Konzernunternehmen so weit unterscheidet, dass dadurch das Bild der Vermögens-, Finanz- und Ertragslage des Konzerns wesentlich beeinträchtigt wird (§ 195 HGB). Dieses **Konsolidierungsverbot** ist sehr eng auszulegen und praktisch von geringer Bedeutung. Auch Unternehmen mit unterschiedlichen Geschäftszweigen sind grundsätzlich in den Konzernabschluss einzubeziehen. Anwendungsfälle sind daher allenfalls gemeinnützige Unterstützungskassen, deren Einbeziehung die Vermögenslage des Konzerns zu günstig darstellen würde.

Ein Tochterunternehmen braucht nicht einbezogen zu werden (**Konsolidierungswahlrecht**), wenn

- die Ausübung der Rechte des Mutterunternehmens in Bezug auf das Vermögen oder die Geschäftsführung des Tochterunternehmens nachhaltig beeinträchtigt ist oder
- die Anteile an dem Tochterunternehmen zum Zwecke der Weiterveräußerung gehalten werden (z. B. bei Kreditinstituten) oder
- die für den Konzernabschluss erforderlichen Angaben nur mit verhältnismäßig hohen Kosten und Verzögerungen zu erhalten sind (sehr eng auszulegen) oder
- das Tochterunternehmen von untergeordneter Bedeutung ist.

Die Nichteinbeziehung von Tochterunternehmen ist im Konzernanhang anzugeben und zu begründen.

3. Bilanzierung und Bewertung

3.1 Vollständige Bilanzierung und einheitliche Bewertung

Auch für den Konzernabschluss gilt der Grundsatz der **Vollständigkeit**. Die Vermögensgegenstände, Schulden, Rechnungsabgrenzungsposten, Bilanzierungshilfen und Sonderposten sowie die Erträge und Aufwendungen der einbezogenen Unternehmen sind unabhängig von ihrer Berücksichtigung in den Jahresabschlüssen der einzelnen Konzernunternehmen vollständig in den Konzernabschluss aufzunehmen, soweit nicht nach dem Recht des Mutterunternehmens ein Bilanzierungsverbot oder ein Bilanzierungswahlrecht besteht (§ 300 HGB). Dabei kann das Mutterunternehmen zulässige Bilanzierungswahlrechte im Konzernabschluss anders ausüben als in seinem Jahresabschluss.

Die in den Konzernabschluss übernommenen Vermögens- und Schuldposten sind nach den für das Mutterunternehmen geltenden Vorschriften **einheitlich zu bewerten**. Für das Mutterunternehmen gegebene Bewertungswahlrechte können im Konzernabschluss abweichend vom Jahresabschluss des Mutterunternehmens ausgeübt werden (§ 308 HGB). Etwaige Abweichungen bei den angewandten Bewertungsmethoden sind im Konzernanhang anzugeben und zu begründen. Für die ausgeübten Bewertungswahlrechte gilt das Gebot der Bewertungsstetigkeit (vgl. S. 20).

Durch die unterschiedliche Ausübung von Wahlrechten kann das Mutterunternehmen im Konzernabschluss eine andere **Rechnungslegungspolitik** verfolgen als im Einzelabschluss. Dies kann z. B. zweckmäßig sein, um die betriebswirtschaftliche Aussagekraft des Konzernabschlusses zu verbessern oder einen besseren internationalen Vergleich mit ausländischen Konzernen zu ermöglichen. Hilfreich ist dabei, dass der Konzernabschluss keine steuerlichen Konsequenzen hat, denn die Maßgeblichkeit der Handelsbilanz für die Steuerbilanz (vgl. S. 14) bezieht sich nur auf den Einzelabschluss.

3.2 Anpassung der Einzelabschlüsse

Aus dem Einzelabschluss jedes einzelnen Konzernunternehmens (so genannte Handelsbilanz I) wird durch Anwendung konzerneinheitlicher Bilanzierung und Bewertung sowie gegebenenfalls durch Währungsumrechnung (siehe unten 3.3) die so genannte **Handelsbilanz II** erstellt, die alle bilanzierungspflichtigen Posten zu einheitlich ermittelten Werten ausweist. Aus den Handelsbilanzen II aller einbezogenen Unternehmen wird dann durch die nachfolgend im Kapitel III beschriebenen Konsolidierungsschritte der Konzernabschluss abgeleitet.

Die **Zuordnung** zu den einzelnen Bilanz- oder G + V-Posten und auch die angabepflichtigen Entwicklungen dieser Posten (z. B. Anlagespiegel) werden davon bestimmt, dass der Konzern als einheitliches Unternehmen betrachtet wird. Diese Systematik kann z. B. zu einer anderen Unterteilung des Vorratsvermögens führen, wenn Erzeugnisse (Maschinen, Halbfabrikate und anderes) von einem Konzernunternehmen an ein anderes verkauft werden. Wenn die Neugliederung des Vorratsvermögens mit einem unverhältnismäßig hohen Aufwand verbunden ist, dürfen die Vorräte in einem Posten zusammengefasst werden (§ 298 Abs. 2 HGB; restriktiv auszulegen).

Abweichungen gegenüber der **Gliederung** des Jahresabschlusses ergeben sich außerdem aus der Kapitalkonsolidierung (Unterschiedsbetrag aus der Konsolidierung, Anteile im Fremdbesitz; siehe Kapitel III.1) und durch den Ausweis der Anteile an assoziierten Unternehmen (Kapitel III.3).

Der **Wertansatz** der Anschaffungs- oder Herstellungskosten ist so zu ermitteln, als wäre der Konzern ein einheitliches Unternehmen (§ 304 HGB). Vermögensgegenstände, die aus Lieferungen und Leistungen anderer in den Konzernabschluss einbezogener Unternehmen stammen, sind daher mit den so genannten Konzern-Anschaffungskosten oder Konzern-Herstellungskosten anzusetzen bzw. auf diese abzuwerten (s. Beispiel 29). Konzerninterne Transaktionskosten, die auf Leistungen eines Konzernunternehmens beruhen, sowie aus Konzernsicht nicht aktivierungsfähige Kosten (z. B. konzerninterne Vertriebsaufwendungen oder konzerninterne Lizenzzahlungen) und konzerninterne Gewinne oder Verluste sind zu eliminieren (siehe Kapitel III.2).

Beispiel 29:

A produziert und verkauft seine Produkte an B zum Preis von 200. Die Produkte befinden sich unverändert bei B im Bestand. Die Lizenzkosten von A betreffen Stücklizenzen für ein selbst geschaffenes Patent von B. Sie sind damit zwar Herstellungskosten für A, aber nicht für den Konzern. Damit ergeben sich die Ober- und Untergrenze der Konzern-Herstellungskosten wie folgt:

	Kosten + Gewinn A	Konzernherstellungskosten Untergrenze	Obergrenze
1. Einzelkosten			
Materialkosten	80	80	80
Fertigungskosten	25	25	25
Lizenzkosten	5	–	–
	110		
2. Gemeinkosten			
Materialgemeinkosten	30	–	30
Fertigungsgemeinkosten	23	–	23

Verwaltungskosten	10	–	10
	173		
Verpackung/Vertrieb	2	–	–
Transportkosten A nach B	5	–	– 5
	180	105	173
Gewinn A	20		
Verkaufspreis	200		

3.3 Währungsumrechnung

Die Einbeziehung der ausländischen Konzernunternehmen in den Konzernabschluss macht es erforderlich, dass die Fremdwährungsbeträge der Einzelabschlüsse in DM umgerechnet werden. Das Gesetz regelt nicht die Art und Weise der Umrechnung, bestimmt aber, dass die Grundlagen der Umrechnung im Konzernanhang angegeben werden.

Bei konsequenter Anwendung der Einheitstheorie werden die Abschlüsse so umgerechnet, als wären die zugrunde liegenden Geschäftsvorfälle unmittelbar in der Währung des Mutterunternehmens verbucht worden.

Die Posten der Bilanz und der G + V werden mit dem Kurs des Zeitpunktes angesetzt, auf den sich der Wert bezieht. So werden z. B. Sachanlagen zu den historischen Kursen des Zeitpunktes ihrer Anschaffung oder ihres Entstehens, monetäre Werte wie Forderungen und Verbindlichkeiten zu Stichtagskursen und die G + V-Posten zu Durchschnittskursen umgerechnet (sog. **Zeitbezugsmethode**).

Eine andere Möglichkeit ist die Umrechnung zum Kurs des Bilanzstichtages (**Stichtagsmethode**), die aber bei steigenden Kursen hinsichtlich der Bewertung der Aktiva, bei fallenden Kursen hinsichtlich der Bewertung der Passiva das Anschaffungswertprinzip verletzen kann.

Einen Mittelweg geht die **funktionsspezifische Umrechnungsmethode**, die von den internationalen Standards (s. Kapitel F) befürwortet wird. Hier wird differenziert nach der Abhängigkeit oder Selbstständigkeit der Konzernunternehmen. Funktionale Währung ist die Währung des Wirtschaftsraumes, in dem ein relativ selbstständiges Konzernunternehmen hauptsächlich tätig ist und seine wesentlichen Einnahmen erzielt und Ausgaben tätigt. Für unselbstständige Tochterunternehmen ist die funktionale Währung des Mutterunternehmens maßgebend.

Die bei der Umrechnung mit unterschiedlichen Kursen entstehenden Differenzen sind entsprechend ihrem Charakter zu behandeln. In der Regel werden sie erfolgsneutral im Eigenkapital verrechnet.

III. Die Konsolidierung

Als Konsolidierung bezeichnet man die Korrekturen, die gegenüber der Addition der Einzelabschlüsse notwendig werden, um konzerninterne Vorgänge zu eliminieren und den Konzern als einheitliches Unternehmen darzustellen. Die Konsolidierung bezieht sich auf die Verrechnung des Beteiligungsansatzes beim Mutterunternehmen mit dem anteiligen Eigenkapital des Tochterunternehmens (Kapitalkonsolidierung), die Aufrechnung konzerninterner Forderungen und Verbindlichkeiten (Schuldenkonsolidierung), die Verrechnung konzerninterner Aufwendungen und Erträge sowie die Eliminierung von konzernintern erzielten Gewinnen und Verlusten (Eliminierung der Zwischenergebnisse).

Für die Kapitalkonsolidierung sind verschiedene Methoden anwendbar (siehe die nachfolgenden Kapitel 1.1 bis 1.3). Die gewählte **Konsolidierungsmethode** ist im Konzernanhang anzugeben. Sie soll in den Folgeabschlüssen beibehalten werden (Stetigkeitsgrundsatz). Werden in späteren Konzernabschlüssen (ausnahmsweise) die Wahlrechte anders ausgeübt, so ist dies im Konzernanhang anzugeben und zu begründen. Der Einfluss der Abweichungen auf die Vermögens-, Finanz- und Ertragslage des Konzerns ist ebenfalls zu nennen (§ 297 Abs. 3 HGB).

1. Kapitalkonsolidierung

In der Konzernbilanz werden die Vermögensgegenstände und Verbindlichkeiten sowie die sonstigen Bilanzposten der Tochterunternehmen (unter Eliminierung der Forderungen und Verbindlichkeiten gegenüber Konzernunternehmen) mit Ausnahme ihres Eigenkapitals ausgewiesen. Das **Eigenkapital der Tochterunternehmen** wird mit dem **Beteiligungsbuchwert des Mutterunternehmens** verrechnet; bei einer Beteiligung unter 100 % wird das Eigenkapital des Tochterunternehmens anteilig verrechnet. Diese Verrechnung nennt man Kapitalkonsolidierung.

Das Eigenkapital des Tochterunternehmens setzt sich zusammen aus dem gezeichneten Kapital bzw. den Kapitaleinlagen der Gesellschafter, den Kapital- und Gewinnrücklagen sowie dem Bilanzgewinn oder -verlust. Die Sonderposten mit Rücklageanteil rechnen nicht zum konsolidierungspflichtigen Eigenkapital; sie werden als solche in den Konzernabschluss übernommen.

Die erstmalige Konsolidierung eines Tochterunternehmens erfolgt unter Erwerbsgesichtspunkten. Bei dieser **Erwerbsmethode** kann das Eigenkapital des Tochterunternehmens entweder mit dem Buchwert (Buchwertmethode) oder mit dem beizulegenden Wert der in den Konzernabschluss aufzunehmenden Vermögenswerte und Schulden des Tochterunternehmens (Neubewertungsmethode) angesetzt werden (§ 301 HGB). Der DRS 4 hebt das Wahlrecht auf, es ist allein die Neubewertungsmethode (S. 188) anzuwenden. Als Bewertungsstichtag kommt der Tag des Beteiligungserwerbs oder der erstmaligen Einbeziehung in den Konzernabschluss in Betracht (**Verrechnungsstichtag**; § 301 Abs. 2 HGB).

Sind konzernfremde Gesellschafter an Tochterunternehmen beteiligt, so sind deren Anteile in der Konzernbilanz als „**Anteile in Fremdbesitz**" auszuweisen.

1.1 Buchwertmethode

Bei der Buchwertmethode wird der Beteiligungsansatz beim Mutterunternehmen mit dem anteiligen **Buchwert des Eigenkapitals des Tochterunternehmens** verrechnet, wie er sich zum Zeitpunkt der erstmaligen Konsolidierung (Erstkonsolidierung) in der Handelsbilanz II, also in Anwendung konzerneinheitlicher Bilanzierungs- und Bewertungsgrundsätze, ergibt (§ 301 Abs. 1 Nr. 1 HGB).

Ist der Beteiligungsbuchwert höher als das anteilige buchmäßige

Eigenkapital, so ergibt sich ein **aktivischer Unterschiedsbetrag**. Da eine Überbewertung der Beteiligung im Einzelabschluss des Mutterunternehmens zu Wertberichtigungen führen muss, ist der Unterschiedsbetrag darauf zurückzuführen, dass das Bilanzvermögen des Tochterunternehmens stille Reserven enthält und/oder ein nicht aktivierter **Geschäftswert** oder Goodwill vorhanden ist.

In Bezug auf die **stillen Reserven** hat eine anteilige, d. h. der Beteiligung des Mutterunternehmens entsprechende Zuschreibung bei den unterbewerteten Vermögens- und Schuldposten zu erfolgen. Bei der Auflösung der stillen Reserven sind etwaige steuerliche Auswirkungen zu berücksichtigen. In Höhe der Steuerlast auf nicht abziehbare künftige Abschreibungen muss eine Rückstellung für latente Steuern gebildet werden (§ 306 HGB; vgl. auch S. 194). Ein nach Verrechnung der stillen Reserven verbleibender aktivischer Unterschiedsbetrag ist als Geschäfts- oder Firmenwert anzusehen. Er ist als entgeltliche erworbener Geschäftswert zu aktivieren und auszuweisen.

Diese Aktivierungen lösen, soweit sie auf Anlagen mit zeitlich begrenzter Nutzungsdauer oder auf einen Geschäftswert entfallen, in den Folgejahren im Konzernabschluss entsprechende Abschreibungen aus (**Folgekonsolidierung**). Der Geschäftswert ist in den Folgejahren mindestens mit einem Viertel abzuschreiben, soweit er nicht planmäßig über die voraussichtliche Nutzungsdauer abgeschrieben wird. Er darf auch offen von den Rücklagen abgesetzt werden (§ 309 Abs. 1 HGB) und bleibt damit ergebnisneutral.

Ist der Beteiligungsbuchwert niedriger als das buchmäßige Eigenkapital des Tochterunternehmens, so ergibt sich ein **passivischer Unterschiedsbetrag**. Er kann als Gegenteil der stillen Reserven „stille Lasten“ darstellen oder Rücklagencharakter haben.

Wegen der konzerneinheitlich anzuwendenden Bilanzierungs- und Bewertungsmethoden dürfen stille Lasten sich nur auf das Ansatzwahlrecht für Pensionsverpflichtungen, die vor dem 1. Januar 1987 entstanden sind (s. S. 53) oder auf nicht bilanzierungsfähige künftige Aufwendungen und Verluste beziehen. Im ersten Fall wäre der Unterschiedsbetrag als Pensionsrückstellung im Konzernabschluss darzustellen. Ein verbleibender passivischer Unterschiedsbetrag ist, wenn er eine stille Last, also künftige Verluste bedeutet, gesondert als Rückstellung auszuweisen. Er stellt gewissermaßen den gekauften „bad will“ des Tochterunternehmens dar.

Der geringere Beteiligungssatz kann aber auch Ausdruck eines günstigen Beteiligungserwerbs sein („lucky buy“). Insofern hat er den Charakter einer Kapitalrücklage und ist als solche gesondert auszuweisen.

Der passivische Unterschiedsbetrag aus der Kapitalkonsolidierung darf ergebnismäßig nur aufgelöst werden, wenn eine im Zeitpunkt des Erwerbs oder der Erstkonsolidierung erwartete ungünstige Entwicklung der künftigen Ertragslage des Unternehmens eingetreten ist oder erwartete Aufwendungen zu berücksichtigen sind oder wenn am Abschlussstichtag feststeht, dass der Unterschiedsbetrag einem realisierten Gewinn entspricht (§ 309 Abs. 2 HGB).

1.2 Neubewertungsmethode

Bei der Anteilswert- oder Neubewertungsmethode werden die bilanzierungsfähigen Vermögensgegenstände und Schulden des Tochterunternehmens bei der erstmaligen Einbeziehung des Tochterunternehmens in den Konzernabschluss (**Erstkonsolidierung**) neu bewertet, und zwar mit ihrem zum Verrechnungsstichtag beizulegenden Wert (§ 301 Abs. 1 Nr. 2 HGB). Nach Anwendung der einheitlichen Bilanzierungs- und Bewertungsgrundsätze werden in der Handelsbilanz II des Tochterunternehmens die stillen Reserven, die in den bilanzierten Vermögenswerten und Schuldposten enthalten sind, in voller Höhe aufgedeckt. Allerdings darf das anteilige Eigenkapital nicht höher angesetzt werden als die von dem Mutterunternehmen aufgewendeten Anschaffungskosten der Beteiligung (Anschaffungswertprinzip; § 301 Abs. 1 S. 4 HGB).

Das konsolidierungspflichtige Eigenkapital erhöht sich jedoch nur um den Anteil der stillen Reserven, die dem Unternehmen aufgrund seiner (direkten oder indirekten) Beteiligung zustehen. Die übrigen stillen Reserven werden den Anteilen im Fremdbesitz zugerechnet.

Bei einem Anteilsbesitz von 100 Prozent führt die Neubewertungsmethode wegen der Begrenzung auf den Anschaffungswert der

Beteiligung zum gleichen Ergebnis wie die Buchwertmethode. Anders ist es jedoch, wenn konzernfremde Dritte am Tochterunternehmen beteiligt sind. Hier führt die Neubewertungsmethode gegenüber der Buchwertmethode zu einem höheren Ansatz der Anteile für Fremdbesitz, weil im Gegensatz zur Buchwertmethode die stillen Reserven nicht nur anteilig, sondern unter Einbeziehung der Anteile in Fremdbesitz voll aufgedeckt werden, allerdings begrenzt durch die Anschaffungskosten der Beteiligung.

Die Neubewertungsmethode bedeutet gegenüber der Buchwertmethode einen höheren Ansatz des Eigenkapitals. Die höhere Auflösung stiller Reserven einerseits und der höhere Ansatz der Anteile in Fremdbesitz sowie gegebenenfalls höhere Rückstellungen für latente Steuern andererseits haben im Vergleich zur Buchwertmethode eine höhere Konzernbilanzsumme zur Folge.

In den Folgejahren ergeben sich niedrigere Konzernergebnisse aus höheren Abschreibungen oder Verbrauchsaufwendungen oder aus geringeren Veräußerungsgewinnen der mit höheren Werten angesetzte Vermögensgegenstände (**Folgekonsolidierung**).

Die beiden Methoden der Kapitalkonsolidierung werden in sehr vereinfachter Form in Beispiel 30 erläutert.

Beispiel 30:

Das Mutterunternehmen M erwirbt eine 60 %ige Beteiligung an dem Tochterunternehmen T zum Kaufpreis von 450 TDM, mit dem die Beteiligung T bei M zu Buche steht. Der Zeitwert der Grundstücke von T betrage 500 TDM, während der Buchwert mit 300 TDM angesetzt ist. Bei T sind somit 200 TDM stille Reserven vorhanden. Diese stillen Reserven lösen sich in den Folgejahren nicht auf, sodass insoweit keine latenten Steuern anzusetzen sind.

Ein verbleibender aktivischer Unterschiedsbetrag ist als Geschäfts- oder Firmenwert anzusehen, der in den Folgejahren abzuschreiben ist.

a) Buchwertmethode

(1) Die Aufrechnung des Beteiligungsbuchwertes (450) mit dem anteiligen Eigenkapital = 60 % × 500 = 300 ergibt einen aktivischen Unterschiedbetrag von 150.

Aufdeckung der anteiligen stillen Reserven: (a) Grundstücke: 60 % × 200 = 120;

(b) verbleibender Unterschiedsbetrag = Geschäftswert = 30.

(2) Berechnung des Anteils der anderen Gesellschafter: 500 × 40 % = 200

(Angaben in GE)	M	T	Summe	Konsolidierung Soll	Konsolidierung Haben	Konzern-bilanz
Aktiva						
Geschäftswert	0	0		(1) 30		30
Grundstücke	500	300	800	(2) 120		920
Sonstige Aktiva	1550	700	2250			2250
Beteiligung an T	450	–	450		(1) 450	0
Summe	2500	1000	3500			3200
Passiva						
Eigenkapital	1500	500	2000	(1) 300		1500
Anteile anderer				(2) 200		
Gesellschafter	–	–	–		(2) 200	200
Fremdkapital	1000	500	1500			1500
Summe	2500	1000	3500	650	650	3200

b) Neubewertungsmethode

Hier werden die stillen Reserven von T prinzipiell in voller Höhe aufgelöst, d. h. anstelle der Buchwerte in der Handelsbilanz II werden die Zeitwerte der Vermögensgegenstände und Schuldposten angesetzt. Das Eigenkapital T darf aber nicht höher angesetzt werden als es den anteilsbezogenen Anschaffungskosten von M entspricht (Anschaffungswertprinzip), d. h. das gesamte Eigenkapital von T darf maximal mit 150 % = 750 TDM ausgewiesen werden. Mit der Auflösung der stillen Reserven von 200 TDM bei den Grundstücken wird in TN der Betrag für das Eigenkapital mit 700 TDM ausgewiesen und liegt damit unter der genannten Grenze. Davon entfallen auf die Anteile im Fremdbesitz 40 % = 280 TDM und auf M 60 % = 420 TDM. Damit verbleibt bei der Aufrechnung des Beteiligungsansatzes mit dem anteiligen buchmäßigen Eigenkapital ein aktivischer Unterschiedsbetrag von 450 – 420 = 30 TDM, der den Charakter eines Geschäftswertes hat. Ein anteiliger Ansatz des Geschäftswertes für die Anteile im Fremdbesitz ist nicht zulässig, da insoweit der Geschäftswert nicht entgeltlich erworben wurde.

(Angaben in GE)	M	T	TN	Summe	Konsolidierung Soll	Konsolidierung Haben	Konzern-bilanz
Aktiva							
Geschäftswert	0	0	500		(1) 30		30
Grundstücke	500	300	700	1000			1000
Sonstige Aktiva	1550	700		2250			2250
Beteiligung an T	450	–		450	(1) 450		
Summe	2500	1000	1200	3700			3280
Passiva							
Eigenkapital	1500	500	700	2200	(1) 420		1500
Anteile anderer					(2) 280		
Gesellschafter	–	–	–			(2) 280	280
Fremdkapital	1000	500	–	1500			1500
Summe	2500	1000	1200	3700	730	730	3280

1.3. Kapitalkonsolidierung bei Interessenzusammenführung

Ein Sonderfall der Kapitalkonsolidierung betrifft den Erwerb eines Unternehmens durch Aktientausch. Die in § 302 HGB beschriebene Kapitalkonsolidierung bei Interessenzusammenführung (sog. Pooling of Interest-Methode) setzt eine Beteiligung von mindestens 90 % an dem Tochterunternehmen voraus, die durch die Ausgabe von Anteilen des Mutter- oder eines anderen Tochterunternehmens erworben wird, wobei ein etwaiger Barausgleich nicht höher als 10 % des Nennwertes oder rechnerischen Wertes der ausgegebenen Anteile sein darf.

Liegen diese Voraussetzungen vor, darf das Mutterunternehmen die Verrechnung seines Beteiligungsbuchwertes auf das gezeichnete Kapital des Tochterunternehmens (Grund- oder Stammkapital) beschränken. Ein aktivischer Unterschiedsbetrag ist mit den Rücklagen zu verrechnen, ein passivischer Unterschiedsbetrag den Rücklagen hinzuzurechnen (§ 302 Abs. 2 HGB).

Der Vorteil dieser Methode, die nicht unumstritten ist, liegt darin, dass die Folgekonsolidierung erfolgsneutral bleibt. Es wird kein Unterschiedsbetrag aktiviert oder passiviert, der später zu entsprechenden Abschreibungen oder ertragswirksamen Auflösungen führt.

1.4 Quotenkonsolidierung

Führt ein Konzernunternehmen ein anderes Unternehmen gemeinsam mit nicht in den Konzernabschluss einbezogenen Unternehmen, so darf das andere Unternehmen anteilig in den Konzernabschluss einbezogen werden. Für diese so genannte Quotenkonsolidierung gelten die geschilderten Konsolidierungsgrundsätze analog (§ 310 HGB).

2. Sonstige Konsolidierungen

2.1 Schuldenkonsolidierung

Die Aufrechnung der konzerninternen **Forderungen und Verbindlichkeiten** bezeichnet man als Schuldenkonsolidierung (§ 303 HGB). Sie bedeutet, dass Ausleihungen, Anzahlungen und andere Forderungen sowie Verbindlichkeiten zwischen den in den Konzernabschluss einbezogenen Unternehmen in der Konzernbilanz wegzulassen sind. Die Konsolidierung umfasst auch Eventualverbindlichkeiten und Haftungsverhältnisse.

Konzerninterne **Rückstellungen** sind auch dann zu eliminieren, wenn ihnen keine Forderungen eines Konzernunternehmens gegenüberstehen. Unter Umständen können solche Rückstellungen aus Konzernsicht aber einen anderen Charakter haben, z. B. den einer Aufwandsrückstellung oder einer Wertberichtigung wie im Fall einer Rückstellung für Gewährleistungen. Rückstellung für Verpflichtungen, die nur formal gegenüber Konzernunternehmen, materiell aber gegenüber Dritten bestehen, sind im Konzernabschluss beizubehalten.

2.2 Zwischenergebniseliminierung

Aus der Einheitstheorie folgt auch, dass Gewinne und Verluste aus konzerninternen Lieferungen und Leistungen im Konzernabschluss zu eliminieren sind (so genannte Zwischenergebniseliminierung; § 304 HGB). Umsätze des Konzerns sind nur solche, die mit Konzernfremden getätigt wurden (Außenumsätze). Vermögensgegenstände, die ganz oder teilweise aus konzerninternen Lieferungen und Leistungen stammen, sind in der Konzernbilanz mit den Konzern-Anschaffungskosten oder Konzern-Herstellungskosten anzusetzen.

Konzern-Anschaffungskosten sind die Aufwendungen, die ein Konzernunternehmen geleistet hat, um den Vermögensgegenstand von einem Konzernfremden zu erwerben. Die oben gegebene Begriffsdefinition der Anschaffungskosten (vgl. S. 61 f.) gilt hier in der Weise, dass der Konzern als einheitliches Unternehmen betrachtet wird.

Die **Konzern-Herstellungskosten** sind die Aufwendungen, die durch den Verbrauch von Gütern und die Inanspruchnahme von Diensten für die Herstellung des Vermögensgegenstandes dem Konzern als einheitliches Unternehmen entstehen. Hier gelten die gleichen Ober- und Untergrenzen wie für die Herstellungskosten im Jahresabschluss (siehe Seite 63 ff. und Beispiel 29).

Auf eine Zwischengewinneliminierung kann verzichtet werden, wenn die konzerninterne Lieferung oder Leistung zu üblichen Marktbedingungen erfolgt ist und die Ermittlung der Konzern-Anschaffungskosten oder Konzern-Herstellungskosten einen unverhältnismäßigen Aufwand erfordern würde (§ 304 Abs. 2 HGB). Die Inanspruchnahme dieses eng auszulegenden Wahlrechts ist im Konzernanhang anzugeben.

Eine Eliminierung der Zwischenergebnisse darf auch dann unterbleiben, wenn das Zwischenergebnis für die Darstellung der Lage des Konzerns von untergeordneter Bedeutung ist (§ 304 Abs. 3 HGB).

2.3 Aufwands- und Ertragskonsolidierung

Die Aufwands- und Ertragskonsolidierung (§ 305 HGB) bedeutet vor allem, dass Umsatzerlöse, die gegenüber einem anderen Konzernunternehmen erzielt worden sind, mit den auf sie entfallenen Aufwendungen und Erträgen zu verrechnen sind, soweit sie nicht als Bestandserhöhung (S. 93) oder andere aktivierte Eigenleistungen zu zeigen sind (s. S. 94). Damit werden konzerninterne Umsatzgeschäfte rückgängig gemacht. Auch andere Erträge aus konzerninternen Lieferungen und Leistungen, z. B. innerkonzernliche

Zinserträge und -aufwendungen sind in der Konzern-G +V zu eliminieren.

2.4 Latente Steuern

Die Problematik latenter Steuern (vgl. S. 33 und S. 54) taucht – unabhängig von den latenten Steuern im Einzelabschluss – auch beim Konzernabschluss auf, wenn das Konzernergebnis von der Summe der Einzelergebnisse der in den Konzernabschluss einbezogenen Unternehmen abweicht. Mögliche Ursachen der Abweichungen sind eine gegenüber dem Einzelabschluss abweichende konzerneinheitliche Bilanzierung und Bewertung sowie die geschilderten Konsolidierungsmaßnahmen.

Ist das Konzernergebnis niedriger als die Summe der Einzelergebnisse, so ist der Steuermehraufwand, der sich aufgrund der höheren Einzelergebnisse ergibt, durch einen Abgrenzungsposten auf der Aktivseite anzupassen. Ist das Konzernergebnis höher, so ist eine entsprechende Rückstellung für latente Steuern zu bilden (§ 306 HGB). Ist das Konzernergebnis niedriger, sind die latenten Steuern aktivisch abzugrenzen. Voraussetzung für die Berücksichtigung latenter Steuern ist jeweils, dass sich die Steuerunterschiede in den folgenden Geschäftsjahren ausgleichen. Im Gegensatz zum Einzelabschluss, wo für die aktive Steuerabgrenzung ein Wahlrecht gegeben ist (§ 274 Abs. 2 HGB), ist im Konzernabschluss auch die aktive Steuerabgrenzung zwingend vorgeschrieben.

Die latenten Steuern, die sich nach § 274 HGB (Einzelabschluss) und § 306 HGB (Konzernabschluss) ergeben, können in einem Posten zusammengefasst werden.

3. Assoziierte Unternehmen

Eine Besonderheit des Konzernabschlusses stellt die Behandlung der so genannten assoziierten Unternehmen dar. Auf ihre Sonderbehandlung kann nur verzichtet werden, wenn sie für die Vermögens-, Finanz- und Ertragslage des Konzerns von untergeordneter Bedeutung sind.

Bei den assoziierten Unternehmen handelt es sich um nicht in den Konzernabschluss einbezogene Unternehmen, bei denen das Mutterunternehmen oder ein anderes einbezogenes Unternehmen aufgrund seiner Kapitalbeteiligung einen **maßgeblichen Einfluss auf die Geschäfts- und Finanzpolitik** dieses Unternehmens tatsächlich ausübt (§ 311 HGB). Eine solche Einflussnahme seitens des Mutterunternehmens wird widerlegbar vermutet, wenn das Mutter- oder ein Tochterunternehmen direkt oder indirekt über mindestens 20 % der Stimmrechte verfügt.

Zu den assoziierten Unternehmen rechnen auch Tochterunternehmen, die nicht als solche in den Konzernabschluss einbezogen worden sind, wenn ein maßgeblicher Einfluss vom Mutterunternehmen ausgeübt wird.

Die Beteiligungen an assoziierten Unternehmen sind in der Konzernbilanz gesondert auszuweisen und mit dem anteiligen Eigenkapital des assoziierten Unternehmens zu bewerten. Man spricht von der sog. **Equity-Methode**. Das anteilige Eigenkapital kann entweder mit dem Buchwert oder mit dem beizulegenden Wert des anteiligen Eigenkapitals des assoziierten Unternehmens angesetzt werden. Der maßgebliche Zeitpunkt ist der Zeitpunkt des Erwerbs der Anteile oder der erstmaligen Einbeziehung in den Konzernabschluss.

Bei **Ansatz des Buchwertes**, der im Erwerbszeitpunkt den Anschaffungskosten entspricht, ist der Unterschiedsbetrag zwischen diesem Wert und dem anteiligen Eigenkapital des assoziierten Unternehmens in der Konzernbilanz oder im Konzernanhang zu vermerken. Übersteigt der Buchwert das anteilige Eigenkapital, so betrifft der Unterschiedsbetrag die stillen Reserven und den Geschäfts- oder Firmenwert. Diese stillen Reserven sind den Vermögens- und Schuldposten des assoziierten Unternehmens zuzuordnen und im Konzernabschluss fortzuführen, abzuschreiben oder aufzulösen (§ 312 Abs. 2 HGB).

Im umgekehrten Fall ist der passivische Unterschiedsbetrag als solcher ebenfalls im Anhang zu vermerken. Auch er ist im Konzernabschluss fortzuführen und wie ein passivischer Unterschiedsbetrag aus der Kapitalkonsolidierung zu behandeln.

Beim Ansatz mit dem tatsächlichen **Wert des anteiligen Eigenkapital** (§ 312 Abs. 1 Nr. 2 HGB) ist das Eigenkapital mit dem Betrag anzusetzen, der sich ergibt, wenn die Vermögensgegenstände,

Schulden und Rechnungsabgrenzungsposten des assoziierten Unternehmens mit den Werten angesetzt werden, die ihnen im Zeitpunkt der Kapitalaufrechnung beizulegen ist. In der Konzernbilanz darf jedoch kein höherer Betrag als die ursprünglichen Anschaffungskosten für die Beteiligung angesetzt werden.

Übersteigen die Anschaffungskosten das anteilige Eigenkapital, so ist der Unterschiedsbetrag als Geschäfts- oder Firmenwert zu aktivieren. Liegen die Anschaffungskosten unter dem anteiligen Eigenkapital, so ist der Unterschiedsbetrag im Konzernanhang anzugeben.

In den auf die Erstkonsolidierung folgenden Jahren sind die Wertansätze für das assoziierte Unternehmen um die anteiligen Eigenkapitalveränderungen (z. B. Gewinnausschüttung) zu vermindern oder zu erhöhen. In der Konzern-G + V ist das auf das assoziierte Unternehmen entfallende Ergebnis gesondert auszuweisen (§ 312 Abs. 4 HGB).

Zwischenergebnisse aus Lieferungen und Leistungen des assoziierten Unternehmens an ein in den Konzernabschluss einbezogenes (Mutter- oder Tochterunternehmen) sind ebenfalls zu eliminieren, soweit die für die Beurteilung maßgeblichen Sachverhalte bekannt oder zugänglich sind (§ 312 Abs. 5 i. V. § 304 HGB). Für die Zwischenergebniseliminierung aus Lieferungen und Leistungen von Mutter- oder Tochterunternehmen an das assoziierte Unternehmen wird im Allgemeinen ein Wahlrecht angenommen. Auf die Zwischenergebniseliminierung darf verzichtet werden, wenn die Zwischenergebnisse von untergeordneter Bedeutung sind.

Für die Bilanzierung im Konzernabschluss ist jeweils der letzte Jahresabschluss des assoziierten Unternehmens zugrunde zu legen. Stellt das assoziierte Unternehmen einen Konzernabschluss auf, so ist von diesem auszugehen (§ 312 Abs. 6 HGB). Wendet das assoziierte Unternehmen gegenüber dem Konzernabschluss abweichende Bewertungsgrundsätze an, so können die konzerneinheitlichen Bewertungsgrundsätze für den Ansatz im Konzernabschluss angewendet werden. Die gewählte Methode ist im Konzernanhang zu nennen (§ 312 Abs. 1 Nr. 1 HGB).

IV. Konzernanhang und Konzernlagebericht

Zum Konzernabschluss gehört neben der Konzernbilanz und der Konzern-G + V ein Konzernanhang. Außerdem hat das Mutterunternehmen einen Konzernlagebericht zu erstellen. Beide Berichte dürfen mit dem Anhang bzw. Lagebericht des Mutterunternehmen zusammengefasst werden. Davon wird bei börsennotierten Unternehmen nur selten Gebrauch gemacht. Die Berichterstattung kann dadurch – insbesondere bei unterschiedlicher Bilanzpolitik im Einzel- und Konzernabschluss – leicht unübersichtlich werden.

1. Konzernanhang

Der Konzernanhang enthält analog zum Anhang des Einzelabschlusses (Kapitel C.III) **Erläuterungen** und zusätzliche Aufgliederungen zur Konzernbilanz und zur Konzern-Gewinn- und Verlustrechnung sowie weitere Pflichtangaben (vgl. § 313 und § 314 HGB). Im Konzernanhang sind insbesondere die angewandten Bilanzierungs-, Bewertungs- und Konsolidierungsmethoden aufzuführen.

Anzugeben sind ferner Name und Sitz von Konzernunternehmen, assoziierten Unternehmen, Unternehmen, die nur anteilsmäßig in den Konzernabschluss einbezogen worden sind (§ 310 HGB), und Unternehmen, bei denen ein Konzernunternehmen 20 % und mehr Anteile besitzt. Für jedes dieser Unternehmen ist der Kapitalanteil des Mutterunternehmens zu nennen. Bei der letztgenannten Unternehmensgruppe sind zusätzlich die Höhe des Eigenkapitals und das Ergebnis des letzten Geschäftsjahres anzugeben, es sei denn, das **Beteiligungsunternehmen** ist nicht zur Veröffentlichung seines Jahresabschlusses verpflichtet und die Beteiligung der Konzernunternehmen beträgt weniger als 50 %. Die Angabe des Ergebnisses kann entfallen, wenn es für den Konzern von untergeordneter Bedeutung ist.

Börsennotierte Mutterunternehmen haben ihren Konzernanhang um eine Kapitalflussrechnung und eine Segmentberichterstattung zu erweitern (§ 297 Abs. 1 HGB). Beide Rechenwerke sind übliche Bestandteile der internationalen Rechnungslegung.

1.1. Kapitalflussrechnung

In der Kapitalflussrechnung sind die Zahlungsströme (Cashflows) der Abrechungsperiode bzw. des Geschäftsjahres darzustellen, und zwar unterteilt nach den Zahlungsströmen aus der laufenden Geschäftstätigkeit, aus der Investitions- und der Finanzierungstätigkeit.

Die **Zahlungsströme** ergeben sich aus den Ein- und Auszahlungen, d. h. aus den Veränderungen der Zahlungsmittel (Kasse, Bankguthaben) und der Zahlungsmitteläquivalente. Letztere sind die als Liquiditätsreserven gehaltenen kurzfristigen Finanzmittel, die jederzeit in Zahlungsmittel umgewandelt werden können und nur unwesentlichen Wertschwankungen unterliegen, z. B. Festgeldguthaben, börsennotierte Wertpapiere, handelbare Finanzinstrumente. Man spricht auch vom **Finanzmittelfonds**. In ihn dürfen zusätzlich jederzeit fällige Bankverbindlichkeiten, soweit sie zur Disposition der liquiden Mittel gehören, einbezogen werden.

Der **Cashflow aus der laufenden Geschäftstätigkeit** stammt aus der auf Erlöserzielung ausgerichteten Tätigkeit des Konzerns. Er umfasst die Umsatzerlöse und sonstige betriebliche Erträge und Aufwendungen, soweit sie zahlungswirksam sind. Erhaltene und gezahlte Zinsen sowie erhaltene Dividenden und gezahlte Ertragsteuern sind ebenfalls der laufenden Geschäftstätigkeit zuzuordnen. Neben diesem Cashflow i. e. Sinn (s. S. 145 ff.) gehören zu den Finanzströmen aus der laufenden Geschäftstätigkeit auch die Veränderungen des Working Capital (siehe S. 124).

Der **Cashflow aus der Investitionstätigkeit** stammt aus Zahlungsströmen, die im Zusammenhang mit Vermögensgegenständen stehen, die langfristig, meist länger als ein Jahr genutzt werden sollen (Anlagevermögen). Sie betreffen insbesondere Investitionen in Anlagevermögen. Hierzu gehören auch die Zahlungsströme im Zusammenhang mit Finanzanlagen, sofern diese nicht zum Finanzmittelfond rechnen oder zu Handelszwecken gehalten werden. Ferner sind die Zahlungsströme aus dem Erwerb und dem Verkauf von konsolidierten Unternehmen und von Geschäftseinheiten als solche aus der Investitionstätigkeit zu klassifizieren.

Dem **Cashflow aus der Finanzierungstätigkeit** sind die Zahlungsströme zuzuordnen, die aus Finanztransaktionen mit den Unternehmenseignern des Mutterunternehmens und den Minderheitsgesellschaftern konsolidierter Tochterunternehmen sowie aus der Aufnahme oder Tilgung von Finanzschulden resultieren.

Einzelheiten regelt der Deutsche Rechnungslegungsstandard DRS 2, der auch ein Mindestgliederungsschema zeigt. Die wichtigsten Zahlungsströme nennt die folgende grobe **Gliederung** der Kapitalflussrechnung:

	Cashflow nach DVFA/SG
+ –	Veränderung des Working Capital
=	**Cashflow aus der laufenden Geschäftstätigkeit (1)**
	Investitionen im Anlagevermögen
–	Einzahlungen aus Anlageabgängen
=	**Cashflow aus der Investitionstätigkeit (2)**
	Eigenkapitalzuführungen
	Kreditaufnahmen
–	Kredittilgungen
	Dividenden, Rückzahlungen von Eigenkapital
=	**Cashflow aus der Finanzierungstätigkeit (3)**
	(1) – (2) + (3) = Veränderung des Finanzmittelfonds

Tabelle 21: Kapitalflussrechnung

1.2. Segmentberichterstattung

Ziel der Segmentberichterstattung ist es, über die wesentlichen Geschäftsfelder des Konzerns zu informieren, um den Einblick in die Vermögens-, Finanz- und Ertragslage und die Chancen und Risiken der einzelnen Geschäftsfelder zu verbessern. Einzelheiten regelt der Deutsche Rechnungslegungsstandard DRS 3.

Danach hat die **Segmentierung** anhand der operativen Segmente des Konzerns zu erfolgen, wie sie sich aus der internen Organisations- und Berichtsstruktur des Konzerns ergeben. Dabei wird unterstellt, dass die Segmentierung die Chancen- und Risikostruktur des Unternehmens widerspiegelt. Segmente mit homogenen Chancen und Risiken dürfen zusammengefasst werden.

Ein operatives Segment ist immer dann anzugeben, wenn die Umsatzerlöse mit externen Kunden und mit anderen Segmenten, das Segmentergebnis oder das Segmentvermögen mindestens 10 % des entsprechenden Konzern-Gesamtbetrages ausmachen.

Die Merkmale für die Abgrenzung der Segmente und etwaige Zusammenfassungen sind zu beschreiben. Die Segmentierung kann **produktorientiert oder geografisch** erfolgen. Die Zusammensetzung der geografischen Segmente ist zu erläutern. Für die produktorientierten Segmente sind die Tätigkeiten und die Erzeugnisse darzustellen.

Für die primär verwendete Segmentierung (produktorientiert oder geografisch) sind je Segment folgende **Daten** anzugeben:

- Umsatzerlöse unterteilt nach Umsatzerlösen mit Dritten und mit anderen Segmenten
- Segmentergebnis sowie die darin enthaltenen Abschreibungen, andere nicht zahlungswirksame Posten, Ergebnis aus Beteiligungen an assoziierten Unternehmen und Erträge aus Beteiligungen; außerdem sind Zinsertrag und Zinsaufwand sowie ggf. die Ertragsteuern zu nennen,
- Vermögen einschließlich der Beteiligungen an anderen Unternehmen
- Investitionen in das langfristige Vermögen
- Schulden.

Soweit ein primär anzugebendes Segment nicht produktorientiert abgegrenzt ist, sind produktorientiert die Umsatzerlöse, abgrenzt nach Standort der Kunden, sowie das Vermögen und die Investitionen in das langfristige Vermögen, abgegrenzt nach Standort des Vermögens, anzugeben.

Die Segmentdaten sind in Übereinstimmung mit den Bilanzansatz- und Bewertungsmethoden in dem zugrunde liegenden Abschluss zu ermitteln. Die für die Segmente ausgewiesenen Vermögens- und Schuldposten sowie die Aufwendungen und Erträge haben miteinander zu korrespondieren. Die Daten sind auf den korrespondierenden Ausweis des Konzernabschlusses überzuleiten. Den Zahlen des Berichtszeitraumes sind die entsprechenden Zahlen der Vorperiode gegenüberzustellen.

Übersteigen die Umsatzerlöse mit einem externen Kunden 10 %

der gesamten externen und intersegmentären Außenumsatzerlöse, so sind der Gesamtbetrag und die betroffenen Segmente anzugeben.

2. Konzernlagebericht

Das Mutterunternehmen hat zusätzlich zum Konzernjahresabschluss einen Konzernlagebericht zu erstellen (§ 315 HGB). In ihm sind Geschäftsverlauf und Lage des Konzerns so zu darzustellen, dass ein den tatsächlichen Verhältnissen entsprechendes vermittelt wird. Dabei ist auch auf Risiken der künftigen Entwicklung einzugehen. Der Konzernlagebericht soll auch auf Vorgänge von besonderer Bedeutung eingehen, die nach dem Bilanzstichtag eingetreten sind. Er soll ferner die voraussichtliche Entwicklung des Konzerns sowie den Bereich Forschung und Entwicklung behandeln.

Für den (externen) Bilanzleser ist der Konzernlagebericht dann besonders interessant, wenn er die strategische Ausrichtung und die langfristigen Perspektiven des Konzerns erkennen lässt. Außerdem findet er in guten Lageberichten eine fundierte und konzentrierte Würdigung der Vermögens-, Finanz- und Ertragslage sowie des Geschäftsentwicklung des Konzerns. Schließlich kommt der Berichterstattung über die spezifischen Risiken und über das Risikomanagement des Konzerns besondere Bedeutung zu (s. S.108). Zur Risikoberichterstattung wird auf den DRS 5 hingewiesen.

V. Analyse des Konzernabschlusses

1. Allgemein

Die Ausführungen zur Analyse des Jahresabschlusses (vgl. Kapitel D.I) gelten im Prinzip auch für die Analyse des Konzernabschlusses. Ergänzend sind einige konzernspezifische Besonderheiten zu erwähnen.

Im Konzernabschluss wirken sich neben den für den Einzelabschluss geltenden Bilanzierungs- und Bewertungswahlrechten zusätzlich die Konsolidierungs- und andere konzernspezifische Wahl-

1. **Wahlrechte bei der Handelsbilanz II**
   - Abweichende Bilanzierungs- und Bewertungspolitik gegenüber dem Einzelabschluss des Mutterunternehmens (§ 308 Abs. 1 S. 2 HGB)
   - Verzicht auf Zwischenabschlüsse bei abweichenden Abschlussstichtagen (§ 299 Abs. 2 HGB)
   - Verzicht auf einheitliche Bewertung in Sonderfällen (§ 308 Abs. 2 Satz 2–4 HGB)

2. **Zusätzliche Wahlrechte für den Konzernabschluss**

   a) **Abgrenzung des Konsolidierungskreises**
   - Auf die Einbeziehung eines Tochterunternehmens kann verzichtet werden bei erheblicher und andauernder Beschränkung der Ausübung der Rechte des Mutterunternehmens in Bezug auf das Vermögen oder die Geschäftsführung dieses Unternehmens (§ 296 Abs. 1 Nr. 1 HGB)
   - Verzicht auf die Einbeziehung, wenn die erforderlichen Angaben für die Aufstellung des Konzernabschlusses nur mit unverhältnismäßig hohen Kosten oder Verzögerungen zu erhalten sind (§ 269 Abs. 1 Nr. 2 HGB)
   - Verzicht auf Einbeziehung, wenn die Anteile des Tochterunternehmens ausschließlich zum Zwecke ihrer Weiterveräußerung gehalten werden (§ 296 Abs. 1 Nr. 3 HGB)
   - Verzicht auf Einbeziehung, wenn das Tochterunternehmen von untergeordneter Bedeutung ist (§ 296 Abs. 2 HGB)
   - Angaben zur Veränderung des Konsolidierungskreises (§ 294 Abs. 2 HGB)

   b) **Aufstellung des Konzernabschlusses**
   - Wahl des Abschlussstichtages (§ 299 Abs. 1 HGB)
   - Zusammenfassung des Vorratsvermögens in einem Posten (§ 298 Abs. 2 HGB)
   - Abweichende Gliederung des Konzernabschlusses für Personenunternehmen (§ 13 Abs. 2 PublG)
   - Abschreibungen nach vernünftiger kaufmännischer Beurteilung (§ 13 Abs. 3 PublG)
   - Verzicht auf Wertaufholung (§ 13 Abs. 3 PublG)
   - Beschränkte Angaben in einer Anlage zur Bilanz statt Gewinn- und Verlustrechnung (§ 13 Abs. 3 i. V. m. § 5 Abs. 5 PublG)
   - Angaben im Anhang über die Auswirkungen von steuerlichen Abschreibungen und Wertaufholungen (§ 13 Abs. 3 PublG)

- Angaben zu den Organen des Unternehmens und deren Bezüge im Anhang (§ 13 Abs. 3 PublG)
- Zusammenfassung von Konzernanhang und Anhang des Mutterunternehmens (§ 298 Abs. 3 HGB)

c) Kapitalkonsolidierung
- Buchwert- oder Neubewertungsmethode (§ 301 Abs. 1 HGB)
- Zeitpunkt der Erstkonsolidierung (§ 301 Abs. 2 HGB)
- Behandlung des aktivischen Unterschiedsbetrages (unterschiedliche Abschreibung; offene Verrechnung mit den Rücklagen; § 309 Abs. 1 HGB)
- Behandlung des passivischen Unterschiedsbetrages (Ausweis je nach Charakter sowie Auflösungswahlrecht nach § 309 Abs. 2 HGB)
- Verrechnung von aktivischen und passivischen Unterschiedsbeträgen (§ 301 Abs. 2 S. 3 HGB)
- Bei Vorliegen bestimmter Voraussetzungen: Interessenzusammenführung (§ 302 HGB) oder anteilige Konsolidierung (§ 310 HGB)

d) Sonstige Wahlrechte
- Equity-Bewertung bei assoziierten Unternehmen analog zu den Wahlrechten der Kapitalkonsolidierung (§ 312 HGB)
- Verzicht auf Schuldenkonsolidierung bei untergeordneter Bedeutung (§ 302 Abs. 2 HGB)
- Verzicht bei Zwischengewinneliminierung bei üblichen Marktpreisen und unverhältnismäßig hohen Aufwendungen der Ermittlung (§ 304 Abs. 2 HGB)
- Verzicht auf die Aufwands- und Ertragskonsolidierung bei untergeordneter Bedeutung (§ 305 Abs. 2 HGB)
- Wahlrechte bei der Bestimmung der Konzernherstellungskosten analog zu § 255 Abs. 2 HGB
- Ausweis der Steuerabgrenzung (§ 306 S. 3 HGB)
- Angaben zum Anteilsbesitz (§ 314 Abs. 4 HGB)
- Verzicht auf Angaben zu den Beteiligungen bei Befürchtung erheblicher Nachteile (§ 313 Abs. 3 HGB)
- Verzicht auf Aufgliederung der Umsatzerlöse bei Befürchtung erheblicher Nachteile (§ 314 Abs. 2 HGB)

3. Offenlegung
- Größenabhängige Erleichterungen nach § 326 und 327 HGB

Tabelle 22: Spezifische Wahlrechte für den Konzernabschluss

rechte aus (s. Tab. 22). Insofern kann ein Bilanzvergleich zwischen verschiedenen Konzernen erschwert sein. Bessere Analysemöglichkeiten bietet der Zeitvergleich. Hier kommt dem Stetigkeitsgrundsatz für die Konsolidierungs- und Bewertungsmethoden große Bedeutung zu.

Für die Analyse des Konzernabschlusses ist der Konzernanhang mit seinen ergänzenden Angaben und Erläuterungen besonders wichtig. Interessant sind der **Konsolidierungskreis** und seine Veränderungen gegenüber dem Vorjahr. Im Anhang werden die (wesentlichen) einbezogenen Konzernunternehmen genannt. Außerdem sind die Nichteinbeziehung von Konzernunternehmen und ihre Begründung anzugeben. Veränderungen des Konsolidierungskreises sind insbesondere durch den Erwerb oder die Veräußerung von Unternehmen bedingt. Sie können wesentliche Posten des Konzernabschlusses und ohne zusätzliche Angaben dessen Aussagekraft beeinträchtigen. Hilfreich ist es, wenn die wesentlichen betragsmäßigen Auswirkungen im Konzernanhang genannt werden.

Die im Konzernanhang anzugebenden **Konsolidierungsgrundsätze** lassen erkennen, wie Konsolidierungswahlrechte ausgeübt werden. Gedacht ist hierbei insbesondere an die Buchwert- oder Neubewertungsmethode bei der Kapitalkonsolidierung sowie an die Charakteristik und Entwicklung der Unterschiedsbeträge aus der Kapitalkonsolidierung.

Das Eigenkapital des Konzerns reduziert sich auf das Eigenkapital der Konzernobergesellschaft und die Anteile im Fremdbesitz. In diesem Zusammenhang ist insbesondere der Verschuldungsgrad des Konzerns interessant. Die Finanzkraft sowie wesentliche Investitions- und Finanzierungsvorschläge des Konzerns lassen sich am besten der Kapitalflussrechnung entnehmen (siehe oben Kapitel IV.1.1.). Die Segmentberichterstattung (Kapitel IV1.2) lässt die Schwerpunkte der Geschäftstätigkeit des Konzerns erkennen und erlaubt u. U. Rückschlüsse auf besondere Risikofelder.

2. Die besondere Problematik von Konzernen

Die besondere Problematik des Konzerns und der konzernverbundenen Unternehmen ergibt sich aus der rechtlichen Selbstständigkeit der Konzernunternehmen einerseits und ihrer wirtschaftlichen Verflechtung und Abhängigkeit andererseits. Obwohl die **rechtlich selbstständigen Konzernunternehmen** wirtschaftlich wie ein einheitliches Unternehmen geführt werden oder geführt werden können, können nur die einzelnen Konzernunternehmen rechtliche Beziehungen eingehen. Deshalb knüpfen die gesetzliche Vorschriften zum Mindestkapital, zur Kapitalaufbringung und -erhaltung, zur Gewinnermittlung und -verwendung sowie zur Haftung an das einzelne Konzernunternehmen an. Hinzu kommt, dass die Interessen der Konzernobergesellschaft mit denen der übrigen Konzernunternehmen, insbesondere deren konzernfremden Gesellschafter und Gläubiger, nicht immer übereinstimmen.

Das Ausmaß der Problematik hängt ab von dem **Umfang der konzerninternen Liefer- und Leistungsbeziehungen** und von der **Intensität der Konzernführung**, d.h. von den rechtlichen Grundlagen (vertragliches oder faktisches Konzernverhältnis, Rechtsform der Unternehmen) und dem Ausmaß der Einflussnahme (zentrale oder dezentrale Führung, Konzernstruktur). Im Zusammenhang mit der Analyse des Jahresabschlusses und des Konzernabschlusses sind die Auswirkungen auf Kapitalausstattung und Verschuldung, Ergebnisse, Gewinnverwendung sowie auf die Liquidität der Konzernunternehmen relevant.

Das **Eigenkapital** des Mutterunternehmens ist – neben etwaigen Anteilen, die konzernfremde Gesellschafter an Tochterunternehmen halten – die Eigenkapitalbasis für den gesamten Konzern. Es bildet wirtschaftlich die alleinige oder wesentliche Haftungsgrundlage für alle Verbindlichkeiten der Konzernunternehmen. Das Mutterunternehmen verwendet sein Kapital u.a. dazu, um die Tochterunternehmen mit Eigenkapital auszustatten. Es schafft also mit seinem Eigenkapital ohne Mittelzufluss von außerhalb des Konzerns neues Eigenkapital (sog. **Pyramideneffekt**).

Soweit zur Eigenkapitalausstattung der Tochterunternehmen Fremdkapital herangezogen wird, wird es beim Tochterunternehmen in Eigenkapital umgewandelt. Das Tochterunternehmen verfährt analog bei der Eigenkapitalausstattung seiner Tochterunternehmen, also der Enkelgesellschaften des Mutterunternehmens. Der Vorgang kann auf weiteren Ebenen wiederholt werden. Es wird also mit dem Eigenkapital des Mutterunternehmens auf den verschiedenen Konzernebenen derivatives Eigenkapital geschaffen. Legt man als Kreditunterlage die Eigenkapitalausstattung in den Einzelabschlüssen der Konzernunternehmen zugrunde, so kann es zu einer überhöhten Kreditaufnahme kommen. Nur der Konzernabschluss zeigt den wahren, möglicherweise riskanten Verschuldungsgrad des Gesamtkonzerns.

In gewissem Rahmen ist es möglich, durch Entscheidungen der Konzernleitung, z. B. über Produktionsverlagerungen oder konzerninterne Verrechnungspreise, Vermögen und/oder Ergebnisse von einem Konzernunternehmen zum anderen zu verlagern. Derartige **Verlagerungen** sind aus dem Einzel- oder Konzernabschluss für den externen Bilanzleser kaum erkennbar. Immerhin sind diesen Verlagerungen durch das Konzernrecht (insbesondere §§ 311 ff. AktG) und das Steuerrecht Grenzen gesetzt. Im Regelfall findet der konzerninterne Leistungsaustausch zu marktgerechten Bedingungen wie unter unabhängigen Unternehmen statt.

Das Mutterunternehmen kann neben dem Ergebnisausweis weiter die **Gewinnverwendung** beim Tochterunternehmen beeinflussen. So können z. B. beim Tochterunternehmen Gewinne thesauriert werden, die damit beim Mutterunternehmen nicht zur Ausschüttung an ihre Gesellschafter zur Verfügung stehen.

Auch bei einem Konzernverlust können Gewinne einzelner Konzernunternehmen ausgeschüttet werden. Kritisch zu würdigen ist das insbesondere, wenn bei einem Verlust des Konzerns solche Gewinnausschüttungen vom Mutterunternehmen vorgenommen werden.

Wirtschaftliche Gründe, insbesondere Kostenersparnis, sprechen dafür, durch ein **zentrales Finanz- und Cash-Management** den Konzern als Finanzierungs- und Liquiditätseinheit zu führen. Das Mutterunternehmen bestimmt damit die Kapitalausstattung der Tochterunternehmen nach Art, Konditionen und Gläubigern, es zieht Liquiditätsüberschüsse von den Konzernunternehmen ab, versorgt bei Bedarf die Konzernunternehmen mit Liquidität und legt verbleibende Liquiditätsüberschüsse an.

Probleme ergeben sich dann, wenn der Kapital- oder Liquiditätsbedarf der einzelnen Konzernunternehmen erheblich von den Planungen abweicht, die den Dispositionen zugrunde liegen, und die Vorsorgepositionen (z. B. Kreditlinien, Kassenhaltung) den unerwarteten Bedarf nicht decken können. Hauptursache etwaiger Schieflagen sind nicht (rechtzeitig) erkannte Verlustquellen, stark verschlechterte Geschäftsergebnisse, plötzliche Umsatz- oder Forderungsausfälle und längere Kapitalbindung im betrieblichen Umlaufvermögen.

DRS 1	Befreiender Konzernabschluss nach § 292 a HGB
DRS 2	Kapitalflussrechnung
DRS 2–10	Kapitalflussrechnung von Kreditinstituten
DRS 2–20	Kapitalflussrechnung von Versicherungsunternehmen
DRS 3	Segmentberichterstattung
DRS 3–10	Segmentberichterstattung von Kreditinstituten
DRS 3–20	Segmentberichterstattung von Versicherungsunternehmen
DRS 4	Unternehmenserwerbe im Konzernabschluss
DRS 5	Risikoberichterstattung
DRS 5–10	Risikoberichterstattung von Kreditinstituten
DRS 5–20	Risikoberichterstattung von Versicherungsunternehmen
DRS 6	Zwischenberichterstattung
DRS 7	Konzerneigenkapital und Konzerngesamtergebnis
DRS 8	Bilanzierung von Anteilen an assoziierten Unternehmen im Konzernabschluss
DRS 9	Bilanzierung von Anteilen an Gemeinschaftsunternehmen im Konzernabschluss

Tabelle 23: Deutsche Konzernrechnungslegungsstandards

F. Internationale Rechnungslegung

„Internationale Rechnungslegung“ wird hier als Kurzbezeichnung für „**Rechnungslegung nach international anerkannten Grundsätzen**“ verwendet. Als Folge zunehmender internationaler Verflechtung der Kapitalmärkte und der Unternehmen werden verstärkt international einheitliche Rechnungslegungsgrundsätze gefordert. Dadurch soll den Unternehmen der Zugang zu internationalen Kapitalmärkten ermöglicht oder erleichtert und die Konzernabschlüsse international vergleichbar werden.

Deutsche Mutterunternehmen müssen einen Konzernabschluss nach HGB aufstellen (siehe Abschnitt E) und können ihre Rechnungslegung lediglich durch Ausnutzung der nach dem HGB gegebenen Wahlrechte an international anerkannte Rechnungslegungsstandards anpassen. Im Übrigen müssen sie entweder einen zweiten Konzernabschluss nach den geforderten Grundsätzen aufstellen oder umfangreiche Überleitungsrechnungen erstellen.

Lediglich „**kapitalmarktorientierte Mutterunternehmen**“ dürfen gemäß § 292 a HGB anstelle eines HGB-Konzernabschlusses einen solchen nach international anerkannten Grundsätzen aufstellen (s. Kapitel II). Diese Befreiungsvorschrift ist bis 2004 befristet, wobei der deutsche Gesetzgeber davon ausgegangen ist, dass bis Ende 2004 die Konzernrechnungslegungsvorschriften weitgehend an die international üblichen Grundsätze angepasst werden.

Bei etwaigen Anpassungen ist der deutsche Gesetzgeber allerdings an die EU-Bilanzrichtlinien gebunden. Auch hier sind entsprechende Änderungen zu erwarten. Die Europäische Kommission hat bereits vorgeschlagen, dass ab 2005 börsennotierte Mutterunternehmen ihre Konzernabschlüsse nach den International Accounting Standards (IAS) aufzustellen haben. Daher wird in Kapitel III in knapper Form auf die IAS-Rechnungslegung eingegangen.

I. Die relevanten Normen

1. Überblick

Die internationale Rechnungslegung wird von drei Normengefügen dominiert, nämlich von den **US-amerikanischen Generally Accepted Accounting Principles** (US-GAAP), den **International Accounting Standards** (IAS) und den einschlägigen **Richtlinien der Europäischen Union** (insbesondere 4. und 7. EG-Richtlinie).

In Europa ist die Rechnungslegung durch Umsetzung der EG-Richtlinien in nationales Recht weitgehend gesetzlich festgelegt (wie in Deutschland durch das HGB). Allerdings enthalten die Richtlinien zahlreiche Wahlrechte, die in die nationalen Gesetze unterschiedlich, meist in Fortsetzung der bis dahin geltenden Regelungen übernommen wurden. Insofern ist die angestrebte Harmonisierung der Rechnungslegung in Europa nur teilweise gelungen.

Grundlage der US-amerikanischen Rechnungslegung sind die von dem privatrechtlich organisierten Standardsetter (Financial Accounting Standard-Board; **FASB**) und der Börsenaufsicht (Securities and Exchange Commission; **SEC**) entwickelten Grundsätze, die zum großen Teil durch entsprechende Verlautbarungen der genannten Institutionen schriftlich fixiert sind und die relativ schnell an veränderte Entwicklungen und Erkenntnisse angepasst werden können.

Die IAS wurden und werden von dem International Accounting Standards Committee (**IASC**) entwickelt, das als internationaler Standardsetter unter Beteiligung der Rechnungsleger (Aufsteller, Prüfer und Nutzer von Jahresabschlüssen) ebenfalls privatrechtlich organisiert ist.

2. Unterschiedliche Rechnungslegungsphilosophie

Ein wesentlicher Unterschied der drei Regelwerke liegt darin, dass die US-GAAP und die IAS den **Investor** als Hauptadressaten der Rechnungslegung ansprechen. Die Rechnungslegung soll nach US-amerikanischem und IAS-Verständnis vor allem entscheidungsrelevante Informationen für die vorhandenen oder potenziellen Investoren in den Unternehmen vermitteln. Im Mittelpunkt stehen dabei der zutreffende **Periodenerfolg** und die **Finanzkraft** des Unternehmens (Cashflow), deren „Fair Presentation" im Jahres- oder Konzernabschluss als übergeordnetes Prinzip gilt. Die übrigen Rechnungslegungsgrundsätze, wie z. B. das Realisations- oder das Vorsichtsprinzip, sind insoweit relativiert.

Demgegenüber knüpfen die europäischen Richtlinien an die haftungsbegrenzenden Rechtsformen der Unternehmen an und haben neben dem Aktionär vor allem den **Schutz der Gläubiger** im Auge. Im Fokus steht die Ermittlung des ausschüttungsfähigen Gewinns. Im Interesse der (nominellen) Kapitalerhaltung spielen bei der Bilanzierung und Bewertung das Realisations- und das Vorsichtsprinzip eine dominierende Rolle. In Deutschland kommt hinzu, dass die handelsrechtliche Rechnungslegung wegen des Maßgeblichkeitsprinzips die Grundlage für die Ermittlung des steuerpflichtigen Ergebnisses bildet.

3. Wesentliche Bilanzierungsunterschiede

Die IAS und US-GAAP enthalten im Vergleich zum HGB weniger Wahlrechte für die Bilanzierung, Bewertung und Konsolidierung sowie zusätzliche Angabe- und Berichtspflichten. Sie gestatten in wesentlich geringerem Umfang die Bildung stiller Reserven (vgl. S. 134) und erlauben oder verlangen unter bestimmten Voraussetzungen sogar den Ausweis unrealisierter Gewinne. Bilanzierung und Bewertung erfolgen unabhängig von steuerlichen Vorschriften. Zum Jahres- bzw. Konzernabschluss gehören nach US-GAAP und IAS eine Kapitalflussrechnung, eine Segmentberichterstattung und eine Darstellung der Veränderung des Eigenkapitals. Kapitalflussrechnung und Segmentberichterstattung sind nach dem HGB (§ 297 Abs. 1) auch für den Konzernabschluss börsennotierter Mutterunternehmen vorgeschrieben.

In Bezug auf die **Bilanzierung** sind im Vergleich zu den handelsrechtlichen Begriffen „Vermögensgegenstände" und „Schulden" die korrespondierenden Begriffe „Assets" weiter und „Liabilities" enger gefasst.

Als **Assets** (= Vermögenswerte) gelten Nutzenpotenziale, die aufgrund vergangener Ereignisse in der Verfügungsmacht des Unternehmens stehen und von denen erwartet wird, dass dem Unternehmen daraus ein künftiger wirtschaftlicher Nutzen zufließt. **Liabilities** sind gegenwärtige Verpflichtungen des Unternehmens, die aus vergangenen Ereignissen entstanden sind und deren Erfüllung für das Unternehmen erwartungsgemäß mit dem Abfluss von wirtschaftlichem Nutzen verbunden ist. Nach US-GAAP oder IAS können also zusätzliche Aktivierungen notwendig werden (z. B. für bestimmte selbst geschaffene immaterielle Vermögenswerte), während auf der anderen Seite Aufwandsrückstellungen nicht zulässig sind.

Bei der **Bewertung** gehen US-GAAP und IAS ebenfalls von den Anschaffungs- oder Herstellungskosten aus, doch sind für bestimmte Vermögenswerte, z. B. für bestimmte Finanzinstrumente der Ansatz von Zeitwerten vorgeschrieben, und zwar ohne Begrenzung durch das Anschaffungswertprinzip. Darüber hinaus erkennen die internationalen Grundsätze steuerlich bedingte Sonderabschreibungen nicht an.

II. Konzernrechnungslegung gemäß § 292 a HGB

1. Inhalt und Voraussetzungen

Kapitalmarktorientierte Mutterunternehmen dürfen anstelle eines HGB-Konzernabschlusses und HGB-Konzernlageberichts (§§ 290 ff. HGB) einen Konzernabschluss nach international anerkannten Grundsätzen und einen Konzernlagebericht aufstellen, wenn sie die nachfolgenden Voraussetzungen erfüllen. Kapitalmarktorientierte Mutterunternehmen sind solche, die einen organisierten Markt im Sinne von § 2 Abs. 5 Wertpapierhandelsgesetz durch von ihnen selbst oder einem ihrer Tochterunternehmen ausgegebenen Wertpapieren in Anspruch nehmen.

Als **international anerkannte Rechnungslegungsgrundsätze** gelten die IAS und die US-GAAP. Sie haben als Ausdruck eines „High Quality Accounting“ internationale Akzeptanz gefunden. Als Maßstab der Qualität der Rechnungslegung gelten klare und eindeutige

Regeln, wenig Gestaltungsspielräume für die Aufsteller und Prüfer sowie umfangreiche Informationen.

Ein Jahres- oder Konzernabschluss gilt nur dann als IAS- oder US-GAAP-Abschluss, wenn sämtliche einschlägigen IAS- bzw. FAS-Standards angewendet werden.

Die befreiende Wirkung des Konzernabschlusses nach internationalen Grundsätzen tritt nur ein, wenn der Konzernabschluss und der Konzernlagebericht

- im Einklang mit den EU-Bilanzrichtlinien stehen,
- die Aussagekraft der danach aufgestellten Unterlagen einem HGB-Konzernabschluss und HGB-Lagebericht gleichwertig ist,
- die angewendeten Rechnungslegungsgrundsätze bezeichnet und die vom HGB abweichenden Bilanzierungs-, Bewertungs- und Konsolidierungsmethoden erläutert werden und
- vom Abschlussprüfer die befreienden Unterlagen geprüft werden und bestätigt wird, dass die Bedingungen für die Befreiung erfüllt sind.

Bei der Prüfung des **Einklangs mit den EU-Bilanzrichtlinien**, aber auch im Hinblick auf die Gleichwertigkeit des internationalen mit einem HGB-Konzernabschluss ist die besondere Zwecksetzung des Konzernabschlusses zu berücksichtigen. Der Konzernabschluss dient im Gegensatz zum Jahres- oder Einzelabschluss ausschließlich der Information der Bilanzadressaten. Seiner Zwecksetzung nach soll er – in Übereinstimmung mit der Grundphilosophie der IAS oder US-GAAP – entscheidungsrelevante Informationen für den Investor vermitteln.

Hinsichtlich des Einklangs mit den Bilanzrichtlinien ist ferner von einer „europäischen" Auslegung der EU-Bilanzrichtlinien auszugehen. Das Einklangserfordernis ist daher erfüllt, wenn der angewandte Standard den in Deutschland oder in anderen Mitgliedsstaaten der EU anerkannten Gesetzen und Rechnungslegungsgrundsätzen entspricht, wie sie in Anpassung an die EU-Bilanzrichtlinien eingeführt worden sind und nicht von der Kommission oder dem Europäischen Gerichtshof beanstandet worden sind.

Da weder US-GAAP noch IAS einen Lagebericht vorsehen, haben deutsche Mutterunternehmen entsprechende Angaben im Rahmen ihrer US-GAAP- oder IAS-Rechnungslegung zu machen, wobei ein Teil dieser Angaben in den Notes oder in dem Erläuterungsteil „Management Discussion“ enthalten ist.

Wegen weiterer Einzelheiten zur Anwendung des § 292a HGB wird auf den **Deutschen Rechnungslegungsstandard DRS 1** verwiesen. Der DSR ist dabei zu der Auffassung gelangt, dass von wenigen, praktisch unbedeutsamen Fällen abgesehen, eine Konzernrechnungslegungslegung nach IAS oder US-GAAP die Voraussetzungen des § 292a HGB erfüllt.

Mutterunternehmen, die keine kapitalmarktorientierten Unternehmen sind, dürfen derzeit die internationalen Rechnungslegungsgrundsätze nur insoweit anwenden, als sie mit den deutschen Vorschriften im Einklang stehen. Die im deutschen Bilanzrecht gegebenen Wahlrechte ermöglichen eine weitgehende Anwendung der IAS oder US-GAAP. Grenzen sind aber insbesondere durch das Realisations- und das Imparitätsprinzip gezogen.

2. Übergang von HGB zu US-GAAP oder IAS

Die wesentlichen Unterschiede beim Übergang von der Rechnungslegung nach HGB zur internationalen Rechnungslegung ergeben sich aus der **Auflösung stiller Reserven** bei den **Vermögenswerten** einerseits und dem **höheren Ansatz der Pensionsverpflichtungen** andererseits.

Der Ansatz linearer anstelle degressiver Abschreibung, der Wegfall steuerlicher Sonderabschreibungen und der zwingende Ansatz zurechenbarer Gemeinkosten im Rahmen der Herstellungskosten sowie eine längere Abschreibungsdauer für den aktivierten Geschäftswert führen im Allgemeinen zu höheren Bilanzwerten. Bei langfristigen Fertigungsaufträgen sind anteilige Gewinne entsprechend dem Fertigstellungsgrad zu vereinnahmen, während das deutsche Realisationsprinzip eine Gewinnrealisierung vor Fertigstellung und Ablieferung nur eingeschränkt zulässt.

Bestimmte Finanzinstrumente (derivative Finanzinstrumente und Wertpapiere) sind „international“ zu **Marktwerten** zu bilanzieren, auch wenn sie über den ursprünglichen Anschaffungswerten liegen. Bei Wertpapieren darf das Gesamtportfolio als Gesamtheit bewertet werden.

Langfristige **Verbindlichkeiten** und Rückstellungen sind abzuzinsen und mit dem Barwert anzusetzen. Auf der anderen Seite sind die Pensionsverpflichtungen nach US-GAAP und IAS mit höheren Werten anzusetzen als nach HGB üblich. Sie berücksichtigen zutreffenderweise die künftigen Lohn-, Gehalts- und Pensionssteigerungen, die in Deutschland wegen der steuerlichen Regelung im Allgemeinen unberücksichtigt bleiben (siehe Kapitel C I 6.3.2).

3. Verbesserung der Aussagekraft

Für den (externen) Bilanzleser verbessern die IAS bzw. die US-GAAP durch den Verzicht auf Bilanzierungs- und Bewertungswahlrechte sowie durch die erweiterten Angabepflichten den Einblick in die Vermögens-, Finanz- und Ertragslage des Unternehmens bzw. Konzerns. Die Prinzipien der Vorsicht und der Realisation sind dem Ausweis des „richtigen Periodenerfolges" untergeordnet. Realisation wird als „sehr wahrscheinlich realisierbar" interpretiert.

Zu seiner Darstellung trägt außerdem die Bewertung zu Zeitwerten (Fair Values) bei, die bei bestimmten Vermögenswerten und Schulden ohne Begrenzung durch das Anschaffungswertprinzip vorgesehen ist. Allerdings sollte diese **Fair-Value-Bewertung** auf solche Werte beschränkt werden, die auf einem aktiven Markt kurzfristig realisiert werden können. Eine Weiterung des Zeitwertansatzes darüber hinaus, wie er zzt. international diskutiert wird, würde erhebliche Unsicherheiten und möglicherweise schwer objektivierbare Schätzungen in die Bilanzwerte tragen.

Die bilanzmäßige Risikovorsorge, die im HGB insbesondere durch Abwertungswahlrechte und Aufwandsrückstellungen erweitert betrieben werden kann, ist nach IAS und US-GAAP nur in stark eingeschränktem Umfang möglich. In diesem Zusammenhang drängt sich die Frage auf, ob dem Gläubigerschutz mehr durch eine extern schwer nachvollziehbare vorsichtige Bilanzierung und Bewertung oder durch zeitnähere Wertansätze und zusätzliche Informationen mehr gedient ist.

III. Die IAS im Überblick

Der IAS Rechnungslegung liegen das sog. Framework und zurzeit 35 gültige Standards zugrunde. Sie unterscheidet grundsätzlich nicht zwischen Einzel- und Konzernabschluss, obwohl in der anglo-amerikanischen Praxis der Konzernabschluss stark überwiegt. Die Rechnungslegung umfasst gemäß IAS 1 die Bilanz und die G+V, die Darstellung der Veränderung des Eigenkapitals, die Kapitalflussrechnung (IAS 7), die Segmentberichterstattung (IAS 14) sowie ergänzende und erläuternde Angaben (Anhang).

Das **Framework** stellt das Rahmenkonzept für die Aufstellung und Darstellung von Abschlüssen dar. Darin werden das Ziel der IAS-Rechnungslegung, die allgemeinen Qualitätsmerkmale eines Abschlusses sowie Fragen der Bilanzierungsfähigkeit und der möglichen Bewertungsmaßstäbe behandelt.

Die vorrangige Zielsetzung der IAS-Abschlüsse besteht darin, relevante und verlässliche Informationen über die Vermögens- und Finanzlage sowie über den Erfolg und die Finanzkraft des Unternehmens bereitzustellen. Sie sollen einem weiten Kreis von Adressaten wirtschaftliche Entscheidungen, z. B. über den Erwerb, das Halten oder die Veräußerung von Unternehmensanteilen, ermöglichen. Dabei ist das Interesse der Adressaten vor allem auf die Fähigkeit des Unternehmens gerichtet, zukünftige Zahlungsüberschüsse zu generieren.

Neben der Relevanz und Verlässlichkeit werden Verständlichkeit und Vergleichbarkeit der Informationen gefordert. Die wesentlichen Grundannahmen der Rechnungslegung betreffen die Unternehmensfortführung, die periodengerechte Erfolgsermittlung sowie die Stetigkeit der Bilanzierung und Bewertung. Außerdem gilt der Grundsatz der Wesentlichkeit. Diese Grundsätze sollen gewährleisten, dass der Jahresabschluss ein tatsächliches Bild der wirtschaftlichen Lage und Entwicklung des Unternehmens sachgerecht und zutreffend wiedergibt (Fair Presentation).

Die einzelnen **Standards** normieren Einzelfragen der Rechnungslegung. In Anzahl und Reihenfolge folgen sie keiner einheitlichen Systematik. Vielmehr wurden einzelne Problembereiche entsprechend ihrer Dringlichkeit, teilweise auch nach der jeweils bestehenden internationalen Konsensfähigkeit behandelt. Die vorhandenen Reglungslücken sind unter Berücksichtigung des Frameworks so auszufüllen, dass es zu relevanten und verlässlichen Informationen für den Adressaten der Rechnungslegung (in erster Linie der Investoren) kommt. Dabei dienen neben dem Framework auch einschlägige Standards der US-GAAP als Interpretationshilfen.

Ein Jahres- oder Konzernabschluss ist nur dann IAS-konform, wenn er sämtliche gültigen IAS-Standards, die einschlägig sind, beachtet. Die derzeit gültigen IAS-Standards sind in der Tabelle 23 aufgeführt.

Die wesentlichen materiellen Abweichungen zum HGB sollen nachfolgend kurz erwähnt werden. Zur genaueren Definition und weiteren Voraussetzungen wird auf die Standards verwiesen.

Die **Herstellungskosten** sind nach IAS 2 als produktionsbezogene Vollkosten definiert, d. h. neben den Einzelkosten sind die produktionsbezogenen Gemeinkosten (insbesondere Fertigungsgemeinkosten), nicht jedoch - wie nach HGB zulässig - die allgemeinen Verwaltungs- und sonstigen Kosten einzubeziehen. Bei langfristigen Fertigungsaufträgen ist der Gewinn entsprechend dem Leistungsfortschritt zu realisieren, soweit dieser verlässlich eingeschätzt werden kann (IAS 11).

Eigene **Entwicklungskosten** (IAS 38) sind zu aktivieren, wenn das Produkt oder Verfahren eindeutig abgegrenzt und die entsprechenden Kosten verlässlich zugerechnet werden können, die technische Realisierbarkeit des Projektes und die Verfügbarkeit hinreichender Ressourcen zu seiner Fertigstellung nachgewiesen werden können und die künftige Nutzung oder Vermarktung des Produktes oder Verfahrens beabsichtigt ist und realisierbar erscheint.

Leasinggegenstände werden beim sog. Finance Lease grundsätzlich beim Leasingnehmer bilanziert (IAS 17).

Finanzinstrumente, d. h. finanzielle Vermögenswerte und Schulden originärer oder derivativer Art, sind, wenn sie zu Handelszwecken gehalten oder zur Veräußerung verfügbar sind, nach näherer Maßgabe von IAS 39 mit dem Stichtagswert (Marktwert; Fair Value) zu bewerten.

Rückstellungen (IAS 37) sind anzusetzen, wenn die Inanspruchnahme bzw. Belastung des Unternehmens durch ein bereits eingetretenes Ereignis und eine Außenverpflichtung begründet und der Mittelabfluss hinreichend wahrscheinlich und verlässlich bewertbar ist. Aufwandsrückstellungen (s. S. 55) sind nicht zulässig. Bei der Bewertung von Pensionsrückstellungen ist die künftige Dynamisierung der Renten und Anwartschaften (s. S. 85) zu berücksichtigen (IAS 19).

Bei der **Kapitalkonsolidierung** nach der Erwerbsmethode (s. S. 185 ff.) lässt IAS 22 nur die Neubewertungsmethode zu. Ein etwaiger Goodwill ist grundsätzlich zu aktivieren und über die voraussichtliche Nutzungsdauer, maximal über 20 Jahre planmäßig abzuschreiben. Bei assoziierten Unternehmen (s. S. 194 f.) ist bei der Ermittlung des Equitywertes nur die Buchwertemethode zugelassen (IAS 28).

Auf die Unterschiede zwischen den handelsrechtlichen bzw. IAS- und den steuerlichen Wertansätzen sind aktive wie passive **latente Steuern** (s. S. 33, 54 und 194) zwingend abzugrenzen (IAS 12).

Darüber hinaus werden über das HGB hinausgehende zusätzliche Angaben in den Notes (Anhangangaben) gefordert, z. B. zu Finanzinstrumenten, Steuern oder betrieblichem Versorgungswerk.

IAS 1	Darstellung des Abschlusses
IAS 2	Vorräte
IAS 4	Abschreibungen
IAS 7	Kapitalflussrechnungen
IAS 8	Periodenergebnis, grundlegende Fehler und Änderungen der Bilanzierungs- und Bewertungsmethoden
IAS 10	Ereignisse nach dem Bilanzstichtag
IAS 11	Fertigungsaufträge
IAS 12	Ertragssteuern
IAS 14	Segmentberichterstattung
IAS 16	Sachanlagen
IAS 17	Leasingverhältnisse
IAS 18	Erträge
IAS 19	Leistungen an Arbeitnehmer
IAS 20	Bilanzierung und Darstellung von Zuwendungen der öffentlichen Hand
IAS 21	Auswirkung von Wechselkursänderungen

IAS 22	Unternehmenszusammenschlüsse
IAS 23	Fremdkapitalkosten
IAS 24	Angaben über Beziehungen zu nahe stehenden Personen
IAS 25	Bilanzierung von Finanzinvestitionen
IAS 26	Bilanzierung und Berichterstattung von Altersversorgungsplänen
IAS 27	Konzernabschlüsse und Bilanzierung von Anteilen an Tochterunternehmen
IAS 28	Bilanzierung von Anteilen an assoziierten Unternehmen
IAS 29	Rechnungslegung in Hochinflationsländern
IAS 30	Angaben im Abschluss von Kreditinstituten und ähnlichen Instituten
IAS 31	Rechnungslegung über Anteile an Joint Ventures
IAS 32	Finanzinstrumente – Angaben und Darstellung
IAS 33	Ergebnis je Aktie
IAS 34	Zwischenberichterstattung
IAS 35	Auslaufende geschäftliche Aktivitäten
IAS 36	Wertminderung von Vermögenswerten
IAS 37	Rückstellung, Eventualschulden und Eventualforderungen
IAS 38	Immaterielle Vermögenswerte
IAS 39	Bilanzierung von Finanzinstrumenten
IAS 40	Als Finanzinvestition gehaltene Immobilien

Tabelle 24: Derzeit gültige IAS-Standards

G. Schlussbemerkungen

Jeder Kaufmann muss zum Ende eines Geschäftsjahres eine Bilanz und für das abgelaufene Geschäftsjahr eine Gewinn- und Verlustrechnung aufstellen. Die Rechnungslegung dient der Gewinnermittlung sowie der Information über die Geschäftsentwicklung und -situation des Unternehmens. Der Unternehmer oder die Manager geben damit zugleich Rechenschaft gegenüber den Unternehmenseigentümern (Mitgesellschafter, Gesellschafter, Aktionäre) und etwaigen Aufsichtsorganen (insbesondere Aufsichtsrat), aber auch gegenüber Gläubigern, dem Fiskus und anderen Interessenten.

Eine **Bilanz richtig lesen heißt**, die Lage des Unternehmens anhand des Jahresabschlusses möglichst zutreffend zu interpretieren und seine künftige Entwicklung einschätzen zu können. Das setzt die Kenntnis der Vorschriften und Grundsätze für die Aufstellung des Jahresabschlusses voraus, die im Kapitel C ausführlich behandelt wurden.

In Bezug auf die **Aussagekraft** ist zu beachten, dass der Jahresabschluss stichtagsbezogen ist und Vergangenheitswerte enthält. Ereignisse, die nach dem Bilanzstichtag eingetreten sind, sind aus dem Jahresabschluss nicht ersichtlich, jedoch werden Kenntnisse, die bis zur Bilanzaufstellung über die Verhältnisse am Bilanzstichtag gewonnen werden, berücksichtigt.

Zum Schutz der Gläubiger sind die Bilanzansätze vorsichtig zu bewerten. Bei den Vermögensposten dürfen höchstens die Anschaffungs- oder Herstellungskosten angesetzt werden. Eingetretene Wertminderungen und andere unrealisierte Verluste sind im Jahresabschluss zu berücksichtigen, während nicht realisierte Gewinne nicht ausgewiesen werden dürfen.

Die Bilanzierungs- und Bewertungswahlrechte sowie die Bewertungsmethoden sind gesetzlich festgelegt. Der Grundsatz der Bewertungsstetigkeit lässt Änderungen der gewählten Bewertungsmethoden nur in begründeten Ausnahmefällen zu.

Kapitalgesellschaften müssen die Bilanzierung und Bewertung im Anhang erläutern und durch weitere Angaben ergänzen. Im Lagebericht sind die Lage des Unternehmens und seine voraussichtliche Entwicklung zu behandeln, dabei ist auch auf Risiken der künftigen Entwicklung einzugehen.

Die **Analyse des Jahresabschlusses** beruht auf den Einzelangaben in Bilanz, G + V, Anhang und Lagebericht. Sie lebt insbesondere vom Vergleich mit dem vorhergehenden Jahresabschluss und von bestimmten Kennziffern, die sich aus dem Jahresabschluss ableiten lassen. Auffallende Realisationen oder Veränderungen können zusätzliche Informationen erfordern. Das gilt vor allem für unternehmensinterne Bilanzleser, z. B. den Aufsichtsrat, die damit das Bild von der Lage des Unternehmens entscheidend aufhellen können.

Zunehmende Bedeutung kommt dem **Konzernabschluss** zu. Heute sind nicht nur große Kapitalgesellschaften, sondern selbst mittelständische Unternehmen konzernmäßig mit anderen Unternehmen verbunden. Bei konzernverbundenen Unternehmen, insbesondere bei Mutterunternehmen eines Konzerns, wäre eine Negierung des Konzernabschlusses im Zusammenhang mit der Bilanzanalyse grob fahrlässig. Die Besonderheiten des Konzernabschlusses werden daher in Abschnitt E erläutert.

Wegen der zunehmenden Bedeutung der internationalen Kapitalmärkte und der internationalen Verflechtung der Unternehmen gewinnt die Rechnungslegung nach international anerkannten Grundsätzen an Bedeutung. Daher wird im Abschnitt F auch auf die Rechnungslegung nach diesen Grundsätzen eingegangen.

Anhang

1. Handelsgesetzbuch (Auszug)

Vom 10. Mai 1897
(RGBl. S. 219/BGBl. III/FNA 4100-1)

zuletzt geändert durch Gesetz vom 18. 1. 2001
(BGBl. I S. 123)

Drittes Buch. Handelsbücher

Erster Abschnitt. Vorschriften für alle Kaufleute

Erster Unterabschnitt. Buchführung. Inventar

§ 238 Buchführungspflicht. (1) [1]Jeder Kaufmann ist verpflichtet, Bücher zu führen und in diesen seine Handelsgeschäfte und die Lage seines Vermögens nach den Grundsätzen ordnungsmäßiger Buchführung ersichtlich zu machen. [2]Die Buchführung muß so beschaffen sein, daß sie einem sachverständigen Dritten innerhalb angemessener Zeit einen Überblick über die Geschäftsvorfälle und über die Lage des Unternehmens vermitteln kann. [3]Die Geschäftsvorfälle müssen sich in ihrer Entstehung und Abwicklung verfolgen lassen.

(2) Der Kaufmann ist verpflichtet, eine mit der Urschrift übereinstimmende Wiedergabe der abgesandten Handelsbriefe (Kopie, Abdruck, Abschrift oder sonstige Wiedergabe des Wortlauts auf einem Schrift-, Bild- oder anderen Datenträger) zurückzubehalten.

§ 239 Führung der Handelsbücher. (1) [1]Bei der Führung der Handelsbücher und bei den sonst erforderlichen Aufzeichnungen hat sich der Kaufmann einer lebenden Sprache zu bedienen. [2]Werden Abkürzungen, Ziffern, Buchstaben oder Symbole verwendet, muß im Einzelfall deren Bedeutung eindeutig festliegen.

(2) Die Eintragungen in Büchern und die sonst erforderlichen Aufzeichnungen müssen vollständig, richtig, zeitgerecht und geordnet vorgenommen werden.

(3) [1]Eine Eintragung oder eine Aufzeichnung darf nicht in einer Weise ver-

ändert werden, daß der ursprüngliche Inhalt nicht mehr feststellbar ist. [2]Auch solche Veränderungen dürfen nicht vorgenommen werden, deren Beschaffenheit es ungewiß läßt, ob sie ursprünglich oder erst später gemacht worden sind.

(4) [1]Die Handelsbücher und die sonst erforderlichen Aufzeichnungen können auch in der geordneten Ablage von Belegen bestehen oder auf Datenträgern geführt werden, soweit diese Formen der Buchführung einschließlich des dabei angewandten Verfahrens den Grundsätzen ordnungsmäßiger Buchführung entsprechen. [2]Bei der Führung der Handelsbücher und der sonst erforderlichen Aufzeichnungen auf Datenträgern muß insbesondere sichergestellt sein, daß die Daten während der Dauer der Aufbewahrungsfrist verfügbar sind und jederzeit innerhalb angemessener Frist lesbar gemacht werden können. [3]Absätze 1 bis 3 gelten sinngemäß.

§ 240 Inventar. (1) Jeder Kaufmann hat zu Beginn seines Handelsgewerbes seine Grundstücke, seine Forderungen und Schulden, den Betrag seines baren Geldes sowie seine sonstigen Vermögensgegenstände genau zu verzeichnen und dabei den Wert der einzelnen Vermögensgegenstände und Schulden anzugeben.

(2) [1]Er hat demnächst für den Schluß eines jeden Geschäftsjahrs ein solches Inventar aufzustellen. [2]Die Dauer des Geschäftsjahres darf zwölf Monate nicht überschreiten. [3]Die Aufstellung des Inventars ist innerhalb der einem ordnungsmäßigen Geschäftsgang entsprechenden Zeit zu bewirken.

(3) [1]Vermögensgegenstände des Sachanlagevermögens sowie Roh-, Hilfs- und Betriebsstoffe können, wenn sie regelmäßig ersetzt werden und ihr Gesamtwert für das Unternehmen von nachrangiger Bedeutung ist, mit einer gleichbleibenden Menge und einem gleichbleibenden Wert angesetzt werden, sofern ihr Bestand in seiner Größe, seinem Wert und seiner Zusammensetzung nur geringen Veränderungen unterliegt. [2]Jedoch ist in der Regel alle drei Jahre eine körperliche Bestandsaufnahme durchzuführen.

(4) Gleichartige Vermögensgegenstände des Vorratsvermögens sowie andere gleichartige oder annähernd gleichwertige bewegliche Vermögensgegenstände und Schulden können jeweils zu einer Gruppe zusammengefaßt und mit dem gewogenen Durchschnittswert angesetzt werden.

§ 241 Inventurvereinfachungsverfahren. (1) [1]Bei der Aufstellung des Inventars darf der Bestand der Vermögensgegenstände nach Art, Menge und Wert auch mit Hilfe anerkannter mathematisch-statistischer Methoden auf Grund von Stichproben ermittelt werden. [2]Das Verfahren muß den Grundsätzen ordnungsmäßiger Buchführung entsprechen. [3]Der Aussagewert des auf diese Weise aufgestellten Inventars muß dem Aussagewert eines auf Grund einer körperlichen Bestandsaufnahme aufgestellten Inventars gleichkommen.

(2) Bei der Aufstellung des Inventars für den Schluß eines Geschäftsjahrs bedarf es einer körperlichen Bestandsaufnahme der Vermögensgegenstände für diesen Zeitpunkt nicht, soweit durch Anwendung eines den Grundsätzen ordnungsmäßiger Buchführung entsprechenden anderen Verfahrens gesichert ist, daß der Bestand der Vermögensgegenstände nach Art, Menge und Wert auch ohne die körperliche Bestandsaufnahme für diesen Zeitpunkt festgestellt werden kann.

(3) In dem Inventar für den Schluß eines Geschäftsjahrs brauchen Vermögensgegenstände nicht verzeichnet zu werden, wenn

1. der Kaufmann ihren Bestand auf Grund einer körperlichen Bestandsaufnahme oder auf Grund eines nach Absatz 2 zulässigen anderen Verfahrens nach Art, Menge und Wert in einem besonderen Inventar verzeichnet hat, das für einen Tag innerhalb der letzten drei Monate vor oder der ersten beiden Monate nach dem Schluß des Geschäftsjahrs aufgestellt ist, und
2. auf Grund des besonderen Inventars durch Anwendung eines den Grundsätzen ordnungsmäßiger Buchführung entsprechenden Fortschreibungs- oder Rückrechnungsverfahrens gesichert ist, daß der am Schluß des Geschäftsjahrs vorhandene Bestand der Vermögensgegenstände für diesen Zeitpunkt ordnungsgemäß bewertet werden kann.

Zweiter Unterabschnitt. Eröffnungsbilanz. Jahresabschluß

Erster Titel. Allgemeine Vorschriften

§ 242 Pflicht zur Aufstellung. (1) [1]Der Kaufmann hat zu Beginn seines Handelsgewerbes und für den Schluß eines jeden Geschäftsjahrs einen das Verhältnis seines Vermögens und seiner Schulden darstellenden Abschluß (Eröffnungsbilanz, Bilanz) aufzustellen. [2]Auf die Eröffnungsbilanz sind die für den Jahresabschluß geltenden Vorschriften entsprechend anzuwenden, soweit sie sich auf die Bilanz beziehen.

(2) Er hat für den Schluß eines jeden Geschäftsjahrs eine Gegenüberstellung der Aufwendungen und Erträge des Geschäftsjahrs (Gewinn- und Verlustrechnung) aufzustellen.

(3) Die Bilanz und die Gewinn- und Verlustrechnung bilden den Jahresabschluß.

§ 243 Aufstellungsgrundsatz. (1) Der Jahresabschluß ist nach den Grundsätzen ordnungsmäßiger Buchführung aufzustellen.

(2) Er muß klar und übersichtlich sein.

(3) Der Jahresabschluß ist innerhalb der einem ordnungsmäßigen Geschäftsgang entsprechenden Zeit aufzustellen.

§ 244 Sprache. Währungseinheit. Der Jahresabschluß ist in deutscher Sprache und in Euro[1)] aufzustellen.

§ 245 Unterzeichnung. [1]Der Jahresabschluß ist vom Kaufmann unter Angabe des Datums zu unterzeichnen. [2]Sind mehrere persönlich haftende Gesellschafter vorhanden, so haben sie alle zu unterzeichnen.

Zweiter Titel. Ansatzvorschriften

§ 246 Vollständigkeit. Verrechnungsverbot. (1) [1]Der Jahresabschluß hat sämtliche Vermögensgegenstände, Schulden, Rechnungsabgrenzungsposten, Aufwendungen und Erträge zu enthalten, soweit gesetzlich nichts anderes bestimmt ist. [2]Vermögensgegenstände, die unter Eigentumsvorbehalt erworben oder an Dritte für eigene oder fremde Verbindlichkeiten verpfändet oder in anderer Weise als Sicherheit übertragen worden sind, sind in die Bilanz des Sicherungsgebers aufzunehmen. [3]In die Bilanz des Sicherungsnehmers sind sie nur aufzunehmen, wenn es sich um Bareinlagen handelt.

(2) Posten der Aktivseite dürfen nicht mit Posten der Passivseite, Aufwendungen nicht mit Erträgen, Grundstücksrechte nicht mit Grundstückslasten verrechnet werden.

§ 247 Inhalt der Bilanz. (1) In der Bilanz sind das Anlage- und das Umlaufvermögen, das Eigenkapital, die Schulden sowie die Rechnungsabgrenzungsposten gesondert auszuweisen und hinreichend aufzugliedern.

(2) Beim Anlagevermögen sind nur die Gegenstände auszuweisen, die bestimmt sind, dauernd dem Geschäftsbetrieb zu dienen.

(3) [1]Passivposten, die für Zwecke der Steuern vom Einkommen und vom Ertrag zulässig sind, dürfen in der Bilanz gebildet werden. [2]Sie sind als Sonderposten mit Rücklageanteil auszuweisen und nach Maßgabe des Steuerrechts aufzulösen. [3]Einer Rückstellung bedarf es insoweit nicht.

§ 248 Bilanzierungsverbote. (1) Aufwendungen für die Gründung des Unternehmens und für die Beschaffung des Eigenkapitals dürfen in die Bilanz nicht als Aktivposten aufgenommen werden.

[1)] Vgl. hierzu die Übergangsvorschriften zur Einführung des Euro in Art. 42 EGHGB; Nr. **2**.

(2) Für immaterielle Vermögensgegenstände des Anlagevermögens, die nicht entgeltlich erworben wurden, darf ein Aktivposten nicht angesetzt werden.

(3) Aufwendungen für den Abschluß von Versicherungsverträgen dürfen nicht aktiviert werden.

§ 249 Rückstellungen. (1) [1]Rückstellungen sind für ungewisse Verbindlichkeiten und für drohende Verluste aus schwebenden Geschäften zu bilden. [2]Ferner sind Rückstellungen zu bilden für

1. im Geschäftsjahr unterlassene Aufwendungen für Instandhaltung, die im folgenden Geschäftsjahr innerhalb von drei Monaten, oder für Abraumbeseitigung, die im folgenden Geschäftsjahr nachgeholt werden,
2. Gewährleistungen, die ohne rechtliche Verpflichtung erbracht werden.

[3]Rückstellungen dürfen für unterlassene Aufwendungen für Instandhaltung auch gebildet werden, wenn die Instandhaltung nach Ablauf der Frist nach Satz 2 Nr. 1 innerhalb des Geschäftsjahrs nachgeholt wird.

(2) Rückstellungen dürfen außerdem für ihrer Eigenart nach genau umschriebene, dem Geschäftsjahr oder einem früheren Geschäftsjahr zuzuordnende Aufwendungen gebildet werden, die am Abschlußstichtag wahrscheinlich oder sicher, aber hinsichtlich ihrer Höhe oder des Zeitpunkts ihres Eintritts unbestimmt sind.

(3) [1]Für andere als die in den Absätzen 1 und 2 bezeichneten Zwecke dürfen Rückstellungen nicht gebildet werden. [2]Rückstellungen dürfen nur aufgelöst werden, soweit der Grund hierfür entfallen ist.

§ 250 Rechnungsabgrenzungsposten. (1) [1]Als Rechnungsabgrenzungsposten sind auf der Aktivseite Ausgaben vor dem Abschlußstichtag auszuweisen, soweit sie Aufwand für eine bestimmte Zeit nach diesem Tag darstellen. [2]Ferner dürfen ausgewiesen werden

1. als Aufwand berücksichtigte Zölle und Verbrauchsteuern, soweit sie auf am Abschlußstichtag auszuweisende Vermögensgegenstände des Vorratsvermögens entfallen,
2. als Aufwand berücksichtigte Umsatzsteuer auf am Abschlußstichtag auszuweisende oder von den Vorräten offen abgesetzte Anzahlungen.

(2) Auf der Passivseite sind als Rechnungsabgrenzungsposten Einnahmen vor dem Abschlußstichtag auszuweisen, soweit sie Ertrag für eine bestimmte Zeit nach diesem Tag darstellen.

(3) [1]Ist der Rückzahlungsbetrag einer Verbindlichkeit höher als der Ausgabebetrag, so darf der Unterschiedsbetrag in den Rechnungsabgrenzungsposten auf der Aktivseite aufgenommen werden. [2]Der Unterschiedsbetrag ist

durch planmäßige jährliche Abschreibungen zu tilgen, die auf die gesamte Laufzeit der Verbindlichkeit verteilt werden können.

§ 251 Haftungsverhältnisse. [1]Unter der Bilanz sind, sofern sie nicht auf der Passivseite auszuweisen sind, Verbindlichkeiten aus der Begebung und Übertragung von Wechseln, aus Bürgschaften, Wechsel- und Scheckbürgschaften und aus Gewährleistungsverträgen sowie Haftungsverhältnisse aus der Bestellung von Sicherheiten für fremde Verbindlichkeiten zu vermerken; sie dürfen in einem Betrag angegeben werden. [2]Haftungsverhältnisse sind auch anzugeben, wenn ihnen gleichwertige Rückgriffsforderungen gegenüberstehen.

Dritter Titel. Bewertungsvorschriften[2)]

§ 252 Allgemeine Bewertungsgrundsätze. (1) Bei der Bewertung der im Jahresabschluß ausgewiesenen Vermögensgegenstände und Schulden gilt insbesondere folgendes:

1. Die Wertansätze in der Eröffnungsbilanz des Geschäftsjahrs müssen mit denen der Schlußbilanz des vorhergehenden Geschäftsjahrs übereinstimmen.
2. Bei der Bewertung ist von der Fortführung der Unternehmenstätigkeit auszugehen, sofern dem nicht tatsächliche oder rechtliche Gegebenheiten entgegenstehen.
3. Die Vermögensgegenstände und Schulden sind zum Abschlußstichtag einzeln zu bewerten.
4. Es ist vorsichtig zu bewerten, namentlich sind alle vorhersehbaren Risiken und Verluste, die bis zum Abschlußstichtag entstanden sind, zu berücksichtigen, selbst wenn diese erst zwischen dem Abschlußstichtag und dem Tag der Aufstellung des Jahresabschlusses bekanntgeworden sind; Gewinne sind nur zu berücksichtigen, wenn sie am Abschlußstichtag realisiert sind.
5. Aufwendungen und Erträge des Geschäftsjahrs sind unabhängig von den Zeitpunkten der entsprechenden Zahlungen im Jahresabschluß zu berücksichtigen.
6. Die auf den vorhergehenden Jahresabschluß angewandten Bewertungsmethoden sollen beibehalten werden.

(2) Von den Grundsätzen des Absatzes 1 darf nur in begründeten Ausnahmefällen abgewichen werden.

[2)] Beachte hierzu auch die Übergangsvorschriften in Art. 24 Abs. 1 und 2 EGHGB; Nr. **2.**

§ 253 Wertansätze der Vermögensgegenstände und Schulden.

(1) [1]Vermögensgegenstände sind höchstens mit den Anschaffungs- oder Herstellungskosten, vermindert um Abschreibungen nach den Absätzen 2 und 3 anzusetzen. [2]Verbindlichkeiten sind zu ihrem Rückzahlungsbetrag, Rentenverpflichtungen, für die eine Gegenleistung nicht mehr zu erwarten ist, zu ihrem Barwert und Rückstellungen nur in Höhe des Betrags anzusetzen, der nach vernünftiger kaufmännischer Beurteilung notwendig ist; Rückstellungen dürfen nur abgezinst werden, soweit die ihnen zugrundeliegenden Verbindlichkeiten einen Zinsanteil enthalten.

(2) [1]Bei Vermögensgegenständen des Anlagevermögens, deren Nutzung zeitlich begrenzt ist, sind die Anschaffungs- oder Herstellungskosten um planmäßige Abschreibungen zu vermindern. [2]Der Plan muß die Anschaffungs- oder Herstellungskosten auf die Geschäftsjahre verteilen, in denen der Vermögensgegenstand voraussichtlich genutzt werden kann. [3]Ohne Rücksicht darauf, ob ihre Nutzung zeitlich begrenzt ist, können bei Vermögensgegenständen des Anlagevermögens außerplanmäßige Abschreibungen vorgenommen werden, um die Vermögensgegenstände mit dem niedrigeren Wert anzusetzen, der ihnen am Abschlußstichtag beizulegen ist; sie sind vorzunehmen bei einer voraussichtlich dauernden Wertminderung.

(3) [1]Bei Vermögensgegenständen des Umlaufvermögens sind Abschreibungen vorzunehmen, um diese mit einem niedrigeren Wert anzusetzen, der sich aus einem Börsen- oder Marktpreis am Abschlußstichtag ergibt. [2]Ist ein Börsen- oder Marktpreis nicht festzustellen und übersteigen die Anschaffungs- oder Herstellungskosten den Wert, der den Vermögensgegenständen am Abschlußstichtag beizulegen ist, so ist auf diesen Wert abzuschreiben. [3]Außerdem dürfen Abschreibungen vorgenommen werden, soweit diese nach vernünftiger kaufmännischer Beurteilung notwendig sind, um zu verhindern, daß in der nächsten Zukunft der Wertansatz dieser Vermögensgegenstände auf Grund von Wertschwankungen geändert werden muß.

(4) Abschreibungen sind außerdem im Rahmen vernünftiger kaufmännischer Beurteilung zulässig.

(5) Ein niedrigerer Wertansatz nach Absatz 2 Satz 3, Absatz 3 oder 4 darf beibehalten werden, auch wenn die Gründe dafür nicht mehr bestehen.

§ 254 Steuerrechtliche Abschreibungen. [1]Abschreibungen können auch vorgenommen werden, um Vermögensgegenstände des Anlage- oder Umlaufvermögens mit dem niedrigeren Wert anzusetzen, der auf einer nur steuerrechtlich zulässigen Abschreibung beruht. [2]§ 253 Abs. 5 ist entsprechend anzuwenden.

§ 255 Anschaffungs- und Herstellungskosten. (1) [1]Anschaffungskosten sind die Aufwendungen, die geleistet werden, um einen Vermögensgegenstand zu erwerben und ihn in einen betriebsbereiten Zustand zu versetzen, soweit sie dem Vermögensgegenstand einzeln zugeordnet werden können. [2]Zu den Anschaffungskosten gehören auch die Nebenkosten sowie die nachträglichen Anschaffungskosten. [3]Anschaffungspreisminderungen sind abzusetzen.

(2) [1]Herstellungskosten sind die Aufwendungen, die durch den Verbrauch von Gütern und die Inanspruchnahme von Diensten für die Herstellung eines Vermögensgegenstands, seine Erweiterung oder für eine über seinen ursprünglichen Zustand hinausgehende wesentliche Verbesserung entstehen. [2]Dazu gehören die Materialkosten, die Fertigungskosten und die Sonderkosten der Fertigung. [3]Bei der Berechnung der Herstellungskosten dürfen auch angemessene Teile der notwendigen Materialgemeinkosten, der notwendigen Fertigungsgemeinkosten und des Wertverzehrs des Anlagevermögens, soweit er durch die Fertigung veranlaßt ist, eingerechnet werden. [4]Kosten der allgemeinen Verwaltung sowie Aufwendungen für soziale Einrichtungen des Betriebs, für freiwillige soziale Leistungen und für betriebliche Altersversorgung brauchen nicht eingerechnet zu werden. [5]Aufwendungen im Sinne der Sätze 3 und 4 dürfen nur insoweit berücksichtigt werden, als sie auf den Zeitraum der Herstellung entfallen. [6]Vertriebskosten dürfen nicht in die Herstellungskosten einbezogen werden.

(3) [1]Zinsen für Fremdkapital gehören nicht zu den Herstellungskosten. [2]Zinsen für Fremdkapital, das zur Finanzierung der Herstellung eines Vermögensgegenstands verwendet wird, dürfen angesetzt werden, soweit sie auf den Zeitraum der Herstellung entfallen; in diesem Falle gelten sie als Herstellungskosten des Vermögensgegenstands.

(4) [1]Als Geschäfts- oder Firmenwert darf der Unterschiedsbetrag angesetzt werden, um den die für die Übernahme eines Unternehmens bewirkte Gegenleistung den Wert der einzelnen Vermögensgegenstände des Unternehmens abzüglich der Schulden im Zeitpunkt der Übernahme übersteigt. [2]Der Betrag ist in jedem folgenden Geschäftsjahr zu mindestens einem Viertel durch Abschreibungen zu tilgen. [3]Die Abschreibung des Geschäfts- oder Firmenwerts kann aber auch planmäßig auf die Geschäftsjahre verteilt werden, in denen er voraussichtlich genutzt wird.

§ 256 Bewertungsvereinfachungsverfahren. [1]Soweit es den Grundsätzen ordnungsmäßiger Buchführung entspricht, kann für den Wertansatz gleichartiger Vermögensgegenstände des Vorratsvermögens unterstellt werden, daß die zuerst oder daß die zuletzt angeschafften oder hergestellten Vermögensgegenstände zuerst oder in einer sonstigen bestimmten Folge verbraucht oder veräußert worden sind. [2]§ 240 Abs. 3 und 4 ist auch auf den Jahresabschluß anwendbar.

Dritter Unterabschnitt. Aufbewahrung und Vorlage

§ 257 Aufbewahrung von Unterlagen. Aufbewahrungsfristen.

(1) Jeder Kaufmann ist verpflichtet, die folgenden Unterlagen geordnet aufzubewahren:

1. Handelsbücher, Inventare, Eröffnungsbilanzen, Jahresabschlüsse, Lageberichte, Konzernabschlüsse, Konzernlageberichte sowie die zu ihrem Verständnis erforderlichen Arbeitsanweisungen und sonstigen Organisationsunterlagen,
2. die empfangenen Handelsbriefe,
3. Wiedergaben der abgesandten Handelsbriefe,
4. Belege für Buchungen in den von ihm nach § 238 Abs. 1 zu führenden Büchern (Buchungsbelege).

(2) Handelsbriefe sind nur Schriftstücke, die ein Handelsgeschäft betreffen.

(3) [1]Mit Ausnahme der Eröffnungsbilanzen, Jahresabschlüsse und der Konzernabschlüsse können die in Absatz 1 aufgeführten Unterlagen auch als Wiedergabe auf einem Bildträger oder auf anderen Datenträgern aufbewahrt werden, wenn dies den Grundsätzen ordnungsmäßiger Buchführung entspricht und sichergestellt ist, daß die Wiedergabe oder die Daten

1. mit den empfangenen Handelsbriefen und den Buchungsbelegen bildlich und mit den anderen Unterlagen inhaltlich übereinstimmen, wenn sie lesbar gemacht werden,
2. während der Dauer der Aufbewahrungsfrist verfügbar sind und jederzeit innerhalb angemessener Frist lesbar gemacht werden können.

[2]Sind Unterlagen auf Grund des § 239 Abs. 4 Satz 1 auf Datenträgern hergestellt worden, können statt des Datenträgers die Daten auch ausgedruckt aufbewahrt werden; die ausgedruckten Unterlagen können auch nach Satz 1 aufbewahrt werden.

(4)[3] Die in Absatz 1 Nr. 1 und 4 aufgeführten Unterlagen sind zehn Jahre, die sonstigen in Absatz 1 aufgeführten Unterlagen sechs Jahre aufzubewahren.

(5) Die Aufbewahrungsfrist beginnt mit dem Schluß des Kalenderjahrs, in dem die letzte Eintragung in das Handelsbuch gemacht, das Inventar aufgestellt, die Eröffnungsbilanz oder der Jahresabschluß festgestellt, der Kon-

[3]) Beachte dazu Übergangsvorschriften in Art. 47 EGHGB; Nr. **2.**

zernabschluß aufgestellt, der Handelsbrief empfangen oder abgesandt worden oder der Buchungsbeleg entstanden ist.

§ 258 Vorlegung im Rechtsstreit. (1) Im Laufe eines Rechtsstreits kann das Gericht auf Antrag oder von Amts wegen die Vorlegung der Handelsbücher einer Partei anordnen.

(2) Die Vorschriften der Zivilprozeßordnung über die Verpflichtung des Prozeßgegners zur Vorlegung von Urkunden bleiben unberührt.

§ 259 Auszug bei Vorlegung im Rechtsstreit. [1]Werden in einem Rechtsstreit Handelsbücher vorgelegt, so ist von ihrem Inhalt, soweit er den Streitpunkt betrifft, unter Zuziehung der Parteien Einsicht zu nehmen und geeignetenfalls ein Auszug zu fertigen. [2]Der übrige Inhalt der Bücher ist dem Gericht insoweit offenzulegen, als es zur Prüfung ihrer ordnungsmäßigen Führung notwendig ist.

§ 260 Vorlegung bei Auseinandersetzungen. Bei Vermögensauseinandersetzungen, insbesondere in Erbschafts-, Gütergemeinschafts- und Gesellschaftsteilungssachen, kann das Gericht die Vorlegung der Handelsbücher zur Kenntnisnahme von ihrem ganzen Inhalt anordnen.

§ 261 Vorlegung von Unterlagen auf Bild- oder Datenträgern. Wer aufzubewahrende Unterlagen nur in der Form einer Wiedergabe auf einem Bildträger oder auf anderen Datenträgern vorlegen kann, ist verpflichtet, auf seine Kosten diejenigen Hilfsmittel zur Verfügung zu stellen, die erforderlich sind, um die Unterlagen lesbar zu machen; soweit erforderlich, hat er die Unterlagen auf seine Kosten auszudrucken oder ohne Hilfsmittel lesbare Reproduktionen beizubringen.

Vierter Unterabschnitt. Landesrecht

§ 262. (aufgehoben)

§ 263 Vorbehalt landesrechtlicher Vorschriften. Unberührt bleiben bei Unternehmen ohne eigene Rechtspersönlichkeit einer Gemeinde, eines Gemeindeverbands oder eines Zweckverbands landesrechtliche Vorschriften, die von den Vorschriften dieses Abschnitts abweichen.

Zweiter Abschnitt.[4] Ergänzende Vorschriften für Kapitalgesellschaften (Aktiengesellschaften, Kommanditgesellschaften auf Aktien und Gesellschaften mit beschränkter Haftung) sowie bestimmte Personenhandelsgesellschaften

Erster Unterabschnitt. Jahresabschluß der Kapitalgesellschaft und Lagebericht

Erster Titel. Allgemeine Vorschriften

§ 264 Pflicht zur Aufstellung. (1) [1]Die gesetzlichen Vertreter einer Kapitalgesellschaft haben den Jahresabschluß (§ 242) um einen Anhang zu erweitern, der mit der Bilanz und der Gewinn- und Verlustrechnung eine Einheit bildet, sowie einen Lagebericht aufzustellen. [2]Der Jahresabschluß und der Lagebericht sind von den gesetzlichen Vertretern in den ersten drei Monaten des Geschäftsjahrs für das vergangene Geschäftsjahr aufzustellen. [3]Kleine Kapitalgesellschaften (§ 267 Abs. 1) brauchen den Lagebericht nicht aufzustellen; sie dürfen den Jahresabschluß auch später aufstellen, wenn dies einem ordnungsgemäßen Geschäftsgang entspricht, jedoch innerhalb der ersten sechs Monate des Geschäftsjahres.

(2) [1]Der Jahresabschluß der Kapitalgesellschaft hat unter Beachtung der Grundsätze ordnungsmäßiger Buchführung ein den tatsächlichen Verhältnissen entsprechendes Bild der Vermögens-, Finanz- und Ertragslage der Kapitalgesellschaft zu vermitteln. [2]Führen besondere Umstände dazu, daß der Jahresabschluß ein den tatsächlichen Verhältnissen entsprechendes Bild im Sinne des Satzes 1 nicht vermittelt, so sind im Anhang zusätzliche Angaben zu machen.

(3) Eine Kapitalgesellschaft, die Tochterunternehmen eines nach § 290 zur Aufstellung eines Konzernabschlusses verpflichteten Mutterunternehmens ist, braucht die Vorschriften dieses Unterabschnitts und des Dritten und Vierten Unterabschnitts dieses Abschnitts nicht anzuwenden, wenn

1. alle Gesellschafter des Tochterunternehmens der Befreiung für das jeweilige Geschäftsjahr zugestimmt haben und der Beschluß nach § 325 offengelegt worden ist,
2. das Mutterunternehmen zur Verlustübernahme nach § 302 des Aktiengesetzes verpflichtet ist oder eine solche Verpflichtung freiwillig übernommen hat und diese Erklärung nach § 325 offengelegt worden ist,

[4]) Beachte zu den §§ 264 bis 335 die nach Art. 48 EGHGB geltenden Übergangsvorschriften; Nr. **2.**

3. das Tochterunternehmen in den Konzernabschluß nach den Vorschriften dieses Abschnitts einbezogen worden ist,
4. die Befreiung des Tochterunternehmens im Anhang des von dem Mutterunternehmen aufgestellten Konzernabschlusses angegeben wird und
5. die von dem Mutterunternehmen nach den Vorschriften über die Konzernrechnungslegung gemäß § 325 offenzulegenden Unterlagen auch zum Handelsregister des Sitzes der die Befreiung im Anspruch nehmenden Kapitalgesellschaft eingereicht worden sind.

(4) Absatz 3 ist auf Kapitalgesellschaften, die Tochterunternehmen eines nach § 11 des Publizitätsgesetzes zur Aufstellung eines Konzernabschlusses verpflichteten Mutterunternehmens sind, entsprechend anzuwenden, soweit in diesem Konzernabschluss von dem Wahlrecht des § 13 Abs. 3 Satz 1 des Publizitätsgesetzes nicht Gebrauch gemacht worden ist.

2. Abschnitt. Vorschriften für Kapitalgesellschaften

§ 264 a Anwendung auf bestimmte offene Handelsgesellschaften und Kommanditgesellschaften. (1) Die Vorschriften des Ersten bis Fünften Unterabschnitts des Zweiten Abschnitts sind auch anzuwenden auf offene Handelsgesellschaften und Kommanditgesellschaften, bei denen nicht wenigstens ein persönlich haftender Gesellschafter

1. eine natürliche Person oder
2. eine offene Handelsgesellschaft, Kommanditgesellschaft oder andere Personengesellschaft mit einer natürlichen Person als persönlich haftendem Gesellschafter ist oder sich die Verbindung von Gesellschaften in dieser Art fortsetzt.

(2) In den Vorschriften dieses Abschnitts gelten als gesetzliche Vertreter einer offenen Handelsgesellschaft und Kommanditgesellschaft nach Absatz 1 die Mitglieder des vertretungsberechtigten Organs der vertretungsberechtigten Gesellschaften.

§ 264 b Befreiung von der Pflicht zur Aufstellung eines Jahresabschlusses nach den für Kapitalgesellschaften geltenden Vorschriften. Eine Personenhandelsgesellschaft im Sinne des § 264 a Abs. 1 ist von der Verpflichtung befreit, einen Jahresabschluss und einen Lagebericht nach den Vorschriften dieses Abschnitts aufzustellen, prüfen zu lassen und offen zu legen, wenn

1. sie in den Konzernabschluss eines Mutterunternehmens mit Sitz in einem Mitgliedstaat der Europäischen Union oder einem anderen Vertragsstaat des Abkommens über den Europäischen Wirtschaftsraum oder in den

Konzernabschluss eines anderen Unternehmens, das persönlich haftender Gesellschafter dieser Personenhandelsgesellschaft ist, einbezogen ist;
2. der Konzernabschluss sowie der Konzernlagebericht im Einklang mit der Richtlinie 83/349/EWG des Rates vom 13. Juni 1983 auf Grund von Artikel 54 Abs. 3 Buchstabe g des Vertrages über den konsolidierten Abschluss (ABl. EG Nr. L 193 S. 1) und der Richtlinie 84/253/EWG des Rates vom 10. April 1984 über die Zulassung der mit der Pflichtprüfung der Rechnungslegungsunterlagen beauftragten Personen (ABl. EG Nr. L 126 S. 20) nach dem für das den Konzernabschluss aufstellende Unternehmen maßgeblichen Recht aufgestellt, von einem zugelassenen Abschlussprüfer geprüft und offengelegt worden ist;
3. das den Konzernabschluss aufstellende Unternehmen die offenzulegenden Unterlagen in deutscher Sprache auch zum Handelsregister des Sitzes der Personenhandelsgesellschaft eingereicht hat und
4. die Befreiung der Personenhandelsgesellschaft im Anhang des Konzernabschlusses angegeben ist.

§ 264 c Besondere Bestimmungen für offene Handelsgesellschaften und Kommanditgesellschaften im Sinne des § 264 a. (1) [1]Ausleihungen, Forderungen und Verbindlichkeiten gegenüber Gesellschaftern sind in der Regel als solche jeweils gesondert auszuweisen oder im Anhang anzugeben. [2]Werden sie unter anderen Posten ausgewiesen, so muß diese Eigenschaft vermerkt werden.

(2) [1]§ 266 Abs. 3 Buchstabe A ist mit der Maßgabe anzuwenden, dass als Eigenkapital die folgenden Posten gesondert auszuweisen sind:
I. Kapitalanteile
II. Rücklagen
III. Gewinnvortrag/Verlustvortrag
IV. Jahresüberschuss/Jahresfehlbetrag.
[2]Anstelle des Postens „Gezeichnetes Kapital" sind die Kapitalanteile der persönlich haftenden Gesellschafter auszuweisen; sie dürfen auch zusammengefasst ausgewiesen werden. [3]Der auf den Kapitalanteil eines persönlich haftenden Gesellschafters für das Geschäftsjahr entfallende Verlust ist von dem Kapitalanteil abzuschreiben. [4]Soweit der Verlust den Kapitalanteil übersteigt, ist er auf der Aktivseite unter der Bezeichnung „Einzahlungsverpflichtungen persönlich haftender Gesellschafter" unter den Forderungen gesondert auszuweisen, soweit eine Zahlungsverpflichtung besteht. [5]Besteht keine Zahlungsverpflichtung, so ist der Betrag als „Nicht durch Vermögenseinlagen gedeckter Verlustanteil persönlich haftender Gesellschafter" zu bezeichnen und

gemäß § 268 Abs. 3 auszuweisen. [6]Die Sätze 2 bis 5 sind auf die Einlagen von Kommanditisten entsprechend anzuwenden, wobei diese insgesamt gesondert gegenüber den Kapitalanteilen der persönlich haftenden Gesellschafter auszuweisen sind. [7]Eine Forderung darf jedoch nur ausgewiesen werden, soweit eine Einzahlungsverpflichtung besteht; dasselbe gilt, wenn ein Kommanditist Gewinnanteile entnimmt, während sein Kapitalanteil durch Verlust unter den Betrag der geleisteten Einlage herabgemindert ist, oder soweit durch die Entnahme der Kapitalanteil unter den bezeichneten Betrag herabgemindert wird. [8]Als Rücklagen sind nur solche Beträge auszuweisen, die auf Grund einer gesellschaftsrechtlichen Vereinbarung gebildet worden sind. [9]Im Anhang ist der Betrag der im Handelsregister gemäß § 172 Abs. 1 eingetragenen Einlagen anzugeben, soweit diese nicht geleistet sind.

(3) [1]Das sonstige Vermögen der Gesellschafter (Privatvermögen) darf nicht in die Bilanz und die auf das Privatvermögen entfallenden Aufwendungen und Erträge dürfen nicht in die Gewinn- und Verlustrechnung aufgenommen werden. [2]In der Gewinn- und Verlustrechnung darf jedoch nach dem Posten „Jahresüberschuss/Jahresfehlbetrag" ein dem Steuersatz der Komplementärgesellschaft entsprechender Steueraufwand der Gesellschafter offen abgesetzt oder hinzugerechnet werden.

(4) [1]Anteile an Komplementärgesellschaften sind in der Bilanz auf der Aktivseite unter den Posten A.III.1 oder A.III.3 auszuweisen. [2]§ 272 Abs. 4 ist mit der Maßgabe anzuwenden, dass für diese Anteile in Höhe des aktivierten Betrags nach dem Posten „Eigenkapital" ein Sonderposten unter der Bezeichnung „Ausgleichsposten für aktivierte eigene Anteile" zu bilden ist. [3]§§ 269, 274 Abs. 2 sind mit der Maßgabe anzuwenden, dass nach dem Posten „Eigenkapital" ein Sonderposten in Höhe der aktivierten Bilanzierungshilfen anzusetzen ist.

§ 265 Allgemeine Grundsätze für die Gliederung. (1) [1]Die Form der Darstellung, insbesondere die Gliederung der aufeinanderfolgenden Bilanzen und Gewinn- und Verlustrechnungen, ist beizubehalten, soweit nicht in Ausnahmefällen wegen besonderer Umstände Abweichungen erforderlich sind. [2]Die Abweichungen sind im Anhang anzugeben und zu begründen.

(2) [1]In der Bilanz sowie in der Gewinn- und Verlustrechnung ist zu jedem Posten der entsprechende Betrag des vorhergehenden Geschäftsjahrs anzugeben. [2]Sind die Beträge nicht vergleichbar, so ist dies im Anhang anzugeben und zu erläutern. [3]Wird der Vorjahresbetrag angepaßt, so ist auch dies im Anhang anzugeben und zu erläutern.

(3) [1]Fällt ein Vermögensgegenstand oder eine Schuld unter mehrere Posten der Bilanz, so ist die Mitzugehörigkeit zu anderen Posten bei dem Po-

sten, unter dem der Ausweis erfolgt ist, zu vermerken oder im Anhang anzugeben, wenn dies zur Aufstellung eines klaren und übersichtlichen Jahresabschlusses erforderlich ist. [2]Eigene Anteile dürfen unabhängig von ihrer Zweckbestimmung nur unter dem dafür vorgesehenen Posten im Umlaufvermögen ausgewiesen werden.

(4) [1]Sind mehrere Geschäftszweige vorhanden und bedingt dies die Gliederung des Jahresabschlusses nach verschiedenen Gliederungsvorschriften, so ist der Jahresabschluß nach der für einen Geschäftszweig vorgeschriebenen Gliederung aufzustellen und nach der für die anderen Geschäftszweige vorgeschriebenen Gliederung zu ergänzen. [2]Die Ergänzung ist im Anhang anzugeben und zu begründen.

(5) [1]Eine weitere Untergliederung der Posten ist zulässig; dabei ist jedoch die vorgeschriebene Gliederung zu beachten. [2]Neue Posten dürfen hinzugefügt werden, wenn ihr Inhalt nicht von einem vorgeschriebenen Posten gedeckt wird.

(6) Gliederung und Bezeichnung der mit arabischen Zahlen versehenen Posten der Bilanz und der Gewinn- und Verlustrechnung sind zu ändern, wenn dies wegen Besonderheiten der Kapitalgesellschaft zur Aufstellung eines klaren und übersichtlichen Jahresabschlusses erforderlich ist.

(7) Die mit arabischen Zahlen versehenen Posten der Bilanz und der Gewinn- und Verlustrechnung können, wenn nicht besondere Formblätter vorgeschrieben sind, zusammengefaßt ausgewiesen werden, wenn

1. sie einen Betrag enthalten, der für die Vermittlung eines den tatsächlichen Verhältnissen entsprechenden Bildes im Sinne des § 264 Abs. 2 nicht erheblich ist,

oder

2. dadurch die Klarheit der Darstellung vergrößert wird; in diesem Falle müssen die zusammengefaßten Posten jedoch im Anhang gesondert ausgewiesen werden.

(8) Ein Posten der Bilanz oder der Gewinn- und Verlustrechnung, der keinen Betrag ausweist, braucht nicht aufgeführt zu werden, es sei denn, daß im vorhergehenden Geschäftsjahr unter diesem Posten ein Betrag ausgewiesen wurde.

Zweiter Titel. Bilanz

§ 266 Gliederung der Bilanz. (1) [1]Die Bilanz ist in Kontoform aufzustellen. [2]Dabei haben große und mittelgroße Kapitalgesellschaften (§ 267 Abs. 3, 2) auf der Aktivseite die in Absatz 2 und auf der Passivseite die in Absatz 3 bezeichneten Posten gesondert und in der vorgeschriebenen Reihenfolge auszuweisen. [3]Kleine Kapitalgesellschaften (§ 267 Abs. 1) brauchen nur eine verkürzte Bilanz aufzustellen, in die nur die in den Absätzen 2 und 3 mit Buchstaben und römischen Zahlen bezeichneten Posten gesondert und in der vorgeschriebenen Reihenfolge aufgenommen werden.

(2) Aktivseite

A. Anlagevermögen:

I. Immaterielle Vermögensgegenstände:

1. Konzessionen, gewerbliche Schutzrechte und ähnliche Rechte und Werte sowie Lizenzen an solchen Rechten und Werten;
2. Geschäfts- oder Firmenwert;
3. geleistete Anzahlungen;

II. Sachanlagen:

1. Grundstücke, grundstücksgleiche Rechte und Bauten einschließlich der Bauten auf fremden Grundstücken;
2. technische Anlagen und Maschinen;
3. andere Anlagen, Betriebs- und Geschäftsausstattung;
4. geleistete Anzahlungen und Anlagen im Bau;

III. Finanzanlagen:

1. Anteile an verbundenen Unternehmen;
2. Ausleihungen an verbundene Unternehmen;
3. Beteiligungen;
4. Ausleihungen an Unternehmen, mit denen ein Beteiligungsverhältnis besteht;
5. Wertpapiere des Anlagevermögens;
6. sonstige Ausleihungen.

B. Umlaufvermögen:

I. Vorräte:

1. Roh-, Hilfs- und Betriebsstoffe;
2. unfertige Erzeugnisse, unfertige Leistungen;
3. fertige Erzeugnisse und Waren;
4. geleistete Anzahlungen;

II. Forderungen und sonstige Vermögensgegenstände:

1. Forderungen aus Lieferungen und Leistungen;
2. Forderungen gegen verbundene Unternehmen;
3. Forderungen gegen Unternehmen, mit denen ein Beteiligungsverhältnis besteht;
4. sonstige Vermögensgegenstände;

III. Wertpapiere:

1. Anteile an verbundenen Unternehmen;
2. eigene Anteile;
3. sonstige Wertpapiere;

IV. Kassenbestand, Bundesbankguthaben, Guthaben bei Kreditinstituten und Schecks.

C. Rechnungsabgrenzungsposten.

(3) Passivseite

A. Eigenkapital:
- I. Gezeichnetes Kapital;
- II. Kapitalrücklage;
- III. Gewinnrücklagen:
  1. gesetzliche Rücklage;
  2. Rücklage für eigene Anteile;
  3. satzungsmäßige Rücklagen;
  4. andere Gewinnrücklagen;
- IV. Gewinnvortrag/Verlustvortrag;
- V. Jahresüberschuß/Jahresfehlbetrag.

B. Rückstellungen:
1. Rückstellungen für Pensionen und ähnliche Verpflichtungen;
2. Steuerrückstellungen;
3. sonstige Rückstellungen.

C. Verbindlichkeiten:
1. Anleihen, davon konvertibel;
2. Verbindlichkeiten gegenüber Kreditinstituten;
3. erhaltene Anzahlungen auf Bestellungen,
4. Verbindlichkeiten aus Lieferungen und Leistungen;
5. Verbindlichkeiten aus der Annahme gezogener Wechsel und der Ausstellung eigener Wechsel;
6. Verbindlichkeiten gegenüber verbundenen Unternehmen;
7. Verbindlichkeiten gegenüber Unternehmen, mit denen ein Beteiligungsverhältnis besteht;
8. sonstige Verbindlichkeiten,
   davon aus Steuern,
   davon im Rahmen der sozialen Sicherheit.

D. Rechnungsabgrenzungsposten.

§ 267 Umschreibung der Größenklassen. (1) Kleine Kapitalgesellschaften sind solche, die mindestens zwei der drei nachstehenden Merkmale nicht überschreiten:
1. 720 000 Deutsche Mark Bilanzsumme nach Abzug eines auf der Aktivseite ausgewiesenen Fehlbetrags (§ 268 Abs. 3).
2. 13 440 000 Deutsche Mark Umsatzerlöse in den zwölf Monaten vor dem Abschlußstichtag.

3. Im Jahresdurchschnitt fünfzig Arbeitnehmer.

(2) Mittelgroße Kapitalgesellschaften sind solche, die mindestens zwei der drei in Absatz 1 bezeichneten Merkmale überschreiten und jeweils mindestens zwei der drei nachstehenden Merkmale nicht überschreiten:

1. 26 890 000 Deutsche Mark Bilanzsumme nach Abzug eines auf der Aktivseite ausgewiesenen Fehlbetrags (§ 268 Abs. 3).
2. 53 780 000 Deutsche Mark Umsatzerlöse in den zwölf Monaten vor dem Abschlußstichtag.
3. Im Jahresdurchschnitt zweihundertfünfzig Arbeitnehmer.

(3) [1]Große Kapitalgesellschaften sind solche, die mindestens zwei der drei in Absatz 2 bezeichneten Merkmale überschreiten. [2]Eine Kapitalgesellschaft gilt stets als große, wenn sie einen organisierten Markt im Sinne des § 2 Abs. 5 des Wertpapierhandelsgesetzes durch von ihr ausgegebene Wertpapiere im Sinne des § 2 Abs. 1 Satz 1 des Wertpapierhandelsgesetzes in Anspruch nimmt oder die Zulassung zum Handel an einem organisierten Markt beantragt worden ist.

(4) [1]Die Rechtsfolgen der Merkmale nach den Absätzen 1 bis 3 Satz 1 treten nur ein, wenn sie an den Abschlußstichtagen von zwei aufeinanderfolgenden Geschäftsjahren über- oder unterschritten werden. [2]Im Falle der Umwandlung oder Neugründung treten die Rechtsfolgen schon ein, wenn die Voraussetzungen des Absatzes 1, 2 oder 3 am ersten Abschlußstichtag nach der Umwandlung oder Neugründung vorliegen.

(5) Als durchschnittliche Zahl der Arbeitnehmer gilt der vierte Teil der Summe aus den Zahlen der jeweils am 31. März, 30. Juni, 30. September und 31. Dezember beschäftigten Arbeitnehmer einschließlich der im Ausland beschäftigten Arbeitnehmer, jedoch ohne die zu ihrer Berufsausbildung Beschäftigten.

(6) Informations- und Auskunftsrechte der Arbeitnehmervertretungen nach anderen Gesetzen bleiben unberührt.

§ 268 Vorschriften zu einzelnen Posten der Bilanz. Bilanzvermerke. (1) [1]Die Bilanz darf auch unter Berücksichtigung der vollständigen oder teilweisen Verwendung des Jahresergebnisses aufgestellt werden. [2]Wird die Bilanz unter Berücksichtigung der teilweisen Verwendung des Jahresergebnisses aufgestellt, so tritt an die Stelle der Posten „Jahresüberschuß/Jahresfehlbetrag“ und „Gewinnvortrag/Verlustvortrag“ der Posten „Bilanzgewinn/ Bilanzverlust“; ein vorhandener Gewinn- oder Verlustvortrag ist in den Posten „Bilanzgewinn/Bilanzverlust“ einzubeziehen und in der Bilanz oder im Anhang gesondert anzugeben.

(2) [1]In der Bilanz oder im Anhang ist die Entwicklung der einzelnen Posten

des Anlagevermögens und des Postens „Aufwendungen für die Ingangsetzung und Erweiterung des Geschäftsbetriebs“ darzustellen. [2]Dabei sind, ausgehend von den gesamten Anschaffungs- und Herstellungskosten, die Zugänge, Abgänge, Umbuchungen und Zuschreibungen des Geschäftsjahrs sowie die Abschreibungen in ihrer gesamten Höhe gesondert aufzuführen. [3]Die Abschreibungen des Geschäftsjahrs sind entweder in der Bilanz bei dem betreffenden Posten zu vermerken oder im Anhang in einer der Gliederung des Anlagevermögens entsprechenden Aufgliederung anzugeben.

(3) Ist das Eigenkapital durch Verluste aufgebraucht und ergibt sich ein Überschuß der Passivposten über die Aktivposten, so ist dieser Betrag am Schluß der Bilanz auf der Aktivseite gesondert unter der Bezeichnung „Nicht durch Eigenkapital gedeckter Fehlbetrag“ auszuweisen.

(4) [1]Der Betrag der Forderungen mit einer Restlaufzeit von mehr als einem Jahr ist bei jedem gesondert ausgewiesenen Posten zu vermerken. [2]Werden unter dem Posten „sonstige Vermögensgegenstände“ Beträge für Vermögensgegenstände ausgewiesen, die erst nach dem Abschlußstichtag rechtlich entstehen, so müssen Beträge, die einen größeren Umfang haben, im Anhang erläutert werden.

(5) [1]Der Betrag der Verbindlichkeiten mit einer Restlaufzeit bis zu einem Jahr ist bei jedem gesondert ausgewiesenen Posten zu vermerken. [2]Erhaltene Anzahlungen auf Bestellungen sind, soweit Anzahlungen auf Vorräte nicht von dem Posten „Vorräte“ offen abgesetzt worden, unter den Verbindlichkeiten gesondert auszuweisen. [3]Sind unter dem Posten „Verbindlichkeiten“ Beträge für Verbindlichkeiten ausgewiesen, die erst nach dem Abschlußstichtag rechtlich entstehen, so müssen Beträge, die einen größeren Umfang haben, im Anhang erläutert werden.

(6) Ein nach § 250 Abs. 3 in den Rechnungsabgrenzungsposten auf der Aktivseite aufgenommener Unterschiedsbetrag ist in der Bilanz gesondert auszuweisen oder im Anhang anzugeben.

(7) Die in § 251 bezeichneten Haftungsverhältnisse sind jeweils gesondert unter der Bilanz oder im Anhang unter Angabe der gewährten Pfandrechte und sonstigen Sicherheiten anzugeben; bestehen solche Verpflichtungen gegenüber verbundenen Unternehmen, so sind sie gesondert anzugeben.

§ 269 Aufwendungen für die Ingangsetzung und Erweiterung des Geschäftsbetriebs. [1]Die Aufwendungen für die Ingangsetzung des Geschäftsbetriebs und dessen Erweiterung dürfen, soweit sie nicht bilanzierungsfähig sind, als Bilanzierungshilfe aktiviert werden; der Posten ist in der Bilanz unter der Bezeichnung „Aufwendungen für die Ingangsetzung und Erweiterung des Geschäftsbetriebs“ vor dem Anlagevermögen auszuweisen und im Anhang zu erläutern. [2]Werden solche Aufwendungen in der Bilanz ausgewiesen, so dürfen Gewinne nur ausgeschüttet werden, wenn die nach der Ausschüttung verbleibenden jederzeit auflösbaren Gewinnrücklagen zuzüglich eines Gewinnvortrags und abzüglich eines Verlustvortrags dem angesetzten Betrag mindestens entsprechen.

§ 270 Bildung bestimmter Posten. (1) [1]Einstellungen in die Kapitalrücklage und deren Auflösung sind bereits bei der Aufstellung der Bilanz vorzunehmen. [2]Satz 1 ist auf Einstellungen in den Sonderposten mit Rücklageanteil und dessen Auflösung anzuwenden.

(2) Wird die Bilanz unter Berücksichtigung der vollständigen oder teilweisen Verwendung des Jahresergebnisses aufgestellt, so sind Entnahmen aus Gewinnrücklagen sowie Einstellungen in Gewinnrücklagen, die nach Gesetz, Gesellschaftsvertrag oder Satzung vorzunehmen sind oder auf Grund solcher Vorschriften beschlossen worden sind, bereits bei der Aufstellung der Bilanz zu berücksichtigen.

§ 271 Beteiligungen. Verbundene Unternehmen. (1) [1]Beteiligungen sind Anteile an anderen Unternehmen, die bestimmt sind, dem eigenen Geschäftsbetrieb durch Herstellung einer dauernden Verbindung zu jenen Unternehmen zu dienen. [2]Dabei ist es unerheblich, ob die Anteile in Wertpapieren verbrieft sind oder nicht. [3]Als Beteiligung gelten im Zweifel Anteile an einer Kapitalgesellschaft, die insgesamt den fünften Teil des Nennkapitals dieser Gesellschaft überschreiten. [4]Auf die Berechnung ist § 16 Abs. 2 und 4 des Aktiengesetzes entsprechend anzuwenden. [5]Die Mitgliedschaft in einer eingetragenen Genossenschaft gilt nicht als Beteiligung im Sinne dieses Buches.

(2) Verbundene Unternehmen im Sinne dieses Buches sind solche Unternehmen, die als Mutter- oder Tochterunternehmen (§ 290) in den Konzernabschluß eines Mutterunternehmens nach den Vorschriften über die Vollkonsolidierung einzubeziehen sind, das als oberstes Mutterunternehmen den am weitestgehenden Konzernabschluß nach dem Zweiten Unterabschnitt aufzustellen hat, auch wenn die Aufstellung unterbleibt, oder das einen befreienden Konzernabschluß nach § 291 oder nach einer nach § 292 erlassenen Rechtsverordnung aufstellt oder aufstellen könnte; Tochterunternehmen, die nach § 295 oder § 296 nicht einbezogen werden, sind ebenfalls verbundene Unternehmen.

§ 272 Eigenkapital. (1) [1]Gezeichnetes Kapital ist das Kapital, auf das die Haftung der Gesellschafter für die Verbindlichkeiten der Kapitalgesellschaft gegenüber den Gläubigern beschränkt ist. [2]Die ausstehenden Einlagen auf das gezeichnete Kapital sind auf der Aktivseite vor dem Anlagevermögen gesondert auszuweisen und entsprechend zu bezeichnen; die davon eingeforderten Einlagen sind zu vermerken. [3]Die nicht eingeforderten ausstehenden Einlagen dürfen auch von dem Posten „Gezeichnetes Kapital“ offen abgesetzt werden; in diesem Falle ist der verbleibende Betrag als Posten „Eingefordertes Kapital“ in der Hauptspalte der Passivseite auszuweisen und ist außerdem der eingeforderte, aber noch nicht eingezahlte Betrag unter den Forderungen gesondert auszuweisen und entsprechend zu bezeichnen. [4]Der Nennbetrag oder, falls ein solcher nicht vorhanden ist, der rechnerische Wert von nach § 71 Abs. 1 Nr. 6 oder 8 des Aktiengesetzes zur Einziehung erworbenen Aktien ist in der Vorspalte offen von dem Posten „Gezeichnetes Kapital“ als Kapitalrückzahlung abzusetzen. [5]Ist der Erwerb der Aktien nicht zur Einziehung erfolgt, ist Satz 4 auch anzuwenden, soweit in dem Beschluß über den Rückkauf die spätere Veräußerung von einem Beschluß der Hauptversammlung in entsprechender Anwendung des § 182 Abs. 1 Satz 1 des Aktiengesetzes abhängig gemacht worden ist. [6]Wird der Nennbetrag oder der rechnerische Wert von Aktien nach Satz 4 abgesetzt, ist der Unterschiedsbetrag dieser Aktien zwischen ihrem Nennbetrag oder dem rechnerischen Wert und ihrem Kaufpreis mit den anderen Gewinnrücklagen (§ 266 Abs. 3 A.III.4.) zu verrechnen; weitergehende Anschaffungskosten sind als Aufwand des Geschäftsjahres zu berücksichtigen.

(2) Als Kapitalrücklage sind auszuweisen

1. der Betrag, der bei der Ausgabe von Anteilen einschließlich von Bezugsanteilen über den Nennbetrag oder, falls ein Nennbetrag nicht vorhanden ist, über den rechnerischen Wert hinaus erzielt wird;
2. der Betrag, der bei der Ausgabe von Schuldverschreibungen für Wandlungsrechte und Optionsrechte zum Erwerb von Anteilen erzielt wird;
3. der Betrag von Zuzahlungen, die Gesellschafter gegen Gewährung eines Vorzugs für ihre Anteile leisten;
4. der Betrag von anderen Zuzahlungen, die Gesellschafter in das Eigenkapital leisten.

(3) [1]Als Gewinnrücklagen dürfen nur Beträge ausgewiesen werden, die im Geschäftsjahr oder in einem früheren Geschäftsjahr aus dem Ergebnis gebildet worden sind. [2]Dazu gehören aus dem Ergebnis zu bildende gesetzliche oder auf Gesellschaftsvertrag oder Satzung beruhende Rücklagen und andere Gewinnrücklagen.

(4) [1]In eine Rücklage für eigene Anteile ist ein Betrag einzustellen, der dem auf der Aktivseite der Bilanz für die eigenen Anteile anzusetzenden Betrag entspricht. [2]Die Rücklage darf nur aufgelöst werden, soweit die eigenen Anteile

ausgegeben, veräußert oder eingezogen werden oder soweit nach § 253 Abs. 3 auf der Aktivseite ein niedrigerer Betrag angesetzt wird. [3]Die Rücklage, die bereits bei der Aufstellung der Bilanz vorzunehmen ist, darf aus vorhandenen Gewinnrücklagen gebildet werden, soweit diese frei verfügbar sind. [4]Die Rücklage nach Satz 1 ist auch für Anteile eines herrschenden oder eines mit Mehrheit beteiligten Unternehmens zu bilden.

§ 273 Sonderposten mit Rücklageanteil. [1]Der Sonderposten mit Rücklageanteil (§ 247 Abs. 3) darf nur insoweit gebildet werden, als das Steuerrecht die Anerkennung des Wertansatzes bei der steuerrechtlichen Gewinnermittlung davon abhängig macht, daß der Sonderposten in der Bilanz gebildet wird. [2]Er ist auf der Passivseite vor den Rückstellungen auszuweisen; die Vorschriften, nach denen er gebildet worden ist, sind in der Bilanz oder im Anhang anzugeben.

§ 274 Steuerabgrenzung. (1) [1]Ist der dem Geschäftsjahr und früheren Geschäftsjahren zuzurechnende Steueraufwand zu niedrig, weil der nach den steuerrechtlichen Vorschriften zu versteuernde Gewinn niedriger als das handelsrechtliche Ergebnis ist, und gleicht sich der zu niedrige Steueraufwand des Geschäftsjahrs und früherer Geschäftsjahre in späteren Geschäftsjahren voraussichtlich aus, so ist in Höhe der voraussichtlichen Steuerbelastung nachfolgender Geschäftsjahre eine Rückstellung nach § 249 Abs. 1 Satz 1 zu bilden und in der Bilanz oder im Anhang gesondert anzugeben. [2]Die Rückstellung ist aufzulösen, sobald die höhere Steuerbelastung eintritt oder mit ihr voraussichtlich nicht mehr zu rechnen ist.

(2) [1]Ist der dem Geschäftsjahr und früheren Geschäftsjahren zuzurechnende Steueraufwand zu hoch, weil der nach den steuerrechtlichen Vorschriften zu versteuernde Gewinn höher als das handelsrechtliche Ergebnis ist, und gleicht sich der zu hohe Steueraufwand des Geschäftsjahrs und früherer Geschäftsjahre in späteren Geschäftsjahren voraussichtlich aus, so darf in Höhe der voraussichtlichen Steuerentlastung nachfolgender Geschäftsjahre ein Abgrenzungsposten als Bilanzierungshilfe auf der Aktivseite der Bilanz gebildet werden. [2]Dieser Posten ist unter entsprechender Bezeichnung gesondert auszuweisen und im Anhang zu erläutern. [3]Wird ein solcher Posten ausgewiesen, so dürfen Gewinne nur ausgeschüttet werden, wenn die nach der Ausschüttung verbleibenden jederzeit auflösbaren Gewinnrücklagen zuzüglich eines Gewinnvortrags und abzüglich eines Verlustvortrags dem angesetzten Betrag mindestens entsprechen. [4]Der Betrag ist aufzulösen, sobald die Steuerentlastung eintritt oder mit ihr voraussichtlich nicht mehr zu rechnen ist.

§ 274 a Größenabhängige Erleichterungen. Kleine Kapitalgesellschaften sind von der Anwendung der folgenden Vorschriften befreit:
1. § 268 Abs. 2 über die Aufstellung eines Anlagengitters,
2. § 268 Abs. 4 Satz 2 über die Pflicht zur Erläuterung bestimmter Forderungen im Anhang,
3. § 268 Abs. 5 Satz 3 über die Erläuterung bestimmter Verbindlichkeiten im Anhang,
4. § 268 Abs. 6 über den Rechnungsabgrenzungsposten nach § 250 Abs. 3,
5. § 269 Satz 1 insoweit, als die Aufwendungen für die Ingangsetzung und Erweiterung des Geschäftsbetriebs im Anhang erläutert werden müssen.

Dritter Titel. Gewinn- und Verlustrechnung

§ 275 Gliederung. (1) [1]Die Gewinn- und Verlustrechnung ist in Staffelform nach dem Gesamtkostenverfahren oder dem Umsatzkostenverfahren aufzustellen. [2]Dabei sind die in Absatz 2 oder 3 bezeichneten Posten in der angegebenen Reihenfolge gesondert auszuweisen.

(2) Bei Anwendung des Gesamtkostenverfahrens sind auszuweisen:
1. Umsatzerlöse
2. Erhöhung oder Verminderung des Bestands an fertigen und unfertigen Erzeugnissen
3. andere aktivierte Eigenleistungen
4. sonstige betriebliche Erträge
5. Materialaufwand:
   a) Aufwendungen für Roh-, Hilfs- und Betriebsstoffe und für bezogene Waren
   b) Aufwendungen für bezogene Leistungen
6. Personalaufwand:
   a) Löhne und Gehälter
   b) soziale Abgaben und Aufwendungen für Altersversorgung und für Unterstützung, davon für Altersversorgung
7. Abschreibungen:
   a) auf immaterielle Vermögensgegenstände des Anlagevermögens und Sachanlagen sowie auf aktivierte Aufwendungen für die Ingangsetzung und Erweiterung des Geschäftsbetriebs
   b) auf Vermögensgegenstände des Umlaufvermögens, soweit diese die in der Kapitalgesellschaft üblichen Abschreibungen überschreiten
8. sonstige betriebliche Aufwendungen
9. Erträge aus Beteiligungen, davon aus verbundenen Unternehmen
10. Erträge aus anderen Wertpapieren und Ausleihungen des Finanzanlagevermögens, davon aus verbundenen Unternehmen

11. sonstige Zinsen und ähnliche Erträge, davon aus verbundenen Unternehmen
12. Abschreibungen auf Finanzanlagen und auf Wertpapiere des Umlaufvermögens
13. Zinsen und ähnliche Aufwendungen, davon an verbundene Unternehmen
14. Ergebnis der gewöhnlichen Geschäftstätigkeit
15. außerordentliche Erträge
16. außerordentliche Aufwendungen
17. außerordentliches Ergebnis
18. Steuern vom Einkommen und vom Ertrag
19. sonstige Steuern
20. Jahresüberschuß/Jahresfehlbetrag.

(3) Bei Anwendung des Umsatzkostenverfahrens sind auszuweisen:

1. Umsatzerlöse
2. Herstellungskosten der zur Erzielung der Umsatzerlöse erbrachten Leistungen
3. Bruttoergebnis vom Umsatz
4. Vertriebskosten
5. allgemeine Verwaltungskosten
6. sonstige betriebliche Erträge
7. sonstige betriebliche Aufwendungen
8. Erträge aus Beteiligungen, davon aus verbundenen Unternehmen
9. Erträge aus anderen Wertpapieren und Ausleihungen des Finanzanlagevermögens, davon aus verbundenen Unternehmen
10. sonstige Zinsen und ähnliche Erträge, davon aus verbundenen Unternehmen
11. Abschreibungen auf Finanzanlagen und auf Wertpapiere des Umlaufvermögens
12. Zinsen und ähnliche Aufwendungen, davon an verbundene Unternehmen
13. Ergebnis der gewöhnlichen Geschäftstätigkeit
14. außerordentliche Erträge
15. außerordentliche Aufwendungen
16. außerordentliches Ergebnis
17. Steuern vom Einkommen und vom Ertrag
18. sonstige Steuern
19. Jahresüberschuß/Jahresfehlbetrag.

(4) Veränderungen der Kapital- und Gewinnrücklagen dürfen in der Gewinn- und Verlustrechnung erst nach dem Posten „Jahresüberschuß/Jahresfehlbetrag" ausgewiesen werden.

§ 276 Größenabhängige Erleichterungen. [1]Kleine und mittelgroße Kapitalgesellschaften (§ 267 Abs. 1, 2) dürfen die Posten § 275 Abs. 2 Nr. 1 bis 5 oder Abs. 3 Nr. 1 bis 3 und 6 zu einem Posten unter der Bezeichnung „Rohergebnis" zusammenfassen. [2]Kleine Kapitalgesellschaften brauchen außerdem die in § 277 Abs. 4 Satz 2 und 3 verlangten Erläuterungen zu den Posten „außerordentliche Erträge" und „außerordentliche Aufwendungen" nicht zu machen.

§ 277 Vorschriften zu einzelnen Posten der Gewinn- und Verlustrechnung. (1) Als Umsatzerlöse sind die Erlöse aus dem Verkauf und der Vermietung oder Verpachtung von für die gewöhnliche Geschäftstätigkeit der Kapitalgesellschaft typischen Erzeugnissen und Waren sowie aus von für die gewöhnliche Geschäftstätigkeit der Kapitalgesellschaft typischen Dienstleistungen nach Abzug von Erlösschmälerungen und der Umsatzsteuer auszuweisen.

(2) Als Bestandsveränderungen sind sowohl Änderungen der Menge als auch solche des Wertes zu berücksichtigen; Abschreibungen jedoch nur, soweit diese die in der Kapitalgesellschaft sonst üblichen Abschreibungen nicht überschreiten.

(3) [1]Außerplanmäßige Abschreibungen nach § 253 Abs. 2 Satz 3 sowie Abschreibungen nach § 253 Abs. 3 Satz 3 sind jeweils gesondert auszuweisen oder im Anhang anzugeben. [2]Erträge und Aufwendungen aus Verlustübernahme und auf Grund einer Gewinngemeinschaft, eines Gewinnabführungs- oder eines Teilgewinnabführungsvertrags erhaltene oder abgeführte Gewinne sind jeweils gesondert unter entsprechender Bezeichnung auszuweisen.

(4) [1]Unter den Posten „außerordentliche Erträge" und „außerordentliche Aufwendungen" sind Erträge und Aufwendungen auszuweisen, die außerhalb der gewöhnlichen Geschäftstätigkeit der Kapitalgesellschaft anfallen. [2]Die Posten sind hinsichtlich ihres Betrags und ihrer Art im Anhang zu erläutern, soweit die ausgewiesenen Beträge für die Beurteilung der Ertragslage nicht von untergeordneter Bedeutung sind. [3]Satz 2 gilt auch für Erträge und Aufwendungen, die einem anderen Geschäftsjahr zuzurechnen sind.

§ 278 Steuern. [1]Die Steuern vom Einkommen und vom Ertrag sind auf der Grundlage des Beschlusses über die Verwendung des Ergebnisses zu berechnen; liegt ein solcher Beschluß im Zeitpunkt der Feststellung des Jahresabschlusses nicht vor, so ist vom Vorschlag über die Verwendung des Ergebnisses auszugehen. [2]Weicht der Beschluß über die Verwendung des Ergebnisses vom Vorschlag ab, so braucht der Jahresabschluß nicht geändert zu werden.

Vierter Titel. Bewertungsvorschriften

§ 279 Nichtanwendung von Vorschriften. Abschreibungen. (1) [1]§ 253 Abs. 4 ist nicht anzuwenden. [2]§ 253 Abs. 2 Satz 3 darf, wenn es sich nicht um eine voraussichtlich dauernde Wertminderung handelt, nur auf Vermögensgegenstände, die Finanzanlagen sind, angewendet werden.

(2) Abschreibungen nach § 254 dürfen nur insoweit vorgenommen werden, als das Steuerrecht ihre Anerkennung bei der steuerrechtlichen Gewinnermittlung davon abhängig macht, daß sie sich aus der Bilanz ergeben.

§ 280 Wertaufholungsgebot. (1) [1]Wird bei einem Vermögensgegenstand eine Abschreibung nach § 253 Abs. 2 Satz 3 oder Abs. 3 oder § 254 Satz 1 vorgenommen und stellt sich in einem späteren Geschäftsjahr heraus, daß die Gründe dafür nicht mehr bestehen, so ist der Betrag dieser Abschreibung im Umfang der Werterhöhung unter Berücksichtigung der Abschreibungen, die inzwischen vorzunehmen gewesen wären, zuzuschreiben. [2]§ 253 Abs. 5, § 254 Satz 2 sind insoweit nicht anzuwenden.

(2) Von der Zuschreibung nach Absatz 1 kann abgesehen werden, wenn der niedrigere Wertansatz bei der steuerrechtlichen Gewinnermittlung beibehalten werden kann und wenn Voraussetzung für die Beibehaltung ist, daß der niedrigere Wertansatz auch in der Bilanz beibehalten wird.

(3) Im Anhang ist der Betrag der im Geschäftsjahr aus steuerrechtlichen Gründen unterlassenen Zuschreibungen anzugeben und hinreichend zu begründen.

§ 281 Berücksichtigung steuerrechtlicher Vorschriften. (1) [1]Die nach § 254 zulässigen Abschreibungen dürfen auch in der Weise vorgenommen werden, daß der Unterschiedsbetrag zwischen der nach § 253 in Verbindung mit § 279 und der nach § 254 zulässigen Bewertung in den Sonderposten mit Rücklageanteil eingestellt wird. [2]In der Bilanz oder im Anhang sind die Vorschriften anzugeben, nach denen die Wertberichtigung gebildet worden ist. [3]Unbeschadet steuerrechtlicher Vorschriften über die Auflösung ist die Wertberichtigung insoweit aufzulösen, als die Vermögensgegenstände, für die sie gebildet worden ist, aus dem Vermögen ausscheiden oder die steuerrechtliche Wertberichtigung durch handelsrechtliche Abschreibungen ersetzt wird.

(2) [1]Im Anhang ist der Betrag der im Geschäftsjahr allein nach steuerrechtlichen Vorschriften vorgenommenen Abschreibungen, getrennt nach Anlage- und Umlaufvermögen, anzugeben, soweit er sich nicht aus der Bilanz oder der Gewinn- und Verlustrechnung ergibt, und hinreichend zu begründen. [2]Erträge aus der Auflösung des Sonderpostens mit Rücklageanteil sind in dem Posten „sonstige betriebliche Erträge“, Einstellungen in den Sonderpo-

sten mit Rücklageanteil sind in dem Posten „sonstige betriebliche Aufwendungen" der Gewinn- und Verlustrechnung gesondert auszuweisen oder im Anhang anzugeben.

§ 282 Abschreibung der Aufwendungen für die Ingangsetzung und Erweiterung des Geschäftsbetriebs. Für die Ingangsetzung und Erweiterung des Geschäftsbetriebs ausgewiesene Beträge sind in jedem folgenden Geschäftsjahr zumindestens einem Viertel durch Abschreibungen zu tilgen.

§ 283 Wertansatz des Eigenkapitals. Das gezeichnete Kapital ist zum Nennbetrag anzusetzen.

Fünfter Titel. Anhang

§ 284 Erläuterung der Bilanz und der Gewinn- und Verlustrechnung. (1) In den Anhang sind diejenigen Angaben aufzunehmen, die zu den einzelnen Posten der Bilanz oder der Gewinn- und Verlustrechnung vorgeschrieben oder die im Anhang zu machen sind, weil sie in Ausübung eines Wahlrechts nicht in die Bilanz oder in die Gewinn- und Verlustrechnung aufgenommen wurden.

(2) Im Anhang müssen

1. die auf die Posten der Bilanz und der Gewinn- und Verlustrechnung angewandten Bilanzierungs- und Bewertungsmethoden angegeben werden;
2. die Grundlagen für die Umrechnung in Euro[5] angegeben werden, soweit der Jahresabschluß Posten enthält, denen Beträge zugrunde liegen, die auf fremde Währung lauten oder ursprünglich auf fremde Währung lauteten;
3. Abweichungen von Bilanzierungs- und Bewertungsmethoden angegeben und begründet werden; deren Einfluß auf die Vermögens-, Finanz- und Ertragslage ist gesondert darzustellen;
4. bei Anwendung einer Bewertungsmethode nach § 240 Abs. 4, § 256 Satz 1 die Unterschiedsbeträge pauschal für die jeweilige Gruppe ausgewiesen werden, wenn die Bewertung im Vergleich zu einer Bewertung auf der Grundlage des letzten vor dem Abschlußstichtag bekannten Börsenkurses oder Marktpreises einen erheblichen Unterschied aufweist;
5. Angaben über die Einbeziehung von Zinsen für Fremdkapital in die Herstellungskosten gemacht werden.

[5]) Vgl. hierzu die Übergangsvorschriften zur Einführung des Euro in Art. 42 EGHGB; Nr. **2**.

§ 285 Sonstige Pflichtangaben. Ferner sind im Anhang anzugeben:

1. zu den in der Bilanz ausgewiesenen Verbindlichkeiten
   a) der Gesamtbetrag der Verbindlichkeiten mit einer Restlaufzeit von mehr als fünf Jahren,
   b) der Gesamtbetrag der Verbindlichkeiten, die durch Pfandrechte oder ähnliche Rechte gesichert sind, unter Angabe von Art und Form der Sicherheiten;
2. die Aufgliederung der in Nummer 1 verlangten Angaben für jeden Posten der Verbindlichkeiten nach dem vorgeschriebenen Gliederungsschema, sofern sich diese Angaben nicht aus der Bilanz ergeben;
3. der Gesamtbetrag der sonstigen finanziellen Verpflichtungen, die nicht in der Bilanz erscheinen und auch nicht nach § 251 anzugeben sind, sofern diese Angabe für die Beurteilung der Finanzlage von Bedeutung ist; davon sind Verpflichtungen gegenüber verbundenen Unternehmen gesondert anzugeben;
4. die Aufgliederung der Umsatzerlöse nach Tätigkeitsbereichen sowie nach geographisch bestimmten Märkten, soweit sich, unter Berücksichtigung der Organisation des Verkaufs von für die gewöhnliche Geschäftstätigkeit der Kapitalgesellschaft typischen Erzeugnissen und der für die gewöhnliche Geschäftstätigkeit der Kapitalgesellschaft typischen Dienstleistungen, die Tätigkeitsbereiche und geographisch bestimmten Märkte untereinander erheblich unterscheiden;
5. das Ausmaß, in dem das Jahresergebnis dadurch beeinflußt wurde, daß bei Vermögensgegenständen im Geschäftsjahr oder in früheren Geschäftsjahren Abschreibungen nach §§ 254, 280 Abs. 2 auf Grund steuerrechtlicher Vorschriften vorgenommen oder beibehalten wurden oder ein Sonderposten nach § 273 gebildet wurde; ferner das Ausmaß erheblicher künftiger Belastungen, die sich aus einer solchen Bewertung ergeben;
6. in welchem Umfang die Steuern vom Einkommen und vom Ertrag das Ergebnis der gewöhnlichen Geschäftstätigkeit und das außerordentliche Ergebnis belasten;
7. die durchschnittliche Zahl der während des Geschäftsjahrs beschäftigten Arbeitnehmer getrennt nach Gruppen;
8. bei Anwendung des Umsatzkostenverfahrens (§ 275 Abs. 3)
   a) der Materialaufwand des Geschäftsjahrs, gegliedert nach § 275 Abs. 2 Nr. 5,
   b) der Personalaufwand des Geschäftsjahrs, gegliedert nach § 275 Abs. 2 Nr. 6;
9. für die Mitglieder des Geschäftsführungsorgans, eines Aufsichtsrats, ei-

nes Beirats oder einer ähnlichen Einrichtung jeweils für jede Personengruppe

a) die für die Tätigkeit im Geschäftsjahr gewährten Gesamtbezüge (Gehälter, Gewinnbeteiligungen, Bezugsrechte, Aufwandsentschädigungen, Versicherungsentgelte, Provisionen und Nebenleistungen jeder Art). In die Gesamtbezüge sind auch Bezüge einzurechnen, die nicht ausgezahlt, sondern in Ansprüche anderer Art umgewandelt oder zur Erhöhung anderer Ansprüche verwendet werden. Außer den Bezügen für das Geschäftsjahr sind die weiteren Bezüge anzugeben, die im Geschäftsjahr gewährt, bisher aber in keinem Jahresabschluß angegeben worden sind;
b) die Gesamtbezüge (Abfindungen, Ruhegehälter, Hinterbliebenenbezüge und Leistungen verwandter Art) der früheren Mitglieder der bezeichneten Organe und ihrer Hinterbliebenen. Buchstabe a Satz 2 und 3 ist entsprechend anzuwenden. Ferner ist der Betrag der für diese Personengruppe gebildeten Rückstellungen für laufende Pensionen und Anwartschaften auf Pensionen und der Betrag der für diese Verpflichtungen nicht gebildeten Rückstellungen anzugeben;
c) die gewährten Vorschüsse und Kredite unter Angabe der Zinssätze, der wesentlichen Bedingungen und der gegebenenfalls im Geschäftsjahr zurückgezahlten Beträge sowie die zugunsten dieser Personen eingegangenen Haftungsverhältnisse;

10. alle Mitglieder des Geschäftsführungsorgans und eines Aufsichtsrats, auch wenn sie im Geschäftsjahr oder später ausgeschieden sind, mit dem Familiennamen und mindestens einem ausgeschriebenen Vornamen, einschließlich des ausgeübten Berufs und bei börsennotierten Gesellschaften auch der Mitgliedschaft in Aufsichtsräten und anderen Kontrollgremien im Sinne des § 125 Abs. 1 Satz 3 des Aktiengesetzes. Der Vorsitzende eines Aufsichtsrats, seine Stellvertreter und ein etwaiger Vorsitzender des Geschäftsführungsorgans sind als solche zu bezeichnen;
11. Name und Sitz anderer Unternehmen, von denen die Kapitalgesellschaft oder eine für Rechnung der Kapitalgesellschaft handelnde Person mindestens den fünften Teil der Anteile besitzt; außerdem sind die Höhe des Anteils am Kapital, das Eigenkapital und das Ergebnis des letzten Geschäftsjahrs dieser Unternehmen anzugeben, für das ein Jahresabschluß vorliegt; auf die Berechnung der Anteile ist § 16 Abs. 2 und 4 des Aktiengesetzes entsprechend anzuwenden; ferner sind von börsennotierten Kapitalgesellschaften zusätzlich alle Beteiligungen an großen Kapitalgesellschaften anzugeben, die fünf vom Hundert der Stimmrechte überschreiten;

11.a Name, Sitz und Rechtsform der Unternehmen, deren unbeschränkt haftender Gesellschafter die Kapitalgesellschaft ist;
12. Rückstellungen, die in der Bilanz unter dem Posten „sonstige Rückstellungen" nicht gesondert ausgewiesen werden, sind zu erläutern, wenn sie einen nicht unerheblichen Umfang haben;
13. bei Anwendung des § 255 Abs. 4 Satz 3 die Gründe für die planmäßige Abschreibung des Geschäfts- oder Firmenwerts;
14. Name und Sitz des Mutterunternehmens der Kapitalgesellschaft, das den Konzernabschluß für den größten Kreis von Unternehmen aufstellt, und ihres Mutterunternehmens, das den Konzernabschluß für den kleinsten Kreis von Unternehmen aufstellt, sowie im Falle der Offenlegung der von diesen Mutterunternehmen aufgestellten Konzernabschlüsse der Ort, wo diese erhältlich sind;
15. soweit es sich um den Anhang des Jahresabschlusses einer Personenhandelsgesellschaft im Sinne des § 264 a Abs. 1 handelt, Name und Sitz der Gesellschaften, die persönlich haftende Gesellschafter sind, sowie deren gezeichnetes Kapital.

§ 286 Unterlassen von Angaben. (1) Die Berichterstattung hat insoweit zu unterbleiben, als es für das Wohl der Bundesrepublik Deutschland oder eines ihrer Länder erforderlich ist.

(2) Die Aufgliederung der Umsatzerlöse nach § 285 Nr. 4 kann unterbleiben, soweit die Aufgliederung nach vernünftiger kaufmännischer Beurteilung geeignet ist, der Kapitalgesellschaft oder einem Unternehmen, von dem die Kapitalgesellschaft mindestens den fünften Teil der Anteile besitzt, einen erheblichen Nachteil zuzufügen.

(3) [1]Die Angaben nach § 285 Nr. 11 und 11 a können unterbleiben, soweit sie

1. für die Darstellung der Vermögens-, Finanz- und Ertragslage der Kapitalgesellschaft nach § 264 Abs. 2 von untergeordneter Bedeutung sind oder
2. nach vernünftiger kaufmännischer Beurteilung geeignet sind, der Kapitalgesellschaft oder dem anderen Unternehmen einen erheblichen Nachteil zuzufügen.

[2]Die Angabe des Eigenkapitals und des Jahresergebnisses kann unterbleiben, wenn das Unternehmen, über das zu berichten ist, seinen Jahresabschluß nicht offenzulegen hat und die berichtende Kapitalgesellschaft weniger als die Hälfte der Anteile besitzt. [3]Die Anwendung der Ausnahmeregelung nach Satz 1 Nr. 2 ist im Anhang anzugeben.

(4) Die in § 285 Nr. 9 Buchstabe a und b verlangten Angaben über die Gesamtbezüge der dort bezeichneten Personen können unterbleiben, wenn sich

anhand dieser Angaben die Bezüge eines Mitglieds dieser Organe feststellen lassen.

§ 287 Aufstellung des Anteilsbesitzes. [1]Die in § 285 Nr. 11 und 11 a verlangten Angaben dürfen statt im Anhang auch in einer Aufstellung des Anteilsbesitzes gesondert gemacht werden. [2]Die Aufstellung ist Bestandteil des Anhangs. [3]Auf die besondere Aufstellung nach Satz 1 und den Ort ihrer Hinterlegung ist im Anhang hinzuweisen.

§ 288 Größenabhängige Erleichterungen. [1]Kleine Kapitalgesellschaften im Sinne des § 267 Abs. 1 brauchen die Angaben nach § 284 Abs. 2 Nr. 4, § 285 Nr. 2 bis 8 Buchstabe a, Nr. 9 Buchstabe a und b und Nr. 12 nicht zu machen. [2]Mittelgroße Kapitalgesellschaften im Sinne des § 267 Abs. 2 brauchen die Angaben nach § 285 Nr. 4 nicht zu machen.

Sechster Titel. Lagebericht

§ 289. (1) Im Lagebericht sind zumindest der Geschäftsverlauf und die Lage der Kapitalgesellschaft so darzustellen, daß ein den tatsächlichen Verhältnissen entsprechendes Bild vermittelt wird; dabei ist auch auf die Risiken der künftigen Entwicklung einzugehen.

(2) Der Lagebericht soll auch eingehen auf:

1. Vorgänge von besonderer Bedeutung, die nach dem Schluß des Geschäftsjahrs eingetreten sind;
2. die voraussichtliche Entwicklung der Kapitalgesellschaft;
3. den Bereich Forschung und Entwicklung;
4. bestehende Zweigniederlassungen der Gesellschaft.

Zweiter Unterabschnitt. Konzernabschluß und Konzernlagebericht

Erster Titel.[6)] Anwendungsbereich

§ 290 Pflicht zur Aufstellung. (1) Stehen in einem Konzern die Unternehmen unter der einheitlichen Leitung einer Kapitalgesellschaft (Mutterunternehmen) mit Sitz im Inland und gehört dem Mutterunternehmen eine Beteiligung nach § 271 Abs. 1 an dem oder den anderen unter der einheitlichen Leitung stehenden Unternehmen (Tochterunternehmen), so haben die gesetzlichen Vertreter des Mutterunternehmens in den ersten fünf Monaten des Konzernge-

---

[6)] Beachte zu den §§ 290 bis 293 die nach Art. 49 EGHGB geltenden Übergangsvorschriften; Nr. **2.**

schäftsjahrs für das vergangene Konzerngeschäftsjahr einen Konzernabschluß und einen Konzernlagebericht aufzustellen.

(2) Eine Kapitalgesellschaft mit Sitz im Inland ist stets zur Aufstellung eines Konzernabschlusses und eines Konzernlageberichts verpflichtet (Mutterunternehmen), wenn ihr bei einem Unternehmen (Tochterunternehmen)

1. die Mehrheit der Stimmrechte der Gesellschafter zusteht,
2. das Recht zusteht, die Mehrheit der Mitglieder des Verwaltungs-, Leitungs- oder Aufsichtsorgans zu bestellen oder abzuberufen, und sie gleichzeitig Gesellschafter ist oder
3. das Recht zusteht, einen beherrschenden Einfluß auf Grund eines mit diesem Unternehmen geschlossenen Beherrschungsvertrags oder auf Grund einer Satzungsbestimmung dieses Unternehmens auszuüben.

(3) [1]Als Rechte, die einem Mutterunternehmen nach Absatz 2 zustehen, gelten auch die einem Tochterunternehmen zustehenden Rechte und die den für Rechnung des Mutterunternehmens oder von Tochterunternehmen handelnden Personen zustehenden Rechte. [2]Den einem Mutterunternehmen an einem anderen Unternehmen zustehenden Rechten werden die Rechte hinzugerechnet, über die es oder ein Tochterunternehmen auf Grund einer Vereinbarung mit anderen Gesellschaftern dieses Unternehmens verfügen kann. [3]Abzuziehen sind Rechte, die

1. mit Anteilen verbunden sind, die von dem Mutterunternehmen oder von Tochterunternehmen für Rechnung einer anderen Person gehalten werden, oder
2. mit Anteilen verbunden sind, die als Sicherheit gehalten werden, sofern diese Rechte nach Weisung des Sicherungsgebers oder, wenn ein Kreditinstitut die Anteile als Sicherheit für ein Darlehen hält, im Interesse des Sicherungsgebers ausgeübt werden.

(4) [1]Welcher Teil der Stimmrechte einem Unternehmen zusteht, bestimmt sich für die Berechnung der Mehrheit nach Absatz 2 Nr. 1 nach dem Verhältnis der Zahl der Stimmrechte, die es aus den ihm gehörenden Anteilen ausüben kann, zur Gesamtzahl aller Stimmrechte. [2]Von der Gesamtzahl aller Stimmrechte sind die Stimmrechte aus eigenen Anteilen abzuziehen, die dem Tochterunternehmen selbst, einem seiner Tochterunternehmen oder einer anderen Person für Rechnung dieser Unternehmen gehören.

§ 291 Befreiende Wirkung von EU/EWR-Konzernabschlüssen.

(1) [1]Ein Mutterunternehmen, das zugleich Tochterunternehmen eines Mutterunternehmens mit Sitz in einem Mitgliedstaat der Europäischen Union oder in einem anderen Vertragsstaat des Abkommens über den Europäischen Wirtschaftsraum ist, braucht einen Konzernabschluß und einen Konzernlage-

bericht nicht aufzustellen, wenn ein den Anforderungen des Absatzes 2 entsprechender Konzernabschluß und Konzernlagebericht seines Mutterunternehmens einschließlich des Bestätigungsvermerks oder des Vermerks über dessen Versagung nach den für den entfallenden Konzernabschluß und Konzernlagebericht maßgeblichen Vorschriften in deutscher Sprache offengelegt wird. [2]Ein befreiender Konzernabschluß und ein befreiender Konzernlagebericht können von jedem Unternehmen unabhängig von seiner Rechtsform und Größe aufgestellt werden, wenn das Unternehmen als Kapitalgesellschaft mit Sitz in einem Mitgliedstaat der Europäischen Union oder in einem anderen Vertragsstaat des Abkommens über den Europäischen Wirtschaftsraum zur Aufstellung eines Konzernabschlusses unter Einbeziehung des zu befreienden Mutterunternehmens und seiner Tochterunternehmen verpflichtet wäre.

(2) [1]Der Konzernabschluß und Konzernlagebericht eines Mutterunternehmens mit Sitz in einem Mitgliedstaat der Europäischen Union oder in einem anderen Vertragsstaat des Abkommens über den Europäischen Wirtschaftsraum haben befreiende Wirkung, wenn

1. das zu befreiende Mutterunternehmen und seine Tochterunternehmen in den befreienden Konzernabschluß unbeschadet der §§ 295, 296 einbezogen worden sind,
2. der befreiende Konzernabschluß und der befreiende Konzernlagebericht im Einklang mit der Richtlinie 83/349/EWG des Rates vom 13. Juni 1983 über den konsolidierten Abschluß (ABl. EG Nr. L 193 S. 1) und der Richtlinie 84/253/EWG des Rates vom 10. April 1984 über die Zulassung der mit der Pflichtprüfung der Rechnungslegungsunterlagen beauftragten Personen (ABl. EG Nr. L 126 S. 20) nach dem für das aufstellende Mutterunternehmen maßgeblichen Recht aufgestellt und von einem zugelassenen Abschlußprüfer geprüft worden sind,
3. der Anhang des Jahresabschlusses des zu befreienden Unternehmens folgende Angaben enthält:
   a) Name und Sitz des Mutterunternehmens, das den befreienden Konzernabschluß und Konzernlagebericht aufstellt,
   b) einen Hinweis auf die Befreiung von der Verpflichtung, einen Konzernabschluß und einen Konzernlagebericht aufzustellen, und
   c) eine Erläuterung der im befreienden Konzernabschluß vom deutschen Recht abweichend angewandten Bilanzierungs-, Bewertungs- und Konsolidierungsmethoden.

[2]Satz 1 gilt für Kreditinstitute und Versicherungsunternehmen entsprechend; unbeschadet der übrigen Voraussetzungen in Satz 1 hat die Aufstellung des befreienden Konzernabschlusses und des befreienden Konzernlageberichts bei Kreditinstituten im Einklang mit der Richtlinie 86/635/EWG des Rates vom

8. Dezember 1986 über den Jahresabschluß und den konsolidierten Abschluß von Banken und anderen Finanzinstituten (ABl. EG Nr. L 372 S. 1) und bei Versicherungsunternehmen im Einklang mit der Richtlinie 91/674/EWG des Rates vom 19. Dezember 1991 über den Jahresabschluß und den konsolidierten Jahresabschluß von Versicherungsunternehmen (ABl. EG Nr. L 374 S. 7) zu erfolgen.

(3) [1]Die Befreiung nach Absatz 1 kann trotz Vorliegens der Voraussetzungen nach Absatz 2 von einem Mutterunternehmen nicht in Anspruch genommen werden, wenn Gesellschafter, denen bei Aktiengesellschaften und Kommanditgesellschaften auf Aktien mindestens zehn vom Hundert und bei Gesellschaften mit beschränkter Haftung mindestens zwanzig vom Hundert der Anteile an dem zu befreienden Mutterunternehmen gehören, spätestens sechs Monate vor dem Ablauf des Konzerngeschäftsjahrs die Aufstellung eines Konzernabschlusses und eines Konzernlageberichts beantragt haben. [2]Gehören dem Mutterunternehmen mindestens neunzig vom Hundert der Anteile an dem zu befreienden Mutterunternehmen, so kann Absatz 1 nur angewendet werden, wenn die anderen Gesellschafter der Befreiung zugestimmt haben.

§ 292 Rechtsverordnungsermächtigung für befreiende Konzernabschlüsse und Konzernlageberichte. (1) [1]Das Bundesministerium der Justiz wird ermächtigt, im Einvernehmen mit dem Bundesministerium der Finanzen und dem Bundesministerium für Wirtschaft durch Rechtsverordnung, die nicht der Zustimmung des Bundesrates bedarf, zu bestimmen, daß § 291 auf Konzernabschlüsse und Konzernlageberichte von Mutterunternehmen mit Sitz in einem Staat, der nicht Mitglied der Europäischen Union und auch nicht Vertragsstaat des Abkommens über den Europäischen Wirtschaftsraum ist, mit der Maßgabe angewendet werden darf, daß der befreiende Konzernabschluß und der befreiende Konzernlagebericht nach dem mit den Anforderungen der Richtlinie 83/349/EWG übereinstimmenden Recht eines Mitgliedstaates der Europäischen Union oder eines anderen Vertragsstaates des Abkommens über den Europäischen Wirtschaftsraum aufgestellt worden oder einem nach diesem Recht eines Mitgliedstaates der Europäischen Union oder eines anderen Vertragsstaates des Abkommens über den Europäischen Wirtschaftsraum aufgestellten Konzernabschluß und Konzernlagebericht gleichwertig sein müssen. [2]Das Recht eines anderen Mitgliedstaates der Europäischen Union oder Vertragsstaates des Abkommens über den Europäischen Wirtschaftsraum kann einem befreienden Konzernabschluß und einem befreienden Konzernlagebericht jedoch nur zugrunde gelegt oder für die Herstellung der Gleichwertigkeit herangezogen werden, wenn diese Unterlagen in dem anderen Mitgliedstaat oder Vertragsstaat anstelle eines sonst nach dem Recht dieses Mitgliedstaates oder Vertragsstaates vorgeschriebenen Konzernabschlusses und Konzernlageberichts offengelegt werden. [3]Die Anwendung dieser Vorschrift kann in der Rechtsverordnung nach Satz 1 davon abhängig gemacht werden, daß die nach diesem Unterabschnitt aufgestellten Konzernabschlüsse und Konzernlageberichte in dem Staat, in dem das Mutterunternehmen seinen Sitz hat, als gleichwertig mit den dort für Unternehmen mit entsprechender Rechtsform und entsprechendem Geschäftszweig vorgeschriebenen Konzernabschlüssen und Konzernlageberichten angesehen werden.

(2) Ist ein nach Absatz 1 zugelassener Konzernabschluß nicht von einem in Übereinstimmung mit den Vorschriften der Richtlinie 84/253/EWG zugelassenen Abschlußprüfer geprüft worden, so kommt ihm befreiende Wirkung nur zu, wenn der Abschlußprüfer eine den Anforderungen dieser Richtlinie gleichwertige Befähigung hat und der Konzernabschluß in einer den Anforderungen des Dritten Unterabschnitts entsprechenden Weise geprüft worden ist.

(3) [1]In einer Rechtsverordnung nach Absatz 1 kann außerdem bestimmt werden, welche Voraussetzungen Konzernabschlüsse und Konzernlageberichte von Mutterunternehmen mit Sitz in einem Staat, der nicht Mitglied der Europäischen Union und auch nicht Vertragsstaat des Abkommens über den Europäischen Wirtschaftsraum ist, im einzelnen erfüllen müssen, um nach Absatz 1 gleichwertig zu sein, und wie die Befähigung von Abschlußprüfern beschaffen sein muß, um nach Absatz 2 gleichwertig zu sein. [2]In der Rechtsverordnung können zusätzliche Angaben und Erläuterungen zum Konzernabschluß vorgeschrieben werden, soweit diese erforderlich sind, um die Gleichwertigkeit dieser Konzernabschlüsse und Konzernlageberichte mit solchen nach diesem Unterabschnitt oder dem Recht eines anderen Mitgliedstaates der Europäischen Union oder Vertragsstaates des Abkommens über den Europäischen Wirtschaftsraum herzustellen.

(4) [1]Die Rechtsverordnung ist vor Verkündung dem Bundestag zuzuleiten. [2]Sie kann durch Beschluß des Bundestages geändert oder abgelehnt werden. [3]Der Beschluß des Bundestages wird dem Bundesministerium der Justiz zugeleitet. [4]Das Bundesministerium der Justiz ist bei der Verkündung der Rechtsverordnung an den Beschluß gebunden. [5]Hat sich der Bundestag nach Ablauf von drei Sitzungswochen seit Eingang einer Rechtsverordnung nicht mit ihr befaßt, so wird die unveränderte Rechtsverordnung dem Bundesministerium der Justiz zur Verkündung zugeleitet. [6]Der Bundestag befaßt sich mit der Rechtsverordnung auf Antrag von so vielen Mitgliedern des Bundestages, wie zur Bildung einer Fraktion erforderlich sind.

§ 292 a[7] **Befreiung von der Aufstellungspflicht.** (1) [1]Ein Mutterunternehmen, das einen organisierten Markt im Sinne des § 2 Abs. 5 des Wertpapierhandelsgesetzes durch von ihm oder einem seiner Tochterunternehmen ausgegebene Wertpapiere im Sinne des § 2 Abs. 1 Satz 1 des Wertpapierhandelsgesetzes in Anspruch nimmt, braucht einen Konzernabschluß und einen Konzernlagebericht nach den Vorschriften dieses Unterabschnitts nicht aufzustellen, wenn es einen den Anforderungen des Absatzes 2 entsprechenden Konzernabschluß und Konzernlagebericht aufstellt und ihn in deutscher Sprache und Euro[8] nach den §§ 325, 328 offenlegt. [2]Satz 1 gilt auch, wenn die Zulassung zum Handel an einem organisierten Markt beantragt worden ist. [3]Bei der Offenlegung der befreienden Unterlagen ist ausdrücklich darauf hinzuweisen, daß es sich um einen nicht nach deutschem Recht aufgestellten Konzernabschluß und Konzernlagebericht handelt.

(2) Der Konzernabschluß und der Konzernlagebericht haben befreiende Wirkung, wenn

1. das Mutterunternehmen und seine Tochterunternehmen in den befreienden Konzernabschluß unbeschadet der §§ 295, 296 einbezogen worden sind,
2. der Konzernabschluß und der Konzernlagebericht
   a) nach international anerkannten Rechnungslegungsgrundsätzen aufgestellt worden sind,
   b) im Einklang mit der Richtlinie 83/349/EWG und gegebenenfalls den für Kreditinstitute und Versicherungsunternehmen in § 291 Abs. 2 Satz 2 bezeichneten Richtlinien stehen,
3. die Aussagekraft der danach aufgestellten Unterlagen der Aussagekraft eines nach den Vorschriften dieses Unterabschnitts aufgestellten Konzernabschlusses und Konzernlageberichts gleichwertig ist,
4. der Anhang oder die Erläuterungen zum Konzernabschluß die folgenden Angaben enthält:
   a) die Bezeichnung der angewandten Rechnungslegungsgrundsätze,
   b) eine Erläuterung der vom deutschen Recht abweichenden Bilanzierungs-, Bewertungs- und Konsolidierungsmethoden, und
5. die befreienden Unterlagen von dem nach § 318 bestellten Abschlußprü-

---

[7]) **§ 292 a tritt am 31. 12. 2004 außer Kraft;** die Bestimmung ist letztmals auf das Geschäftsjahr anzuwenden, das spätestens am 31. 12. 2004 endet. (Vgl. Art. 5 KapAEG v. 20. 4. 1998, BGBl. I S. 707).

[8]) Vgl. hierzu die Übergangsvorschriften zur Einführung des Euro in Art. 42 EGHGB; Nr. **2**.

fer geprüft worden sind und von dem Abschlußprüfer außerdem bestätigt worden ist, daß die Bedingungen für die Befreiung erfüllt sind.

(3) [1]Das Bundesministerium der Justiz kann im Einvernehmen mit dem Bundesministerium der Finanzen und dem Bundesministerium für Wirtschaft durch Rechtsverordnung bestimmen, welche Voraussetzungen Konzernabschlüsse und Konzernlageberichte von Mutterunternehmen im einzelnen erfüllen müssen, um nach Absatz 2 Nr. 3 gleichwertig zu sein. [2]Dies kann auch in der Weise geschehen, daß Rechnungslegungsgrundsätze bezeichnet werden, bei deren Anwendung die Gleichwertigkeit gegeben ist.

§ 293 Größenabhängige Befreiungen. (1) [1]Ein Mutterunternehmen ist von der Pflicht, einen Konzernabschluß und einen Konzernlagebericht aufzustellen, befreit, wenn

1. am Abschlußstichtag seines Jahresabschlusses und am vorhergehenden Abschlußstichtag mindestens zwei der drei nachstehenden Merkmale zutreffen:
   a) Die Bilanzsummen in den Bilanzen des Mutterunternehmens und der Tochterunternehmen, die in den Konzernabschluß einzubeziehen wären, übersteigen insgesamt nach Abzug von in den Bilanzen auf der Aktivseite ausgewiesenen Fehlbeträgen nicht 32 270 000 Deutsche Mark.
   b) Die Umsatzerlöse des Mutterunternehmens und der Tochterunternehmen, die in den Konzernabschluß einzubeziehen wären, übersteigen in den zwölf Monaten vor dem Abschlußstichtag insgesamt nicht 64 540 000 Deutsche Mark.
   c) Das Mutterunternehmen und die Tochterunternehmen, die in den Konzernabschluß einzubeziehen wären, haben in den zwölf Monaten vor dem Abschlußstichtag im Jahresdurchschnitt nicht mehr als 250 Arbeitnehmer beschäftigt,

oder

2. am Abschlußstichtag eines von ihm aufzustellenden Konzernabschlusses und am vorhergehenden Abschlußstichtag mindestens zwei der drei nachstehenden Merkmale zutreffen:
   a) Die Bilanzsumme übersteigt nach Abzug eines auf der Aktivseite ausgewiesenen Fehlbetrags nicht 26 890 000 Deutsche Mark.
   b) Die Umsatzerlöse in den zwölf Monaten vor dem Abschlußstichtag übersteigen nicht 53 780 000 Deutsche Mark.
   c) Das Mutterunternehmen und die in den Konzernabschluß einbezogenen Tochterunternehmen haben in den zwölf Monaten vor dem Abschlußstichtag im Jahresdurchschnitt nicht mehr als 250 Arbeitnehmer beschäftigt.

[2]Auf die Ermittlung der durchschnittlichen Zahl der Arbeitnehmer ist § 267 Abs. 5 anzuwenden.

(2), (3) (aufgehoben)

(4) Außer in den Fällen des Absatzes 1 ist ein Mutterunternehmen von der Pflicht zur Aufstellung des Konzernabschlusses und des Konzernlageberichts befreit, wenn die Voraussetzungen des Absatzes 1 nur am Abschlußstichtag oder nur am vorhergehenden Abschlußstichtag erfüllt sind und das Mutterunternehmen am vorhergehenden Abschlußstichtag von der Pflicht zur Aufstellung des Konzernabschlusses und des Konzernlageberichts befreit war.

(5) Die Absätze 1 und 4 sind nicht anzuwenden, wenn das Mutterunternehmen oder ein in den Konzernabschluß des Mutterunternehmens einbezogenes Tochterunternehmen am Abschlußstichtag einen organisierten Markt im Sinne des § 2 Abs. 5 des Wertpapierhandelsgesetzes durch von ihm ausgegebene Wertpapiere im Sinne des § 2 Abs. 1 Satz 1 des Wertpapierhandelsgesetzes in Anspruch nimmt oder die Zulassung zum Handel an einem organisierten Markt beantragt worden ist.

Zweiter Titel. Konsolidierungskreis

§ 294 Einzubeziehende Unternehmen. Vorlage- und Auskunftspflichten. (1) In den Konzernabschluß sind das Mutterunternehmen und alle Tochterunternehmen ohne Rücksicht auf den Sitz der Tochterunternehmen einzubeziehen, sofern die Einbeziehung nicht nach den §§ 295, 296 unterbleibt.

(2) [1]Hat sich die Zusammensetzung der in den Konzernabschluß einbezogenen Unternehmen im Laufe des Geschäftsjahrs wesentlich geändert, so sind in den Konzernabschluß Angaben aufzunehmen, die es ermöglichen, die aufeinanderfolgenden Konzernabschlüsse sinnvoll zu vergleichen. [2]Dieser Verpflichtung kann auch dadurch entsprochen werden, daß die entsprechenden Beträge des vorhergehenden Konzernabschlusses an die Änderung angepaßt werden.

(3) [1]Die Tochterunternehmen haben dem Mutterunternehmen ihre Jahresabschlüsse, Lageberichte, Konzernabschlüsse, Konzernlageberichte und, wenn eine Prüfung des Jahresabschlusses oder des Konzernabschlusses stattgefunden hat, die Prüfungsberichte sowie, wenn ein Zwischenabschluß aufzustellen ist, einen auf den Stichtag des Konzernabschlusses aufgestellten Abschluß unverzüglich einzureichen. [2]Das Mutterunternehmen kann von jedem Tochterunternehmen alle Aufklärungen und Nachweise verlangen, welche die Aufstellung des Konzernabschlusses und des Konzernlageberichts erfordert.

§ 295 Verbot der Einbeziehung. (1) Ein Tochterunternehmen darf in den Konzernabschluß nicht einbezogen werden, wenn sich seine Tätigkeit von der

Tätigkeit der anderen einbezogenen Unternehmen derart unterscheidet, daß die Einbeziehung in den Konzernabschluß mit der Verpflichtung, ein den tatsächlichen Verhältnissen entsprechendes Bild der Vermögens-, Finanz- und Ertragslage des Konzerns zu vermitteln, unvereinbar ist; § 311 über die Einbeziehung von assoziierten Unternehmen bleibt unberührt.

(2) Absatz 1 ist nicht allein deshalb anzuwenden, weil die in den Konzernabschluß einbezogenen Unternehmen teils Industrie-, teils Handels- und teils Dienstleistungsunternehmen sind oder weil diese Unternehmen unterschiedliche Erzeugnisse herstellen, mit unterschiedlichen Erzeugnissen Handel treiben oder Dienstleistungen unterschiedlicher Art erbringen.

(3) [1]Die Anwendung des Absatzes 1 ist im Konzernanhang anzugeben und zu begründen. [2]Wird der Jahresabschluß oder der Konzernabschluß eines nach Absatz 1 nicht einbezogenen Unternehmens im Geltungsbereich dieses Gesetzes nicht offengelegt, so ist er gemeinsam mit dem Konzernabschluß zum Handelsregister einzureichen.

§ 296 Verzicht auf die Einbeziehung. (1) Ein Tochterunternehmen braucht in den Konzernabschluß nicht einbezogen zu werden, wenn

1. Urhebliche und andauernde Beschränkungen die Ausübung der Rechte des Mutterunternehmens in bezug auf das Vermögen oder die Geschäftsführung dieses Unternehmens nachhaltig beeinträchtigen,
2. die für die Aufstellung des Konzernabschlusses erfordorlichen Angaben nicht ohne unverhältnismäßig hohe Kosten oder Verzögerungen zu erhalten sind oder
3. die Anteile des Tochterunternehmens ausschließlich zum Zwecke ihrer Weiterveräußerung gehalten werden.

(2) [1]Ein Tochterunternehmen braucht in den Konzernabschluß nicht einbezogen zu werden, wenn es für die Verpflichtung, ein den tatsächlichen Verhältnissen entsprechendes Bild der Vermögens-, Finanz- und Ertragslage des Konzerns zu vermitteln, von untergeordneter Bedeutung ist. [2]Entsprechen mehrere Tochterunternehmen der Voraussetzung des Satzes 1, so sind diese Unternehmen in den Konzernabschluß einzubeziehen, wenn sie zusammen nicht von untergeordneter Bedeutung sind.

(3) Die Anwendung der Absätze 1 und 2 ist im Konzernanhang zu begründen.

Dritter Titel. Inhalt und Form des Konzernabschlusses

§ 297 Inhalt. (1) [1]Der Konzernabschluß besteht aus der Konzernbilanz, der Konzern-Gewinn- und Verlustrechnung und dem Konzernanhang, die eine Einheit bilden. [2]Die gesetzlichen Vertreter eines börsennotierten Mutterunternehmens haben den Konzernanhang um eine Kapitalflußrechnung und eine Segmentberichterstattung zu erweitern.

(2) [1]Der Konzernabschluß ist klar und übersichtlich aufzustellen. [2]Er hat unter Beachtung der Grundsätze ordnungsmäßiger Buchführung ein den tatsächlichen Verhältnissen entsprechendes Bild der Vermögens-, Finanz- und Ertragslage des Konzerns zu vermitteln. [3]Führen besondere Umstände dazu, daß der Konzernabschluß ein den tatsächlichen Verhältnissen entsprechendes Bild im Sinne des Satzes 2 nicht vermittelt, so sind im Konzernanhang zusätzliche Angaben zu machen.

(3) [1]Im Konzernabschluß ist die Vermögens-, Finanz- und Ertragslage der einbezogenen Unternehmen so darzustellen, als ob diese Unternehmen insgesamt ein einziges Unternehmen wären. [2]Die auf den vorhergehenden Konzernabschluß angewandten Konsolidierungsmethoden sollen beibehalten werden. [3]Abweichungen von Satz 2 sind in Ausnahmefällen zulässig. [4]Sie sind im Konzernanhang anzugeben und zu begründen. [5]Ihr Einfluß auf die Vermögens-, Finanz- und Ertragslage des Konzerns ist anzugeben.

§ 298 Anzuwendende Vorschriften. Erleichterungen. (1) Auf den Konzernabschluß sind, soweit seine Eigenart keine Abweichung bedingt oder in den folgenden Vorschriften nichts anderes bestimmt ist, die §§ 244 bis 256, §§ 265, 266, 268 bis 275, §§ 277 bis 283 über den Jahresabschluß und die für die Rechtsform und den Geschäftszweig der in den Konzernabschluß einbezogenen Unternehmen mit Sitz im Geltungsbereich dieses Gesetzes geltenden Vorschriften, soweit sie für große Kapitalgesellschaften gelten, entsprechend anzuwenden.

(2) In der Gliederung der Konzernbilanz dürfen die Vorräte in einem Posten zusammengefaßt werden, wenn deren Aufgliederung wegen besonderer Umstände mit einem unverhältnismäßigen Aufwand verbunden wäre.

(3) [1]Der Konzernanhang und der Anhang des Jahresabschlusses des Mutterunternehmens dürfen zusammengefaßt werden. [2]In diesem Falle müssen der Konzernabschluß und der Jahresabschluß des Mutterunternehmens gemeinsam offengelegt werden. [3]Bei Anwendung des Satzes 1 dürfen auch die Prüfungsberichte und die Bestätigungsvermerke jeweils zusammengefaßt werden.

§ 299 Stichtag für die Aufstellung. (1) Der Konzernabschluß ist auf den Stichtag des Jahresabschlusses des Mutterunternehmens oder auf den hiervon abweichenden Stichtag der Jahresabschlüsse der bedeutendsten oder der Mehrzahl der in den Konzernabschluß einbezogenen Unternehmen aufzustellen; die Abweichung vom Abschlußstichtag des Mutterunternehmens ist im Konzernanhang anzugeben und zu begründen.

(2) [1]Die Jahresabschlüsse der in den Konzernabschluß einbezogenen Unternehmen sollen auf den Stichtag des Konzernabschlusses aufgestellt werden. [2]Liegt der Abschlußstichtag eines Unternehmens um mehr als drei Monate vor dem Stichtag des Konzernabschlusses, so ist dieses Unternehmen auf Grund eines auf den Stichtag und den Zeitraum des Konzernabschlusses aufgestellten Zwischenabschlusses in den Konzernabschluß einzubeziehen.

(3) Wird bei abweichenden Abschlußstichtagen ein Unternehmen nicht auf der Grundlage eines auf den Stichtag und den Zeitraum des Konzernabschlusses aufgestellten Zwischenabschlusses in den Konzernabschluß einbezogen, so sind Vorgänge von besonderer Bedeutung für die Vermögens-, Finanz- und Ertragslage eines in den Konzernabschluß einbezogenen Unternehmens, die zwischen dem Abschlußstichtag dieses Unternehmens und dem Abschlußstichtag des Konzernabschlusses eingetreten sind, in der Konzernbilanz und der Konzern-Gewinn- und Verlustrechnung zu berücksichtigen oder im Konzernanhang anzugeben.

Vierter Titel. Vollkonsolidierung

§ 300 Konsolidierungsgrundsätze. Vollständigkeitsgebot. (1) [1]In dem Konzernabschluß ist der Jahresabschluß des Mutterunternehmens mit den Jahresabschlüssen der Tochterunternehmen zusammenzufassen. [2]An die Stelle der dem Mutterunternehmen gehörenden Anteile an den einbezogenen Tochterunternehmen treten die Vermögensgegenstände, Schulden, Rechnungsabgrenzungsposten, Bilanzierungshilfen und Sonderposten der Tochterunternehmen, soweit sie nach dem Recht des Mutterunternehmens bilanzierungsfähig sind und die Eigenart des Konzernabschlusses keine Abweichungen bedingt oder in den folgenden Vorschriften nichts anderes bestimmt ist.

(2) [1]Die Vermögensgegenstände, Schulden und Rechnungsabgrenzungsposten sowie die Erträge und Aufwendungen der in den Konzernabschluß einbezogenen Unternehmen sind unabhängig von ihrer Berücksichtigung in den Jahresabschlüssen dieser Unternehmen vollständig aufzunehmen, soweit nach dem Recht des Mutterunternehmens nicht ein Bilanzierungsverbot oder ein Bilanzierungswahlrecht besteht. [2]Nach dem Recht des Mutterunternehmens zulässige Bilanzierungswahlrechte dürfen im Konzernabschluß unabhängig von ihrer Ausübung in den Jahresabschlüssen der in den Konzernabschluß einbezogenen Unternehmen ausgeübt werden. [3]Ansätze, die auf der Anwendung von für Kreditinstitute oder Versicherungsunternehmen wegen der Besonderheiten des Geschäftszweigs geltenden Vorschriften beruhen, dürfen beibehalten werden; auf die Anwendung dieser Ausnahme ist im Konzernanhang hinzuweisen.

§ 301 Kapitalkonsolidierung. (1) [1]Der Wertansatz der dem Mutterunternehmen gehörenden Anteile an einem in den Konzernabschluß einbezogenen Tochterunternehmen wird mit dem auf diese Anteile entfallenden Betrag des Eigenkapitals des Tochterunternehmens verrechnet. [2]Das Eigenkapital ist anzusetzen

1. entweder mit dem Betrag, der dem Buchwert der in den Konzernabschluß aufzunehmenden Vermögensgegenstände, Schulden, Rechnungsabgrenzungsposten, Bilanzierungshilfen und Sonderposten, gegebenenfalls nach Anpassung der Wertansätze nach § 308 Abs. 2, entspricht, oder
2. mit dem Betrag, der dem Wert der in den Konzernabschluß aufzunehmenden Vermögensgegenstände, Schulden, Rechnungsabgrenzungsposten, Bilanzierungshilfen und Sonderposten entspricht, der diesen an dem für die Verrechnung nach Absatz 2 gewählten Zeitpunkt beizulegen ist.

[3]Bei Ansatz mit dem Buchwert nach Satz 2 Nr. 1 ist ein sich ergebender Unterschiedsbetrag den Wertansätzen von in der Konzernbilanz anzusetzenden Vermögensgegenständen und Schulden des jeweiligen Tochterunternehmens insoweit zuzuschreiben oder mit diesen zu verrechnen, als deren Wert höher oder niedriger ist als der bisherige Wertansatz. [4]Bei Ansatz mit den Werten nach Satz 2 Nr. 2 darf das anteilige Eigenkapital nicht mit einem Betrag angesetzt werden, der die Anschaffungskosten des Mutterunternehmens für die Anteile an dem einbezogenen Tochterunternehmen überschreitet. [5]Die angewandte Methode ist im Konzernanhang anzugeben.

(2) [1]Die Verrechnung nach Absatz 1 wird auf der Grundlage der Wertansätze zum Zeitpunkt des Erwerbs der Anteile oder der erstmaligen Einbeziehung des Tochterunternehmens in den Konzernabschluß oder, beim Erwerb der Anteile zu verschiedenen Zeitpunkten, zu dem Zeitpunkt, zu dem das Unternehmen Tochterunternehmen geworden ist, durchgeführt. [2]Der gewählte Zeitpunkt ist im Konzernanhang anzugeben.

(3) [1]Ein bei der Verrechnung nach Absatz 1 Satz 2 Nr. 2 entstehender oder ein nach Zuschreibung oder Verrechnung nach Absatz 1 Satz 3 verbleibender Unterschiedsbetrag ist in der Konzernbilanz, wenn er auf der Aktivseite entsteht, als Geschäfts- oder Firmenwert und, wenn er auf der Passivseite entsteht, als Unterschiedsbetrag aus der Kapitalkonsolidierung auszuweisen. [2]Der Posten und wesentliche Änderungen gegenüber dem Vorjahr sind im Anhang zu erläutern. [3]Werden Unterschiedsbeträge der Aktivseite mit solchen der Passivseite verrechnet, so sind die verrechneten Beträge im Anhang anzugeben.

(4) [1]Absatz 1 ist nicht auf Anteile an dem Mutterunternehmen anzuwenden, die dem Mutterunternehmen oder einem in den Konzernabschluß einbezogenen Tochterunternehmen gehören. [2]Solche Anteile sind in der Konzernbilanz als eigene Anteile im Umlaufvermögen gesondert auszuweisen.

§ 302 Kapitalkonsolidierung bei Interessenzusammenführung. (1) Ein Mutterunternehmen darf die in § 301 Abs. 1 vorgeschriebene Verrechnung der Anteile unter den folgenden Voraussetzungen auf das gezeichnete Kapital des Tochterunternehmens beschränken:

1. die zu verrechnenden Anteile betragen mindestens neunzig vom Hundert des Nennbetrags oder, falls ein Nennbetrag nicht vorhanden ist, des rechnerischen Wertes der Anteile des Tochterunternehmens, die nicht eigene Anteile sind,
2. die Anteile sind auf Grund einer Vereinbarung erworben worden, die die Ausgabe von Anteilen eines in den Konzernabschluß einbezogenen Unternehmens vorsieht, und
3. eine in der Vereinbarung vorgesehene Barzahlung übersteigt nicht zehn vom Hundert des Nennbetrags oder, falls ein Nennbetrag nicht vorhanden ist, des rechnerischen Wertes der ausgegebenen Anteile.

(2) Ein sich nach Absatz 1 ergebender Unterschiedsbetrag ist, wenn er auf der Aktivseite entsteht, mit den Rücklagen zu verrechnen oder, wenn er auf der Passivseite entsteht, den Rücklagen hinzuzurechnen.

(3) Die Anwendung der Methode nach Absatz 1 und die sich daraus ergebenden Veränderungen der Rücklagen sowie Name und Sitz des Unternehmens sind im Konzernanhang anzugeben.

§ 303 Schuldenkonsolidierung. (1) Ausleihungen und andere Forderungen, Rückstellungen und Verbindlichkeiten zwischen den in den Konzernabschluß einbezogenen Unternehmen sowie entsprechende Rechnungsabgrenzungsposten sind wegzulassen.

(2) Absatz 1 braucht nicht angewendet zu werden, wenn die wegzulassenden Beträge für die Vermittlung eines den tatsächlichen Verhältnissen entsprechenden Bildes der Vermögens-, Finanz- und Ertragslage des Konzerns nur von untergeordneter Bedeutung sind.

§ 304 Behandlung der Zwischenergebnisse. (1) In den Konzernabschluß zu übernehmende Vermögensgegenstände, die ganz oder teilweise auf Lieferungen oder Leistungen zwischen in den Konzernabschluß einbezogenen Unternehmen beruhen, sind in der Konzernbilanz mit einem Betrag anzusetzen, zu dem sie in der auf den Stichtag des Konzernabschlusses aufgestellten Jahresbilanz dieses Unternehmens angesetzt werden könnten, wenn die in den Konzernabschluß einbezogenen Unternehmen auch rechtlich ein einziges Unternehmen bilden würden.

(2) [1]Absatz 1 braucht nicht angewendet zu werden, wenn die Lieferung oder Leistung zu üblichen Marktbedingungen vorgenommen worden ist und

die Ermittlung des nach Absatz 1 vorgeschriebenen Wertansatzes einen unverhältnismäßig hohen Aufwand erfordern würde. [2]Die Anwendung des Satzes 1 ist im Konzernanhang anzugeben und, wenn der Einfluß auf die Vermögens-, Finanz- und Ertragslage des Konzerns wesentlich ist, zu erläutern.

(3) Absatz 1 braucht außerdem nicht angewendet zu werden, wenn die Behandlung der Zwischenergebnisse nach Absatz 1 für die Vermittlung eines den tatsächlichen Verhältnissen entsprechenden Bildes der Vermögens-, Finanz- und Ertragslage des Konzerns nur von untergeordneter Bedeutung ist.

§ 305 Aufwands- und Ertragskonsolidierung. (1) In der Konzern-Gewinn- und Verlustrechnung sind

1. bei den Umsatzerlösen die Erlöse aus Lieferungen und Leistungen zwischen den in den Konzernabschluß einbezogenen Unternehmen mit den auf sie entfallenden Aufwendungen zu verrechnen, soweit sie nicht als Erhöhung des Bestands an fertigen und unfertigen Erzeugnissen oder als andere aktivierte Eigenleistungen auszuweisen sind,
2. andere Erträge aus Lieferungen und Leistungen zwischen den in den Konzernabschluß einbezogenen Unternehmen mit den auf sie entfallenden Aufwendungen zu verrechnen, soweit sie nicht als andere aktivierte Eigenleistungen auszuweisen sind.

(2) Aufwendungen und Erträge brauchen nach Absatz 1 nicht weggelassen zu werden, wenn die wegzulassenden Beträge für die Vermittlung eines den tatsächlichen Verhältnissen entsprechenden Bildes der Vermögens-, Finanz- und Ertragslage des Konzerns nur von untergeordneter Bedeutung sind.

§ 306 Steuerabgrenzung. [1]Ist das im Konzernabschluß ausgewiesene Jahresergebnis auf Grund von Maßnahmen, die nach den Vorschriften dieses Titels durchgeführt worden sind, niedriger oder höher als die Summe der Einzelergebnisse der in den Konzernabschluß einbezogenen Unternehmen, so ist der sich für das Geschäftsjahr und frühere Geschäftsjahre ergebende Steueraufwand, wenn er im Verhältnis zum Jahresergebnis zu hoch ist, durch Bildung eines Abgrenzungspostens auf der Aktivseite oder, wenn er im Verhältnis zum Jahresergebnis zu niedrig ist, durch Bildung einer Rückstellung nach § 249 Abs. 1 Satz 1 anzupassen, soweit sich der zu hohe oder der zu niedrige Steueraufwand in späteren Geschäftsjahren voraussichtlich ausgleicht. [2]Der Posten ist in der Konzernbilanz oder im Konzernanhang gesondert anzugeben. [3]Er darf mit den Posten nach § 274 zusammengefaßt werden.

§ 307 Anteile anderer Gesellschafter. (1) [1]In der Konzernbilanz ist für nicht dem Mutterunternehmen gehörende Anteile an in den Konzernabschluß einbezogenen Tochterunternehmen ein Ausgleichsposten für die Anteile der anderen Gesellschafter in Höhe ihres Anteils am Eigenkapital unter entsprechender Bezeichnung innerhalb des Eigenkapitals gesondert auszuweisen. [2]In den Ausgleichsposten sind auch die Beträge einzubeziehen, die bei Anwendung der Kapitalkonsolidierungsmethode nach § 301 Abs. 1 Satz 2 Nr. 2 dem Anteil der anderen Gesellschafter am Eigenkapital entsprechen.

(2) In der Konzern-Gewinn- und Verlustrechnung ist der im Jahresergebnis enthaltene, anderen Gesellschaftern zustehende Gewinn und der auf sie entfallende Verlust nach dem Posten „Jahresüberschuß/Jahresfehlbetrag" unter entsprechender Bezeichnung gesondert auszuweisen.

Fünfter Titel. Bewertungsvorschriften

§ 308 Einheitliche Bewertung. (1) [1]Die in den Konzernabschluß nach § 300 Abs. 2 übernommenen Vermögensgegenstände und Schulden der in den Konzernabschluß einbezogenen Unternehmen sind nach den auf den Jahresabschluß des Mutterunternehmens anwendbaren Bewertungsmethoden einheitlich zu bewerten. [2]Nach dem Recht des Mutterunternehmens zulässige Bewertungswahlrechte können im Konzernabschluß unabhängig von ihrer Ausübung in den Jahresabschlüssen der in den Konzernabschluß einbezogenen Unternehmen ausgeübt werden. [3]Abweichungen von den auf den Jahresabschluß des Mutterunternehmens angewandten Bewertungsmethoden sind im Konzernanhang anzugeben und zu begründen.

(2) [1]Sind in den Konzernabschluß aufzunehmende Vermögensgegenstände oder Schulden des Mutterunternehmens oder der Tochterunternehmen in den Jahresabschlüssen dieser Unternehmen nach Methoden bewertet worden, die sich von denen unterscheiden, die auf den Konzernabschluß anzuwenden sind oder die von den gesetzlichen Vertretern des Mutterunternehmens in Ausübung von Bewertungswahlrechten auf den Konzernabschluß angewendet werden, so sind die abweichend bewerteten Vermögensgegenstände oder Schulden nach den auf den Konzernabschluß angewandten Bewertungsmethoden neu zu bewerten und mit den neuen Wertansätzen in den Konzernabschluß zu übernehmen. [2]Wertansätze, die auf der Anwendung von für Kreditinstitute oder Versicherungsunternehmen wegen der Besonderheiten des Geschäftszweigs geltenden Vorschriften beruhen, dürfen beibehalten werden; auf die Anwendung dieser Ausnahme ist im Konzernanhang hinzuweisen. [3]Eine einheitliche Bewertung nach Satz 1 braucht nicht vorgenommen zu werden, wenn ihre Auswirkungen für die Vermittlung eines den tatsächlichen Verhältnissen entsprechenden Bildes der Vermögens-, Finanz- und Ertragslage des Konzerns nur von untergeordneter Bedeutung sind.

[4]Darüber hinaus sind Abweichungen in Ausnahmefällen zulässig; sie sind im Konzernanhang anzugeben und zu begründen.

(3) [1]Wurden in den Konzernabschluß zu übernehmende Vermögensgegenstände oder Schulden im Jahresabschluß eines in den Konzernabschluß einbezogenen Unternehmens mit einem nur nach Steuerrecht zulässigen Wert angesetzt, weil dieser Wertansatz sonst nicht bei der steuerrechtlichen Gewinnermittlung berücksichtigt werden würde, oder ist aus diesem Grunde auf der Passivseite ein Sonderposten gebildet worden, so dürfen diese Wertansätze unverändert in den Konzernabschluß übernommen werden. [2]Der Betrag der im Geschäftsjahr nach Satz 1 in den Jahresabschlüssen vorgenommenen Abschreibungen, Wertberichtigungen und Einstellungen in Sonderposten sowie der Betrag der unterlassenen Zuschreibungen sind im Konzernanhang anzugeben; die Maßnahmen sind zu begründen.

§ 309 Behandlung des Unterschiedsbetrags. (1) [1]Ein nach § 301 Abs. 3 auszuweisender Geschäfts- oder Firmenwert ist in jedem folgenden Geschäftsjahr zu mindestens einem Viertel durch Abschreibungen zu tilgen. [2]Die Abschreibung des Geschäfts- oder Firmenwerts kann aber auch planmäßig auf die Geschäftsjahre verteilt werden, in denen er voraussichtlich genutzt werden kann. [3]Der Geschäfts- oder Firmenwert darf auch offen mit den Rücklagen verrechnet werden.

(2) Ein nach § 301 Abs. 3 auf der Passivseite auszuweisender Unterschiedsbetrag darf ergebniswirksam nur aufgelöst werden, soweit

1. eine zum Zeitpunkt des Erwerbs der Anteile oder der erstmaligen Konsolidierung erwartete ungünstige Entwicklung der künftigen Ertragslage des Unternehmens eingetreten ist oder zu diesem Zeitpunkt erwartete Aufwendungen zu berücksichtigen sind oder
2. am Abschlußstichtag feststeht, daß er einem realisierten Gewinn entspricht.

Sechster Titel. Anteilmäßige Konsolidierung

§ 310. (1) Führt ein in einen Konzernabschluß einbezogenes Mutter- oder Tochterunternehmen ein anderes Unternehmen gemeinsam mit einem oder mehreren nicht in den Konzernabschluß einbezogenen Unternehmen, so darf das andere Unternehmen in den Konzernabschluß entsprechend den Anteilen am Kapital einbezogen werden, die dem Mutterunternehmen gehören.

(2) Auf die anteilmäßige Konsolidierung sind die §§ 297 bis 301, §§ 303 bis 306, 308, 309 entsprechend anzuwenden.

Siebenter Titel. Assoziierte Unternehmen

§ 311 Definition. Befreiung. (1) [1]Wird von einem in den Konzernabschluß einbezogenen Unternehmen ein maßgeblicher Einfluß auf die Geschäfts- und Finanzpolitik eines nicht einbezogenen Unternehmens, an dem das Unternehmen nach § 271 Abs. 1 beteiligt ist, ausgeübt (assoziiertes Unternehmen), so ist diese Beteiligung in der Konzernbilanz unter einem besonderen Posten mit entsprechender Bezeichnung auszuweisen. [2]Ein maßgeblicher Einfluß wird vermutet, wenn ein Unternehmen bei einem anderen Unternehmen mindestens den fünften Teil der Stimmrechte der Gesellschafter innehat.

(2) Auf eine Beteiligung an einem assoziierten Unternehmen brauchen Absatz 1 und § 312 nicht angewendet zu werden, wenn die Beteiligung für die Vermittlung eines den tatsächlichen Verhältnissen entsprechenden Bildes der Vermögens-, Finanz- und Ertragslage des Konzerns von untergeordneter Bedeutung ist.

§ 312 Wertansatz der Beteiligung und Behandlung des Unterschiedsbetrags. (1) [1]Eine Beteiligung an einem assoziierten Unternehmen ist in der Konzernbilanz

1. entweder mit dem Buchwert oder
2. mit dem Betrag, der dem anteiligen Eigenkapital des assoziierten Unternehmens entspricht,

anzusetzen. [2]Bei Ansatz mit dem Buchwert nach Satz 1 Nr. 1 ist der Unterschiedsbetrag zwischen diesem Wert und dem anteiligen Eigenkapital des assoziierten Unternehmens bei erstmaliger Anwendung in der Konzernbilanz zu vermerken oder im Konzernanhang anzugeben. [3]Bei Ansatz mit dem anteiligen Eigenkapital nach Satz 1 Nr. 2 ist das Eigenkapital mit dem Betrag anzusetzen, der sich ergibt, wenn die Vermögensgegenstände, Schulden, Rechnungsabgrenzungsposten, Bilanzierungshilfen und Sonderposten des assoziierten Unternehmens mit dem Wert angesetzt werden, der ihnen an dem nach Absatz 3 gewählten Zeitpunkt beizulegen ist, jedoch darf dieser Betrag die Anschaffungskosten für die Anteile an dem assoziierten Unternehmen nicht überschreiten; der Unterschiedsbetrag zwischen diesem Wertansatz und dem Buchwert der Beteiligung ist bei erstmaliger Anwendung in der Konzernbilanz gesondert auszuweisen oder im Konzernanhang anzugeben. [4]Die angewandte Methode ist im Konzernanhang anzugeben.

(2) [1]Der Unterschiedsbetrag nach Absatz 1 Satz 2 ist den Wertansätzen von Vermögensgegenständen und Schulden des assoziierten Unternehmens insoweit zuzuordnen, als deren Wert höher oder niedriger ist als der bisherige Wertansatz. [2]Der nach Satz 1 zugeordnete oder der sich nach Absatz 1 Satz 1 Nr. 2 ergebende Betrag ist entsprechend der Behandlung der

Wertansätze dieser Vermögensgegenstände und Schulden im Jahresabschluß des assoziierten Unternehmens im Konzernabschluß fortzuführen, abzuschreiben oder aufzulösen. [3]Auf einen nach Zuordnung nach Satz 1 verbleibenden Unterschiedsbetrag und einen Unterschiedsbetrag nach Absatz 1 Satz 3 zweiter Halbsatz ist § 309 entsprechend anzuwenden.

(3) [1]Der Wertansatz der Beteiligung und die Unterschiedsbeträge werden auf der Grundlage der Wertansätze zum Zeitpunkt des Erwerbs der Anteile oder der erstmaligen Einbeziehung des assoziierten Unternehmens in den Konzernabschluß oder beim Erwerb der Anteile zu verschiedenen Zeitpunkten zu dem Zeitpunkt, zu dem das Unternehmen assoziiertes Unternehmen geworden ist, ermittelt. [2]Der gewählte Zeitpunkt ist im Konzernanhang anzugeben.

(4) [1]Der nach Absatz 1 ermittelte Wertansatz einer Beteiligung ist in den Folgejahren um den Betrag der Eigenkapitalveränderungen, die den dem Mutterunternehmen gehörenden Anteilen am Kapital des assoziierten Unternehmens entsprechen, zu erhöhen oder zu vermindern; auf die Beteiligung entfallende Gewinnausschüttungen sind abzusetzen. [2]In der Konzern-Gewinn- und Verlustrechnung ist das auf assoziierte Beteiligungen entfallende Ergebnis unter einem gesonderten Posten auszuweisen.

(5) [1]Wendet das assoziierte Unternehmen in seinem Jahresabschluß vom Konzernabschluß abweichende Bewertungsmethoden an, so können abweichend bewertete Vermögensgegenstände oder Schulden für die Zwecke der Absätze 1 bis 4 nach den auf den Konzernabschluß angewandten Bewertungsmethoden bewertet werden. [2]Wird die Bewertung nicht angepaßt, so ist dies im Konzernanhang anzugeben. [3]§ 304 über die Behandlung der Zwischenergebnisse ist entsprechend anzuwenden, soweit die für die Beurteilung maßgeblichen Sachverhalte bekannt oder zugänglich sind. [4]Die Zwischen ergebnisse dürfen auch anteilig entsprechend den dem Mutterunternehmen gehörenden Anteilen am Kapital des assoziierten Unternehmens weggelassen werden.

(6) [1]Es ist jeweils der letzte Jahresabschluß des assoziierten Unternehmens zugrunde zu legen. [2]Stellt das assoziierte Unternehmen einen Konzernabschluß auf, so ist von diesem und nicht vom Jahresabschluß des assoziierten Unternehmens auszugehen.

Achter Titel. Konzernanhang

§ 313 Erläuterung der Konzernbilanz und der Konzern-Gewinn- und Verlustrechnung. Angaben zum Beteiligungsbesitz. (1) [1]In den Konzernanhang sind diejenigen Angaben aufzunehmen, die zu einzelnen Posten der Konzernbilanz oder der Konzern-Gewinn- und Verlustrechnung vorgeschrieben oder die im Konzernanhang zu machen sind, weil sie in Ausübung eines Wahlrechts nicht in die Konzernbilanz oder in die Konzern-Gewinn- und Verlustrechnung aufgenommen wurden. [2]Im Konzernanhang müssen

1. die auf die Posten der Konzernbilanz und der Konzern-Gewinn- und Verlustrechnung angewandten Bilanzierungs- und Bewertungsmethoden angegeben werden;
2. die Grundlagen für die Umrechnung in Euro[9)] angegeben werden, sofern der Konzernabschluß Posten enthält, denen Beträge zugrunde liegen, die auf fremde Währung lauten oder ursprünglich auf fremde Währung lauteten;
3. Abweichungen von Bilanzierungs-, Bewertungs- und Konsolidierungsmethoden angegeben und begründet werden; deren Einfluß auf die Vermögens-, Finanz- und Ertragslage des Konzerns ist gesondert darzustellen.

(2) Im Konzernanhang sind außerdem anzugeben:

1. [1]Name und Sitz der in den Konzernabschluß einbezogenen Unternehmen, der Anteil am Kapital der Tochterunternehmen, der dem Mutterunternehmen und den in den Konzernabschluß einbezogenen Tochterunternehmen gehört oder von einer für Rechnung dieser Unternehmen handelnden Person gehalten wird, sowie der zur Einbeziehung in den Konzernabschluß verpflichtende Sachverhalt, sofern die Einbeziehung nicht auf einer der Kapitalbeteiligung entsprechenden Mehrheit der Stimmrechte beruht. [2]Diese Angaben sind auch für Tochterunternehmen zu machen, die nach den §§ 295, 296 nicht einbezogen worden sind;
2. [1]Name und Sitz der assoziierten Unternehmen, der Anteil am Kapital der assoziierten Unternehmen, der dem Mutterunternehmen und den in den Konzernabschluß einbezogenen Tochterunternehmen gehört oder von einer für Rechnung dieser Unternehmen handelnden Person gehalten wird. [2]Die Anwendung des § 311 Abs. 2 ist jeweils anzugeben und zu begründen;
3. Name und Sitz der Unternehmen, die nach § 310 nur anteilmäßig in den Konzernabschluß einbezogen worden sind, der Tatbestand, aus dem sich die Anwendung dieser Vorschrift ergibt, sowie der Anteil am Kapital dieser Unternehmen, der dem Mutterunternehmen und den in den Konzernabschluß einbezogenen Tochterunternehmen gehört oder von einer für Rechnung dieser Unternehmen handelnden Person gehalten wird;
4. [1]Name und Sitz anderer als der unter den Nummern 1 bis 3 bezeichneten Unternehmen, bei denen das Mutterunternehmen, ein Tochterunterneh-

[9)] Vgl. hierzu die Übergangsvorschriften zur Einführung des Euro in Art. 42 EGHGB; Nr. **2**.

men oder eine für Rechnung eines dieser Unternehmen handelnde Person mindestens den fünften Teil der Anteile besitzt, unter Angabe des Anteils am Kapital sowie der Höhe des Eigenkapitals und des Ergebnisses des letzten Geschäftsjahrs, für das ein Abschluß aufgestellt worden ist. [2]Ferner sind anzugeben alle Beteiligungen an großen Kapitalgesellschaften, die andere als die in Nummer 1 bis 3 bezeichneten Unternehmen sind, wenn sie von einem börsennotierten Mutterunternehmen, einem börsennotierten Tochterunternehmen oder einer für Rechnung eines dieser Unternehmen handelnden Person gehalten werden und fünf vom Hundert der Stimmrechte überschreiten. [3]Diese Angaben brauchen nicht gemacht zu werden, wenn sie für die Vermittlung eines den tatsächlichen Verhältnissen entsprechenden Bildes der Vermögens-, Finanz- und Ertragslage des Konzerns von untergeordneter Bedeutung sind. [4]Das Eigenkapital und das Ergebnis brauchen nicht angegeben zu werden, wenn das in Anteilsbesitz stehende Unternehmen seinen Jahresabschluß nicht offenzulegen hat und das Mutterunternehmen, das Tochterunternehmen oder die Person weniger als die Hälfte der Anteile an diesem Unternehmen besitzt.

(3) [1]Die in Absatz 2 verlangten Angaben brauchen insoweit nicht gemacht zu werden, als nach vernünftiger kaufmännischer Beurteilung damit gerechnet werden muß, daß durch die Angaben dem Mutterunternehmen, einem Tochterunternehmen oder einem anderen in Absatz 2 bezeichneten Unternehmen erhebliche Nachteile entstehen können. [2]Die Anwendung der Ausnahmeregelung ist im Konzernanhang anzugeben.

(4) [1]Die in Absatz 2 verlangten Angaben dürfen statt im Anhang auch in einer Aufstellung des Anteilsbesitzes gesondert gemacht werden. [2]Die Aufstellung ist Bestandteil des Anhangs. [3]Auf die besondere Aufstellung des Anteilsbesitzes und den Ort ihrer Hinterlegung ist im Anhang hinzuweisen.

§ 314 Sonstige Pflichtangaben. (1) Im Konzernanhang sind ferner anzugeben:

1. der Gesamtbetrag der in der Konzernbilanz ausgewiesenen Verbindlichkeiten mit einer Restlaufzeit von mehr als fünf Jahren sowie der Gesamtbetrag der in der Konzernbilanz ausgewiesenen Verbindlichkeiten, die von in den Konzernabschluß einbezogenen Unternehmen durch Pfandrechte oder ähnliche Rechte gesichert sind, unter Angabe von Art und Form der Sicherheiten;
2. der Gesamtbetrag der sonstigen finanziellen Verpflichtungen, die nicht in der Konzernbilanz erscheinen oder nicht nach § 298 Abs. 1 in Verbindung mit § 251 anzugeben sind, sofern diese Angabe für die Beurteilung der Finanzlage des Konzerns von Bedeutung ist; davon und von den Haftungs-

verhältnissen nach § 251 sind Verpflichtungen gegenüber Tochterunternehmen, die nicht in den Konzernabschluß einbezogen werden, jeweils gesondert anzugeben;

3. die Aufgliederung der Umsatzerlöse nach Tätigkeitsbereichen sowie nach geographisch bestimmten Märkten, soweit sich, unter Berücksichtigung der Organisation des Verkaufs von für die gewöhnliche Geschäftstätigkeit des Konzerns typischen Erzeugnissen und der für die gewöhnliche Geschäftstätigkeit des Konzerns typischen Dienstleistungen, die Tätigkeitsbereiche und geographisch bestimmten Märkte untereinander erheblich unterscheiden;
4. die durchschnittliche Zahl der Arbeitnehmer der in den Konzernabschluß einbezogenen Unternehmen während des Geschäftsjahrs, getrennt nach Gruppen, sowie der in dem Geschäftsjahr verursachte Personalaufwand, sofern er nicht gesondert in der Konzern-Gewinn- und Verlustrechnung ausgewiesen ist; die durchschnittliche Zahl der Arbeitnehmer von nach § 310 nur anteilmäßig einbezogenen Unternehmen ist gesondert anzugeben;
5. das Ausmaß, in dem das Jahresergebnis des Konzerns dadurch beeinflußt wurde, daß bei Vermögensgegenständen im Geschäftsjahr oder in früheren Geschäftsjahren Abschreibungen nach den §§ 254, 280 Abs. 2 oder in entsprechender Anwendung auf Grund steuerrechtlicher Vorschriften vorgenommen oder beibehalten wurden oder ein Sonderposten nach § 273 oder in entsprechender Anwendung gebildet wurde; ferner das Ausmaß erheblicher künftiger Belastungen, die sich für den Konzern aus einer solchen Bewertung ergeben;
6. für die Mitglieder des Geschäftsführungsorgans, eines Aufsichtsrats, eines Beirats oder einer ähnlichen Einrichtung des Mutterunternehmens, jeweils für jede Personengruppe:
   a) die für die Wahrnehmung ihrer Aufgaben im Mutterunternehmen und den Tochterunternehmen im Geschäftsjahr gewährten Gesamtbezüge (Gehälter, Gewinnbeteiligungen, Bezugsrechte, Aufwandsentschädigungen, Versicherungsentgelte, Provisionen und Nebenleistungen jeder Art). In die Gesamtbezüge sind auch Bezüge einzurechnen, die nicht ausgezahlt, sondern in Ansprüche anderer Art umgewandelt oder zur Erhöhung anderer Ansprüche verwendet werden. Außer den Bezügen für das Geschäftsjahr sind die weiteren Bezüge anzugeben, die im Geschäftsjahr gewährt, bisher aber in keinem Konzernabschluß angegeben worden sind;
   b) die für die Wahrnehmung ihrer Aufgaben im Mutterunternehmen und den Tochterunternehmen gewährten Gesamtbezüge (Abfindungen,

Ruhegehälter, Hinterbliebenenbezüge und Leistungen verwandter Art) der früheren Mitglieder der bezeichneten Organe und ihrer Hinterbliebenen; Buchstabe a Satz 2 und 3 ist entsprechend anzuwenden. Ferner ist der Betrag der für diese Personengruppe gebildeten Rückstellungen für laufende Pensionen und Anwartschaften auf Pensionen und der Betrag der für diese Verpflichtungen nicht gebildeten Rückstellungen anzugeben;

c) die vom Mutterunternehmen und den Tochterunternehmen gewährten Vorschüsse und Kredite unter Angabe der Zinssätze, der wesentlichen Bedingungen und der gegebenenfalls im Geschäftsjahr zurückgezahlten Beträge sowie die zugunsten dieser Personengruppen eingegangenen Haftungsverhältnisse;

7. der Bestand an Anteilen an dem Mutterunternehmen, die das Mutterunternehmen oder ein Tochterunternehmen oder ein anderer für Rechnung eines in den Konzernabschluß einbezogenen Unternehmens erworben oder als Pfand genommen hat; dabei sind die Zahl und der Nennbetrag oder rechnerische Wert dieser Anteile sowie deren Anteil am Kapital anzugeben.

(2) [1]Die Umsatzerlöse brauchen nicht nach Absatz 1 Nr. 3 aufgegliedert zu werden, soweit nach vernünftiger kaufmännischer Beurteilung damit gerechnet werden muß, daß durch die Aufgliederung einem in den Konzernabschluß einbezogenen Unternehmen erhebliche Nachteile entstehen. [2]Die Anwendung der Ausnahme ist im Konzernanhang anzugeben.

Neunter Titel. Konzernlagebericht

§ 315. (1) Im Konzernlagebericht sind zumindest der Geschäftsverlauf und die Lage des Konzerns so darzustellen, daß ein den tatsächlichen Verhältnissen entsprechendes Bild vermittelt wird; dabei ist auch auf die Risiken der künftigen Entwicklung einzugehen.

(2) Der Konzernlagebericht soll auch eingehen auf:

1. Vorgänge von besonderer Bedeutung, die nach dem Schluß des Konzerngeschäftsjahrs eingetreten sind;
2. die voraussichtliche Entwicklung des Konzerns;
3. den Bereich Forschung und Entwicklung des Konzerns.

(3) § 298 Abs. 3 über die Zusammenfassung von Konzernanhang und Anhang ist entsprechend anzuwenden.

Dritter Unterabschnitt. Prüfung

§ 316 Pflicht zur Prüfung. (1) [1]Der Jahresabschluß und der Lagebericht von Kapitalgesellschaften, die nicht kleine im Sinne des § 267 Abs. 1 sind, sind durch einen Abschlußprüfer zu prüfen. [2]Hat keine Prüfung stattgefunden, so kann der Jahresabschluß nicht festgestellt werden.

(2) Der Konzernabschluß und der Konzernlagebericht von Kapitalgesellschaften sind durch einen Abschlußprüfer zu prüfen.

(3) [1]Werden der Jahresabschluß, der Konzernabschluß, der Lagebericht oder der Konzernlagebericht nach Vorlage des Prüfungsberichts geändert, so hat der Abschlußprüfer diese Unterlagen erneut zu prüfen, soweit es die Änderung erfordert. [2]Über das Ergebnis der Prüfung ist zu berichten; der Bestätigungsvermerk ist entsprechend zu ergänzen.

§ 317 Gegenstand und Umfang der Prüfung. (1) [1]In die Prüfung des Jahresabschlusses ist die Buchführung einzubeziehen. [2]Die Prüfung des Jahresabschlusses und des Konzernabschlusses hat sich darauf zu erstrecken, ob die gesetzlichen Vorschriften und sie ergänzende Bestimmungen des Gesellschaftsvertrags oder der Satzung beachtet worden sind. [3]Die Prüfung ist so anzulegen, daß Unrichtigkeiten und Verstöße gegen die in Satz 2 aufgeführten Bestimmungen, die sich auf die Darstellung des sich nach § 264 Abs. 2 ergebenden Bildes der Vermögens-, Finanz- und Ertragslage des Unternehmens wesentlich auswirken, bei gewissenhafter Berufsausübung erkannt werden.

(2) [1]Der Lagebericht und der Konzernlagebericht sind darauf zu prüfen, ob der Lagebericht mit dem Jahresabschluß und der Konzernlagebericht mit dem Konzernabschluß sowie mit den bei der Prüfung gewonnenen Erkenntnissen des Abschlußprüfers in Einklang stehen und ob der Lagebericht insgesamt eine zutreffende Vorstellung von der Lage des Unternehmens und der Konzernlagebericht insgesamt eine zutreffende Vorstellung von der Lage des Konzerns vermittelt. [3]Dabei ist auch zu prüfen, ob die Risiken der künftigen Entwicklung zutreffend dargestellt sind.

(3) [1]Der Abschlußprüfer des Konzernabschlusses hat auch die im Konzernabschluß zusammengefaßten Jahresabschlüsse, insbesondere die konsolidierungsbedingten Anpassungen, in entsprechender Anwendung des Absatzes 1 zu prüfen. [2]Dies gilt nicht für Jahresabschlüsse, die auf Grund gesetzlicher Vorschriften nach diesem Unterabschnitt oder die ohne gesetzliche Verpflichtungen nach den Grundsätzen dieses Unterabschnitts geprüft worden sind. [3]Satz 2 ist entsprechend auf die Jahresabschlüsse von in den Konzernabschluß einbezogenen Tochterunternehmen mit Sitz im Ausland anzuwenden; sind diese Jahresabschlüsse nicht von einem in Übereinstimmung mit den Vorschriften der Richtlinie 84/253/EWG zugelassenen Abschlußprüfer geprüft worden, so gilt dies jedoch nur, wenn der Abschlußprüfer eine den Anforderungen dieser Richtlinie gleichwertige Befähigung hat und der Jah-

resabschluß in einer den Anforderungen dieses Unterabschnitts entsprechenden Weise geprüft worden ist.

(4) Bei einer Aktiengesellschaft, die Aktien mit amtlicher Notierung ausgegeben hat, ist außerdem im Rahmen der Prüfung zu beurteilen, ob der Vorstand die ihm nach § 91 Abs. 2 des Aktiengesetzes obliegenden Maßnahmen in einer geeigneten Form getroffen hat und ob das danach einzurichtende Überwachungssystem seine Aufgaben erfüllen kann.

§ 318 Bestellung und Abberufung des Abschlußprüfers. (1) [1]Der Abschlußprüfer des Jahresabschlusses wird von den Gesellschaftern gewählt; den Abschlußprüfer des Konzernabschlusses wählen die Gesellschafter des Mutterunternehmens. [2]Bei Gesellschaften mit beschränkter Haftung und bei offenen Handelsgesellschaften und Kommanditgesellschaften im Sinne des § 264 a Abs. 1 kann der Gesellschaftsvertrag etwas anderes bestimmen. [3]Der Abschlußprüfer soll jeweils vor Ablauf des Geschäftsjahrs gewählt werden, auf das sich seine Prüfungstätigkeit erstreckt. [4]Die gesetzlichen Vertreter, bei Zuständigkeit des Aufsichtsrats dieser, haben unverzüglich nach der Wahl den Prüfungsauftrag zu erteilen. [5]Der Prüfungsauftrag kann nur widerrufen werden, wenn nach Absatz 3 ein anderer Prüfer bestellt worden ist.

(2) [1]Als Abschlußprüfer des Konzernabschlusses gilt, wenn kein anderer Prüfer bestellt wird, der Prüfer als bestellt, der für die Prüfung des in den Konzernabschluß einbezogenen Jahresabschlusses des Mutterunternehmens bestellt worden ist. [2]Erfolgt die Einbeziehung auf Grund eines Zwischenabschlusses, so gilt, wenn kein anderer Prüfer bestellt wird, der Prüfer als bestellt, der für die Prüfung des letzten vor dem Konzernabschlußstichtag aufgestellten Jahresabschlusses des Mutterunternehmens bestellt worden ist.

(3) [1]Auf Antrag der gesetzlichen Vertreter, des Aufsichtsrats oder von Gesellschaftern, bei Aktiengesellschaften und Kommanditgesellschaften auf Aktien jedoch nur, wenn die Anteile dieser Gesellschafter zusammen den zehnten Teil des Grundkapitals oder den anteiligen Betrag in Höhe von einer Million Euro[10)] erreichen, hat das Gericht nach Anhörung der Beteiligten und des gewählten Prüfers einen anderen Abschlußprüfer zu bestellen, wenn dies aus einem in der Person des gewählten Prüfers liegenden Grund geboten erscheint, insbesondere wenn Besorgnis der Befangenheit besteht. [2]Der Antrag ist binnen zwei Wochen seit dem Tage der Wahl des Abschlußprüfers zu stellen; Aktionäre können den Antrag nur stellen, wenn sie gegen die Wahl

---

[10)] Vgl. hierzu die Übergangsvorschriften zur Einführung des Euro in Art. 42 EGHGB; Nr. **2**.

des Abschlußprüfers bei der Beschlußfassung Widerspruch erklärt haben. [3]Stellen Aktionäre den Antrag, so haben sie glaubhaft zu machen, daß sie seit mindestens drei Monaten vor dem Tage der Hauptversammlung Inhaber der Aktien sind. [4]Zur Glaubhaftmachung genügt eine eidesstattliche Versicherung vor einem Notar. [5]Unterliegt die Gesellschaft einer staatlichen Aufsicht, so kann auch die Aufsichtsbehörde den Antrag stellen. [6]Gegen die Entscheidung ist die sofortige Beschwerde zulässig.

(4) [1]Ist der Abschlußprüfer bis zum Ablauf des Geschäftsjahrs nicht gewählt worden, so hat das Gericht auf Antrag der gesetzlichen Vertreter, des Aufsichtsrats oder eines Gesellschafters den Abschlußprüfer zu bestellen. [2]Gleiches gilt, wenn ein gewählter Abschlußprüfer die Annahme des Prüfungsauftrags abgelehnt hat, weggefallen ist oder am rechtzeitigen Abschluß der Prüfung verhindert ist und ein anderer Abschlußprüfer nicht gewählt worden ist. [3]Die gesetzlichen Vertreter sind verpflichtet, den Antrag zu stellen. [4]Gegen die Entscheidung des Gerichts findet die sofortige Beschwerde statt; die Bestellung des Abschlußprüfers ist unanfechtbar.

(5) [1]Der vom Gericht bestellte Abschlußprüfer hat Anspruch auf Ersatz angemessener barer Auslagen und auf Vergütung für seine Tätigkeit. [2]Die Auslagen und die Vergütung setzt das Gericht fest. [3]Gegen die Entscheidung ist die sofortige Beschwerde zulässig. [4]Die weitere Beschwerde ist ausgeschlossen. [5]Aus der rechtskräftigen Entscheidung findet die Zwangsvollstreckung nach der Zivilprozeßordnung statt.

(6) [1]Ein von dem Abschlußprüfer angenommener Prüfungsauftrag kann von dem Abschlußprüfer nur aus wichtigem Grund gekündigt werden. [2]Als wichtiger Grund ist es nicht anzusehen, wenn Meinungsverschiedenheiten über den Inhalt des Bestätigungsvermerks, seine Einschränkung oder Versagung bestehen. [3]Die Kündigung ist schriftlich zu begründen. [4]Der Abschlußprüfer hat über das Ergebnis seiner bisherigen Prüfung zu berichten; § 321 ist entsprechend anzuwenden.

(7) [1]Kündigt der Abschlußprüfer den Prüfungsauftrag nach Absatz 6, so haben die gesetzlichen Vertreter die Kündigung dem Aufsichtsrat, der nächsten Hauptversammlung oder bei Gesellschaften mit beschränkter Haftung den Gesellschaftern mitzuteilen. [2]Den Bericht des bisherigen Abschlußprüfers haben die gesetzlichen Vertreter unverzüglich dem Aufsichtsrat vorzulegen. [3]Jedes Aufsichtsratsmitglied hat das Recht, von dem Bericht Kenntnis zu nehmen. [4]Der Bericht ist auch jedem Aufsichtsratsmitglied oder, soweit der Aufsichtsrat dies beschlossen hat, den Mitgliedern eines Ausschusses auszuhändigen. [5]Ist der Prüfungsauftrag vom Aufsichtsrat erteilt worden, obliegen die Pflichten der gesetzlichen Vertreter dem Aufsichtsrat einschließlich der Unterrichtung der gesetzlichen Vertreter.

§ 319[11]) Auswahl der Abschlußprüfer. (1) [1]Abschlußprüfer können Wirtschaftsprüfer und Wirtschaftsprüfungsgesellschaften sein. [2]Abschlußprüfer von Jahresabschlüssen und Lageberichten mittelgroßer Gesellschaften mit beschränkter Haftung (§ 267 Abs. 2) oder von mittelgroßen Personenhandelsgesellschaften im Sinne des § 264 a Abs. 1 können auch vereidigte Buchprüfer und Buchprüfungsgesellschaften sein.

(2) [1]Ein Wirtschaftsprüfer oder vereidigter Buchprüfer darf nicht Abschlußprüfer sein, wenn er oder eine Person, mit der er seinen Beruf gemeinsam ausübt,

1. Anteile an der zu prüfenden Kapitalgesellschaft besitzt;
2. gesetzlicher Vertreter oder Mitglied des Aufsichtsrats oder Arbeitnehmer der zu prüfenden Kapitalgesellschaft ist oder in den letzten drei Jahren vor seiner Bestellung war;
3. gesetzlicher Vertreter oder Mitglied des Aufsichtsrats einer juristischen Person, Gesellschafter einer Personengesellschaft oder Inhaber eines Unternehmens ist, sofern die juristische Person, die Personengesellschaft oder das Einzelunternehmen mit der zu prüfenden Kapitalgesellschaft verbunden ist oder von dieser mehr als zwanzig vom Hundert der Anteile besitzt;
4. Arbeitnehmer eines Unternehmens ist, das mit der zu prüfenden Kapitalgesellschaft verbunden ist oder an dieser mehr als zwanzig vom Hundert der Anteile besitzt, oder Arbeitnehmer einer natürlichen Person ist, die an der zu prüfenden Kapitalgesellschaft mehr als zwanzig vom Hundert der Anteile besitzt;
5. bei der Führung der Bücher oder der Aufstellung des zu prüfenden Jahresabschlusses der Kapitalgesellschaft über die Prüfungstätigkeit hinaus mitgewirkt hat;
6. gesetzlicher Vertreter, Arbeitnehmer, Mitglied des Aufsichtsrats oder Gesellschafter einer juristischen oder natürlichen Person oder einer Personengesellschaft oder Inhaber eines Unternehmens ist, sofern die juristische oder natürliche Person, die Personengesellschaften oder einer ihrer Gesellschafter oder das Einzelunternehmen nach Nummer 5 nicht Abschlußprüfer der zu prüfenden Kapitalgesellschaft sein darf;
7. bei der Prüfung eine Person beschäftigt, die nach den Nummern 1 bis 6 nicht Abschlußprüfer sein darf;
8. in den letzten fünf Jahren jeweils mehr als dreißig vom Hundert der Gesamteinnahmen aus seiner beruflichen Tätigkeit aus der Prüfung und Be-

[11]) Beachte hierzu auch die Übergangsvorschriften in Art. 25 und 50 EGHGB; Nr. **2**.

ratung der zu prüfenden Kapitalgesellschaft und von Unternehmen, an denen die zu prüfende Kapitalgesellschaft mehr als zwanzig vom Hundert der Anteile besitzt, bezogen hat und dies auch im laufenden Geschäftsjahr zu erwarten ist; zur Vermeidung von Härtefällen kann die Wirtschaftsprüferkammer befristete Ausnahmegenehmigungen erteilen.

[2]Ein Wirtschaftsprüfer darf ferner nicht Abschlussprüfer sein, wenn er

1. in entsprechender Anwendung von Absatz 3 Nr. 6 ausgeschlossen wäre;
2. über keine wirksame Bescheinigung über die Teilnahme an der Qualitätskontrolle nach § 57 a der Wirtschaftsprüferordnung verfügt und die Wirtschaftsprüferkammer keine Ausnahmegenehmigung erteilt hat.

(3) Eine Wirtschaftsprüfungsgesellschaft oder Buchprüfungsgesellschaft darf nicht Abschlußprüfer sein, wenn

1. sie Anteile an der zu prüfenden Kapitalgesellschaft besitzt oder mit dieser verbunden ist oder wenn ein mit ihr verbundenes Unternehmen an der zu prüfenden Kapitalgesellschaft mehr als zwanzig vom Hundert der Anteile besitzt oder mit dieser verbunden ist;
2. sie nach Absatz 2 Nr. 6 als Gesellschafter einer juristischen Person oder einer Personengesellschaft oder nach Absatz 2 Nr. 5, 7 oder 8 nicht Abschlußprüfer sein darf;
3. bei einer Wirtschaftsprüfungsgesellschaft oder Buchprüfungsgesellschaft, die juristische Person ist, ein gesetzlicher Vertreter oder ein Gesellschafter, der fünfzig vom Hundert oder mehr der den Gesellschaftern zustehenden Stimmrechte besitzt, oder bei anderen Wirtschaftsprüfungsgesellschaften oder Buchprüfungsgesellschaften ein Gesellschafter nach Absatz 2 Nr. 1 bis 4 nicht Abschlußprüfer sein darf;
4. einer ihrer gesetzlichen Vertreter oder einer ihrer Gesellschafter nach Absatz 2 Nr. 5 oder 6 nicht Abschlußprüfer sein darf;
5. eines ihrer Aufsichtsratsmitglieder nach Absatz 2 Nr. 2 oder 5 nicht Abschlußprüfer sein darf oder
6. sie bei der Prüfung einer Aktiengesellschaft, die Aktien mit amtlicher Notierung ausgegeben hat, einen Wirtschaftsprüfer beschäftigt, der in den dem zu prüfenden Geschäftsjahr vorhergehenden zehn Jahren den Bestätigungsvermerk nach § 322 über die Prüfung der Jahres- oder Konzernabschlüsse der Kapitalgesellschaft in mehr als sechs Fällen gezeichnet hat;
7. sie über keine wirksame Bescheinigung über die Teilnahme an der Qualitätskontrolle nach § 57 a der Wirtschaftsprüferordnung verfügt und die Wirtschaftsprüferkammer keine Ausnahmegenehmigung erteilt hat.

(4) Die Absätze 2 und 3 sind auf den Abschlußprüfer des Konzernabschlusses entsprechend anzuwenden.

§ 320 Vorlagepflicht. Auskunftsrecht. (1) [1]Die gesetzlichen Vertreter der Kapitalgesellschaft haben dem Abschlußprüfer den Jahresabschluß und den Lagebericht unverzüglich nach der Aufstellung vorzulegen. [2]Sie haben ihm zu gestatten, die Bücher und Schriften der Kapitalgesellschaft sowie die Vermögensgegenstände und Schulden, namentlich die Kasse und die Bestände an Wertpapieren und Waren, zu prüfen.

(2) [1]Der Abschlußprüfer kann von den gesetzlichen Vertretern alle Aufklärungen und Nachweise verlangen, die für eine sorgfältige Prüfung notwendig sind. [2]Soweit es die Vorbereitung der Abschlußprüfung erfordert, hat der Abschlußprüfer die Rechte nach Absatz 1 Satz 2 und nach Satz 1 auch schon vor Aufstellung des Jahresabschlusses. [3]Soweit es für eine sorgfältige Prüfung notwendig ist, hat der Abschlußprüfer die Rechte nach den Sätzen 1 und 2 auch gegenüber Mutter- und Tochterunternehmen.

(3) [1]Die gesetzlichen Vertreter einer Kapitalgesellschaft, die einen Konzernabschluß aufzustellen hat, haben dem Abschlußprüfer des Konzernabschlusses den Konzernabschluß, den Konzernlagebericht, die Jahresabschlüsse, Lageberichte und, wenn eine Prüfung stattgefunden hat, die Prüfungsberichte des Mutterunternehmens und der Tochterunternehmen vorzulegen. [2]Der Abschlußprüfer hat die Rechte nach Absatz 1 Satz 2 und nach Absatz 2 bei dem Mutterunternehmen und den Tochterunternehmen, die Rechte nach Absatz 2 auch gegenüber den Abschlußprüfern des Mutterunternehmens und der Tochterunternehmen.

§ 321 Prüfungsbericht. (1) [1]Der Abschlußprüfer hat über Art und Umfang sowie über das Ergebnis der Prüfung schriftlich und mit der gebotenen Klarheit zu berichten. [2]In dem Bericht ist vorweg zu der Beurteilung der Lage des Unternehmens oder Konzerns durch die gesetzlichen Vertreter Stellung zu nehmen, wobei insbesondere auf die Beurteilung des Fortbestandes und der künftigen Entwicklung des Unternehmens unter Berücksichtigung des Lageberichts und bei der Prüfung des Konzernabschlusses von Mutterunternehmen auch des Konzerns unter Berücksichtigung des Konzernlageberichts einzugehen ist, soweit die geprüften Unterlagen und der Lagebericht oder der Konzernlagebericht eine solche Beurteilung erlauben. [3]Außerdem ist darzustellen, ob bei Durchführung der Prüfung Unrichtigkeiten oder Verstöße gegen gesetzliche Vorschriften sowie Tatsachen festgestellt worden sind, die den Bestand des geprüften Unternehmens oder des Konzerns gefährden oder seine Entwicklung wesentlich beeinträchtigen können oder die schwerwiegende Verstöße der gesetzlichen Vertreter oder von Arbeitnehmern gegen Gesetz, Gesellschaftsvertrag oder die Satzung darstellen.

(2) [1]Im Hauptteil des Prüfungsberichts ist darzustellen, ob die Buchführung

und die weiteren geprüften Unterlagen, der Jahresabschluß, der Lagebericht, der Konzernabschluß und der Konzernlagebericht den gesetzlichen Vorschriften und den ergänzenden Bestimmungen des Gesellschaftsvertrags oder der Satzung entsprechen und ob die gesetzlichen Vertreter die verlangten Aufklärungen und Nachweise erbracht haben. [2]Es ist auch darauf einzugehen, ob der Abschluß insgesamt unter Beachtung der Grundsätze ordnungsmäßiger Buchführung ein den tatsächlichen Verhältnissen entsprechendes Bild der Vermögens-, Finanz- und Ertragslage der Kapitalgesellschaft vermittelt. [3]Die Posten des Jahres- und des Konzernabschlusses sind aufzugliedern und ausreichend zu erläutern, soweit dadurch die Darstellung der Vermögens-, Finanz- und Ertragslage wesentlich verbessert wird und diese Angaben im Anhang nicht enthalten sind.

(3) In einem besonderen Abschnitt des Prüfungsberichts sind Gegenstand, Art und Umfang der Prüfung zu erläutern.

(4) [1]Ist im Rahmen der Prüfung eine Beurteilung nach § 317 Abs. 4 abgegeben worden, so ist deren Ergebnis in einem besonderen Teil des Prüfungsberichts darzustellen. [2]Es ist darauf einzugehen, ob Maßnahmen erforderlich sind, um das interne Überwachungssystem zu verbessern.

(5) [1]Der Abschlußprüfer hat den Bericht zu unterzeichnen und den gesetzlichen Vertretern vorzulegen. [2]Hat der Aufsichtsrat den Auftrag erteilt, so ist der Bericht ihm vorzulegen; dem Vorstand ist vor Zuleitung Gelegenheit zur Stellungnahme zu geben.

§ 322 Bestätigungsvermerk. (1) [1]Der Abschlußprüfer hat das Ergebnis der Prüfung in einem Bestätigungsvermerk zum Jahresabschluß und zum Konzernabschluß zusammenzufassen. [2]Der Bestätigungsvermerk hat neben einer Beschreibung von Gegenstand, Art und Umfang der Prüfung auch eine Beurteilung des Prüfungsergebnisses zu enthalten. [3]Sind vom Abschlußprüfer keine Einwendungen zu erheben, so hat er in seinem Bestätigungsvermerk zu erklären, daß die von ihm nach § 317 durchgeführte Prüfung zu keinen Einwendungen geführt hat und daß der von den gesetzlichen Vertretern der Gesellschaft aufgestellte Jahres- oder Konzernabschluß aufgrund der bei der Prüfung gewonnenen Erkenntnisse des Abschlußprüfers nach seiner Beurteilung unter Beachtung der Grundsätze ordnungsmäßiger Buchführung ein den tatsächlichen Verhältnissen entsprechendes Bild der Vermögens-, Finanz- und Ertragslage des Unternehmens oder des Konzerns vermittelt.

(2) [1]Die Beurteilung des Prüfungsergebnisses soll allgemeinverständlich und problemorientiert unter Berücksichtigung des Umstandes erfolgen, daß die gesetzlichen Vertreter den Abschluß zu verantworten haben. [2]Auf Risiken,

die den Fortbestand des Unternehmens gefährden, ist gesondert einzugehen.

(3) [1]Im Bestätigungsvermerk ist auch darauf einzugehen, ob der Lagebericht und der Konzernlagebericht insgesamt nach der Beurteilung des Abschlußprüfers eine zutreffende Vorstellung von der Lage des Unternehmens oder des Konzerns vermittelt. [2]Dabei ist auch darauf einzugehen, ob die Risiken der künftigen Entwicklung zutreffend dargestellt sind.

(4) [1]Sind Einwendungen zu erheben so hat der Abschlußprüfer seine Erklärung nach Absatz 1 Satz 3 einzuschränken oder zu versagen. [2]Die Versagung ist in den Vermerk, der nicht mehr als Bestätigungsvermerk zu bezeichnen ist, aufzunehmen. [3]Die Einschränkung und die Versagung sind zu begründen. [4]Einschränkungen sind so darzustellen, daß deren Tragweite erkennbar wird.

(5) [1]Der Abschlußprüfer hat den Bestätigungsvermerk oder den Vermerk über seine Versagung unter Angabe von Ort und Tag zu unterzeichnen. [2]Der Bestätigungsvermerk oder der Vermerk über seine Versagung ist auch in den Prüfungsbericht aufzunehmen.

§ 323 Verantwortlichkeit des Abschlußprüfers. (1) [1]Der Abschlußprüfer, seine Gehilfen und die bei der Prüfung mitwirkenden gesetzlichen Vertreter einer Prüfungsgesellschaft sind zur gewissenhaften und unparteiischen Prüfung und zur Verschwiegenheit verpflichtet; § 57 b der Wirtschaftsprüferordnung bleibt unberührt. [2]Sie dürfen nicht unbefugt Geschäfts- und Betriebsgeheimnisse verwerten, die sie bei ihrer Tätigkeit erfahren haben. [3]Wer vorsätzlich oder fahrlässig seine Pflichten verletzt, ist der Kapitalgesellschaft und, wenn ein verbundenes Unternehmen geschädigt worden ist, auch diesem zum Ersatz des daraus entstehenden Schadens verpflichtet. [4]Mehrere Personen haften als Gesamtschuldner.

(2) [1]Die Ersatzpflicht von Personen, die fahrlässig gehandelt haben, beschränkt sich auf zwei Millionen Deutsche Mark für eine Prüfung. [2]Bei Prüfung einer Aktiengesellschaft, die Aktien mit amtlicher Notierung ausgegeben hat, beschränkt sich die Ersatzpflicht von Personen, die fahrlässig gehandelt haben, abweichend von Satz 1 auf acht Millionen Deutsche Mark für eine Prüfung. [3]Dies gilt auch, wenn an der Prüfung mehrere Personen beteiligt gewesen oder mehrere zum Ersatz verpflichtende Handlungen begangen worden sind, und ohne Rücksicht darauf, ob andere Beteiligte vorsätzlich gehandelt haben.

(3) Die Verpflichtung zur Verschwiegenheit besteht, wenn eine Prüfungsgesellschaft Abschlußprüfer ist, auch gegenüber dem Aufsichtsrat und den Mitgliedern des Aufsichtsrats der Prüfungsgesellschaft.

(4) Die Ersatzpflicht nach diesen Vorschriften kann durch Vertrag weder ausgeschlossen noch beschränkt werden.

(5) Die Ansprüche aus diesen Vorschriften verjähren in fünf Jahren.

§ 324 Meinungsverschiedenheiten zwischen Kapitalgesellschaft und Abschlußprüfer. (1) Bei Meinungsverschiedenheiten zwischen dem Abschlußprüfer und der Kapitalgesellschaft über die Auslegung und Anwendung der gesetzlichen Vorschriften sowie von Bestimmungen des Gesellschaftsvertrags oder der Satzung über den Jahresabschluß, Lagebericht, Konzernabschluß oder Konzernlagebericht entscheidet auf Antrag des Abschlußprüfers oder der gesetzlichen Vertreter der Kapitalgesellschaft ausschließlich das Landgericht.

(2) [1]Auf das Verfahren ist das Gesetz über die Angelegenheiten der freiwilligen Gerichtsbarkeit anzuwenden. [2]Das Landgericht entscheidet durch einen mit Gründen versehenen Beschluß. [3]Die Entscheidung wird erst mit der Rechtskraft wirksam. [4]Gegen die Entscheidung findet die sofortige Beschwerde statt, wenn das Landgericht sie in der Entscheidung zugelassen hat. [5]Es soll sie nur zulassen, wenn dadurch die Klärung einer Rechtsfrage von grundsätzlicher Bedeutung zu erwarten ist. [6]Die Beschwerde kann nur durch Einreichung einer von einem Rechtsanwalt unterzeichneten Beschwerdeschrift eingelegt werden. [7]Über sie entscheidet das Oberlandesgericht; § 28 Abs. 2 und 3 des Gesetzes über die Angelegenheiten der freiwilligen Gerichtsbarkeit ist entsprechend anzuwenden. [8]Die weitere Beschwerde ist ausgeschlossen. [9]Die Landesregierung kann durch Rechtsverordnung die Entscheidung über die Beschwerde für die Bezirke mehrerer Oberlandesgerichte einem der Oberlandesgerichte oder dem Obersten Landesgericht übertragen, wenn dies der Sicherung einer einheitlichen Rechtsprechung dient. [10]Die Landesregierung kann die Ermächtigung durch Rechtsverordnung auf die Landesjustizverwaltung übertragen.

(3) [1]Für die Kosten des Verfahrens gilt die Kostenordnung. [2]Für das Verfahren des ersten Rechtszugs wird das Doppelte der vollen Gebühr erhoben. [3]Für den zweiten Rechtszug wird die gleiche Gebühr erhoben; dies gilt auch dann, wenn die Beschwerde Erfolg hat. [4]Wird der Antrag oder die Beschwerde zurückgenommen, bevor es zu einer Entscheidung kommt, so ermäßigt sich die Gebühr auf die Hälfte. [5]Der Geschäftswert ist von Amtswegen festzusetzen. [6]Er bestimmt sich nach § 30 Abs. 2 der Kostenordnung. [7]Der Abschlußprüfer ist zur Leistung eines Kostenvorschusses nicht verpflichtet. [8]Schuldner der Kosten ist die Kapitalgesellschaft. [9]Die Kosten können jedoch ganz oder zum Teil dem Abschlußprüfer auferlegt werden, wenn dies der Billigkeit entspricht.

Vierter Unterabschnitt. Offenlegung (Einreichung zu einem Register, Bekanntmachung im Bundesanzeiger).

Veröffentlichung und Vervielfältigung. Prüfung durch das Registergericht

§ 325 Offenlegung. (1) [1]Die gesetzlichen Vertreter von Kapitalgesellschaften haben den Jahresabschluß unverzüglich nach seiner Vorlage an die Gesellschafter, jedoch spätestens vor Ablauf des zwölften Monats des dem Abschlußstichtag nachfolgenden Geschäftsjahrs, mit dem Bestätigungsvermerk oder dem Vermerk über dessen Versagung zum Handelsregister des Sitzes der Kapitalgesellschaft einzureichen; gleichzeitig sind der Lagebericht, der Bericht des Aufsichtsrats und, soweit sich der Vorschlag für die Verwendung des Ergebnisses und der Beschluß über seine Verwendung aus dem eingereichten Jahresabschluß nicht ergeben, der Vorschlag für die Verwendung des Ergebnisses und der Beschluß über seine Verwendung unter Angabe des Jahresüberschusses oder Jahresfehlbetrags einzureichen; Angaben über die Ergebnisverwendung brauchen von Gesellschaften mit beschränkter Haftung nicht gemacht zu werden, wenn sich anhand dieser Angaben die Gewinnanteile von natürlichen Personen feststellen lassen, die Gesellschafter sind. [2]Die gesetzlichen Vertreter haben unverzüglich nach der Einreichung der in Satz 1 bezeichneten Unterlagen im Bundesanzeiger bekanntzumachen, bei welchem Handelsregister und unter welcher Nummer diese Unterlagen eingereicht worden sind. [3]Werden zur Wahrung der Frist nach Satz 1 der Jahresabschluß und der Lagebericht ohne die anderen Unterlagen eingereicht, so sind der Bericht und der Vorschlag nach ihrem Vorliegen, die Beschlüsse nach der Beschlußfassung und der Vermerk nach der Erteilung unverzüglich einzureichen; wird der Jahresabschluß bei nachträglicher Prüfung oder Feststellung geändert, so ist auch die Änderung nach Satz 1 einzureichen.

(2) [1]Absatz 1 ist auf große Kapitalgesellschaften (§ 267 Abs. 3) mit der Maßgabe anzuwenden, daß die in Absatz 1 bezeichneten Unterlagen zunächst im Bundesanzeiger bekanntzumachen sind und die Bekanntmachung unter Beifügung der bezeichneten Unterlagen zum Handelsregister des Sitzes der Kapitalgesellschaft einzureichen ist; die Bekanntmachung nach Absatz 1 Satz 2 entfällt. [2]Die Aufstellung des Anteilsbesitzes (§ 287) braucht nicht im Bundesanzeiger bekannt gemacht zu werden.

(3) [1]Die gesetzlichen Vertreter einer Kapitalgesellschaft, die einen Konzernabschluß aufzustellen hat, haben den Konzernabschluß unverzüglich nach seiner Vorlage an die Gesellschafter, jedoch spätestens vor Ablauf des zwölften Monats des dem Konzernabschlußstichtag nachfolgenden Geschäfts-

jahrs, mit dem Bestätigungsvermerk oder dem Vermerk über dessen Versagung und den Konzernlagebericht im Bundesanzeiger bekanntzumachen und die Bekanntmachung unter Beifügung der bezeichneten Unterlagen zum Handelsregister des Sitzes der Kapitalgesellschaft einzureichen. [2]Die Aufstellung des Anteilsbesitzes (§ 313 Abs. 4) braucht nicht im Bundesanzeiger bekannt gemacht zu werden. [3]Absatz 1 Satz 3 ist entsprechend anzuwenden.

(4) Bei Anwendung der Absätze 2 und 3 ist für die Wahrung der Fristen nach Absatz 1 Satz 1 und Absatz 3 Satz 1 der Zeitpunkt der Einreichung der Unterlagen beim Bundesanzeiger maßgebend.

(5) Auf Gesetz, Gesellschaftsvertrag oder Satzung beruhende Pflichten der Gesellschaft, den Jahresabschluß, Lagebericht, Konzernabschluß oder Konzernlagebericht in anderer Weise bekanntzumachen, einzureichen oder Personen zugänglich zu machen, bleiben unberührt.

§ 325 a Zweigniederlassungen von Kapitalgesellschaften mit Sitz im Ausland. (1) [1]Bei inländischen Zweigniederlassungen von Kapitalgesellschaften mit Sitz in einem anderen Mitgliedstaat der Europäischen Wirtschaftsgemeinschaft oder Vertragsstaat des Abkommens über den Europäischen Wirtschaftsraum haben die in § 13 e Abs. 2 Satz 4 Nr. 3 genannten Personen oder, wenn solche nicht angemeldet sind, die gesetzlichen Vertreter der Gesellschaft die Unterlagen der Rechnungslegung der Hauptniederlassung, die nach dem für die Hauptniederlassung maßgeblichen Recht erstellt, geprüft und offengelegt worden sind, nach den §§ 325, 328, 329 Abs. 1 offenzulegen. [2]Die Unterlagen sind zu dem Handelsregister am Sitz der Zweigniederlassung einzureichen; bestehen mehrere inländische Zweigniederlassungen derselben Gesellschaft, brauchen die Unterlagen nur zu demjenigen Handelsregister eingereicht zu werden, zu dem gemäß § 13 c Abs. 5 die Satzung oder der Gesellschaftsvertrag eingereicht wurde. [3]Die Unterlagen sind in deutscher Sprache oder in einer von dem Register der Hauptniederlassung beglaubigten Abschrift einzureichen. [4]Von der Beglaubigung des Registers ist eine beglaubigte Übersetzung in deutscher Sprache einzureichen.

(2) Diese Vorschrift gilt nicht für Zweigniederlassungen, die von Kreditinstituten im Sinne des § 340 oder von Versicherungsunternehmen im Sinne des § 341 errichtet werden.

§ 326 Größenabhängige Erleichterungen für kleine Kapitalgesellschaften bei der Offenlegung. [1]Auf kleine Kapitalgesellschaften (§ 267 Abs. 1) ist § 325 Abs. 1 mit der Maßgabe anzuwenden, daß die gesetzlichen Vertreter nur die Bilanz und den Anhang einzureichen haben. [2]Der Anhang braucht die die Gewinn- und Verlustrechnung betreffenden Angaben nicht zu enthalten.

§ 327 Größenabhängige Erleichterungen für mittelgroße Kapitalgesellschaften bei der Offenlegung. Auf mittelgroße Kapitalgesellschaften (§ 267 Abs. 2) ist § 325 Abs. 1 mit der Maßgabe anzuwenden, daß die gesetzlichen Vertreter

1. die Bilanz nur in der für kleine Kapitalgesellschaften nach § 266 Abs. 1 Satz 3 vorgeschriebenen Form zum Handelsregister einreichen müssen. In der Bilanz oder im Anhang sind jedoch die folgenden Posten des § 266 Abs. 2 und 3 zusätzlich gesondert anzugeben:
   Auf der Aktivseite
   A I 2 Geschäfts- oder Firmenwert;
   A II 1 Grundstücke, grundstücksgleiche Rechte und Bauten einschließlich der Bauten auf fremden Grundstücken;
   A II 2 technische Anlagen und Maschinen;
   A II 3 andere Anlagen, Betriebs- und Geschäftsausstattung;
   A II 4 geleistete Anzahlungen und Anlagen im Bau;
   A III 1 Anteile an verbundenen Unternehmen;
   A III 2 Ausleihungen an verbundene Unternehmen;
   A III 3 Beteiligungen;
   A III 4 Ausleihungen an Unternehmen, mit denen ein Beteiligungsverhältnis besteht;
   B II 2 Forderungen gegen verbundene Unternehmen;
   B II 3 Forderungen gegen Unternehmen, mit denen ein Beteiligungsverhältnis besteht;
   B III 1 Anteile an verbundenen Unternehmen;
   B III 2 eigene Anteile.
   Auf der Passivseite
   C 1 Anleihen,
   davon konvertibel;
   C 2 Verbindlichkeiten gegenüber Kreditinstituten;
   C 6 Verbindlichkeiten gegenüber verbundenen Unternehmen;
   C 7 Verbindlichkeiten gegenüber Unternehmen, mit denen ein Beteiligungsverhältnis besteht;
2. den Anhang ohne die Angaben nach § 285 Nr. 2, 5 und 8 Buchstabe a, Nr. 12 zum Handelsregister einreichen dürfen.

§ 328 Form und Inhalt der Unterlagen bei der Offenlegung, Veröffentlichung und Vervielfältigung. (1) Bei der vollständigen oder teilweisen Offenlegung des Jahresabschlusses und des Konzernabschlusses und bei der Veröffentlichung oder Vervielfältigung in anderer Form auf Grund des Gesellschaftsvertrags oder der Satzung sind die folgenden Vorschriften einzuhalten:

1. [1]Der Jahresabschluß und der Konzernabschluß sind so wiederzugeben, daß sie den für ihre Aufstellung maßgeblichen Vorschriften entsprechen, soweit nicht Erleichterungen nach §§ 326, 327 in Anspruch genommen werden; sie haben in diesem Rahmen vollständig und richtig zu sein. [2]Das Datum der Feststellung ist anzugeben, sofern der Jahresabschluß festgestellt worden ist. [3]Wurde der Jahresabschluß oder der Konzernabschluß auf Grund gesetzlicher Vorschriften durch einen Abschlußprüfer geprüft, so ist jeweils der vollständige Wortlaut des Bestätigungsvermerks oder des Vermerks über dessen Versagung wiederzugeben; wird der Jahresabschluß wegen der Inanspruchnahme von Erleichterungen nur teilweise offengelegt und bezieht sich der Bestätigungsvermerk auf den vollständigen Jahresabschluß, so ist hierauf hinzuweisen.
2. Werden der Jahresabschluß oder der Konzernabschluß zur Wahrung der gesetzlich vorgeschriebenen Fristen über die Offenlegung vor der Prüfung oder Feststellung, sofern diese gesetzlich vorgeschrieben sind, oder nicht gleichzeitig mit beizufügenden Unterlagen offengelegt, so ist hierauf bei der Offenlegung hinzuweisen.

(2) [1]Werden der Jahresabschluß oder der Konzernabschluß in Veröffentlichungen und Vervielfältigungen, die nicht durch Gesetz, Gesellschaftsvertrag oder Satzung vorgeschrieben sind, nicht in der nach Absatz 1 vorgeschriebenen Form wiedergegeben, so ist jeweils in einer Überschrift darauf hinzuweisen, daß es sich nicht um eine der gesetzlichen Form entsprechende Veröffentlichung handelt. [2]Ein Bestätigungsvermerk darf nicht beigefügt werden. [3]Ist jedoch auf Grund gesetzlicher Vorschriften eine Prüfung durch einen Abschlußprüfer erfolgt, so ist anzugeben, ob der Abschlußprüfer den in gesetzlicher Form erstellten Jahresabschluß oder den Konzernabschluß bestätigt hat oder ob er die Bestätigung eingeschränkt oder versagt hat. [4]Ferner ist anzugeben, bei welchem Handelsregister und in welcher Nummer des Bundesanzeigers die Offenlegung erfolgt ist oder daß die Offenlegung noch nicht erfolgt ist.

(3) [1]Absatz 1 Nr. 1 ist auf den Lagebericht, den Konzernlagebericht, den Vorschlag für die Verwendung des Ergebnisses und den Beschluß über seine Verwendung sowie auf die Aufstellung des Anteilsbesitzes entsprechend anzuwenden. [2]Werden die in Satz 1 bezeichneten Unterlagen nicht gleichzeitig mit dem Jahresabschluß oder dem Konzernabschluß offengelegt, so ist bei ihrer nachträglichen Offenlegung jeweils anzugeben, auf welchen Abschluß sie sich beziehen und wo dieser offengelegt worden ist; dies gilt auch für die nachträgliche Offenlegung des Bestätigungsvermerks oder des Vermerks über seine Versagung.

(4) (aufgehoben)

§ 329 Prüfungspflicht des Registergerichts. (1) Das Gericht prüft, ob die vollständig oder teilweise zum Handelsregister einzureichenden Unterlagen vollzählig sind und, sofern vorgeschrieben, bekanntgemacht worden sind.

(2) [1]Gibt die Prüfung nach Absatz 1 Anlaß zu der Annahme, daß von der Größe der Kapitalgesellschaft abhängige Erleichterungen nicht hätten in Anspruch genommen werden dürfen, so kann das Gericht zu seiner Unterrichtung von der Kapitalgesellschaft innerhalb einer angemessenen Frist die Mitteilung der Umsatzerlöse (§ 277 Abs. 1) und der durchschnittlichen Zahl der Arbeitnehmer (§ 267 Abs. 5) verlangen. [2]Unterläßt die Kapitalgesellschaft die fristgemäße Mitteilung, so gelten die Erleichterungen als zu Unrecht in Anspruch genommen.

Fünfter Abschnitt. Privates Rechnungslegungsgremium; Rechnungslegungsbeirat

§ 342 Privates Rechnungslegungsgremium. (1) [1]Das Bundesministerium der Justiz kann eine privatrechtlich organisierte Einrichtung durch Vertrag anerkennen und ihr folgende Aufgaben übertragen:
1. Entwicklung von Empfehlungen zur Anwendung der Grundsätze über die Konzernrechnungslegung,
2. Beratung des Bundesministeriums der Justiz bei Gesetzgebungsvorhaben zu Rechnungslegungsvorschriften und
3. Vertretung der Bundesrepublik Deutschland in internationalen Standardisierungsgremien.

[2]Es darf jedoch nur eine solche Einrichtung anerkannt werden, die auf Grund ihrer Satzung gewährleistet, daß die Empfehlungen unabhängig und ausschließlich von Rechnungslegern in einem Verfahren entwickelt und beschlossen werden, das die fachlich interessierte Öffentlichkeit einbezieht. [3]Soweit Unternehmen oder Organisationen von Rechnungslegern Mitglied einer solchen Einrichtung sind, dürfen die Mitgliedschaftsrechte nur von Rechnungslegern ausgeübt werden.

(2) Die Beachtung der die Konzernrechnungslegung betreffenden Grundsätze ordnungsmäßiger Buchführung wird vermutet, soweit vom Bundes ministerium der Justiz bekanntgemachte Empfehlungen einer nach Absatz 1 Satz 1 anerkannten Einrichtung beachtet worden sind.

§ 342 a Rechnungslegungsbeirat. (1) Beim Bundesministerium der Justiz wird vorbehaltlich Absatz 9 ein Rechnungslegungsbeirat mit den Aufgaben nach § 342 Abs. 1 Satz 1 gebildet.

(2) Der Rechnungslegungsbeirat setzt sich zusammen aus
1. einem Vertreter des Bundesministeriums der Justiz als Vorsitzendem so-

wie je einem Vertreter des Bundesministeriums der Finanzen und des Bundesministeriums für Wirtschaft,
2. vier Vertretern von Unternehmen,
3. vier Vertretern der wirtschaftsprüfenden Berufe,
4. zwei Vertretern der Hochschulen.

(3) [1]Die Mitglieder des Rechnungslegungsbeirats werden durch das Bundesministerium der Justiz berufen. [2]Als Mitglieder sollen nur Rechnungsleger berufen werden.

(4) [1]Die Mitglieder des Rechnungslegungsbeirats sind unabhängig und nicht weisungsgebunden. [2]Ihre Tätigkeit im Beirat ist ehrenamtlich.

(5) Das Bundesministerium der Justiz kann eine Geschäftsordnung für den Beirat erlassen.

(6) Der Beirat kann für bestimmte Sachgebiete Fachausschüsse und Arbeitskreise einsetzen.

(7) [1]Der Beirat, seine Fachausschüsse und Arbeitskreise sind beschlußfähig, wenn mindestens zwei Drittel der Mitglieder anwesend sind. [2]Bei Abstimmungen entscheidet die Stimmenmehrheit, bei Stimmengleichheit die Stimme des Vorsitzenden.

(8) Für die Empfehlungen des Rechnungslegungsbeirats gilt § 342 Abs. 2 entsprechend.

(9) Die Bildung eines Rechnungslegungsbeirats nach Absatz 1 unterbleibt, soweit das Bundesministerium der Justiz eine Einrichtung nach § 342 Abs. 1 anerkennt.

2. Konzernabschlußbefreiungsverordnung

Vom 15. November 1991 (BGBl. I S. 2122)
zuletzt geändert durch das Kapitalaufnahmeerleichterungsgesetz
vom 9. 4. 1998 (BGBl. I S. 707)

§ 1. [Befreiender Konzernabschluß und -lagebericht, Voraussetzungen] Ein Mutterunternehmen, das zugleich Tochterunternehmen eines Mutterunternehmens mit Sitz in einem Staat ist, der nicht Mitglied der Europäischen Union oder eines anderen Vertragsstaates des Abkommens über den Europäischen Wirtschaftsraum ist, braucht einen Konzernabschluß und einen Konzernlagebericht nicht aufzustellen, wenn es einen den Anforderungen des § 2 entsprechenden Konzernabschluß und Konzernlagebericht seines Mutterunternehmens einschließlich des Bestätigungsvermerks oder des Vermerks über dessen Versagung nach den für den entfallenden Konzernabschluß und Konzernlagebericht maßgeblichen Vorschriften in deutscher Sprache offenlegt.

Ein befreiender Konzernabschluß und ein befreiender Konzernlagebericht können von jedem Unternehmen unabhängig von seiner Rechtsform und Größe aufgestellt werden, wenn das Unternehmen als Kapitalgesellschaft mit Sitz in einem Mitgliedstaat der Europäischen Union oder in einem anderen Vertragsstaat des Abkommens über den Europäischen Wirtschaftsraum zur Aufstellung eines Konzernabschlusses unter Einbeziehung des zu befreienden Mutterunternehmens und seiner Tochterunternehmen verpflichtet wäre.

§ 2. [Weitere Voraussetzungen der befreienden Wirkung, Prüfung, Angaben in Anhang] (1) Der Konzernabschluß und Konzernlagebericht eines Mutterunternehmens mit Sitz in einem Staat, der nicht Mitglied der Europäischen Union oder eines anderen Vertragsstaates des Abkommens über den Europäischen Wirtschaftsraum ist, haben befreiende Wirkung, wenn

1. das zu befreiende Mutterunternehmen und seine Tochterunternehmen in den befreienden Konzernabschluß unbeschadet der §§ 295, 296 des Handelsgesetzbuchs einbezogen worden sind,
2. der befreiende Konzernabschluß und der befreiende Konzernlagebericht im Einklang mit der Richtlinie 83/349/EWG des Rates vom 13. Juni 1983 über den konsolidierten Abschluß (ABl. EG Nr. L 193 S. 1) nach dem Recht eines Mitgliedstaates der Europäischen Union oder eines anderen Vertragsstaates des Abkommens über den Europäischen Wirtschaftsraum aufgestellt worden sind oder einem nach diesem Recht aufgestellten Konzernabschluß und Konzernlagebericht gleichwertig sind,
3. der befreiende Konzernabschluß von einem in Übereinstimmung mit den Vorschriften der Richtlinie 84/253/EWG des Rates vom 10. April 1984 über die Zulassung der mit der Pflichtprüfung der Rechnungslegungsunterlagen beauftragten Personen (ABl. EG Nr. L 126 S. 20) zugelassenen Abschlußprüfer geprüft worden ist oder der Abschlußprüfer zumindestens eine den Anforderungen dieser Richtlinie gleichwertige Befähigung hat und der Konzernabschluß in einer den Anforderungen des Handelsgesetzbuchs entsprechenden Weise geprüft worden ist und
4. der Anhang des Jahresabschlusses des zu befreienden Unternehmens folgende Angaben enthält:
   a) Name und Sitz des Mutterunternehmens, das den befreienden Konzernabschluß aufstellt, und
   b) einen Hinweis auf die Befreiung von der Verpflichtung, einen Konzernabschluß und einen Konzernlagebericht aufzustellen, und
   c) eine Erläuterung der im befreienden Konzernabschluß vom deutschen Recht abweichend angewandten Bilanzierungs-, Bewertungs- und Konsolidierungsmethoden.

Satz 1 gilt für Kreditinstitute und Versicherungsunternehmen entsprechend; unbeschadet der übrigen Voraussetzungen in Satz 1 hat die Aufstellung des befreienden Konzernabschlusses und des befreienden Konzernlageberichts bei Kreditinstituten im Einklang mit der Richtlinie 86/635/EWG des Rates vom 8. Dezember 1986 über den Jahresabschluß und den konsolidierten Abschluß von Banken und anderen Finanzinstituten (ABl. EG Nr. L 372 S. 1) und bei Versicherungsunternehmen im Einklang mit der Richtlinie 91/674/EWG des Rates vom 19. Dezember 1991 über den Jahresabschluß und den konsolidierten Jahresabschluß von Versicherungsunternehmen (Abl. EG Nr. L 374 S. 7) zu erfolgen.

(2) § 291 Abs. 3 des Handelsgesetzbuchs ist entsprechend anzuwenden.

§ 3. [Offenlegung in einem anderen Mitgliedstaat] In den Fällen des § 2 Nr. 2 kann das Recht eines anderen Mitgliedstaates der Europäischen Wirtschaftsunion oder eines anderen Vertragsstaates des Abkommens über den Europäischen Wirtschaftsraum einem befreienden Konzernabschluß und einem befreienden Konzernlagebericht jedoch nur zugrunde gelegt oder für die Bestimmung der Gleichwertigkeit herangezogen werden, wenn diese Unterlagen in dem anderen Mitgliedstaat oder Vertragsstaat anstelle eines sonst nach dem Recht dieses Mitgliedstaates oder Vertragsstaates vorgeschriebenen Konzernabschlusses und Konzernlageberichts offengelegt werden. Dem befreienden Konzernabschluß ist eine Bestätigung über die erfolgte Hinterlegung in dem anderen Mitgliedstaat beizufügen.

§ 4. [Inkrafttreten, Geltungsdauer, erstmalige Anwendung] (1) Diese Verordnung tritt am Tage nach der Verkündung in Kraft.

(2) Die Verordnung ist erstmals auf Konzernabschlüsse und Konzernlageberichte für nach dem 31. Dezember 1989 beginnende Geschäftsjahre anzuwenden.

3. Aktiengesetz (Auszug)

Vom 6. September 1965 (BGBl. I S. 1089/BGBl. III/FNA 4121-1)
zuletzt geändert durch Gesetz vom 24. 2. 2000 (BGBl. I S. 154)

§ 58 Verwendung des Jahresüberschusses. (1) [1]Die Satzung kann nur für den Fall, daß die Hauptversammlung den Jahresabschluß feststellt, bestimmen, daß Beträge aus dem Jahresüberschuß in andere Gewinnrücklagen einzustellen sind. [2]Auf Grund einer solchen Satzungsbestimmung kann höchstens die Hälfte des Jahresüberschusses in andere Gewinnrücklagen eingestellt werden. [3]Dabei sind Beträge, die in die gesetzliche Rücklage einzustellen sind, und ein Verlustvortrag vorab vom Jahresüberschuß abzuziehen.

(2) [1]Stellen Vorstand und Aufsichtsrat den Jahresabschluß fest, so können sie einen Teil des Jahresüberschusses, höchstens jedoch die Hälfte, in andere Gewinnrücklagen einstellen. [2]Die Satzung kann Vorstand und Aufsichtsrat zur Einstellung eines größeren oder kleineren Teils, bei börsennotierten Gesellschaften nur eines größeren Teils des Jahresüberschusses ermächtigen. [3]Auf Grund einer solchen Satzungsbestimmung dürfen Vorstand und Aufsichtsrat keine Beträge in andere Gewinnrücklagen einstellen, wenn die anderen Gewinnrücklagen die Hälfte des Grundkapitals übersteigen oder soweit sie nach der Einstellung die Hälfte übersteigen würden. [4]Absatz 1 Satz 3 gilt sinngemäß.

(2 a) [1]Unbeschadet der Absätze 1 und 2 können Vorstand und Aufsichtsrat den Eigenkapitalanteil von Wertaufholungen bei Vermögensgegenständen des Anlage- und Umlaufvermögens und von bei der steuerrechtlichen Gewinnermittlung gebildeten Passivposten, die nicht im Sonderposten mit Rücklageanteil ausgewiesen werden dürfen, in andere Gewinnrücklagen einstellen. [2]Der Betrag dieser Rücklagen ist entweder in der Bilanz gesondert auszuweisen oder im Anhang anzugeben.

(3) [1]Die Hauptversammlung kann im Beschluß über die Verwendung des Bilanzgewinns weitere Beträge in Gewinnrücklagen einstellen oder als Gewinn vortragen. [2]Sie kann ferner, wenn die Satzung sie hierzu ermächtigt, auch eine andere Verwendung als nach Satz 1 oder als die Verteilung unter die Aktionäre beschließen.

(4) Die Aktionäre haben Anspruch auf den Bilanzgewinn, soweit er nicht nach Gesetz oder Satzung, durch Hauptversammlungsbeschluß nach Absatz 3 oder als zusätzlicher Aufwand auf Grund des Gewinnverwendungsbeschlusses von der Verteilung unter die Aktionäre ausgeschlossen ist.

§ 59 Abschlagszahlung auf den Bilanzgewinn. (1) Die Satzung kann den Vorstand ermächtigen, nach Ablauf des Geschäftsjahrs auf den voraussichtlichen Bilanzgewinn einen Abschlag an die Aktionäre zu zahlen.

(2) [1]Der Vorstand darf einen Abschlag nur zahlen, wenn ein vorläufiger Abschluß für das vergangene Geschäftsjahr einen Jahresüberschuß ergibt. [2]Als Abschlag darf höchstens die Hälfte des Betrags gezahlt werden, der von dem Jahresüberschuß nach Abzug der Beträge verbleibt, die nach Gesetz oder Satzung in Gewinnrücklagen einzustellen sind. [3]Außerdem darf der Abschlag nicht die Hälfte des vorjährigen Bilanzgewinns übersteigen.

(3) Die Zahlung eines Abschlags bedarf der Zustimmung des Aufsichtsrats.

Fünfter Teil. Rechnungslegung.[1] Gewinnverwendung

Erster Abschnitt. Jahresabschluß und Lagebericht

§§ 148, 149. (aufgehoben)

§ 150 Gesetzliche Rücklage. Kapitalrücklage. (1) In der Bilanz des nach den §§ 242, 264 des Handelsgesetzbuchs aufzustellenden Jahresabschlusses ist eine gesetzliche Rücklage zu bilden.

(2) In diese ist der zwanzigste Teil des um einen Verlustvortrag aus dem Vorjahr geminderten Jahresüberschusses einzustellen, bis die gesetzliche Rücklage und die Kapitalrücklagen nach § 272 Abs. 2 Nr. 1 bis 3 des Handelsgesetzbuchs zusammen den zehnten oder den in der Satzung bestimmten höheren Teil des Grundkapitals erreichen.

(3) Übersteigen die gesetzliche Rücklage und die Kapitalrücklagen nach § 272 Abs. 2 Nr. 1 bis 3 des Handelsgesetzbuchs zusammen nicht den zehnten oder den in der Satzung bestimmten höheren Teil des Grundkapitals, so dürfen sie nur verwandt werden

1. zum Ausgleich eines Jahresfehlbetrags, soweit er nicht durch einen Gewinnvortrag aus dem Vorjahr gedeckt ist und nicht durch Auflösung anderer Gewinnrücklagen ausgeglichen werden kann;
2. zum Ausgleich eines Verlustvortrags aus dem Vorjahr, soweit er nicht durch einen Jahresüberschuß gedeckt ist und nicht durch Auflösung anderer Gewinnrücklagen ausgeglichen werden kann.

(4) [1]Übersteigen die gesetzliche Rücklage und die Kapitalrücklagen nach § 272 Abs. 2 Nr. 1 bis 3 des Handelsgesetzbuchs zusammen den zehnten oder den in der Satzung bestimmten höheren Teil des Grundkapitals, so darf der übersteigende Betrag verwandt werden

1. zum Ausgleich eines Jahresfehlbetrags, soweit er nicht durch einen Gewinnvortrag aus dem Vorjahr gedeckt ist;
2. zum Ausgleich eines Verlustvortrags aus dem Vorjahr, soweit er nicht durch einen Jahresüberschuß gedeckt ist;
3. zur Kapitalerhöhung aus Gesellschaftsmitteln nach den §§ 207 bis 220.

[2]Die Verwendung nach den Nummern 1 und 2 ist nicht zulässig, wenn gleichzeitig Gewinnrücklagen zur Gewinnausschüttung aufgelöst werden.

---

[1]) Beachte hierzu auch Gesetz über die Rechnungslegung von bestimmten Unternehmen und Konzernen vom 15. 8. 1969 (BGBl. I S. 1189, ber. 1970 I S. 1113); abgedruckt unter Nr. 6.

§§ 150 a, 151. (aufgehoben)

§ 152 Vorschriften zur Bilanz. (1) [1]Das Grundkapital ist in der Bilanz als gezeichnetes Kapital auszuweisen. [2]Dabei ist der auf jede Aktiengattung entfallende Betrag des Grundkapitals gesondert anzugeben. [3]Bedingtes Kapital ist mit dem Nennbetrag zu vermerken. [4]Bestehen Mehrstimmrechtsaktien, so sind beim gezeichneten Kapital die Gesamtstimmenzahl der Mehrstimmrechtsaktien und die der übrigen Aktien zu vermerken.

(2) Zu dem Posten „Kapitalrücklage" sind in der Bilanz oder im Anhang gesondert anzugeben

1. der Betrag, der während des Geschäftsjahrs eingestellt wurde;
2. der Betrag, der für das Geschäftsjahr entnommen wird.

(3) Zu den einzelnen Posten der Gewinnrücklagen sind in der Bilanz oder im Anhang jeweils gesondert anzugeben

1. die Beträge, die die Hauptversammlung aus dem Bilanzgewinn des Vorjahrs eingestellt hat;
2. die Beträge, die aus dem Jahresüberschuß des Geschäftsjahrs eingestellt werden;
3. die Beträge, die für das Geschäftsjahr entnommen werden.

§§ 153–157. (aufgehoben)

§ 158 Vorschriften zur Gewinn- und Verlustrechnung. (1) [1]Die Gewinn- und Verlustrechnung ist nach dem Posten „Jahresüberschuß/Jahresfehlbetrag" in Fortführung der Numerierung um die folgenden Posten zu ergänzen:

1. Gewinnvortrag/Verlustvortrag aus dem Vorjahr
2. Entnahmen aus der Kapitalrücklage
3. Entnahmen aus Gewinnrücklagen
   a) aus der gesetzlichen Rücklage
   b) aus der Rücklage für eigene Aktien
   c) aus satzungsmäßigen Rücklagen
   d) aus anderen Gewinnrücklagen
4. Einstellungen in Gewinnrücklagen
   a) in die gesetzliche Rücklage
   b) in die Rücklage für eigene Aktien
   c) in satzungsmäßige Rücklagen
   d) in andere Gewinnrücklagen
5. Bilanzgewinn/Bilanzverlust.

[2]Die Angaben nach Satz 1 können auch im Anhang gemacht werden.

(2) [1]Von dem Ertrag aus einem Gewinnabführungs- oder Teilgewinnab-

führungsvertrag ist ein vertraglich zu leistender Ausgleich für außenstellende Gesellschafter abzusetzen; übersteigt dieser den Ertrag, so ist der übersteigende Betrag unter den Aufwendungen aus Verlustübernahme auszuweisen. [2]Andere Beträge dürfen nicht abgesetzt werden.

§ 159. (aufgehoben)

§ 160 Vorschriften zum Anhang. (1) In jedem Anhang sind auch Angaben zu machen über

1. den Bestand und den Zugang an Aktien, die ein Aktionär für Rechnung der Gesellschaft oder eines abhängigen oder eines im Mehrheitsbesitz der Gesellschaft stehenden Unternehmens oder ein abhängiges oder im Mehrheitsbesitz der Gesellschaft stehendes Unternehmen als Gründer oder Zeichner oder in Ausübung eines bei einer bedingten Kapitalerhöhung eingeräumten Umtausch- oder Bezugsrechts übernommen hat; sind solche Aktien im Geschäftsjahr verwertet worden, so ist auch über die Verwertung unter Angabe des Erlöses und die Verwendung des Erlöses zu berichten;
2. den Bestand an eigenen Aktien der Gesellschaft, die sie, ein abhängiges oder im Mehrheitsbesitz der Gesellschaft stehendes Unternehmen oder ein anderer für Rechnung der Gesellschaft oder eines abhängigen oder eines im Mehrheitsbesitz der Gesellschaft stehenden Unternehmens erworben oder als Pfand genommen hat; dabei sind die Zahl dieser Aktien und der auf sie entfallende Betrag des Grundkapitals sowie deren Anteil am Grundkapital, für erworbene Aktien ferner der Zeitpunkt des Erwerbs und die Gründe für den Erwerb anzugeben. Sind solche Aktien im Geschäftsjahr erworben oder veräußert worden so ist auch über den Erwerb oder die Veräußerung unter Angabe der Zahl dieser Aktien, des auf sie entfallenden Betrags des Grundkapitals, des Anteils am Grundkapital und des Erwerbs- oder Veräußerungspreises, sowie über die Verwendung des Erlöses zu berichten;
3. die Zahl und bei Nennbetragsaktien den Nennbetrag der Aktien jeder Gattung, sofern sich diese Angaben nicht aus der Bilanz ergeben; davon sind Aktien, die bei einer bedingten Kapitalerhöhung oder einem genehmigten Kapital im Geschäftsjahr gezeichnet wurden, jeweils gesondert anzugeben;
4. das genehmigte Kapital;
5. die Zahl der Bezugsrechte gemäß § 192 Abs. 2 Nr. 3, der Wandelschuldverschreibungen und vergleichbaren Wertpapiere unter Angabe der Rechte, die sie verbriefen;

6. Genußrechte, Rechte aus Besserungsscheinen und ähnliche Rechte unter Angabe der Art und Zahl der jeweiligen Rechte sowie der im Geschäftsjahr neu entstandenen Rechte;
7. das Bestehen einer wechselseitigen Beteiligung unter Angabe des Unternehmens;
8. [1] das Bestehen einer Beteiligung, die nach § 20 Abs. 1 oder Abs. 4 dieses Gesetzes oder nach § 21 Abs. 1 oder Abs. 1 a des Wertpapierhandelsgesetzes mitgeteilt worden ist; dabei ist der nach § 20 Abs. 6 dieses Gesetzes oder der nach § 25 Abs. 1 des Wertpapierhandelsgesetzes veröffentlichte Inhalt der Mitteilung anzugeben.

(2) Die Berichterstattung hat insoweit zu unterbleiben, als es für das Wohl der Bundesrepublik Deutschland oder eines ihrer Länder erforderlich ist.

§ 161. (aufgehoben)

Zweiter Abschnitt. Prüfung des Jahresabschlusses

Erster Unterabschnitt. Prüfung durch Abschlußprüfer

§§ 162–169. (aufgehoben)

Zweiter Unterabschnitt. Prüfung durch den Aufsichtsrat

§ 170 Vorlage an den Aufsichtsrat. (1) Der Vorstand hat den Jahresabschluß und den Lagebericht unverzüglich nach ihrer Aufstellung dem Aufsichtsrat vorzulegen.

(2) [1]Zugleich hat der Vorstand dem Aufsichtsrat den Vorschlag vorzulegen, den er der Hauptversammlung für die Verwendung des Bilanzgewinns machen will. [2]Der Vorschlag ist, sofern er keine abweichende Gliederung bedingt, wie folgt zu gliedern:

1. Verteilung an die Aktionäre
2. Einstellung in Gewinnrücklagen
3. Gewinnvortrag
4. Bilanzgewinn

(3) [1]Jedes Aufsichtsratsmitglied hat das Recht, von den Vorlagen und Prüfungsberichten Kenntnis zu nehmen. [2]Die Vorlagen und Prüfungsberichte sind auch jedem Aufsichtsratsmitglied oder, soweit der Aufsichtsrat dies beschlossen hat, den Mitgliedern eines Ausschusses auszuhändigen.

---

[1]) Beachte dazu Übergangsvorschrift in § 16 EGAktG; abgedruckt unter Nr. 2.

§ 171 Prüfung durch den Aufsichtsrat. (1) [1]Der Aufsichtsrat hat den Jahresabschluß, den Lagebericht und den Vorschlag für die Verwendung des Bilanzgewinns zu prüfen, bei Mutterunternehmen im Sinne des § 290 des Handelsgesetzbuchs auch den Konzernabschluß und den Konzernlagebericht. [2]Ist der Jahresabschluß durch einen Abschlußprüfer zu prüfen, so hat dieser an den Verhandlungen des Aufsichtsrats oder eines Ausschusses über diese Vorlagen teilzunehmen und über die wesentlichen Ergebnisse seiner Prüfung zu berichten.

(2) [1]Der Aufsichtsrat hat über das Ergebnis der Prüfung schriftlich an die Hauptversammlung zu berichten. [2]In dem Bericht hat der Aufsichtsrat auch mitzuteilen, in welcher Art und in welchem Umfang er die Geschäftsführung der Gesellschaft während des Geschäftsjahrs geprüft hat; bei börsennotierten Gesellschaften hat er insbesondere anzugeben, welche Ausschüsse gebildet worden sind, sowie die Zahl seiner Sitzungen und die der Ausschüsse mitzuteilen. [3]Ist der Jahresabschluß durch einen Abschlußprüfer zu prüfen, so hat der Aufsichtsrat ferner zu dem Ergebnis der Prüfung des Jahresabschlusses durch den Abschlußprüfer Stellung zu nehmen. [4]Am Schluß des Berichts hat der Aufsichtsrat zu erklären, ob nach dem abschließenden Ergebnis seiner Prüfung Einwendungen zu erheben sind und ob er den vom Vorstand aufgestellten Jahresabschluß billigt.

(3) [1]Der Aufsichtsrat hat seinen Bericht innerhalb eines Monats, nachdem ihm die Vorlagen zugegangen sind, dem Vorstand zuzuleiten. [2]Wird der Bericht dem Vorstand nicht innerhalb der Frist zugeleitet, hat der Vorstand dem Aufsichtsrat unverzüglich eine weitere Frist von nicht mehr als einem Monat zu setzen. [3]Wird der Bericht dem Vorstand nicht vor Ablauf der weiteren Frist zugeleitet, gilt der Jahresabschluß als vom Aufsichtsrat nicht gebilligt.

Dritter Abschnitt. Feststellung des Jahresabschlusses. Gewinnverwendung

Erster Unterabschnitt. Feststellung des Jahresabschlusses

§ 172 Feststellung durch Vorstand und Aufsichtsrat. [1]Billigt der Aufsichtsrat den Jahresabschluß, so ist dieser festgestellt, sofern nicht Vorstand und Aufsichtsrat beschließen, die Feststellung des Jahresabschlusses der Hauptversammlung zu überlassen. [2]Die Beschlüsse des Vorstands und des Aufsichtsrats sind in den Bericht des Aufsichtsrats an die Hauptversammlung aufzunehmen.

§ 173 Feststellung durch die Hauptversammlung. (1) Haben Vorstand und Aufsichtsrat beschlossen, die Feststellung des Jahresabschlusses der Hauptversammlung zu überlassen, oder hat der Aufsichtsrat den Jahresabschluß nicht gebilligt, so stellt die Hauptversammlung den Jahresabschluß fest.

(2) [1]Auf den Jahresabschluß sind bei der Feststellung die für seine Aufstellung geltenden Vorschriften anzuwenden. [2]Die Hauptversammlung darf bei der Feststellung des Jahresabschlusses nur die Beträge in Gewinnrücklagen einstellen, die nach Gesetz oder Satzung einzustellen sind.

(3) [1]Ändert die Hauptversammlung einen von einem Abschlußprüfer auf Grund gesetzlicher Verpflichtung geprüften Jahresabschluß, so werden vor der erneuten Prüfung nach § 316 Abs. 3 des Handelsgesetzbuchs von der Hauptversammlung gefaßte Beschlüsse über die Feststellung des Jahresabschlusses und die Gewinnverwendung erst wirksam, wenn auf Grund der erneuten Prüfung ein hinsichtlich der Änderungen uneingeschränkter Bestätigungsvermerk erteilt worden ist. [2]Sie werden nichtig, wenn nicht binnen zwei Wochen seit der Beschlußfassung ein hinsichtlich der Änderungen uneingeschränkter Bestätigungsvermerk erteilt wird.

Zweiter Unterabschnitt. Gewinnverwendung

§ 174. (1) [1]Die Hauptversammlung beschließt über die Verwendung des Bilanzgewinns. [2]Sie ist hierbei an den festgestellten Jahresabschluß gebunden.

(2) In dem Beschluß ist die Verwendung des Bilanzgewinns im einzelnen darzulegen, namentlich sind anzugeben
1. der Bilanzgewinn;
2. der an die Aktionäre auszuschüttende Betrag;
3. die in Gewinnrücklagen einzustellenden Beträge;
4. ein Gewinnvortrag;
5. der zusätzliche Aufwand auf Grund des Beschlusses.

(3) Der Beschluß führt nicht zu einer Änderung des festgestellten Jahresabschlusses.

. . .

§ 337 Vorlage des Konzernabschlusses und des Konzernlageberichts. (1) [1]Der Vorstand des Mutterunternehmens hat den Konzernabschluß und den Konzernlagebericht unverzüglich nach ihrer Aufstellung dem Aufsichtsrat des Mutterunternehmens vorzulegen. [2]Im übrigen ist § 170 Abs. 3 anzuwenden.

(2) [1]Ist der Konzernabschluß auf den Stichtag des Jahresabschlusses des Mutterunternehmens aufgestellt worden, so sind der Konzernabschluß und der Konzernlagebericht der Hauptversammlung vorzulegen, die diesen Jahresabschluß entgegennimmt oder festzustellen hat. [2]Weicht der Stichtag des Konzernabschlusses vom Stichtag des Jahresabschlusses des Mutterunter-

nehmens ab, so sind der Konzernabschluß und der Konzernlagebericht der Hauptversammlung vorzulegen, die den nächsten auf den Stichtag des Konzernabschlusses folgenden Jahresabschluß entgegennimmt oder festzustellen hat.

(3) Auf die Auslegung des Konzernabschlusses und des Konzernlageberichts und die Erteilung von Abschriften ist § 175 Abs. 2, auf die Vorlage an die Hauptversammlung und die Berichterstattung des Vorstandes ist § 176 Abs. 1 entsprechend anzuwenden.

(4) Die Auskunftspflicht des Vorstands des Mutterunternehmens in der Hauptversammlung, der der Konzernabschluß und der Konzernlagebericht vorgelegt werden, erstreckt sich auch auf die Lage des Konzerns und der in den Konzernabschluß einbezogenen Unternehmen.

4. GmbH-Gesetz (Auszug)

Vom 20. April 1892 (RGBl. S. 477) in der Fassung der Bekanntmachung vom 20. Mai 1898 (RGBl. S. 846/BGBl. III/FNA 4123-1) zuletzt geändert durch Gesetz vom 19. 12. 1998 (BGBl. I S. 3836)

§ 41 [Buchführung] (1) Die Geschäftsführer sind verpflichtet, für die ordnungsmäßige Buchführung der Gesellschaft zu sorgen.

(2)–(4) (aufgehoben)

§ 42 [Bilanz] (1) In der Bilanz des nach den §§ 242, 264 des Handelsgesetzbuchs aufzustellenden Jahresabschlusses ist das Stammkapital als gezeichnetes Kapital auszuweisen.

(2) [1]Das Recht der Gesellschaft zur Einziehung von Nachschüssen der Gesellschafter ist in der Bilanz insoweit zu aktivieren, als die Einziehung bereits beschlossen ist und den Gesellschaftern ein Recht durch Verweisung auf den Geschäftsanteil sich von der Zahlung der Nachschüsse zu befreien, nicht zusteht. [2]Der nachzuschießende Betrag ist auf der Aktivseite unter den Forderungen gesondert unter der Bezeichnung „Eingeforderte Nachschüsse" auszuweisen, soweit mit der Zahlung gerechnet werden kann. [3]Ein dem Aktivposten entsprechender Betrag ist auf der Passivseite in dem Posten „Kapitalrücklage" gesondert auszuweisen.

(3) Ausleihungen, Forderungen und Verbindlichkeiten gegenüber Gesellschaftern sind in der Regel als solche jeweils gesondert auszuweisen oder im Anhang anzugeben; werden sie unter anderen Posten ausgewiesen, so muß diese Eigenschaft vermerkt werden

§ 42 a [Vorlage des Jahresabschlusses und des Lageberichts] (1) [1]Die Geschäftsführer haben den Jahresabschluß und den Lagebericht unverzüglich nach der Aufstellung den Gesellschaftern zum Zwecke der Feststellung des Jahresabschlusses vorzulegen. [2]Ist der Jahresabschluß durch einen Abschlußprüfer zu prüfen, so haben die Geschäftsführer ihn zusammen mit dem Lagebericht und dem Prüfungsbericht des Abschlußprüfers unverzüglich nach Eingang des Prüfungsberichts vorzulegen. [3]Hat die Gesellschaft einen Aufsichtsrat, so ist dessen Bericht über das Ergebnis seiner Prüfung ebenfalls unverzüglich vorzulegen.

(2) [1]Die Gesellschafter haben spätestens bis zum Ablauf der ersten acht Monate oder, wenn es sich um eine kleine Gesellschaft handelt (§ 267 Abs. 1 des Handelsgesetzbuchs), bis zum Ablauf der ersten elf Monate des Geschäftsjahrs über die Feststellung des Jahresabschlusses und über die Ergebnisverwendung zu beschließen. [2]Der Gesellschaftsvertrag kann die Frist nicht verlängern. [3]Auf den Jahresabschluß sind bei der Feststellung die für seine Aufstellung geltenden Vorschriften anzuwenden.

(3) Hat ein Abschlußprüfer den Jahresabschluß geprüft, so hat er auf Verlangen eines Gesellschafters an den Verhandlungen über die Feststellung des Jahresabschlusses teilzunehmen.

(4) Ist die Gesellschaft zur Aufstellung eines Konzernabschlusses und eines Konzernlageberichts verpflichtet, so ist Absatz 1 mit der Maßgabe anzuwenden, daß es der Feststellung des Konzernabschlusses nicht bedarf.

5. Einkommensteuergesetz (Auszug)

in der Fassung der Bekanntmachung vom 16. April 1997
(BGBl. I S. 821, BGBl. III/FNA 611-1)
zuletzt geändert durch Gesetz vom 21. 12. 2000 (BGBl. I S. 1978)

3. Gewinn

§ 4 Gewinnbegriff im allgemeinen. (1) [1]Gewinn ist der Unterschiedsbetrag zwischen dem Betriebsvermögen am Schluß des Wirtschaftsjahrs und dem Betriebsvermögen am Schluß des vorangegangenen Wirtschaftsjahrs, vermehrt um den Wert der Entnahmen und vermindert um den Wert der Einlagen. [2]Entnahmen sind alle Wirtschaftsgüter (Barentnahmen, Waren, Erzeugnisse, Nutzungen und Leistungen), die der Steuerpflichtige dem Betrieb für sich, für seinen Haushalt oder für andere betriebsfremde Zwecke im Laufe des Wirtschaftsjahrs entnommen hat. [3]Ein Wirtschaftsgut wird nicht dadurch entnommen, daß der Steuerpflichtige zur Gewinnermittlung nach Absatz 3 oder nach § 13a übergeht. [4]Eine Änderung der Nutzung eines Wirtschaftsguts, die bei Gewinnermittlung nach Satz 1 keine Entnahme ist, ist auch bei Gewinnermittlung nach Absatz 3 oder nach § 13a keine Entnahme. [5]Einlagen sind alle Wirtschaftsgüter (Bareinzahlungen und sonstige Wirtschaftsgüter), die der Steuerpflichtige dem Betrieb im Laufe des Wirtschaftsjahrs zugeführt hat. [6]Bei der Ermittlung des Gewinns sind die Vorschriften über die Betriebsausgaben, über die Bewertung und über die Absetzung für Abnutzung oder Substanzverringerung zu befolgen.

(2) [1]Der Steuerpflichtige darf die Vermögensübersicht (Bilanz) auch nach ihrer Einreichung beim Finanzamt ändern, soweit sie den Grundsätzen ordnungsmäßiger Buchführung unter Befolgung der Vorschriften dieses Gesetzes nicht entspricht. [2]Darüber hinaus ist eine Änderung der Vermögensübersicht (Bilanz) nur zulässig, wenn sie in einem engen zeitlichen und sachlichen Zusammenhang mit einer Änderung nach Satz 1 steht und soweit die Auswirkung der Änderung nach Satz 1 auf den Gewinn reicht.

(3) [1]Steuerpflichtige, die nicht auf Grund gesetzlicher Vorschriften verpflichtet sind, Bücher zu führen und regelmäßig Abschlüsse zu machen, und die auch keine Bücher führen und keine Abschlüsse machen, können als Gewinn den Überschuß der Betriebseinnahmen über die Betriebsausgaben ansetzen. [2]Hierbei scheiden Betriebseinnahmen und Betriebsausgaben aus, die im Namen und für Rechnung eines anderen vereinnahmt und verausgabt werden (durchlaufende Posten). [3]Die Vorschriften über die Absetzung für Abnutzung oder Substanzverringerung sind zu befolgen. [4]Die Anschaffungs- oder Herstellungskosten für nicht abnutzbare Wirtschaftsgüter des Anlagevermögens sind erst im Zeitpunkt der Veräußerung oder Entnahme dieser Wirtschaftsgüter als Betriebsausgaben zu berücksichtigen. [5]Die nicht abnutzbaren Wirtschaftsgüter des Anlagevermögens sind unter Angabe des Tages der Anschaffung oder Herstellung und der Anschaffungs- oder Herstellungskosten oder des an deren Stelle getretenen Werts in besondere, laufend zu führende Verzeichnisse aufzunehmen.

(4) Betriebsausgaben sind die Aufwendungen, die durch den Betrieb veranlaßt sind.

(4a) [1]Schuldzinsen sind nach Maßgabe der Sätze 2 bis 5 nicht abziehbar, wenn Überentnahmen getätigt worden sind. [2]Eine Überentnahme ist der Betrag, um den die Entnahmen die Summe des Gewinns und der Einlagen des Wirtschaftsjahres übersteigen. [3]Entnahmen und Einlagen, die in den letzten drei Monaten eines Wirtschaftsjahres getätigt werden, sind nicht zu berücksichtigen, soweit sie in der Summe in den nächsten drei Monaten des Folgejahres wieder rückgängig gemacht werden. [4]Die nicht abziehbaren

Schuldzinsen werden typisiert mit sechs vom Hundert der Überentnahme des Wirtschaftsjahres zuzüglich der Überentnahmen vorangegangener Wirtschaftsjahre und abzüglich der Beträge, um die in den vorangegangenen Wirtschaftsjahren der Gewinn und die Einlagen die Entnahmen überstiegen haben (Unterentnahmen), ermittelt. [5]Der sich dabei ergebende Betrag, höchstens jedoch der um 4000 Deutsche Mark [2050 Euro] verminderte Betrag der im Wirtschaftsjahr angefallenen Schuldzinsen, ist dem Gewinn hinzuzurechnen. [6]Der Abzug von Schuldzinsen für Darlehen zur Finanzierung von Anschaffungs- oder Herstellungskosten von Wirtschaftsgütern des Anlagevermögens bleibt unberührt. [7]Die Sätze 1 bis 6 sind bei Gewinnermittlung nach § 4 Abs. 3 sinngemäß anzuwenden; hierzu sind Entnahmen und Einlagen gesondert aufzuzeichnen.

(5) [1]Die folgenden Betriebsausgaben dürfen den Gewinn nicht mindern:

1. Aufwendungen für Geschenke an Personen, die nicht Arbeitnehmer des Steuerpflichtigen sind. [2]Satz 1 gilt nicht, wenn die Anschaffungs- oder Herstellungskosten der dem Empfänger im Wirtschaftsjahr zugewendeten Gegenstände insgesamt 75 Deutsche Mark [40 Euro] nicht übersteigen;
2. Aufwendungen für die Bewirtung von Personen aus geschäftlichem Anlaß, soweit sie 80 vom Hundert der Aufwendungen übersteigen, die nach der allgemeinen Verkehrsauffassung als angemessen anzusehen und deren Höhe und betriebliche Veranlassung nachgewiesen sind. [2]Zum Nachweis der Höhe und der betrieblichen Veranlassung der Aufwendungen hat der Steuerpflichtige schriftlich die folgenden Angaben zu machen: Ort, Tag, Teilnehmer und Anlaß der Bewirtung sowie Höhe der Aufwendungen. [3]Hat die Bewirtung in einer Gaststätte stattgefunden, so genügen Angaben zu dem Anlaß und den Teilnehmern der Bewirtung; die Rechnung über die Bewirtung ist beizufügen;
3. Aufwendungen für Einrichtungen des Steuerpflichtigen, soweit sie der Bewirtung, Beherbergung oder Unterhaltung von Personen, die nicht Arbeitnehmer des Steuerpflichtigen sind, dienen (Gästehäuser) und sich außerhalb des Orts eines Betriebs des Steuerpflichtigen befinden;
4. Aufwendungen für Jagd oder Fischerei, für Segeljachten oder Motorjachten sowie für ähnliche Zwecke und für die hiermit zusammenhängenden Bewirtungen;
5. Mehraufwendungen für die Verpflegung des Steuerpflichtigen, soweit in den folgenden Sätzen nichts anderes bestimmt ist. [2]Wird der Steuerpflichtige vorübergehend von seiner Wohnung und dem Mittelpunkt seiner dauerhaft angelegten betrieblichen Tätigkeit entfernt betrieblich tätig, ist für jeden Kalendertag, an dem der Steuerpflichtige wegen die-

ser vorübergehenden Tätigkeit von seiner Wohnung und seinem Tätigkeitsmittelpunkt

a) 24 Stunden abwesend ist, ein Pauschbetrag von 46 Deutsche Mark [24 Euro],
b) weniger als 24 Stunden, aber mindestens 14 Stunden abwesend ist, ein Pauschbetrag von 20 Deutsche Mark [12 Euro],
c) weniger als 14 Stunden, aber mindestens 8 Stunden abwesend ist, ein Pauschbetrag von 10 Deutsche Mark (6 Euro)

abzuziehen; eine Tätigkeit, die nach 16 Uhr begonnen und vor 8 Uhr des nachfolgenden Kalendertags beendet wird, ohne daß eine Übernachtung stattfindet, ist mit der gesamten Abwesenheitsdauer dem Kalendertag der überwiegenden Abwesenheit zuzurechnen. [3]Wird der Steuerpflichtige bei seiner individuellen betrieblichen Tätigkeit typischerweise nur an ständig wechselnden Tätigkeitsstätten oder auf einem Fahrzeug tätig, gilt Satz 2 entsprechend; dabei ist allein die Dauer der Abwesenheit von der Wohnung maßgebend. [4]Bei einer Tätigkeit im Ausland treten an die Stelle der Pauschbeträge nach Satz 2 unterschiedliche Pauschbeträge, die für die Fälle der Buchstaben a, b und c mit 120, 80 und 40 vom Hundert der höchsten Auslandstagegelder nach dem Bundesreisekostengesetz vom Bundesministerium der Finanzen im Einvernehmen mit den obersten Finanzbehörden der Länder festgesetzt werden; dabei bestimmt sich der Pauschbetrag nach dem Ort, den der Steuerpflichtige vor 24 Uhr Ortszeit zuletzt erreicht, oder, wenn dieser Ort im Inland liegt, nach dem letzten Tätigkeitsort im Ausland. [5]Bei einer längerfristigen vorübergehenden Tätigkeit an derselben Tätigkeitsstätte beschränkt sich der pauschale Abzug nach Satz 2 auf die ersten drei Monate. [6]Die Abzugsbeschränkung nach Satz 1, die Pauschbeträge nach den Sätzen 2 und 4 sowie die Dreimonatsfrist nach Satz 5 gelten auch für den Abzug von Verpflegungsmehraufwendungen bei einer aus betrieblichem Anlaß begründeten doppelten Haushaltsführung; dabei ist für jeden Kalendertag innerhalb der Dreimonatsfrist, an dem gleichzeitig eine Tätigkeit im Sinne des Satzes 2 oder 3 ausgeübt wird, nur der jeweils höchste in Betracht kommende Pauschbetrag abzuziehen und die Dauer einer Tätigkeit im Sinne des Satzes 2 an dem Beschäftigungsort, der zur Begründung der doppelten Haushaltsführung geführt hat, auf die Dreimonatsfrist anzurechnen, wenn sie ihr unmittelbar vorausgegangen ist;

6. Aufwendungen für die Wege des Steuerpflichtigen zwischen Wohnung und Betriebsstätte und für Familienheimfahrten, soweit in den folgenden Sätzen nichts anderes bestimmt ist. [2]Zur Abgeltung dieser Aufwendun-

gen ist § 9 Abs. 1 Satz 3 Nr. 4 und 5 Satz 1 bis 6 und Abs. 2 entsprechend anzuwenden. [5]Bei Benutzung eines Kraftfahrzeugs dürfen die Aufwendungen in Höhe des positiven Unterschiedsbetrags zwischen 0,03 vom Hundert des inländischen Listenpreises im Sinne des § 6 Abs. 1 Nr. 4 Satz 2 des Kraftfahrzeugs im Zeitpunkt der Erstzulassung je Kalendermonat für jeden Entfernungskilometer und dem sich nach § 9 Abs. 1 Satz 3 Nr. 4 oder Abs. 2 ergebenden Betrag sowie Aufwendungen für Familienheimfahrten in Höhe des positiven Unterschiedsbetrags zwischen 0,002 vom Hundert des inländischen Listenpreises im Sinne des § 6 Abs. 1 Nr. 4 Satz 2 für jeden Entfernungskilometer und dem sich nach § 9 Abs. 1 Satz 3 Nr. 5 Satz 4 bis 6 oder Abs. 2 ergebenden Betrag den Gewinn nicht mindern; ermittelt der Steuerpflichtige die private Nutzung des Kraftfahrzeugs nach § 6 Abs. 1 Nr. 4 Satz 3 treten an die Stelle des mit 0,03 oder 0,002 vom Hundert des inländischen Listenpreises ermittelten Betrags für Fahrten zwischen Wohnung und Betriebsstätte und für Familienheimfahrten die auf diese Fahrten entfallenden tatsächlichen Aufwendungen;

6 a. Mehraufwendungen wegen einer aus betrieblichem Anlaß begründeten doppelten Haushaltsführung, soweit die doppelte Haushaltsführung über die Dauer von zwei Jahren am selben Ort beibehalten wird; die Nummern 5 und 6 bleiben unberührt;

6 b. Aufwendungen für ein häusliches Arbeitszimmer sowie die Kosten der Ausstattung. [2]Dies gilt nicht, wenn die betriebliche oder berufliche Nutzung des Arbeitszimmers mehr als 50 vom Hundert der gesamten betrieblichen und beruflichen Tätigkeit beträgt oder wenn für die betriebliche oder berufliche Tätigkeit kein anderer Arbeitsplatz zur Verfügung steht. [3]In diesen Fällen wird die Höhe der abziehbaren Aufwendungen auf 2400 DM [1250 Euro] begrenzt; die Beschränkung der Höhe nach gilt nicht, wenn das Arbeitszimmer den Mittelpunkt der gesamten betrieblichen und beruflichen Betätigung bildet;

7. andere als die in den Nummern 1 bis 6 und 6 b bezeichneten Aufwendungen, die die Lebensführung des Steuerpflichtigen oder anderer Personen berühren, soweit sie nach allgemeiner Verkehrsauffassung als unangemessen anzusehen sind;

8. von einem Gericht oder einer Behörde im Geltungsbereich dieses Gesetzes oder von Organen der Europäischen Gemeinschaften festgesetzte Geldbußen, Ordnungsgelder und Verwarnungsgelder. [2]Dasselbe gilt für Leistungen zur Erfüllung von Auflagen oder Weisungen, die in einem berufsgerichtlichen Verfahren erteilt werden, soweit die Auflagen oder Weisungen nicht lediglich der Wiedergutmachung des durch die

Tat verursachten Schadens dienen. [3]Die Rückzahlung von Ausgaben im Sinne der Sätze 1 und 2 darf den Gewinn nicht erhöhen. [4]Das Abzugsverbot für Geldbußen gilt nicht, soweit der wirtschaftliche Vorteil, der durch den Gesetzesverstoß erlangt wurde, abgeschöpft worden ist, wenn die Steuern vom Einkommen und Ertrag, die auf den wirtschaftlichen Vorteil entfallen, nicht abgezogen worden sind; Satz 3 ist insoweit nicht anzuwenden;

8a. Zinsen auf hinterzogene Steuern nach § 235 der Abgabenordnung;

9. Ausgleichszahlungen, die in den Fällen der §§ 14, 17 und 18 des Körperschaftsteuergesetzes an außenstehende Anteilseigner geleistet werden;

10. die Zuwendung von Vorteilen sowie damit zusammenhängende Aufwendungen, wenn die Zuwendung der Vorteile eine rechtswidrige Handlung darstellt, die den Tatbestand eines Strafgesetzes oder eines Gesetzes verwirklicht, das die Ahndung mit einer Geldbuße zuläßt. [2]Gerichte, Staatsanwaltschaften oder Verwaltungsbehörden haben Tatsachen, die sie dienstlich erfahren und die den Verdacht einer Tat im Sinne des Satzes 1 begründen, der Finanzbehörde für Zwecke des Besteuerungsverfahrens und zur Verfolgung von Steuerstraftaten und Steuerordnungswidrigkeiten mitzuteilen. [3]Die Finanzbehörde teilt Tatsachen, die den Verdacht einer Straftat oder einer Ordnungswidrigkeit im Sinne des Satzes 1 begründen, der Staatsanwaltschaft oder der Verwaltungsbehörde mit. [4]Diese unterrichten die Finanzbehörde von dem Ausgang des Verfahrens und den zugrundeliegenden Tatsachen.

[2]Das Abzugsverbot gilt nicht, soweit die in den Nummern 2 bis 4 bezeichneten Zwecke Gegenstand einer mit Gewinnabsicht ausgeübten Betätigung des Steuerpflichtigen sind. [3]§ 12 Nr. 1 bleibt unberührt.

(6) Aufwendungen zur Förderung staatspolitischer Zwecke (§ 10b Abs. 2) sind keine Betriebsausgaben.

(7) [1]Aufwendungen im Sinne des Absatzes 5 Satz 1 Nr. 1 bis 4, 6b und 7 sind einzeln und getrennt von den sonstigen Betriebsausgaben aufzuzeichnen. [2]Soweit diese Aufwendungen nicht bereits nach Absatz 5 vom Abzug ausgeschlossen sind, dürfen sie bei der Gewinnermittlung nur berücksichtigt werden, wenn sie nach Satz 1 besonders aufgezeichnet sind.

(8) Für Erhaltungsaufwand bei Gebäuden in Sanierungsgebieten und städtebaulichen Entwicklungsbereichen sowie bei Baudenkmalen gelten die §§ 11a und 11b entsprechend.

§ 5 Gewinn bei Vollkaufleuten und bei bestimmten anderen Gewerbetreibenden. (1) [1]Bei Gewerbetreibenden, die auf Grund gesetzlicher Vorschriften verpflichtet sind, Bücher zu führen und regelmäßig Abschlüsse zu machen, oder die ohne eine solche Verpflichtung Bücher führen und regelmäßig Abschlüsse machen, ist für den Schluß des Wirtschaftsjahrs das Betriebsvermögen anzusetzen (§ 4 Abs. 1 Satz 1), das nach den handelsrechtlichen Grundsätzen ordnungsmäßiger Buchführung auszuweisen ist. [2]Steuerrechtliche Wahlrechte bei der Gewinnermittlung sind in Übereinstimmung mit der handelsrechtlichen Jahresbilanz auszuüben.

(2) Für immaterielle Wirtschaftsgüter des Anlagevermögens ist ein Aktivposten nur anzusetzen, wenn sie entgeltlich erworben wurden.

(2 a) Für Verpflichtungen, die nur zu erfüllen sind, soweit künftig Einnahmen oder Gewinne anfallen, sind Verbindlichkeiten oder Rückstellungen erst anzusetzen, wenn die Einnahmen oder Gewinne angefallen sind.

(3) [1]Rückstellungen wegen Verletzung fremder Patent-, Urheber- oder ähnlicher Schutzrechte dürfen erst gebildet werden, wenn

1. der Rechtsinhaber Ansprüche wegen der Rechtsverletzung geltend gemacht hat oder
2. mit einer Inanspruchnahme wegen der Rechtsverletzung ernsthaft zu rechnen ist.

[2]Eine nach Satz 1 Nr. 2 gebildete Rückstellung ist spätestens in der Bilanz des dritten auf ihre erstmalige Bildung folgenden Wirtschaftsjahrs gewinnerhöhend aufzulösen, wenn Ansprüche nicht geltend gemacht worden sind.

(4) Rückstellungen für die Verpflichtung zu einer Zuwendung anläßlich eines Dienstjubiläums dürfen nur gebildet werden, wenn das Dienstverhältnis mindestens zehn Jahre bestanden hat, das Dienstjubiläum das Bestehen eines Dienstverhältnisses von mindestens 15 Jahren voraussetzt, die Zusage schriftlich erteilt ist und soweit der Zuwendungsberechtigte seine Anwartschaft nach dem 31. Dezember 1992 erwirbt.

(4 a) Rückstellungen für drohende Verluste aus schwebenden Geschäften dürfen nicht gebildet werden.

(4 b) [1]Rückstellungen für Aufwendungen, die Anschaffungs- oder Herstellungskosten für ein Wirtschaftsgut sind, dürfen nicht gebildet werden. [2]Rückstellungen für die Verpflichtung zur schadlosen Verwertung radioaktiver Reststoffe sowie ausgebauter oder abgebauter radioaktiver Anlagenteile dürfen nicht gebildet werden, soweit Aufwendungen im Zusammenhang mit der Bearbeitung oder Verarbeitung von Kernbrennstoffen stehen, die aus der Aufarbeitung bestrahlter Kernbrennstoffe gewonnen worden sind und keine radioaktiven Abfälle darstellen.

(5) [1]Als Rechnungsabgrenzungsposten sind nur anzusetzen

1. auf der Aktivseite Ausgaben vor dem Abschlußstichtag, soweit sie Aufwand für eine bestimmte Zeit nach diesem Tag darstellen;

2. auf der Passivseite Einnahmen vor dem Abschlußstichtag, soweit sie Ertrag für eine bestimmte Zeit nach diesem Tag darstellen.

[2]Auf der Aktivseite sind ferner anzusetzen

1. als Aufwand berücksichtigte Zölle und Verbrauchsteuern, soweit sie auf am Abschlußstichtag auszuweisende Wirtschaftsgüter des Vorratsvermögens entfallen,
2. als Aufwand berücksichtigte Umsatzsteuer auf am Abschlußstichtag auszuweisende Anzahlungen.

(6) Die Vorschriften über die Entnahmen und die Einlagen, über die Zulässigkeit der Bilanzänderung, über die Betriebsausgaben, über die Bewertung und über die Absetzung für Abnutzung oder Substanzverringerung sind zu befolgen.

§ 6 Bewertung. (1) Für die Bewertung der einzelnen Wirtschaftsgüter, die nach § 4 Abs. 1 oder nach § 5 als Betriebsvermögen anzusetzen sind, gilt das Folgende:

1. [1]Wirtschaftsgüter des Anlagevermögens, die der Abnutzung unterliegen, sind mit den Anschaffungs- oder Herstellungskosten oder dem an deren Stelle tretenden Wert, vermindert um die Absetzungen für Abnutzung, erhöhte Absetzungen, Sonderabschreibungen, Abzüge nach § 6 b und ähnliche Abzüge, anzusetzen. [2]Ist der Teilwert auf Grund einer voraussichtlich dauernden Wertminderung niedriger, so kann dieser angesetzt werden. [3]Teilwert ist der Betrag, den ein Erwerber des ganzen Betriebs im Rahmen des Gesamtkaufpreises für das einzelne Wirtschaftsgut ansetzen würde; dabei ist davon auszugehen, daß der Erwerber den Betrieb fortführt. [4]Wirtschaftsgüter, die bereits am Schluß des vorangegangenen Wirtschaftsjahrs zum Anlagevermögen des Steuerpflichtigen gehört haben, sind in den folgenden Wirtschaftsjahren gemäß Satz 1 anzusetzen, es sei denn, der Steuerpflichtige weist nach, daß ein niedrigerer Teilwert nach Satz 2 angesetzt werden kann.
2. [1]Andere als die in Nummer 1 bezeichneten Wirtschaftsgüter des Betriebs (Grund und Boden, Beteiligungen, Umlaufvermögen) sind mit den Anschaffungs- oder Herstellungskosten oder dem an deren Stelle tretenden Wert, vermindert um Abzüge nach § 6 b und ähnliche Abzüge, anzusetzen. [2]Ist der Teilwert (Nummer 1 Satz 3) auf Grund einer voraussichtlich dauernden Wertminderung niedriger, so kann dieser angesetzt werden. [3]Nummer 1 Satz 4 gilt entsprechend.

2a. [1]Steuerpflichtige, die den Gewinn nach § 5 ermitteln, können für den Wertansatz gleichartiger Wirtschaftsgüter des Vorratsvermögens unterstellen, daß die zuletzt angeschafften oder hergestellten Wirtschaftsgüter zuerst verbraucht oder veräußert worden sind, soweit dies den handelsrechtlichen Grundsätzen ordnungsmäßiger Buchführung entspricht. [2]Der Vorratsbestand am Schluß des Wirtschaftsjahrs, das der erstmaligen Anwendung der Bewertung nach Satz 1 vorangeht, gilt mit seinem Bilanzansatz als erster Zugang des neuen Wirtschaftsjahrs. [3]Von der Verbrauchs- oder Veräußerungsfolge nach Satz 1 kann in den folgenden Wirtschaftsjahren nur mit Zustimmung des Finanzamts abgewichen werden.

3. [1]Verbindlichkeiten sind unter sinngemäßer Anwendung der Vorschriften der Nummer 2 anzusetzen und mit einem Zinssatz von 5,5 vom Hundert abzuzinsen. [2]Ausgenommen von der Abzinsung sind Verbindlichkeiten, deren Laufzeit am Bilanzstichtag weniger als 12 Monate beträgt, und Verbindlichkeiten, die verzinslich sind oder auf einer Anzahlung oder Vorausleistung beruhen.

3a. Rückstellungen sind höchstens insbesondere unter Berücksichtigung folgender Grundsätze anzusetzen:
   a) bei Rückstellungen für gleichartige Verpflichtungen ist auf der Grundlage der Erfahrungen in der Vergangenheit aus der Abwicklung solcher Verpflichtungen die Wahrscheinlichkeit zu berücksichtigen, daß der Steuerpflichtige nur zu einem Teil der Summe dieser Verpflichtungen in Anspruch genommen wird;
   b) Rückstellungen für Sachleistungsverpflichtungen sind mit den Einzelkosten und den angemessenen Teilen der notwendigen Gemeinkosten zu bewerten;
   c) künftige Vorteile, die mit der Erfüllung der Verpflichtung voraussichtlich verbunden sein werden, sind, soweit sie nicht als Forderung zu aktivieren sind, bei ihrer Bewertung wertmindernd zu berücksichtigen;
   d) [1]Rückstellungen für Verpflichtungen, für deren Entstehen im wirtschaftlichen Sinne der laufende Betrieb ursächlich ist, sind zeitanteilig in gleichen Raten anzusammeln. [2]Rückstellungen für die Verpflichtung, ein Kernkraftwerk stillzulegen, sind ab dem Zeitpunkt der erstmaligen Nutzung bis zum Zeitpunkt, in dem mit der Stillegung begonnen werden muß, zeitanteilig in gleichen Raten anzusammeln; steht der Zeitpunkt der Stillegung nicht fest, beträgt der Zeitraum für die Ansammlung 25 Jahre; und
   e) [1]Rückstellungen für Verpflichtungen sind mit einem Zinssatz von 5,5 vom Hundert abzuzinsen; Nummer 3 Satz 2 ist entsprechend anzuwenden. [2]Für die Abzinsung von Rückstellungen für Sachleistungsverpflichtungen ist der Zeitraum bis zum Beginn der Erfüllung maßgebend. [3]Für die Abzinsung von Rückstellungen für die Verpflichtung,

ein Kernkraftwerk stillzulegen, ist der sich aus Buchstabe d Satz 2 ergebende Zeitraum maßgebend.

4. [1]Entnahmen des Steuerpflichtigen für sich, für seinen Haushalt oder für andere betriebsfremde Zwecke sind mit dem Teilwert anzusetzen. [2]Die private Nutzung eines Kraftfahrzeugs ist für jeden Kalendermonat mit 1 vom Hundert des inländischen Listenpreises im Zeitpunkt der Erstzulassung zuzüglich der Kosten für Sonderausstattungen einschließlich der Umsatzsteuer anzusetzen. [3]Die private Nutzung kann abweichend von Satz 2 mit den auf die Privatfahrten entfallenden Aufwendungen angesetzt werden, wenn die für das Kraftfahrzeug insgesamt entstehenden Aufwendungen durch Belege und das Verhältnis der privaten zu den übrigen Fahrten durch ein ordnungsgemäßes Fahrtenbuch nachgewiesen werden. [4]Wird ein Wirtschaftsgut unmittelbar nach seiner Entnahme einer nach § 5 Abs. 1 Nr. 9 des Körperschaftsteuergesetzes von der Körperschaftsteuer befreiten Körperschaft, Personenvereinigung oder Vermögensmasse oder einer juristischen Person des öffentlichen Rechts zur Verwendung für steuerbegünstigte Zwecke im Sinne des § 10 b Abs. 1 Satz 1 unentgeltlich überlassen, so kann die Entnahme mit dem Buchwert angesetzt werden. [5]Dies gilt für Zuwendungen im Sinne des § 10 b Abs. 1 Satz 3 entsprechend. [6]Die Sätze 4 und 5 gelten nicht für die Entnahme von Nutzungen und Leistungen.
5. [1]Einlagen sind mit dem Teilwert für den Zeitpunkt der Zuführung anzusetzen; sie sind jedoch höchstens mit den Anschaffungs- oder Herstellungskosten anzusetzen, wenn das zugeführte Wirtschaftsgut
   a) innerhalb der letzten drei Jahre vor dem Zeitpunkt der Zuführung angeschafft oder hergestellt worden ist oder
   b) ein Anteil an einer Kapitalgesellschaft ist und der Steuerpflichtige an der Gesellschaft im Sinne des § 17 Abs. 1 beteiligt ist; § 17 Abs. 2 Satz 3 gilt entsprechend.

   [2]Ist die Einlage ein abnutzbares Wirtschaftsgut, so sind die Anschaffungs- oder Herstellungskosten um Absetzungen für Abnutzung zu kürzen, die auf den Zeitraum zwischen der Anschaffung oder Herstellung des Wirtschaftsguts und der Einlage entfallen. [3]Ist die Einlage ein Wirtschaftsgut, das vor der Zuführung aus einem Betriebsvermögen des Steuerpflichtigen entnommen worden ist, so tritt an die Stelle der Anschaffungs- oder Herstellungskosten der Wert, mit dem die Entnahme angesetzt worden ist, und an die Stelle des Zeitpunkts der Anschaffung oder Herstellung der Zeitpunkt der Entnahme.
6. Bei Eröffnung eines Betriebs ist Nummer 5 entsprechend anzuwenden.
7. Bei entgeltlichem Erwerb eines Betriebs sind die Wirtschaftsgüter mit

dem Teilwert, höchstens jedoch mit den Anschaffungs- oder Herstellungskosten anzusetzen.

(2) [1]Die Anschaffungs- oder Herstellungskosten oder der nach Absatz 1 Nr. 5 oder 6 an deren Stelle tretende Wert von abnutzbaren beweglichen Wirtschaftsgütern des Anlagevermögens, die einer selbständigen Nutzung fähig sind, können im Wirtschaftsjahr der Anschaffung, Herstellung oder Einlage des Wirtschaftsguts oder der Eröffnung des Betriebs in voller Höhe als Betriebsausgaben abgesetzt werden, wenn die Anschaffungs- oder Herstellungskosten, vermindert um einen darin enthaltenen Vorsteuerbetrag (§ 9 b Abs. 1), oder der nach Absatz 1 Nr. 5 oder 6 an deren Stelle tretende Wert für das einzelne Wirtschaftsgut 800 Deutsche Mark [410 Euro] nicht übersteigen. [2]Ein Wirtschaftsgut ist einer selbständigen Nutzung nicht fähig, wenn es nach seiner betrieblichen Zweckbestimmung nur zusammen mit anderen Wirtschaftsgütern des Anlagevermögens genutzt werden kann und die in den Nutzungszusammenhang eingefügten Wirtschaftsgüter technisch aufeinander abgestimmt sind. [3]Das gilt auch, wenn das Wirtschaftsgut aus dem betrieblichen Nutzungszusammenhang gelöst und in einen anderen betrieblichen Nutzungszusammenhang eingefügt werden kann. [4]Satz 1 ist nur bei Wirtschaftsgütern anzuwenden, die unter Angabe des Tages der Anschaffung, Herstellung oder Einlage des Wirtschaftsguts oder der Eröffnung des Betriebs und der Anschaffungs- oder Herstellungskosten oder des nach Absatz 1 Nr. 5 oder 6 an deren Stelle tretenden Werts in einem besonderen, laufend zu führenden Verzeichnis aufgeführt sind. [5]Das Verzeichnis braucht nicht geführt zu werden, wenn diese Angaben aus der Buchführung ersichtlich sind.

(3) [1]Wird ein Betrieb, ein Teilbetrieb oder der Anteil eines Mitunternehmers an einem Betrieb unentgeltlich übertragen, so sind bei der Ermittlung des Gewinns des bisherigen Betriebsinhabers (Mitunternehmers) die Wirtschaftsgüter mit den Werten anzusetzen, die sich nach den Vorschriften über die Gewinnermittlung ergeben. [2]Der Rechtsnachfolger ist an diese Werte gebunden.

(4) Wird ein einzelnes Wirtschaftsgut außer in den Fällen der Einlage (§ 4 Abs. 1 Satz 5) unentgeltlich in das Betriebsvermögen eines anderen Steuerpflichtigen übertragen, gilt sein gemeiner Wert für das aufnehmende Betriebsvermögen als Anschaffungskosten.

(5) [1]Wird ein einzelnes Wirtschaftsgut von einem Betriebsvermögen in ein anderes Betriebsvermögen desselben Steuerpflichtigen überführt, ist bei der Überführung der Wert anzusetzen, der sich nach den Vorschriften über die Gewinnermittlung ergibt, sofern die Besteuerung der stillen Reserven sichergestellt ist. [2]Satz 1 gilt auch für die Überführung aus einem eigenen Betriebsvermögen des Steuerpflichtigen in dessen Sonderbetriebsvermögen

bei einer Mitunternehmerschaft und umgekehrt sowie für die Überführung zwischen verschiedenen Sonderbetriebsvermögen desselben Steuerpflichtigen bei verschiedenen Mitunternehmerschaften. [3]Satz 1 gilt auch bei der Übertragung eines Wirtschaftsguts aus einem Betriebsvermögen des Mitunternehmers in das Gesamthandsvermögen einer Mitunternehmerschaft und umgekehrt, bei der Übertragung eines Wirtschaftsguts aus dem Gesamthandsvermögen einer Mitunternehmerschaft in das Sonderbetriebsvermögen bei derselben Mitunternehmerschaft und umgekehrt sowie bei der Übertragung zwischen den jeweiligen Sonderbetriebsvermögen verschiedener Mitunternehmer derselben Mitunternehmerschaft. [4]Satz 3 gilt dagegen nicht, soweit sich durch diese Übertragung der Anteil einer Körperschaft, Personenvereinigung oder Vermögensmasse an dem Wirtschaftsgut unmittelbar oder mittelbar erhöht; in diesen Fällen ist bei der Übertragung der Teilwert anzusetzen. [5]Der Teilwert ist auch anzusetzen, soweit sich zu einem späteren Zeitpunkt der Anteil der Körperschaft, Personenvereinigung oder Vermögensmasse an dem übertragenen Wirtschaftsgut aus einem anderen Grund unmittelbar oder mittelbar erhöht.

(6) [1]Wird ein einzelnes Wirtschaftsgut im Wege des Tausches übertragen, bemessen sich die Anschaffungskosten nach dem gemeinen Wert des hingegebenen Wirtschaftsguts. [2]Erfolgt die Übertragung im Wege der verdeckten Einlage, erhöhen sich die Anschaffungskosten der Beteiligung an der Kapitalgesellschaft um den Teilwert des eingelegten Wirtschaftsguts. [3]In den Fällen des Absatzes 1 Nr. 5 Satz 1 Buchstabe a erhöhen sich die Anschaffungskosten im Sinne des Satzes 2 um den Einlagewert des Wirtschaftsguts.

(7) Im Fall des § 4 Abs. 3 sind bei der Bemessung der Absetzungen für Abnutzung oder Substanzverringerung die sich bei Anwendung der Absätze 3 bis 6 ergebenden Werte als Anschaffungskosten zugrunde zu legen.

§ 6 a Pensionsrückstellung. (1) Für eine Pensionsverpflichtung darf eine Rückstellung (Pensionsrückstellung) nur gebildet werden, wenn und soweit

1. der Pensionsberechtigte einen Rechtsanspruch auf einmalige oder laufende Pensionsleistungen hat,
2. die Pensionszusage keine Pensionsleistungen in Abhängigkeit von künftigen gewinnabhängigen Bezügen vorsieht und keinen Vorbehalt enthält, daß die Pensionsanwartschaft oder die Pensionsleistung gemindert oder entzogen werden kann, oder ein solcher Vorbehalt sich nur auf Tatbestände erstreckt, bei deren Vorliegen nach allgemeinen Rechtsgrundsätzen unter Beachtung billigen Ermessens eine Minderung oder ein Entzug der Pensionsanwartschaft oder der Pensionsleistung zulässig ist, und
3. die Pensionszusage schriftlich erteilt ist.

(2) Eine Pensionsrückstellung darf erstmals gebildet werden

1. vor Eintritt des Versorgungsfalls für das Wirtschaftsjahr, in dem die Pensionszusage erteilt wird, frühestens jedoch für das Wirtschaftsjahr, bis zu dessen Mitte der Pensionsberechtigte das 30. Lebensjahr vollendet,
2. nach Eintritt des Versorgungsfalls für das Wirtschaftsjahr, in dem der Versorgungsfall eintritt.

(3) [1]Eine Pensionsrückstellung darf höchstens mit dem Teilwert der Pensionsverpflichtung angesetzt werden. [2]Als Teilwert einer Pensionsverpflichtung gilt

1. vor Beendigung des Dienstverhältnisses des Pensionsberechtigten der Barwert der künftigen Pensionsleistungen am Schluß des Wirtschaftsjahrs abzüglich des sich auf denselben Zeitpunkt ergebenden Barwerts betragsmäßig gleichbleibender Jahresbeträge. [2]Die Jahresbeträge sind so zu bemessen, daß am Beginn des Wirtschaftsjahrs, in dem das Dienstverhältnis begonnen hat, ihr Barwert gleich dem Barwert der künftigen Pensionsleistungen ist; die künftigen Pensionsleistungen sind dabei mit dem Betrag anzusetzen, der sich nach den Verhältnissen am Bilanzstichtag ergibt. [3]Es sind die Jahresbeträge zugrunde zu legen, die vom Beginn des Wirtschaftsjahrs, in dem das Dienstverhältnis begonnen hat, bis zu dem in der Pensionszusage vorgesehenen Zeitpunkt des Eintritts des Versorgungsfalls rechnungsmäßig aufzubringen sind. [4]Erhöhungen oder Verminderungen der Pensionsleistungen nach dem Schluß des Wirtschaftsjahrs, die hinsichtlich des Zeitpunkts ihres Wirksamwerdens oder ihres Umfangs ungewiß sind, sind bei der Berechnung des Barwerts der künftigen Pensionsleistungen und der Jahresbeträge erst zu berücksichtigen, wenn sie eingetreten sind. [5]Wird die Pensionszusage erst nach dem Beginn des Dienstverhältnisses erteilt, so ist die Zwischenzeit für die Berechnung der Jahresbeträge nur insoweit als Wartezeit zu behandeln, als sie in der Pensionszusage als solche bestimmt ist. [6]Hat das Dienstverhältnis schon vor der Vollendung des 30. Lebensjahrs des Pensionsberechtigten bestanden, so gilt es als zu Beginn des Wirtschaftsjahrs begonnen, bis zu dessen Mitte der Pensionsberechtigte das 30. Lebensjahr vollendet;
2. nach Beendigung des Dienstverhältnisses des Pensionsberechtigten unter Aufrechterhaltung seiner Pensionsanwartschaft oder nach Eintritt des Versorgungsfalls der Barwert der künftigen Pensionsleistungen am Schluß des Wirtschaftsjahrs; Nummer 1 Satz 4 gilt sinngemäß.

[3]Bei der Berechnung des Teilwerts der Pensionsverpflichtung sind ein Rechnungszinsfuß von 6 vom Hundert und die anerkannten Regeln der Versicherungsmathematik anzuwenden.

(4) [1]Eine Pensionsrückstellung darf in einem Wirtschaftsjahr höchstens um den Unterschied zwischen dem Teilwert der Pensionsverpflichtung am Schluß des Wirtschaftsjahrs und am Schluß des vorangegangenen Wirtschaftsjahrs erhöht werden. [2]Soweit der Unterschiedsbetrag auf der erstmaligen Anwendung neuer oder geänderter biometrischer Rechnungsgrundlagen beruht, kann er nur auf mindestens drei Wirtschaftsjahre gleichmäßig verteilt der Pensionsrückstellung zugeführt werden; Entsprechendes gilt beim Wechsel auf andere biometrische Rechnungsgrundlagen. [3]In dem Wirtschaftsjahr, in dem mit der Bildung einer Pensionsrückstellung frühestens begonnen werden darf (Erstjahr), darf die Rückstellung bis zur Höhe des Teilwerts der Pensionsverpflichtung am Schluß des Wirtschaftsjahrs gebildet werden; diese Rückstellung kann auf das Erstjahr und die beiden folgenden Wirtschaftsjahre gleichmäßig verteilt werden. [4]Erhöht sich in einem Wirtschaftsjahr gegenüber dem vorangegangenen Wirtschaftsjahr der Barwert der künftigen Pensionsleistungen um mehr als 25 vom Hundert, so kann die für dieses Wirtschaftsjahr zulässige Erhöhung der Pensionsrückstellung auf dieses Wirtschaftsjahr und die beiden folgenden Wirtschaftsjahre gleichmäßig verteilt werden. [5]Am Schluß des Wirtschaftsjahrs, in dem das Dienstverhältnis des Pensionsberechtigten unter Aufrechterhaltung seiner Pensionsanwartschaft endet oder der Versorgungsfall eintritt, darf die Pensionsrückstellung stets bis zur Höhe des Teilwerts der Pensionsverpflichtung gebildet werden; die für dieses Wirtschaftsjahr zulässige Erhöhung der Pensionsrückstellung kann auf dieses Wirtschaftsjahr und die beiden folgenden Wirtschaftsjahre gleichmäßig verteilt werden. [6]Satz 2 gilt in den Fällen der Sätze 3 bis 5 entsprechend.

(5) Die Absätze 3 und 4 gelten entsprechend, wenn der Pensionsberechtigte zu dem Pensionsverpflichteten in einem anderen Rechtsverhältnis als einem Dienstverhältnis steht.

§ 6 b Übertragung stiller Reserven bei der Veräußerung bestimmter Anlagegüter. (1) [1]Steuerpflichtige, die

Grund und Boden,

Aufwuchs auf Grund und Boden mit dem dazugehörigen Grund und Boden, wenn der Aufwuchs zu einem land- und forstwirtschaftlichen Betriebsvermögen gehört, oder

Gebäude

veräußern, können im Wirtschaftsjahr der Veräußerung von den Anschaffungs- oder Herstellungskosten der in Satz 2 bezeichneten Wirtschaftsgüter, die im Wirtschaftsjahr der Veräußerung oder im vorangegangenen Wirtschaftsjahr angeschafft oder hergestellt worden sind, einen Betrag bis zur

Höhe des bei der Veräußerung entstandenen Gewinns abziehen. [2]Der Abzug ist zulässig bei den Anschaffungs- oder Herstellungskosten von

1. Grund und Boden,
   soweit der Gewinn bei der Veräußerung von Grund und Boden entstanden ist,
2. Aufwuchs auf Grund und Boden mit dem dazugehörigen Grund und Boden, wenn der zu einem land- und forstwirtschaftlichen Betriebsvermögen gehört,
   soweit der Gewinn bei der Veräußerung von Grund und Boden oder der Veräußerung von Aufwuchs auf Grund und Boden mit dem dazugehörigen Grund und Boden entstanden ist, oder
3. Gebäuden,
   soweit der Gewinn bei der Veräußerung von Grund und Boden, von Aufwuchs auf Grund und Boden mit dem dazugehörigen Grund und Boden oder Gebäuden entstanden ist.

[3]Der Anschaffung oder Herstellung von Gebäuden steht ihre Erweiterung, ihr Ausbau oder ihr Umbau gleich. [4]Der Abzug ist in diesem Fall nur von dem Aufwand für die Erweiterung, den Ausbau oder den Umbau der Gebäude zulässig.

(2) [1]Gewinn im Sinne des Absatzes 1 Satz 1 ist der Betrag, um den der Veräußerungspreis nach Abzug der Veräußerungskosten den Buchwert übersteigt, mit dem das veräußerte Wirtschaftsgut im Zeitpunkt der Veräußerung anzusetzen gewesen wäre. [2]Buchwert ist der Wert, mit dem ein Wirtschaftsgut nach § 6 anzusetzen ist.

(3) [1]Soweit Steuerpflichtige den Abzug nach Absatz 1 nicht vorgenommen haben, können sie im Wirtschaftsjahr der Veräußerung eine den steuerlichen Gewinn mindernde Rücklage bilden. [2]Bis zur Höhe dieser Rücklage können sie von den Anschaffungs- oder Herstellungskosten der in Absatz 1 Satz 2 bezeichneten Wirtschaftsgüter, die in den folgenden vier Wirtschaftsjahren angeschafft oder hergestellt worden sind, im Wirtschaftsjahr ihrer Anschaffung oder Herstellung einen Betrag unter Berücksichtigung der Einschränkungen des Absatzes 1 Satz 2 bis 4 abziehen. [3]Die Frist von vier Jahren verlängert sich bei neu hergestellten Gebäuden auf sechs Jahre, wenn mit ihrer Herstellung vor dem Schluß des vierten auf die Bildung der Rücklage folgenden Wirtschaftsjahrs begonnen worden ist. [4]Die Rücklage ist in Höhe des abgezogenen Betrags gewinnerhöhend aufzulösen. [5]Ist eine Rücklage am Schluß des vierten auf ihre Bildung folgenden Wirtschaftsjahrs noch vorhanden, so ist sie in diesem Zeitpunkt gewinnerhöhend aufzulösen, soweit nicht ein Abzug von den Herstellungskosten von Gebäuden in Betracht kommt, mit deren Herstellung bis zu diesem Zeitpunkt begonnen worden ist; ist die

Rücklage am Schluß des sechsten auf ihre Bildung folgenden Wirtschaftsjahrs noch vorhanden, so ist sie in diesem Zeitpunkt gewinnerhöhend aufzulösen.

(4) [1]Voraussetzung für die Anwendung der Absätze 1 und 3 ist, daß
1. der Steuerpflichtige den Gewinn nach § 4 Abs. 1 oder § 5 ermittelt,
2. die veräußerten Wirtschaftsgüter im Zeitpunkt der Veräußerung mindestens sechs Jahre ununterbrochen zum Anlagevermögen einer inländischen Betriebsstätte gehört haben,
3. die angeschafften oder hergestellten Wirtschaftsgüter zum Anlagevermögen einer inländischen Betriebsstätte eines Betriebs des Steuerpflichtigen gehören,
4. der bei der Veräußerung entstandene Gewinn bei der Ermittlung des im Inland steuerpflichtigen Gewinns nicht außer Ansatz bleibt und
5. der Abzug nach Absatz 1 und die Bildung und Auflösung der Rücklage nach Absatz 3 in der Buchführung verfolgt werden können.

[2]Der Abzug nach den Absätzen 1 und 3 ist bei Wirtschaftsgütern, die zu einem land- und forstwirtschaftlichen Betrieb gehören oder der selbständigen Arbeit dienen, nicht zulässig, wenn der Gewinn bei der Veräußerung von Wirtschaftsgütern eines Gewerbebetriebs entstanden ist.

(5) An die Stelle der Anschaffungs- oder Herstellungskosten im Sinne des Absatzes 1 tritt in den Fällen, in denen das Wirtschaftsgut im Wirtschaftsjahr vor der Veräußerung angeschafft oder hergestellt worden ist, der Buchwert am Schluß des Wirtschaftsjahrs der Anschaffung oder Herstellung.

(6) [1]Ist ein Betrag nach Absatz 1 oder 3 abgezogen worden, so tritt für die Absetzungen für Abnutzung oder Substanzverringerung oder in den Fällen des § 6 Abs. 2 im Wirtschaftsjahr des Abzugs der verbleibende Betrag an die Stelle der Anschaffungs- oder Herstellungskosten. [2]In den Fällen des § 7 Abs. 4 Satz 1 und Abs. 5 sind die um den Abzugsbetrag nach Absatz 1 oder 3 geminderten Anschaffungs- oder Herstellungskosten maßgebend.

(7) Soweit eine nach Absatz 3 Satz 1 gebildete Rücklage gewinnerhöhend aufgelöst wird, ohne daß ein entsprechender Betrag nach Absatz 3 abgezogen wird, ist der Gewinn des Wirtschaftsjahrs, in dem die Rücklage aufgelöst wird, für jedes volle Wirtschaftsjahr, in dem die Rücklage bestanden hat, um 6 vom Hundert des aufgelösten Rücklagenbetrags zu erhöhen.

(8) [1]Werden Wirtschaftsgüter im Sinne des Absatzes 1 zum Zweck der Vorbereitung oder Durchführung von städtebaulichen Sanierungs- oder Entwicklungsmaßnahmen an einen der in Satz 3 bezeichneten Erwerber übertragen, sind die Absätze 1 bis 7 mit der Maßgabe anzuwenden, daß
1. die Fristen des Absatzes 3 Satz 2, 3 und 5 sich jeweils um drei Jahre verlängern und

2. an die Stelle der in Absatz 4 Nr. 2 bezeichneten Frist von sechs Jahren eine Frist von zwei Jahren tritt.

[2]Erwerber im Sinne des Satzes 1 sind Gebietskörperschaften, Gemeindeverbände, Verbände im Sinne des § 166 Abs. 4 des Baugesetzbuchs, Planungsverbände nach § 205 des Baugesetzbuchs, Sanierungsträger nach § 157 des Baugesetzbuchs, Entwicklungsträger nach § 167 des Baugesetzbuchs sowie Erwerber, die städtebauliche Sanierungsmaßnahmen als Eigentümer selbst durchführen (§ 147 Abs. 2 und § 148 Abs. 1 Baugesetzbuch).

(9) Absatz 8 ist nur anzuwenden, wenn die nach Landesrecht zuständige Behörde bescheinigt, daß die Übertragung der Wirtschaftsgüter zum Zweck der Vorbereitung oder Durchführung von städtebaulichen Sanierungs- oder Entwicklungsmaßnahmen an einen der in Absatz 8 Satz 2 bezeichneten Erwerber erfolgt ist.

(10) Bei Personengesellschaften und Gemeinschaften tritt an die Stelle des Steuerpflichtigen die Gesellschaft oder die Gemeinschaft, soweit Wirtschaftsgüter zum Gesamthandsvermögen der Gesellschaft oder Gemeinschaft gehören.

§ 6 c Übertragung stiller Reserven bei der Veräußerung bestimmter Anlagegüter bei der Ermittlung des Gewinns nach § 4 Abs. 3 oder nach Durchschnittssätzen. (1) [1]§ 6 b mit Ausnahme des § 6 b Abs. 4 Nr. 1 ist entsprechend anzuwenden, wenn der Gewinn nach § 4 Abs. 3 oder die Einkünfte aus Land- und Forstwirtschaft nach Durchschnittssätzen ermittelt werden. [2]Soweit nach § 6 b Abs. 3 eine Rücklage gebildet werden kann, ist ihre Bildung als Betriebsausgabe (Abzug) und ihre Auflösung als Betriebseinnahme (Zuschlag) zu behandeln; der Zeitraum zwischen Abzug und Zuschlag gilt als Zeitraum, in dem die Rücklage bestanden hat.

(2) [1]Voraussetzung für die Anwendung des Absatzes 1 ist, daß die Wirtschaftsgüter, bei denen ein Abzug von den Anschaffungs- oder Herstellungskosten oder von dem Wert nach § 6 b Abs. 5 vorgenommen worden ist, in besondere, laufend zu führende Verzeichnisse aufgenommen werden. [2]In den Verzeichnissen sind der Tag der Anschaffung oder Herstellung, die Anschaffungs- oder Herstellungskosten, der Abzug nach § 6 b Abs. 1 und 3 in Verbindung mit Absatz 1, die Absetzungen für Abnutzung, die Abschreibungen sowie die Beträge nachzuweisen, die nach § 6 b Abs. 3 in Verbindung mit Absatz 1 als Betriebsausgaben (Abzug) oder Betriebseinnahmen (Zuschlag) behandelt worden sind.

§ 6 d Euroumrechnungsrücklage. (1) [1]Ausleihungen, Forderungen und Verbindlichkeiten im Sinne des Artikels 43 des Einführungsgesetzes zum Handelsgesetzbuch, die auf Währungseinheiten der an der europäischen Währungsunion teilnehmenden anderen Mitgliedstaaten oder auf die ECU im Sinne des Artikels 2 der Verordnung (EG) Nr. 1103/97 des Rates vom 17. Juni 1997 (ABl. EG Nr. L 162 S. 1) lauten, sind am Schluß des ersten nach dem 31. Dezember 1998 endenden Wirtschaftsjahres mit dem vom Rat der Europäischen Union gemäß Artikel 1091 Abs. 4 Satz 1 des EG-Vertrages unwiderruflich festgelegten Umrechnungskurs umzurechnen und mit dem sich danach ergebenden Wert anzusetzen. [2]Der Gewinn, der sich aus diesem jeweiligen Ansatz für das einzelne Wirtschaftsgut ergibt, kann in eine den steuerlichen Gewinn mindernde Rücklage eingestellt werden. [3]Die Rücklage ist gewinnerhöhend aufzulösen, soweit das Wirtschaftsgut, aus dessen Bewertung sich der in die Rücklage eingestellte Gewinn ergeben hat, aus dem Betriebsvermögen ausscheidet. [4]Die Rücklage ist spätestens am Schluß des fünften nach dem 31. Dezember 1998 endenden Wirtschaftsjahres gewinnerhöhend aufzulösen.

(2) [1]In die Euroumrechnungsrücklage gemäß Absatz 1 Satz 2 können auch Erträge eingestellt werden, die sich aus der Aktivierung von Wirtschaftsgütern aufgrund der unwiderruflichen Festlegung der Umrechnungskurse ergeben. [2]Absatz 1 Satz 3 gilt entsprechend.

(3) Die Bildung und Auflösung der jeweiligen Rücklage müssen in der Buchführung verfolgt werden können.

§ 7 Absetzung für Abnutzung oder Substanzverringerung. (1) [1]Bei Wirtschaftsgütern, deren Verwendung oder Nutzung durch den Steuerpflichtigen zur Erzielung von Einkünften sich erfahrungsgemäß auf einen Zeitraum von mehr als einem Jahr erstreckt, ist jeweils für ein Jahr der Teil der Anschaffungs- oder Herstellungskosten abzusetzen, der bei gleichmäßiger Verteilung dieser Kosten auf die Gesamtdauer der Verwendung oder Nutzung auf ein Jahr entfällt (Absetzung für Abnutzung in gleichen Jahresbeträgen). [2]Die Absetzung bemißt sich hierbei nach der betriebsgewöhnlichen Nutzungsdauer des Wirtschaftsguts. [3]Als betriebsgewöhnliche Nutzungsdauer des Geschäfts- oder Firmenwerts eines Gewerbebetriebs oder eines Betriebs der Land- und Forstwirtschaft gilt ein Zeitraum von 15 Jahren. [4]Bei Wirtschaftsgütern, die nach einer Verwendung zur Erzielung von Einkünften im Sinne des § 2 Abs. 1 Nr. 4 bis 7 in ein Betriebsvermögen eingelegt worden sind, mindern sich die Anschaffungs- oder Herstellungskosten um die Absetzungen für Abnutzung oder Substanzverringerung, Sonderabschreibungen oder erhöhte Absetzungen, die bis zum Zeitpunkt der Einlage vorgenommen worden sind. [5]Bei beweglichen Wirtschaftsgütern des Anlagevermögens, bei denen es wirtschaftlich begründet ist, die Absetzung für Abnutzung nach Maßgabe der

Leistung des Wirtschaftsguts vorzunehmen, kann der Steuerpflichtige dieses Verfahren statt der Absetzung für Abnutzung in gleichen Jahresbeträgen anwenden, wenn er den auf das einzelne Jahr entfallenden Umfang der Leistung nachweist. [6]Absetzungen für außergewöhnliche technische oder wirtschaftliche Abnutzung sind zulässig; soweit der Grund hierfür in späteren Wirtschaftsjahren entfällt, ist in den Fällen der Gewinnermittlung nach § 4 Abs. 1 oder nach § 5 eine entsprechende Zuschreibung vorzunehmen.

(2) [1]Bei beweglichen Wirtschaftsgütern des Anlagevermögens kann der Steuerpflichtige statt der Absetzung für Abnutzung in gleichen Jahresbeträgen die Absetzung für Abnutzung in fallenden Jahresbeträgen bemessen. [2]Die Absetzung für Abnutzung in fallenden Jahresbeträgen kann nach einem unveränderlichen Hundertsatz vom jeweiligen Buchwert (Restwert) vorgenommen werden; der dabei anzuwendende Hundertsatz darf höchstens das Doppelte des bei der Absetzung für Abnutzung in gleichen Jahresbeträgen in Betracht kommenden Hundertsatzes betragen und 20 vom Hundert nicht übersteigen. [3]§ 7 a Abs. 8 gilt entsprechend. [4]Bei Wirtschaftsgütern, bei denen die Absetzung für Abnutzung in fallenden Jahresbeträgen bemessen wird, sind Absetzungen für außergewöhnliche technische oder wirtschaftliche Abnutzung nicht zulässig.

(3) [1]Der Übergang von der Absetzung für Abnutzung in fallenden Jahresbeträgen zur Absetzung für Abnutzung in gleichen Jahresbeträgen ist zulässig. [2]In diesem Fall bemißt sich die Absetzung für Abnutzung vom Zeitpunkt des Übergangs an nach dem dann noch vorhandenen Restwert und der Restnutzungsdauer des einzelnen Wirtschaftsguts. [3]Der Übergang von der Absetzung für Abnutzung in gleichen Jahresbeträgen zur Absetzung für Abnutzung in fallenden Jahresbeträgen ist nicht zulässig.

(4) [1]Bei Gebäuden sind abweichend von Absatz 1 als Absetzung für Abnutzung die folgenden Beträge bis zur vollen Absetzung abzuziehen:

1. bei Gebäuden, soweit sie zu einem Betriebsvermögen gehören und nicht Wohnzwecken dienen und für die der Bauantrag nach dem 31. März 1985 gestellt worden ist, jährlich 3 vom Hundert
2. bei Gebäuden, soweit sie die Voraussetzungen der Nummer 1 nicht erfüllen und die
   a) nach dem 31. Dezember 1924 fertig gestellt worden sind, jährlich 2 vom Hundert,
   b) vor dem 1. Januar 1925 fertig gestellt worden sind, jährlich 2,5 vom Hundert

der Anschaffungs- oder Herstellungskosten; Absatz 1 Satz 4 gilt entsprechend. [2]Beträgt die tatsächliche Nutzungsdauer eines Gebäudes in den Fällen des Satzes 1 Nr. 1 weniger als 33 Jahre, in den Fällen des Satzes 1 Nr. 2

Buchstabe a weniger als 50 Jahre, in den Fällen des Satzes 1 Nr. 2 Buchstabe b weniger als 40 Jahre, so können an Stelle der Absetzungen nach Satz 1 die der tatsächlichen Nutzungsdauer entsprechenden Absetzungen für Abnutzung vorgenommen werden. [3]Absatz 1 letzter Satz bleibt unberührt. [4]Bei Gebäuden im Sinne der Nummer 2 rechtfertigt die für Gebäude im Sinne der Nummer 1 geltende Regelung weder die Anwendung des Absatzes 1 letzter Satz noch den Ansatz des niedrigeren Teilwerts (§ 6 Abs. 1 Nr. 1 Satz 2).

(5) [1]Bei im Inland belegenen Gebäuden, die vom Steuerpflichtigen hergestellt oder bis zum Ende des Jahres der Fertigstellung angeschafft worden sind, können abweichend von Absatz 4 als Absetzung für Abnutzung die folgenden Beträge abgezogen werden:

1. bei Gebäuden im Sinne des Absatzes 4 Satz 1 Nr. 1, die vom Steuerpflichtigen auf Grund eines vor dem 1. Januar 1994 gestellten Bauantrags hergestellt oder auf Grund eines vor diesem Zeitpunkt rechtswirksam abgeschlossenen obligatorischen Vertrags angeschafft worden sind,
   - im Jahr der Fertigstellung und in den folgenden 3 Jahren — jeweils 10 vom Hundert,
   - in den darauffolgenden 3 Jahren — jeweils 5 vom Hundert,
   - in den darauffolgenden 18 Jahren — jeweils 2,5 vom Hundert,
2. bei Gebäuden im Sinne des Absatzes 4 Satz 1 Nr. 2, die vom Steuerpflichtigen auf Grund eines vor dem 1. Januar 1995 gestellten Bauantrags hergestellt oder auf Grund eines vor diesem Zeitpunkt rechtswirksam abgeschlossenen obligatorischen Vertrags angeschafft worden sind,
   - im Jahr der Fertigstellung und in den folgenden 7 Jahren — jeweils 5 vom Hundert,
   - in den darauffolgenden 6 Jahren — jeweils 2,5 vom Hundert,
   - in den darauffolgenden 36 Jahren — jeweils 1,25 vom Hundert,
3. bei Gebäuden im Sinne des Absatzes 4 Satz 1 Nr. 2, soweit sie Wohnzwecken dienen, die vom Steuerpflichtigen
   a) auf Grund eines nach dem 28. Februar 1989 und vor dem 1. Januar 1996 gestellten Bauantrags hergestellt oder nach dem 28. Februar 1989 auf Grund eines nach dem 28. Februar 1989 und vor dem 1. Januar 1996 rechtswirksam abgeschlossenen obligatorischen Vertrags angeschafft worden sind,
      - im Jahr der Fertigstellung und in den folgenden 3 Jahren — jeweils 7 vom Hundert,
      - in den darauffolgenden 6 Jahren — jeweils 5 vom Hundert,
      - in den darauffolgenden 6 Jahren — jeweils 2 vom Hundert,
      - in den darauffolgenden 24 Jahren — jeweils 1,25 vom Hundert,
   b) auf Grund eines nach dem 31. Dezember 1995 gestellten Bauantrags

hergestellt oder auf Grund eines nach diesem Zeitpunkt rechtswirksam abgeschlossenen obligatorischen Vertrags angeschafft worden sind,
- im Jahr der Fertigstellung und in den folgenden 7 Jahren jeweils 5 vom Hundert,
- in den darauffolgenden 6 Jahren jeweils 2,5 vom Hundert,
- in den darauffolgenden 36 Jahren jeweils 1,25 vom Hundert

der Anschaffungs- oder Herstellungskosten. [2]Im Fall der Anschaffung kann Satz 1 nur angewendet werden, wenn der Hersteller für das veräußerte Gebäude weder Absetzungen für Abnutzung nach Satz 1 vorgenommen noch erhöhte Absetzungen oder Sonderabschreibungen in Anspruch genommen hat.

(5a) Die Absätze 4 und 5 sind auf Gebäudeteile, die selbständige unbewegliche Wirtschaftsgüter sind, sowie auf Eigentumswohnungen und auf im Teileigentum stehende Räume entsprechend anzuwenden.

(6) Bei Bergbauunternehmen, Steinbrüchen und anderen Betrieben, die einen Verbrauch der Substanz mit sich bringen, ist Absatz 1 entsprechend anzuwenden; dabei sind Absetzungen nach Maßgabe des Substanzverzehrs zulässig (Absetzung für Substanzverringerung).

§ 7 a Gemeinsame Vorschriften für erhöhte Absetzungen und Sonderabschreibungen. (1) [1]Werden in dem Zeitraum, in dem bei einem Wirtschaftsgut erhöhte Absetzungen oder Sonderabschreibungen in Anspruch genommen werden können (Begünstigungszeitraum), nachträgliche Herstellungskosten aufgewendet, so bemessen sich vom Jahr der Entstehung der nachträglichen Herstellungskosten an bis zum Ende des Begünstigungszeitraums die Absetzungen für Abnutzung, erhöhten Absetzungen und Sonderabschreibungen nach den um die nachträglichen Herstellungskosten erhöhten Anschaffungs- oder Herstellungskosten. [2]Entsprechendes gilt für nachträgliche Anschaffungskosten. [3]Werden im Begünstigungszeitraum die Anschaffungs- oder Herstellungskosten eines Wirtschaftsguts nachträglich gemindert, so bemessen sich vom Jahr der Minderung an bis zum Ende des Begünstigungszeitraums die Absetzungen für Abnutzung, erhöhten Absetzungen und Sonderabschreibungen nach den geminderten Anschaffungs- oder Herstellungskosten.

(2) [1]Können bei einem Wirtschaftsgut erhöhte Absetzungen oder Sonderabschreibungen bereits für Anzahlungen auf Anschaffungskosten oder für Teilherstellungskosten in Anspruch genommen werden, so sind die Vorschriften über erhöhte Absetzungen und Sonderabschreibungen mit der Maßgabe anzuwenden, daß an die Stelle der Anschaffungs- oder Herstellungskosten die Anzahlungen auf Anschaffungskosten oder die Teilherstellungskosten und an die Stelle des Jahres der Anschaffung oder Herstellung das Jahr

der Anzahlung oder Teilherstellung treten. [2]Nach Anschaffung oder Herstellung des Wirtschaftsguts sind erhöhte Absetzungen oder Sonderabschreibungen nur zulässig, soweit sie nicht bereits für Anzahlungen auf Anschaffungskosten oder für Teilherstellungskosten in Anspruch genommen worden sind. [3]Anzahlungen auf Anschaffungskosten sind im Zeitpunkt der tatsächlichen Zahlung aufgewendet. [4]Werden Anzahlungen auf Anschaffungskosten durch Hingabe eines Wechsels geleistet, so sind sie in dem Zeitpunkt aufgewendet, in dem dem Lieferanten durch Diskontierung oder Einlösung des Wechsels das Geld tatsächlich zufließt. [5]Entsprechendes gilt, wenn an Stelle von Geld ein Scheck hingegeben wird.

(3) Bei Wirtschaftsgütern, bei denen erhöhte Absetzungen in Anspruch genommen werden, müssen in jedem Jahr des Begünstigungszeitraums mindestens Absetzungen in Höhe der Absetzungen für Abnutzung nach § 7 Abs. 1 oder 4 berücksichtigt werden.

(4) Bei Wirtschaftsgütern, bei denen Sonderabschreibungen in Anspruch genommen werden, sind die Absetzungen für Abnutzung nach § 7 Abs. 1 oder 4 vorzunehmen.

(5) Liegen bei einem Wirtschaftsgut die Voraussetzungen für die Inanspruchnahme von erhöhten Absetzungen oder Sonderabschreibungen auf Grund mehrerer Vorschriften vor, so dürfen erhöhte Absetzungen oder Sonderabschreibungen nur auf Grund einer dieser Vorschriften in Anspruch genommen werden.

(6) Erhöhte Absetzungen oder Sonderabschreibungen sind bei der Prüfung, ob die in § 141 Abs. 1 Nr. 4 und 5 der Abgabenordnung bezeichneten Buchführungsgrenzen überschritten sind, nicht zu berücksichtigen.

(7) [1]Ist ein Wirtschaftsgut mehreren Beteiligten zuzurechnen und sind die Voraussetzungen für erhöhte Absetzungen oder Sonderabschreibungen nur bei einzelnen Beteiligten erfüllt, so dürfen die erhöhten Absetzungen und Sonderabschreibungen nur anteilig für diese Beteiligten vorgenommen werden. [2]Die erhöhten Absetzungen oder Sonderabschreibungen dürfen von den Beteiligten, bei denen die Voraussetzungen dafür erfüllt sind, nur einheitlich vorgenommen werden.

(8) [1]Erhöhte Absetzungen oder Sonderabschreibungen sind bei Wirtschaftsgütern, die zu einem Betriebsvermögen gehören, nur zulässig, wenn sie in ein besonderes, laufend zu führendes Verzeichnis aufgenommen werden, das den Tag der Anschaffung oder Herstellung, die Anschaffungs- oder Herstellungskosten, die betriebsgewöhnliche Nutzungsdauer und die Höhe der jährlichen Absetzungen für Abnutzung, erhöhten Absetzungen und Sonderabschreibungen enthält. [2]Das Verzeichnis braucht nicht geführt zu werden, wenn diese Angaben aus der Buchführung ersichtlich sind.

(9) Sind für ein Wirtschaftsgut Sonderabschreibungen vorgenommen worden, so bemessen sich nach Ablauf des maßgebenden Begünstigungszeitraums die Absetzungen für Abnutzung bei Gebäuden und bei Wirtschaftsgütern im Sinne des § 7 Abs. 5 a nach dem Restwert und dem nach § 7 Abs. 4 unter Berücksichtigung der Restnutzungsdauer maßgebenden Vomhundertsatz, bei anderen Wirtschaftsgütern nach dem Restwert und der Restnutzungsdauer.

Stichwortverzeichnis

Zahlen = Seiten

Buchanzeigen

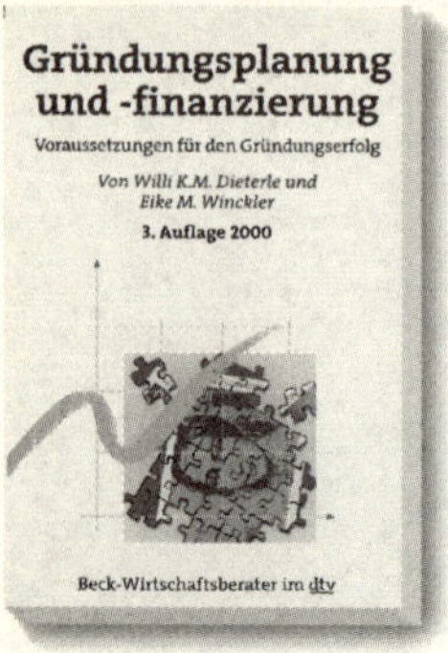

Dieterle/Winckler

Gründungsplanung und -finanzierung

Voraussetzungen für den Gründungserfolg.
Der Unternehmensgründer, Planung und Organisation, Markt, Personal/Recht, Finanzierung, Rechnungswesen.

3.A. 2000. 508 S.
DM 27,50. dtv 5813

Bombita/Köstler/Steindl

Steuerwissen für Existenzgründer

Praktische Tipps zu Steuern, Recht und Sozialversicherung.

1.A. 2000. 285 S.
DM 19,50. dtv 50831

Ridinger/Uckel

Öffentliche Finanzierungshilfen

Wege durch den Förderdschungel.
Die Grundstrukturen der Wirtschaftsförderung stehen im Mittelpunkt des Ratgebers. Deren Kenntnis erleichtert den Zugang zu den verschiedenen Förderbereichen. Zudem gibt der Ratgeber konkrete Tipps von der Informationsbeschaffung bis zur Antragstellung.

1.A. 2001. Rd. 250 S.
Ca. DM 19,50. dtv 50847

In Vorbereitung für Sommer 2001

Schmoeckel

Meine Rechte und Pflichten als junger Unternehmer

Rechte und Pflichten des Selbständigen sowie alle staatlichen Fördermittel für kleine/mittlere Unternehmen im Überblick.

3.A.1998. 172 S.
DM 14,90. dtv 50617

Sattler

Unternehmerisch denken lernen

Das Denken in Strategie, Liquidität, Erfolg und Risiko.
Wie sichern Unternehmen unmittelbar ihre Existenz? Woran erkennt man erfolgreiche Unternehmen? Wie sichern diese Unternehmen ihren Erfolg? Wie kann man mit Unsicherheiten umgehen? Was muß man wissen, um langfristig Erfolg zu haben?

1.A.1998. 207 S.
DM 16,90. dtv 50819

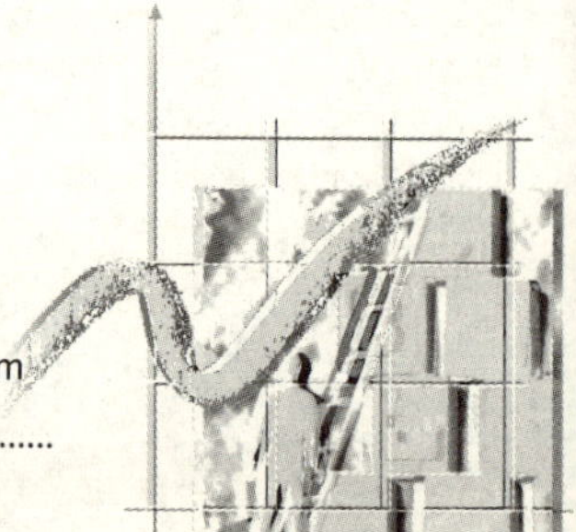

Kaufmann/Biendara

Erfolgreich selbständig bleiben

Die ersten Jahre nach dem Unternehmensstart. Planung des Aufbaus eines Unternehmens für die nächsten drei Jahre. Ermittlung und Abstimmung der wesentlichen Faktoren für die Entwicklung des Unternehmens im Rahmen einer strategischen Gesamtplanung. Wichtige Einzelfragen der Unternehmensführung.

1.A. 2001. Rd. 300 S.
Ca. DM 19,90. dtv 5889

In Vorbereitung für Herbst 2001

Arnold

Das Franchise-Seminar

Selbständig mit Partner. Eine Orientierung für Unternehmensgründer.

2.A.1998. 258 S.
DM 17,90. dtv 5831

Buchhaltung, Rechnungswesen, Controlling

Herrling/Mathes

Der Buchführungs-Ratgeber

Grundlagen und Beispiele. Schritt für Schritt vom Controlling über Beschaffungs-, Umsatzsteuer-, Wechsel- und Personalkostenbuchungen bis hin zu den notwendigen Jahresabschlußarbeiten. Mit Übungsaufgaben und Lösungen.

4.A. 2001. 406 S.
DM 24,50. dtv 5836

Schultz

Basiswissen Rechnungswesen

Grundlagen der Unternehmensführung. Dieser Überblick über das gesamte betriebliche Rechnungswesen zeigt mit Beispielen und Übersichten die Verzahnung von Buchführung, Bilanzierung, Kostenrechnung und Controlling.

1.A.1998. 255 S.
DM 17,90. dtv 50815

Scheffler

Bilanzen richtig lesen

Was Bilanzen aussagen und verschweigen. Bilanz, Bewertung, Gewinn- und Verlustrechnung, Bilanzanalyse, Bilanzpolitik.

5.A. 2001. 346 S.
DM 19,90. dtv 5827

Schöne

Bilanzierung in Fallbeispielen

Grundlagen, Fälle und Lösungen zur Handels- und Steuerbilanz. Der Band ist ein Übungsbuch zur Bilanzierung nach Handels- und Steuerrecht sowie eine Einführung in das Arbeiten mit Gesetzestexten.

1.A.1998. 182 S.
DM 14,90. dtv 50818

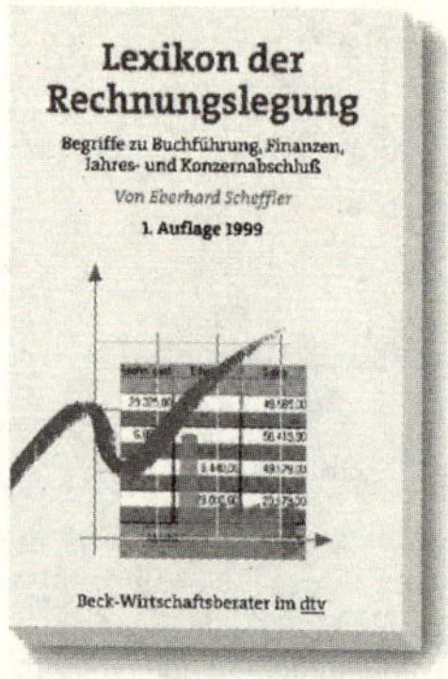

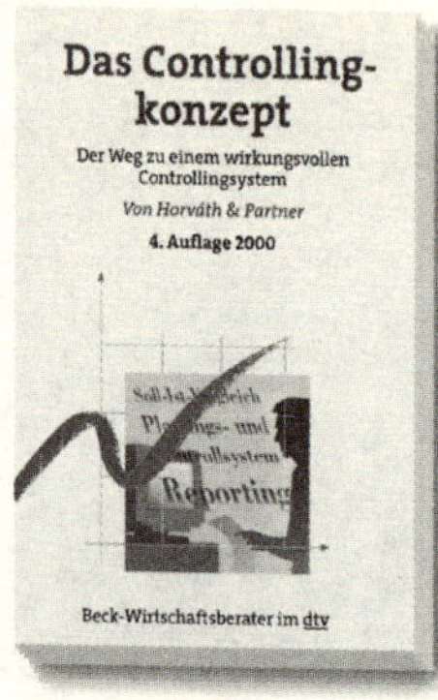

Jossé
Basiswissen Kostenrechnung
Kostenarten, Kostenstellen, Kostenträger, Kostenmanagement.
Die bewährten Systeme der Kostenrechnung in didaktisch ansprechender Aufbereitung mit zahlreichen Beispielen und Graphiken.

2.A. 2001. 225 S.
DM 17,50. dtv 50811

Scheffler
Lexikon der Rechnungslegung
Begriffe zu Buchführung, Finanzen, Jahres- und Konzernabschluß.
Dieses Lexikon ist Nachschlagewerk und Ratgeber für alle Fragen zur Darstellung und Beurteilung der Vermögens-, Finanz- und Ertragslage von Unternehmen und Konzernen.

1.A.1999. 411 S.
DM 24,90. dtv 50814

Horváth & Partner
Das Controllingkonzept
Der Weg zu einem wirkungsvollen Controllingsystem.

4.A. 2000. 334 S.
DM 18,50. dtv 5812

Thomas
Praxis der Betriebsorganisation
U.a. zur Leitungsspanne, Stellenbeschreibung, Linie, Stab-und Matrixorganisation.

2.A.1996. 247 S.
DM 16,90. dtv 5839

Witt
Lexikon des Controlling
Von ABC-Analyse bis ZVEI-Kennzahlensystem.
Das Lexikon des Controlling zeigt, wie schlankes, modernes und effizientes Controlling aussieht.
Für Studenten, Controller und Manager.

1.A.1997. 409 S.
DM 29,90. dtv 5830

Witt/Witt
Controlling für Mittel- und Kleinbetriebe
Bausteine und Handwerkszeug für Ihren Controllingleitstand.

2.A.1996. 488 S.
DM 24,90. dtv 5858

P119065-S39

Steuern

STEUERTIPPS FÜR JEDERMANN

Grundlagen

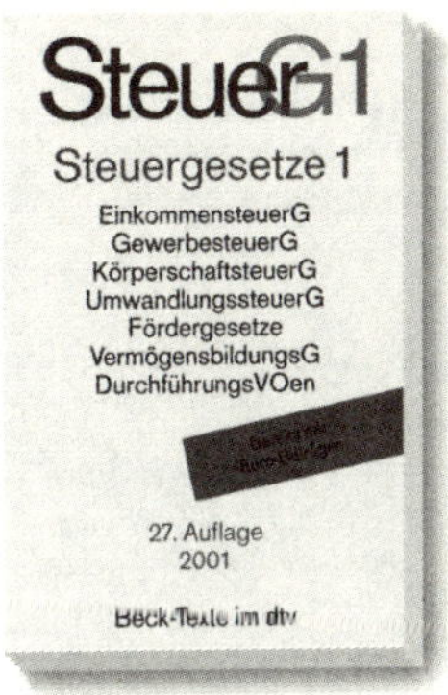

SteuerG 1 · Steuergesetze 1

Einkommensteuer einschließlich Nebenbestimmungen sowie Einkommensteuer-Tabellen, Gewerbesteuer, Körperschaftsteuer, Umwandlungssteuer.

Textausgabe.
27.A. 2001. 645 S.
DM 14,90. dtv 5549

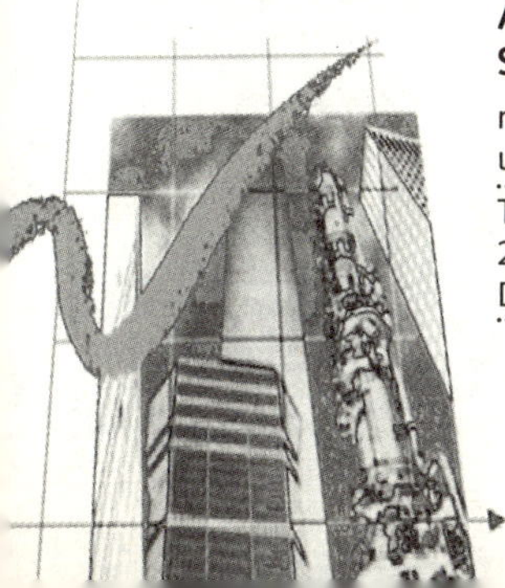

SteuerG 2 · Steuergesetze 2

Außensteuer, Bewertungsrecht, Erbschaft- und Schenkungsteuer, Grunderwerbsteuer, Grundsteuer, Umsatzsteuer, sonstige Verkehrsteuern.

Textausgabe.
27.A. 2001. 387 S.
DM 13,90. dtv 5550

AO/FGO · Steuerverfahrensrecht

mit Finanzgerichtsordnung und Nebengesetzen.

Textausgabe.
25.A. 2001. 516 S.
DM 13,90. dtv 5548

KSt · Körperschaftsteuerrecht

Körperschaftsteuergesetz mit Körperschaftsteuer-DurchführungsVO und Körperschaftsteuer-Richtlinien.

Textausgabe.
12.A. 2001. 259 S.
DM 11,90. dtv 5544

GewSt · Gewerbesteuerrecht

Gewerbesteuergesetz mit Gewerbesteuer-DurchführungsVO und Gewerbesteuer-Richtlinien.

Textausgabe.
13.A. 2001. 155 S.
DM 9,90. dtv 5545

USt · Umsatzsteuerrecht

Umsatzsteuergesetz mit Umsatzsteuer-DurchführungsVO und Umsatzsteuer-Richtlinien.

Textausgabe.
19.A. 2001. 639 S.
DM 14,90. dtv 5546

P119065(3)-S45

ErbSt · Erbschaftsteuerrecht

BewertungsG, Erbschaftsteuer- und SchenkungsteuerG, Erbschaftsteuer-DurchführungsVO, GrundsteuerG, Erbschaftsteuer-Richtlinien mit amtlichen Hinweisen, Richtlinien für die Bewertung des Grundvermögens, Grundsteuer-Richtlinien.

Textausgabe.
11.A. 2001. 591 S.
DM 19,90. dtv 5547

Fromm/Vogt
Richtig schenken und vererben

Erbschaftsteuerrecht 1999/2000/2002: Steuertips und Gestaltungshinweise. Schenkung und Erbfall im Bürgerlichen Recht, Schenkungsteuer, Erbschaftsteuer und ihre Auswirkungen bei der Einkommensteuer.

4.A.1999. 279 S.
DM 14,90. dtv 5614

Meyer
Steuer-ABC für Freiberufler

Von Architekt bis Zahnarzt. Über 550 Stichwörter.

4.A. 2000. 429 S.
DM 18,50. dtv 5065

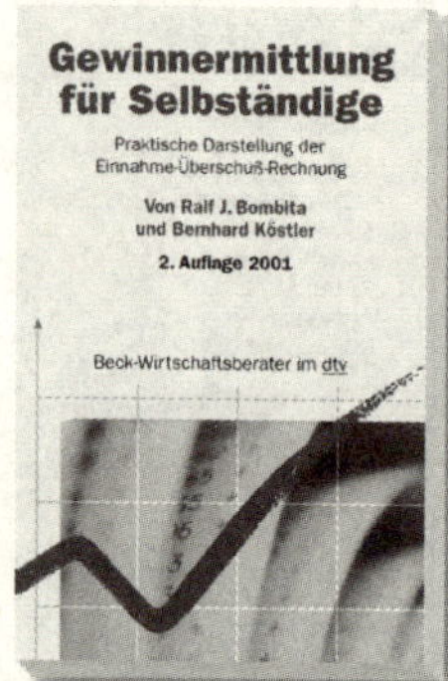

Bombita/Köstler
Gewinnermittlung für Selbständige

Praktische Darstellung der Einnahme-Überschuß-Rechnung.
Mit einem ABC der Betriebsausgaben.

2.A. 2001. Rd. 360 S.
Ca. DM 24,50. dtv 50823

In Vorbereitung für Sommer 2001

Wacker/Seibold/Oblau
Lexikon der Steuern

Über 800 Stichwörter für Praxis und Studium. Dieses Lexikon ermöglicht einen schnellen Zugriff auf das aktuelle steuerliche Basiswissen. Mit alphabetischen und systematischen Stichwortübersichten sowie Fachwortverzeichnissen in englisch und französisch.

1.A. 2000. 464 S.
DM 24,50. dtv 5882

P119065-S46